21 世纪特殊教育创新教材

主编单位
华东师范大学学前与特殊教育学院
南京特殊教育师范学院
华中师范大学教育科学学院
陕西师范大学教育学院

总主编：方俊明
副主编：杜晓新　雷江华　周念丽

学术委员会
主　任：方俊明
副主任：杨广学　孟万金
委　员：方俊明　杨广学　孟万金　邓　猛　杜晓新　赵　微
　　　　刘春玲

编辑委员会
主　任：方俊明
副主任：丁　勇　汪海萍　邓　猛　赵　微
委　员：方俊明　张　婷　赵汤琪　雷江华　邓　猛　朱宗顺
　　　　杜晓新　任颂羔　蒋建荣　胡世红　贺荟中　刘春玲
　　　　赵　微　周念丽　李闻戈　苏雪云　张　旭　李　芳
　　　　李　丹　孙　霞　杨广学　王　辉　王和平

21 世纪特殊教育创新教材·理论与基础系列

主编：杜晓新　　　　　　　审稿人：杨广学　孟万金

- 特殊教育的哲学基础（华东师范大学：方俊明）
- 特殊教育的医学基础（南京特殊教育师范学院：张婷、赵汤琪）
- 融合教育导论（华中师范大学：雷江华）
- 特殊教育学（雷江华、方俊明）
- 特殊儿童心理学（方俊明、雷江华）
- 特殊教育史（浙江师范大学：朱宗顺）
- 特殊教育研究方法（华东师范大学：杜晓新、宋永宁）
- 特殊教育发展模式（纽约市教育局：任颂羔）

21 世纪特殊教育创新教材·发展与教育系列

主编：雷江华　　　　　　　审稿人：邓　猛　刘春玲

- 视觉障碍儿童的发展与教育（华中师范大学：邓猛）
- 听觉障碍儿童的发展与教育（华东师范大学：贺荟中）
- 智力障碍儿童的发展与教育（华东师范大学：刘春玲）
- 学习困难儿童的发展与教育（陕西师范大学：赵微）
- 自闭症谱系障碍儿童的发展与教育（华东师范大学：周念丽）
- 情绪与行为障碍儿童的发展与教育（华南师范大学：李闻戈）
- 超常儿童的发展与教育（华东师范大学：苏雪云；北京联合大学：张旭）

21 世纪特殊教育创新教材·康复与训练系列

主编：周念丽　　　　　　　审稿人：方俊明　赵　微

- 特殊儿童应用行为分析（天津体育学院：李芳；武汉麟洁健康咨询中心：李丹）
- 特殊儿童的游戏治疗（华东师范大学：周念丽）
- 特殊儿童的美术治疗（南京特殊教育师范学院：孙霞）
- 特殊儿童的音乐治疗（南京特殊教育师范学院：胡世红）
- 特殊儿童的心理治疗（华东师范大学：杨广学）
- 特殊教育的辅具与康复（南京特殊教育师范学院：蒋建荣、王辉）
- 特殊儿童的感觉统合训练（华东师范大学：王和平）

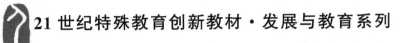
21世纪特殊教育创新教材·发展与教育系列

超常儿童的发展与教育
（第二版）

苏雪云 张 旭 编著

北京大学出版社
PEKING UNIVERSITY PRESS

图书在版编目(CIP)数据

超常儿童的发展与教育／苏雪云，张旭编著. —2版.—北京：北京大学出版社，2016.1
（21世纪特殊教育创新教材·发展与教育系列）
ISBN 978-7-301-26677-9

Ⅰ.①超… Ⅱ.①苏…②张… Ⅲ.①超常儿童–儿童教育–研究 Ⅳ.①G763

中国版本图书馆CIP数据核字（2015）第313991号

书　　名	超常儿童的发展与教育（第二版）
	CHAOCHANG ERTONG DE FAZHAN YU JIAOYU
著作责任者	苏雪云　张　旭　编著
丛书策划	周雁翎
丛书主持	李淑方
责任编辑	于　娜
标准书号	ISBN 978-7-301-26677-9
出版发行	北京大学出版社
地　　址	北京市海淀区成府路205号　100871
网　　址	http://www.pup.cn　新浪微博：@北京大学出版社
微信公众号	通识书苑（微信号：sartspku）　科学元典（微信号：kexueyuandian）
电子邮箱	编辑部 jyzx@pup.cn　总编室 zpup@pup.cn
电　　话	邮购部 010-62752015　发行部 010-62750672　编辑部 010-62767857
印刷者	北京虎彩文化传播有限公司
经销者	新华书店
	787毫米×1092毫米　16开本　16印张　380千字
	2011年5月第1版
	2016年1月第2版　2024年6月第3次印刷
定　　价	55.00元

未经许可，不得以任何方式复制或抄袭本书之部分或全部内容。
版权所有，侵权必究
举报电话：010-62752024　电子邮箱：fd@pup.cn
图书如有印装质量问题，请与出版部联系，电话：010-62756370

顾明远序

去年国家颁布的《国家中长期教育改革和发展规划纲要(2010—2020年)》专门辟一章特殊教育,提出:"全社会要关心支持特殊教育"。这里的特殊教育主要是指"促进残疾人全面发展、帮助残疾人更好地融入社会"的教育。当然,广义的特殊教育还包括超常儿童与问题儿童的教育。但毕竟残疾人更需要受到全社会的关爱和关注。

发展特殊教育(这里专指残疾人教育),首先要对特殊教育有一个认识。所谓特殊教育的特殊,是指这部分受教育者在生理上或者心理上有某种缺陷,阻碍着他的发展。特殊教育就是要帮助他排除阻碍他发展的障碍,使他得到与普通人一样的发展。残疾人并非所有智能都丧失,只是丧失一部分器官的功能。通过教育我们可以帮助他弥补缺陷,或者使他的损伤的器官功能得到部分的恢复,或者培养其他器官的功能来弥补某种器官功能的不足。因此,特殊教育的目的与普通教育的目的是一样的,就是要促进儿童身心健康的发展,只是他们需要更多的爱护和帮助。

至于超常儿童教育则又是另一种特殊教育。超常儿童更应该在普通教育中发现和培养,不能简单地过早地确定哪个儿童是超常的。不能完全相信智力测验。这方面我没有什么经验,只是想说,现在许多家长都认为自己的孩子是天才,从小就超常地培养,结果弄巧成拙,拔苗助长,反而害了孩子。

在特殊教育中倒是要重视自闭症儿童。我国特殊教育更多的是关注伤残儿童,对于自闭症儿童认识不足、关心不够。其实他们非常需要采取特殊的方法来矫正自闭症,否则他们长大以后很难融入社会。自闭症不是完全可以治愈的。但早期的鉴别和干预对他们日后的发展很有帮助。国外很关注这些儿童,也有许多经验,值得我们借鉴。

我在改革开放以后就特别感到特殊教育的重要。早在1979年我担任北京师范大学教育系主任时就筹办了我国第一个特殊教育专业,举办了第一次特殊教育国际会议。但是我个人的专业不是特殊教育,因此只能说是一位门外的倡导者,却不是专家,说不出什么道理来。

方俊明教授是改革开放后早期的心理学家,后来专门从事特殊教育二十多年,对特殊教育有深入的研究。在我国大力提倡发展特殊教育之今天,组织五十多位专家编纂这套"21世纪特殊教育创新教材"丛书,真是恰逢其时,是灌溉特殊教育的及时雨,值得高兴。方俊明教授要我为丛书写几句话,是为序。

中国教育学会理事长

北京师范大学副校长

2011年4月5日于北京求是书屋

沈晓明序

由于专业背景的关系，我长期以来对特殊教育高度关注。在担任上海市教委主任和分管教育卫生的副市长后，我积极倡导"医教结合"，希望通过多学科、多部门精诚合作，全面提升特殊教育的教育教学水平与康复水平。在各方的共同努力下，上海的特殊教育在近年来取得了长足的发展。特殊教育的办学条件不断优化，特殊教育对象的分层不断细化，特殊教育的覆盖面不断扩大，有特殊需要儿童的入学率达到上海历史上的最高水平，特殊教育发展的各项指标均位于全国特殊教育前列。本市中长期教育改革和发展规划纲要，更是把特殊教育列为一项重点任务，提出要让有特殊需要的学生在理解和关爱中成长。

上海特殊教育的成绩来自于各界人士的关心支持，更来自于教育界的辛勤付出。"21世纪特殊教育创新教材"便是华东师范大学领衔，联合四所大学，共同献给中国特殊教育界的一份丰厚的精神礼物。该丛书全篇近600万字，凝聚中国特殊教育界老中青50多名专家三年多的心血，体现出作者们潜心研究、通力合作的精神与建设和谐社会的责任感。丛书22本从理论与基础、发展与教育、康复与训练三个系列，全方位、多层次地展现了信息化时代特殊教育发展的理念、基本原理和操作方法。本套丛书选题新颖、结构严谨，拓展了特殊教育的研究范畴，从多学科的角度更新特殊教育的研究范式，让人读后受益良多。

发展特殊教育事业是党和政府坚持以人为本、弘扬人道主义精神和保障人权的重要举措，是促进残障人士全面发展和实现"平等、参与、共享"目标的有效途径。《国家中长期教育改革和发展规划纲要（2010—2020年）》明确提出,要关心和支持特殊教育,要完善特殊教育体系,要健全特殊教育保障机制。我相信,随着我国经济的发展,教育投入的增加,我国特殊教育的专业队伍会越来越壮大,科研水平会不断地提高,特殊教育的明天将更加灿烂。

沈晓明

上海交通大学医学院教授、博士生导师

世界卫生组织新生儿保健合作中心主任

上海市副市长

2011年3月

丛 书 总 序

特殊教育是面向残疾人和其他有特殊教育需要人群的教育，是国民教育体系的重要组成部分。特殊教育的发展，关系到实现教育公平和保障残疾人受教育的权利。改革和发展我国的特殊教育是全面建设小康社会、促进社会稳定与和谐的一项急迫任务，需要全社会的关心与支持，并不断提升学科水平。

半个多世纪以来，由于教育民主思想的渗透以及国际社会的关注，特殊教育已成为世界上发展最快的教育领域之一，它在一定程度上也综合反映出一个国家或地区的政治、经济、文化和国民素质的综合水平，成为衡量社会文明进步程度的重要标志。改革开放30多年以来，在党和政府的关心下，我国的特殊教育也得到了前所未有的大发展，进入了我国历史上最好的发展时期。在"医教结合"基础上发展起来的早期教育、随班就读和融合教育正在推广和深化，特殊职业教育和高等教育也有较快的发展，这些都标志着我国特殊教育的发展进入了一个全球化、信息化的时代。

但是，作为一个发展中国家，由于起点低、人口多、各地区发展不均衡，我国特殊教育的整体发展水平与世界上特殊教育比较发达的国家和地区相比，还有一定的差距，存在一些亟待解决的主要问题。例如：如何从狭义的仅以视力、听力和智力障碍等残疾儿童为主要服务对象的特殊教育逐步转向包括各种行为问题儿童和超常儿童在内的广义的特殊教育；如何通过强有力的特教专项立法来保障特殊儿童接受义务教育的权利，进一步明确各级政府、儿童家长和教育机构的责任，使经费投入、鉴定评估等得到专项法律法规的约束；如何加强对"随班就读"的支持，使融合教育的理念能被普通教育接受并得到充分体现；如何加强对特教师资和相关的专业人员的培养和训练；如何通过跨学科的合作加强相关的基础研究和应用研究，较快地改变目前研究力量薄弱、学科发展和专业人员整体发展水平偏低的状况。

为了迎接当代特殊教育发展的挑战和尽快缩短与发达国家的差距，三年前，我们在北京大学出版社出版意向的鼓舞下，成立了"21世纪特殊教育创新教材"的丛书编辑委员会和学术委员会，集中了国内特殊教育界具有一定教学、科研能力的高级职称或具有本专业博士学位的专业人员50多人共同编写了这套丛书，以期联系我国实际，全面地介绍和深入地探讨当代特殊教育的发展理念、基本原理和操作方法。丛书分为三个系列，共22本，其中有个人完成的专著，还有多人完成的编著，共约600万字。

理论与基础系列

本系列着重探讨特殊教育的理论与基础。讨论特殊教育的存在和思维的关系，特殊教育的学科性质和任务，特殊教育学与医学、心理学、教育学、教学论等相邻学科的密切关系，力求反映出现代思维方法、相邻学科的发展水平以及融合教育的思想对现代特教发展的影

响。本系列特别注重从历史、现实和研究方法的演变等不同角度来探讨当代特殊教育的特点和发展趋势。本系列由以下8种组成:

《特殊教育的哲学基础》《特殊教育的医学基础》《融合教育导论》《特殊教育学》《特殊儿童心理学》《特殊教育史》《特殊教育研究方法》《特殊教育发展模式》。

发展与教育系列

本系列从广义上的特殊教育对象出发,密切联系日常学前教育、学校教育、家庭教育、职业教育和高等教育的实际,对不同类型特殊儿童的发展与教育问题进行了分册论述。着重阐述不同类型儿童的概念、人口比率、身心特征、鉴定评估、课程设置、教育与教学方法等方面的问题。本系列由以下7种组成:

《视觉障碍儿童的发展与教育》《听觉障碍儿童的发展与教育》《智力障碍儿童的发展与教育》《学习困难儿童的发展与教育》《自闭症谱系障碍儿童的发展与教育》《情绪与行为障碍儿童的发展与教育》《超常儿童的发展与教育》。

康复与训练系列

本系列旨在体现"医教结合"的原则,结合中外的各类特殊儿童,尤其是有比较严重的身心发展障碍儿童的治疗、康复和训练的实际案例,系统地介绍了当代对特殊教育中早期鉴别、干预、康复、咨询、治疗、训练教育的原理和方法。本系列偏重于实际操作和应用,由以下7种组成:

《特殊儿童应用行为分析》《特殊儿童的游戏治疗》《特殊儿童的美术治疗》《特殊儿童的音乐治疗》《特殊儿童的心理治疗》《特殊教育的辅具与康复》《特殊儿童的感觉统合训练》。

"21世纪特殊教育创新教材"是目前国内学术界有关特殊教育问题覆盖面最广、内容较丰富、整体功能较强的一套专业丛书。在特殊教育的理论和实践方面,本套丛书比较全面和深刻地反映出了近几十年来特殊教育和相关学科的成果。一方面大量参考了国外和港台地区有关当代特殊教育发展的研究资料;另一方面总结了我国近几十年来,尤其是建立了特殊教育专业硕士、博士点之后的一些交叉学科的实证研究成果,涉及5000多种中英文的参考文献。本套丛书力求贯彻理论和实际相结合的精神,在反映国际上有关特殊教育的前沿研究的同时,也密切结合了我国社会文化的历史和现实,将特殊教育的基本理论、基础理论、儿童发展和实际的教育、教学、咨询、干预、治疗和康复等融为一体,为建立一个具有前瞻性、符合科学发展观、具有中国历史文化特色的特殊教育的学科体系奠定基础。本套丛书在全面介绍和深入探讨当代特殊教育的原理和方法的同时,力求阐明如下几个主要学术观点:

1. 人是生物遗传和"文化遗传"两者结合的产物。生物遗传只是使人变成了生命活体和奠定了形成自我意识的生物基础;"文化遗传"才可能使人真正成为社会的人、高尚的人、成为"万物之灵",而教育便是实现"文化遗传"的必由之路。特殊教育作为一个联系社会学科和自然学科、理论学科和应用学科的"桥梁学科",应该集中地反映教育在人的种系发展和个体发展中所发挥的巨大作用。

2. 当代特殊教育的发展是全球化、信息化教育观念的体现,它有力地展现了人类社会发展过程中物质文明与精神文明之间发展的同步性。马克思主义很早就提出了两种生产力的概念,即生活物资的生产和人自身的繁衍。伴随生产力的提高和社会的发展,人类应该有更多的精力和能力来关注自身的繁衍和一系列发展问题,这些问题一方面是通过基因工程来防治和减少疾病,实行科学的优生优育,另一方面是通过优化家庭教育、学校教育和社会教育的环境,来最大限度地增加教育在发挥个体潜能和维护社会安定团结与文明进步等方面的整体功能。

3. 人类由于科学技术的发展、生产能力的提高,已经开始逐步地摆脱了对单纯性、缓慢性的生物进化的依赖,摆脱了因生活必需的物质产品的匮乏和人口繁衍的无度性所造成"弱肉强食"型的生存竞争。人类应该开始积极主动地在物质实体、生命活体、社会成员的大系统中调整自己的位置,更加注重作为一个平等的社会成员在促进人类的科学、民主和进步过程中所应该承担的责任和义务。

4. 特殊教育的发展,尤其是融合教育思想的形成和传播,对整个教育理念、价值观念、教育内容、学习方法和教师教育等问题,提出了全面的挑战。迎接这一挑战的方法只能是充分体现时代精神,在科学发展观的指导下开展深度的教育改革。当代特殊教育的重心不再是消极地过分地局限于单纯的对生理缺陷的补偿,而是在一定补偿的基础上,积极地努力发展有特殊需要儿童的潜能。无论是特殊教育还是普通教育都应该强调培养受教育者积极乐观的人生态度和做人的责任,使其为促进人类社会的进步最大限度地发挥自身的潜能。

5. 当代特殊教育的发展,对未来的教师和教育管理者、相关的专业人员的学识、能力和人格提出了更高的要求。未来的教师和教育管理者、相关的专业人员不仅要做到在教学相长中不断地更新自己的知识,还要具备从事普通教育和特殊教育的能力,具备新时代的人格魅力,从勤奋、好学、与人为善和热爱学生的行为中,自然地展示出对人类未来的美好憧憬和追求。

6. 从历史上来看,东西方之间思维方式和文化底蕴方面的差异,导致对残疾人的态度和特殊教育的理念是大不相同的。西方文化更注重逻辑、理性和实证,从对特殊人群的漠视、抛弃到专项立法和依法治教,从提倡融合教育到专业人才的培养,从支持系统的建立到相关学科的研究,思路是清晰的,但执行是缺乏弹性的,综合效果也不十分理想,过度地依赖法律底线甚至给某些缺乏自制力和公益心的人提供了法律庇护下的利己方便。东方哲学特别重视人的内心感受、人与自然和人与人之间的协调,以及社会的平衡与稳定,但由于封建社会落后的生产力水平和封建专制,特殊教育长期停留在"同情""施舍""恩赐""点缀""粉饰太平"的水平,缺乏强有力的稳定的实际支持系统。因此,如何通过中西合璧,结合本国的实际来发展我国的特殊教育,是一个需要深入研究的问题。

7. 当代特殊教育的发展是高科技和远古人文精神的有机结合。与普通教育相比,特殊教育只有200多年的历史,但近半个世纪以来,世界特殊教育发展的广度和深度都令人吃惊。教育理念不断更新,从"关心"到"权益",从"隔离"到"融合",从"障碍补偿"到"潜能开发",从"早期干预""个别化教育"到终身教育及计算机网络教学的推广,等等,这些都充分地体现了对人本身的尊重、对个体差异的认同、对多元文化的欣赏。

本套丛书力求帮助特殊教育工作者和广大特殊儿童的家长:① 进一步认识特殊教育的本质,勇于承担自己应该承担的责任,完成特殊教育从慈善关爱型向义务权益型转化;② 进一步明确特殊教育和普通教育的目标,促进整个国民教育从精英教育向公民教育转化;③ 进一步尊重差异,发展个性,促进特殊教育从隔离教育向融合教育转型;④ 逐步实现特殊教育的专项立法,进一步促进特殊教育从号召型向依法治教的模式转变;⑤ 加强专业人员的培养,进一步促进特殊教育从低水平向高质量的转变;⑥ 加强科学研究,进一步促进特殊教育学科水平的提高。

我们希望本套丛书的出版能对落实我国中长期的教育发展规划起到积极的作用,增加人们对当代特殊教育发展状况的了解,使人们能清醒地认识到我国特殊教育发展所取得的成就、存在的差距、解决的途径和努力的方向,促进中国特殊教育的学科建设和人才培养。在教育价值上进一步体现对人的尊重、对自然的尊重;在教育目标上立足于公民教育;在教育模式上体现出对多元文化和个体差异的认同;在教育方法上本着实事求是的精神实行因材施教,充分地发挥受教育者的潜能,发展受教育者的才智与个性;在教育功能上进一步体现我国社会制度本身的优越性,促进人类的科学与民主、文明与进步。

在本套丛书编写的三年时间里,四个主编单位分别在上海、南京、武汉组织了三次有关特殊教育发展的国际论坛,使我们有机会了解世界特殊教育最新的学科发展状况。在北京大学出版社和主编单位的资助下,丛书编委会分别于2008年2月和2009年3月在南京和上海召开了两次编写工作会议,集体讨论了丛书编写的意图和大纲。为了保证丛书的质量,上海市特殊教育资源中心和华东师范大学特殊教育研究所为本套丛书的编辑出版提供了帮助。

本套丛书的三个系列之间既有内在的联系,又有相对的独立性。不同系列的著作可作为特殊教育和相关专业的教材,也可供不同层次、不同专业水平和专业需要的教育工作者以及关心特殊儿童的家长等读者阅读和参考。尽管到目前为止,"21世纪特殊教育创新教材"可能是国内学术界有关特殊教育问题研究的内容丰富、整体功能强、在特殊教育的理论和实践方面覆盖面最广的一套丛书,但由于学科发展起点较低,编写时间仓促,作者水平有限,不尽如人意之处甚多,寄望更年轻的学者能有机会在本套丛书今后的修订中对之逐步改进和完善。

本套丛书从策划到正式出版,始终得到北京大学出版社教育出版中心主任周雁翎和责任编辑李淑方、华东师范大学学前教育学院党委书记兼上海市特殊教育资源中心主任汪海萍、南京特殊教育师范学院院长丁勇、华中师范大学教育科学学院院长邓猛、陕西师范大学教育科学学院副院长赵微等主编单位领导和参加编写的全体同人的关心和支持,在此由衷地表示感谢。

最后,特别感谢丛书付印之前,中国教育学会理事长、北京师范大学副校长顾明远教授和上海市副市长、上海交通大学医学院教授沈晓明在百忙中为丛书写序,对如何突出残疾人的教育,如何进行"医教结合",如何贯彻《国家中长期教育改革和发展规划纲要(2010—2020年)》等问题提出了指导性的意见,给我们极大的鼓励和鞭策。

"21世纪特殊教育创新教材"
编写委员会
(方俊明执笔)
2011年3月12日

第二版修订说明

《超常儿童的发展与教育》一书自 2011 年出版以来,承蒙广大读者厚爱。应北京大学出版社的提议,我们近期完成了本书的修订工作。近年来国内外的超常儿童教育和相关研究依然处于一个比较平稳的阶段,因此相关的新研究不多,第二版的修订工作由苏雪云、张旭完成,主要就一些文字内容进行了修改,补充完善了最新的研究发现等。但限于编者的精力和水平,仍不免有疏漏之处,敬请读者斧正。

每一个儿童都是神奇的个体,超常儿童发展和教育对于儿童的个体性、差异性和创造性的尊重和珍视,也是每一位教育工作者和家长都值得借鉴的原则,也希望我国的超常儿童教育的相关研究和政策能获得进一步的发展。

再次感谢各位读者!

苏雪云

2015 年 12 月于美国俄勒冈大学

第一版前言

超常儿童的教育有着悠久的历史,但与其他类型特殊儿童的教育不同,超常儿童教育一直存在很多争议性的议题,在我国,由于种种原因超常教育曾一度被视为学术研究和教育实践的禁区。1978年以后,由于现代化建设对于拔尖人才的迫切需要,国家开始关注并推进这一领域,中国科学院心理研究所成立了超常儿童研究课题组,并在全国范围内建立了超常儿童追踪研究协作组,超常儿童的教育实践和学术研究开始启动。此后,相继在中国科技大学、西安交通大学等12所高等院校成立了少年班,70多所中小学开办了实验班,对一些资质优异的儿童进行了比较系统地教育和培养。超常教育开展30年,在借鉴国外经验的基础上,围绕着超常儿童的评估和鉴别、认知特点、智力非智力因素、个性特征与教育及管理的方法等问题展开了一定探讨,引起了国际上同行专家的重视。但是,超常教育领域仍存在着许多值得我们进一步去探索的课题。

本人很荣幸收到丛书主编的邀请,与张旭博士一起合作编写《超常儿童的发展与教育》一书。本书的编写主要依据两个原则:一是立足我国国情,力求全面反映我国超常儿童研究和教育实践30年的成果;二是综合国外最新的研究进展,致力于拓展超常儿童发展与教育的新观念和新发现。本书的编写一直受到方俊明教授的悉心指导,在此致以深深的谢意,也正是方俊明教授带领我们进入超常儿童发展与教育这一充满挑战的领域。

编写具体分工如下:苏雪云负责第1章"超常儿童概述"、第3章"超常儿童的鉴别"、第6章"超常儿童的社会性发展"、第7章"超常儿童的创造力发展"、第8章"超常儿童的教育"和第9章"超常儿童的教学";张旭负责第2章"超常儿童的成因"、第4章"超常儿童的生理发育与特点"和第5章"超常儿童的认知能力"。

十分感谢李伟亚博士参与第9章的修改成稿。还要感谢参与部分章节文献整理的各位同学,朱晓晨(第3章第3节和第7章)、胡冰和朱瑞(第6章)、王彦堃(第8章)、宋俊(第9章)。感谢沈雯文、王彦堃、汤杰颖、杨甦、沈临霏、胡冰协助查询部分章节的文献资料。

在本书的编写过程中,一直得到家人、同事和朋友的支持和鼓励,谢谢你们。

怀着不安的心情,完成了这本书稿的写作。正如方俊明教授所说的那样,"写书是个遗憾工程"。我们在写作的时候,就知道没有办法写出一本完美的书,从超常儿童完美主义的特征来看,这真的是很折磨人的。限于笔者的经验和能力,本书肯定存在很多不足,甚至遗漏和错误,敬请各位同仁阅读时给予批评指正。

心灵的范围如此宽广,
简直难以归于神授。
世界之大,而我们所知甚少。①

最后节选的这两句诗,很贴切地反映了超常儿童发展与教育这一领域的难度和广度,每个儿童都是独一无二的,理想的教育是为每个儿童提供适合其特征与需要的教育。在不久的未来,随着超常儿童心理与教育研究的深入,相关政策和教育体系的不断完善,相信每一个超常儿童都能得到适当的教育,其潜能得到发展,获得自我实现的同时,也为人类与社会的进步贡献更大的力量。

苏雪云
2009 年 12 月 27 日于沪

---

① 转引自:〔美〕简·卢文格.自我的发展[M].韦子木,译.杭州:浙江教育出版社,1988:1.

目 录

顾明远序 ……………………………………………………………………………… (1)
沈晓明序 ……………………………………………………………………………… (1)
丛书总序 ……………………………………………………………………………… (1)
第二版修订说明 ……………………………………………………………………… (1)
第一版前言 …………………………………………………………………………… (1)

第 1 章 超常儿童概述 …………………………………………………………… (1)
  第 1 节 超常儿童的概念 ………………………………………………………… (1)
    一、超常儿童相关概念的演化 …………………………………………………… (1)
    二、超常儿童("天才")的界定 …………………………………………………… (4)
    三、超常儿童的出现率 …………………………………………………………… (10)
  第 2 节 超常儿童教育的历史与发展 …………………………………………… (13)
    一、我国超常儿童教育的历史与现状 …………………………………………… (13)
    二、国外超常儿童教育的历史与现状 …………………………………………… (17)
    三、超常儿童教育的发展与展望 ………………………………………………… (20)

第 2 章 超常儿童的成因 ………………………………………………………… (23)
  第 1 节 超常儿童的遗传与生理基础 …………………………………………… (23)
    一、智力的遗传学研究 …………………………………………………………… (23)
    二、脑的结构和可塑性 …………………………………………………………… (28)
  第 2 节 超常发展与文化 ………………………………………………………… (33)
    一、时代文化背景对超常才能产生和发展的影响 …………………………… (34)
    二、家庭因素对超常才能发展的影响 …………………………………………… (39)

第 3 章 超常儿童的鉴别 ………………………………………………………… (43)
  第 1 节 早期线索与早期发现 …………………………………………………… (43)
    一、婴幼儿期的早期线索 ………………………………………………………… (43)
    二、儿童早期的超常表现 ………………………………………………………… (45)
    三、家庭、学校与早期发现 ……………………………………………………… (48)
  第 2 节 超常儿童鉴别的过程与内容 …………………………………………… (48)

一、超常儿童鉴别的程序和过程 …………………………………………………… (51)
　　二、超常儿童鉴别的内容和标准 …………………………………………………… (54)
  第3节　超常儿童的鉴别工具 ………………………………………………………… (57)
　　一、智力测验/认知能力测验 ……………………………………………………… (57)
　　二、学业成就测验 …………………………………………………………………… (59)
　　三、创造力测验 ……………………………………………………………………… (61)
　　四、社会情感发展测验（非智力因素的测量） …………………………………… (64)
　　五、领导能力测验 …………………………………………………………………… (65)
　　六、特殊才能鉴别的工具和方式 …………………………………………………… (66)

第4章　超常儿童的生理发育与特点 ……………………………………………………… (69)
  第1节　超常儿童的中枢神经系统特点 ……………………………………………… (69)
　　一、研究脑结构和功能的技术手段 ………………………………………………… (69)
　　二、脑容量与智力 …………………………………………………………………… (71)
　　三、超常儿童脑的发育模式及功能特点 …………………………………………… (73)
  第2节　营养与脑发育 ………………………………………………………………… (76)
　　一、生命早期营养的重要性 ………………………………………………………… (76)
　　二、营养物质与脑发育 ……………………………………………………………… (77)
  第3节　超常儿童的身体发育及特点 ………………………………………………… (82)
　　一、超常儿童的体质发育 …………………………………………………………… (82)
　　二、智力与皮纹学研究 ……………………………………………………………… (83)

第5章　超常儿童的认知能力 ……………………………………………………………… (88)
  第1节　概述 …………………………………………………………………………… (88)
　　一、认知的概念 ……………………………………………………………………… (88)
　　二、儿童认知发展研究的演变 ……………………………………………………… (89)
　　三、我国超常儿童认知研究概况 …………………………………………………… (91)
  第2节　超常儿童的信息加工速度 …………………………………………………… (92)
　　一、信息加工速度概述 ……………………………………………………………… (92)
　　二、儿童信息加工速度的发展 ……………………………………………………… (95)
　　三、超常儿童的信息加工速度 ……………………………………………………… (97)
  第3节　超常儿童的元认知 …………………………………………………………… (100)
　　一、元认知的概念及要素 …………………………………………………………… (100)
　　二、从超常儿童的界定看元认知和超常的关系 …………………………………… (102)
　　三、超常儿童的元认知发展 ………………………………………………………… (104)
  第4节　超常儿童的问题解决 ………………………………………………………… (107)
　　一、问题解决概述 …………………………………………………………………… (107)

二、超常儿童的类比推理能力 …………………………………………… (110)
　　三、超常儿童的问题解决策略 …………………………………………… (111)
　　四、知识基础在超常儿童问题解决中的作用 …………………………… (115)

第6章　超常儿童的社会性发展 …………………………………………… (119)
第1节　超常儿童的情绪发展 …………………………………………… (119)
　　一、超常儿童的情绪特征 ………………………………………………… (120)
　　二、智力与情绪 …………………………………………………………… (123)
　　三、影响超常儿童情绪发展的因素 ……………………………………… (124)
　　四、促进超常儿童的情绪发展 …………………………………………… (125)
第2节　超常儿童的个性发展 …………………………………………… (126)
　　一、超常儿童的个性特征 ………………………………………………… (127)
　　二、影响超常儿童个性发展的因素 ……………………………………… (130)
　　三、促进超常儿童的个性发展 …………………………………………… (131)
第3节　超常儿童的自我和道德发展 …………………………………… (133)
　　一、超常儿童的自我发展 ………………………………………………… (133)
　　二、超常儿童的道德发展 ………………………………………………… (139)

第7章　超常儿童的创造力发展 …………………………………………… (144)
第1节　创造力概述 ……………………………………………………… (144)
　　一、创造力与超常 ………………………………………………………… (144)
　　二、四种创造力的理论 …………………………………………………… (146)
　　三、创造力的整体观 ……………………………………………………… (149)
第2节　高创造力者的个性特征和测量 ………………………………… (151)
　　一、四个维度的高创造力者的个性特征 ………………………………… (151)
　　二、创造力的测量 ………………………………………………………… (155)
第3节　创造力的发展 …………………………………………………… (158)
　　一、作为一个过程的创造力 ……………………………………………… (158)
　　二、促进创造力发展的因素 ……………………………………………… (159)
　　三、抑制创造力发展的因素 ……………………………………………… (163)

第8章　超常儿童的教育 …………………………………………………… (166)
第1节　超常儿童教育概述 ……………………………………………… (166)
　　一、超常儿童教育的定义 ………………………………………………… (166)
　　二、超常儿童教育的基本原则 …………………………………………… (168)
　　三、优化学习：脑科学研究在超常教育中的运用 ……………………… (170)
　　四、超常儿童的早期教育 ………………………………………………… (172)

五、超常教育的师资 ………………………………………………………… (173)
　第2节　超常儿童的安置与教育模式 ……………………………………… (177)
　　一、超常儿童安置与教育概况 ………………………………………………… (177)
　　二、国外常用的超常教育的安置与教育模式 ……………………………… (178)
　　三、我国目前的超常教育的安置与教育模式 ……………………………… (182)
　第3节　超常儿童教育的课程 ……………………………………………… (185)
　　一、超常儿童教育的课程概况 ………………………………………………… (185)
　　二、国外超常儿童教育的课程模式 …………………………………………… (187)
　　三、我国超常儿童教育的课程 ………………………………………………… (190)

第9章　超常儿童的教学 …………………………………………………… (193)
　第1节　超常儿童教学概述 ………………………………………………… (193)
　　一、超常儿童的学习特征 ……………………………………………………… (193)
　　二、超常儿童教学的基本原则 ………………………………………………… (196)
　　三、超常儿童教学的有效策略 ………………………………………………… (197)
　第2节　低成就超常儿童的教学 …………………………………………… (206)
　　一、低成就超常儿童概述 ……………………………………………………… (206)
　　二、低成就超常儿童的干预 …………………………………………………… (207)
　第3节　特殊需要超常儿童的教学 ………………………………………… (211)
　　一、特殊需要超常儿童概述 …………………………………………………… (211)
　　二、特殊需要超常儿童的教学 ………………………………………………… (213)
　第4节　融合教育中超常儿童的教学 ……………………………………… (216)
　　一、融合教育中超常儿童教学内容的调整 ………………………………… (216)
　　二、融合教育中超常儿童教学实施方案 …………………………………… (217)

参考文献 ……………………………………………………………………… (220)

第1章 超常儿童概述

1. 了解超常儿童相关概念的演化,以及如何界定超常儿童的概念,了解不同理论模型对于超常儿童的理解。
2. 了解中国超常儿童教育的历史、发展和现状。
3. 了解国外超常儿童教育的历史和发展。

在每个时代,不同的文化中,都有一些概念是指称那些具有超出常人的才能和能力的个体。这些概念包括"神童""天才""超常""专才""资赋优异儿童"等,一直到我国大陆近三十年使用的"超常儿童"的概念,这些概念究竟有什么样的内涵,其外延又有什么不同?不同的概念是如何演化的,又有哪些关于"天才"的不同理论模型来支撑我们对于不同概念的理解?"超常儿童"在人群中的比例究竟是多少?中国古代到现代,超常教育的发展历程是什么样的?国外超常教育的历史和发展是怎样的?这些问题是超常儿童发展与教育的基础问题,将在本章中给予解答。

第1节 超常儿童的概念

一、超常儿童相关概念的演化

超常儿童(supernormal child)这个概念是我国心理学家刘范、查子秀等首先于1978年提出的,也有学者使用天才儿童和专才儿童(gifted and talented children)等其他的概念。中国古代称为"神童",目前,不同的国家或地区对超常儿童有不同的称呼,如日本称"超常儿童",新加坡称"高才儿童",我国台湾省称"资优儿童",而大陆多称"超常儿童"。但是,其概念的外延和内涵基本一致,都是指智慧和能力超过同龄儿童发展水平的儿童。

古今中外,一直都存在智慧和能力超过同龄儿童发展水平的儿童,人们对他们的称呼,反映了不同时代和不同文化对于这一群体认识的变化和发展。日常生活中,人们常采用聪慧、有悟性、天才、早熟等这类名词来表述超常儿童的特征。究竟什么是超常儿童,人们对超常儿童的界定和其所处的文化背景是分不开的,即不同文化有自己所推崇的"天才"类型,而且人们对于超常儿童的认识也有一个发展的过程。2000多年前,我国西汉将那些禀赋优异的少年称为"神童",认为这些少年超常的智慧和才能乃是"天神"赐予的。国外研究中常用的"gifted"的概念,也包含了天赋的含义在内。根据韦伯英文辞典(Webster College Dictionary),国外文献中的 gifted 一词始于1644年,但其广泛流传则是在英国的高尔顿(Francis

Galton)出版了《遗传和天才》(Hereditary Genius,1869)之后,高尔顿对于高能力的家族史进行了研究,得出的结论是,人的禀赋是先天遗传的,是上天赐予的礼物。① 他用的是"genius"的概念,在美国心理学家推孟(L. M. Terman)的研究里,1959年发表报告时已经改用了"天才"(gifted)一词,而高尔顿的"genius"一词主要指对人类社会具突出贡献。② "天才"(gifted)这一概念一直在西方延续使用至今,但是随着时代的发展和研究的深入,"天才"(gifted)这个概念不断被注入新的内容,不断地发展和演化。

(一)天才与高智商

对于智力概念认识的发展一直影响着人们对于天才和超常概念的认识,从1869年高尔顿对于人类智力和个体差异的遗传性进行研究后,形成了晶体智力(fixed intelligence)的概念和第一个智力测验。之后,法国的比纳(Alfred Binet)发展了智力量表,并提出了智龄和智商(Intelligence Quotient,IQ)的概念,人们开始用智商作为定义"天才"儿童的标准。1921年,美国心理学家推孟改编比纳智力量表,形成了斯坦福-比纳智力量表(The Stanford-Binet Intelligence Test),并于1922年首次使用智力测量来鉴别天才。他认为,天才儿童是智力常态分配中成绩最高的人,智商超过140的儿童就是天才。之后天才这个概念就与智商结合起来了。智力测验也非常流行。也有些国家认为智商130以上的儿童便是资质优异的儿童。可以说,直至20世纪50年代,人们多用智力测验来鉴定和评估超常儿童,天才意味着高智商。

但是,随着对智力研究的不断深入,越来越多的研究者指出,仅用智力测验来鉴别天才儿童是有局限的。20世纪30年代开始便有很多心理学家开始质疑智力的稳定性并提出智力的可教育性的概念,并认为智商不一定是稳定的,还提出了智力的交互作用论。例如,1952年,瑞士著名心理学家皮亚杰(Jean Piaget)从发生认识论的角度认为智力的本质是对环境的适应,为智力的交互作用论提供了有力的支持。1956年,吉尔福特(J. P. Guilford)在美国心理学会的一场报告中,介绍了他的智力结构模型,即著名的多维智力观,将智力的概念扩展到120个因素,其中包括创造力,即发散性思维。他认为包括创造力在内的重要的资质是智力测验测不出的。20世纪60年代,俄国心理学家维果茨基(Vygotsky)强调学习,特别是早期刺激对于发展的重要性,当他的研究成果被介绍到美国后,也对原有的晶体智力观提出了挑战。1964年,布卢姆(Bloom)有关高难度的学习理论的研究也进一步论证了"天才"同样需要后天的适当教育,并为后续的很多天才和专才项目提供了教育理论基础。特别值得一提的是,1983年加德纳(Howard Gardner)的多元智力理论和1984年斯滕伯格(Robert Sternberg)的智力分层理论又进一步拓展了人们对于智力的理解。多元智力理论认为人的智能可以包括语言、音乐、逻辑数学、空间、身体运动、人际、内省智能,以及后来增加的自然智能等多种智能,因此天才也可以是在各种不同的智能上表现优异的人,而不是单纯的最初的高智商了。渐渐地,人们也不再用纯智力测验来鉴别和评估超常儿童,而是将创造力和其他的特殊才能也包括在内。比如托兰斯(Torrance)就认为,如果仅以传统的智力测验或类比推理测验的分数为标准来鉴别"天才"儿童的话,就可能会导致70%的具有创造才能的

---

① 施建农,徐凡.超常儿童发展心理学[M].合肥:安徽教育出版社,2004:3.
② 查子秀.超常儿童心理学[M].第二版.北京:人民教育出版社,2006:9.

人被漏掉而不能得到发展,而这些人时常是在将来可能作出巨大贡献的人。① 因此,20 世纪 70 年代美国联邦教育部根据许多研究结果,规定天才应包括以下方面:① 一般智力;② 特殊学习能力性向;③ 创造性思维;④ 领导才能;⑤ 视觉和演奏艺术;⑥ 心理运动才能(后来删去了此点),认为只要上述某一方面或几方面禀赋优异并有杰出表现者都应称为天才儿童。②

20 世纪 70 年代末,美国伦祖利(J. S. Renzulli)又指出美国官方的规定中没有包括非智力成分,因此他提出了"三环天才儿童"的概念,认为天才儿童是由下列三种主要的心理品质构成和相互促进的:一是中上等以上的智力;二是较高的创造力;三是强烈的动机与责任感。③ 20 世纪 90 年代,还出现了关于天才的另一种观点——"情绪智力"(emotional intelligence)。例如,脑部和行为研究学者戈尔曼(Daniel Goleman)指出:在工作中,许多高智商的人很努力却很难获得成功,而一些智商处于平均水平的人却事业兴旺。④ 戈尔曼的理论认为,智力不是生来就一成不变的,每个人的自我意识、冲动控制、持久性、自我激励、移情和社会技能等都能不断发展和加强。他认为这些不同的因素对个体智力有不同的促进作用,因此可以称之为情绪智力。有较高的认知智力并不意味着在生活的各个领域都有很好的技能,戈尔曼认为情绪智力可以改变个体的一切,从个人成功到身体健康。他的智力理论,和加德纳的人际智力和内省智力有些相似,拓展了我们对天才的概念和可能的表现方式的理解。

(二) 从天才到专才(from giftedness to talent)

英文研究和相关文献里,giftedness 和 talent,两个词时常是同时出现的,比如"the gifted and talented"。大部分天才教育研究领域内的学者并不就这两个概念做出明确的区分。过去的四十多年来,仅有少数的学者提出了两个概念的差异⑤。其中美国教育心理学家加涅(Francoys Gagné)认为很有必要对这两个概念进行区分,他认为 giftedness 和 talent 的区别类似于潜能(potential)/才能(aptitude)和成就(achievement)之间的差别,也就是天生能力和系统性发展的能力。他的天才和专才分化模型里,对这两个概念进行了区分,giftedness(天才)指的是至少在某一个能力领域拥有或运用没有经过培训的自发地表现出天生的能力(称为才能或天才),其水平在同龄人的前 10% 的位置;而 talent(专才)指的是至少在一个人类活动的领域内纯熟地掌握了系统性发展的能力(或技能)和知识,其水平在已经或正在积极从事此领域的同龄人中处于前 10% 的位置。⑥ 对这两个概念的区分,其实意味着对于"天才"儿童的能力的理解又进一步加深,从天才到专才,意味着能力可以是天生的,但是天才不一定会成为专才,而专才不一定是天才,任何形式的才能都需要后天发展,需要适当的教育和良好的环境的支持。

---

① 施建农,徐凡. 超常儿童发展心理学[M]. 合肥:安徽教育出版社,2004:3.
② 查子秀. 超常儿童心理学[M]. 第二版. 北京:人民教育出版社,2006:10.
③ 方俊明. 今日学校中的特殊教育[M]. 上海:华东师范大学出版社,2004:326.
④ 方俊明. 今日学校中的特殊教育[M]. 上海:华东师范大学出版社,2004:332.
⑤ 美国教育部. 国家的财富:美国天才发展的案例研究[R]. 1993:3-6.
⑥ Gagné, F. A proposal for subcategories within the gifted or talented populations[J]. Gifted Child Quarterly, 1998(2):87-95.

(三）资优和超常

我国台湾地区在1973年开始进行资优教育实验,在对天才(giftedness)一词进行翻译的时候,采用了资优的概念,即"资赋优异"的简称。正如台湾的学者简茂发分析的那样,他认为从字源上说,"常用的资优一词,若从英文来看,即是'giftedness'和'talent'。据韦氏辞典所载,gift在古挪威文中代表的意义是'获得某些东西'或'天赋';时至近代,这个单词通常仍暗示着受之于神或自然的眷顾而得的禀赋,常与talent互用"[①]。但在资优的概念上,虽然就广义上达成共识,但是不同的资优理念,还是会影响具体的内涵,吴武典教授认为"比较四平八稳的还是美国1987年国会通过的《资优儿童教育法》中的定义:'资优儿童或青少年指的是在学龄前或中小学阶段,经鉴定后在下列领域中有卓越表现或高度潜力者:① 一般智力;② 特殊学业性向;③ 创造能力;④ 视觉与表演艺术。'这个定义有几个重要的理念:① 及早发掘与栽培;② 客观的鉴定;③ 兼顾潜在的资优;④ 多元的才能。"[②]

中国大陆地区在历史上一直将"giftedness"译为"天才"。1978年,我国心理学家刘范、查子秀[③]等出于以下几点考虑,用"超常"代替"天才"来称呼这类儿童:第一,超常儿童是相对于常态儿童而言,是儿童中智慧才能优异发展的一部分,他们与常态儿童之间有差异也有共同性;第二,超常智能是在教育和环境影响下发展起来的,先天素质为超常智能提供了某种潜在的可能,但需要适合的教育和环境才能成为现实;第三,超常智能是稳定的,也是发展变化的,可能加速超常发展,也可能停滞或后退,这取决于各种主客观因素;第四,超常儿童心理结构不仅仅限于智力、才能方面,还包括创造力和非智力个性特征方面。

人类对于天才儿童或超常儿童的认识一直在发展,随着研究的深入,概念的演变仍在继续,而对于超常儿童的概念的内涵和外延的研究,是十分重要的,不仅直接关系着我们如何来鉴别超常儿童,而且也直接影响着我们对于超常儿童的教育。

二、超常儿童("天才")的界定

如果请你举几个例子,说说你心目中的"天才",你会说出哪些名字呢?你可能会说出:莫扎特、居里夫人、爱因斯坦或马丁·路德·金、陈景润、周恩来……你也可能说的是你认识的某个成人或小孩的名字。在你思考的时候,你肯定有一定的标准作为自己选择的基础。如果你选择的是成人,你的标准也许是他在某一特定领域取得了惊人的成就,如莫扎特的音乐。如果你选择的是孩子,你可能有几个标准,他可能学习成绩很好,总是不费力就拿高分;他的思想比他实际年龄成熟;或他在艺术或舞蹈方面表现出了特殊才华。

正如上文所说的,我们用来指称"天才"或者超常儿童的概念有很多,其内涵和外延也不断地有所变化,许多研究者从各种不同的理论和不同的角度对天才进行了界定。

（一）天才的定义

历史上对于"天才"的定义比较集中在"智力"领域,比如前面提及的推孟,他在1922年对高智商的个体进行研究,为现行天才的定义奠定了基础。在他的"天才的基因研究"中,他

[①] 简茂发.资优概念与资优教育[M]//中华资优教育学会.资优教育的全方位发展.台北:心理出版社,2000:25-27.
[②] 吴武典.资优教育的研究与课题[G]//台湾师范大学特教系所,等.开创资优教育的新世纪,1994:10-11.
[③] 查子秀.超常儿童心理学[M].第二版.北京:人民教育出版社,2006:13.

收集了 1500 名智商超过 140 的儿童的资料,并进行了长达 30 年的长期追踪研究。这一研究具有很重要的意义,因为这是第一次大规模地搜集资料,并对高智商个体的健康状况作了报告,同时消除了人们认为超常能力与神经病之间存在关联的错误观点。但是另一方面,推孟的研究也形成了两个错误的观念,这些观念还在一定程度上继续存在着。第一,他发展了 IQ(智商)测验,通过认知任务来评估才能,并把天才与智商等同。这样就把艺术、领导才能和其他领域的天才排除在外了。第二,他把天才和基因相联系,这样在实践中就会错误地把智力当作遗传的结果,且认为是不可变的。但是,智力和天才有一部分是由基因决定的,但同时还受社会心理因素的影响,以及受人一生的成长过程中各种机遇的影响,甚至会因此发生改变。

美国的天才教育发展历史较久,也形成了较为系统的关于"天才"的定义、鉴别、安置和服务体系。在美国很多州的法律里都有对天才的定义,以指导本州学校的教育方案的制订,并依据定义来获得政府拨款。各州的定义都有所不同,但大部分都基于联邦政府的定义。《雅各布天才和专才学生教育法案 1994 年修正案》(*Jacob K. Javits Gifted and Talented Students Education Act of* 1994)中这样定义"天才和专才"[①]:

"天才(gifted)和专才(talented)"用于学生时,是指那些在某些领域明显表现出高成就的儿童或青少年学生(儿童或青年),这些领域包括智力、创造力、艺术或领导能力或某一特定的学术领域。他们需要在普通的学校服务和活动之外,再提供给他们可以充分发展其能力的其他服务和活动。

这个对天才的定义是比较权威的,这一定义表明美国政府承认天才值得关注,表明这些学生需要服务,同时描述了天才的领域和特征,并为拨款设定了标准。

即使如此,在美国的天才教育领域,关于究竟如何称呼这些学生、如何界定这些学生的争论还一直在持续,人们对天才的本质的理解也在不断转变和发展中。在美国教育部的一篇名为《国家的财富:美国天才发展的案例研究》的政府报告中不再使用天才(gifted)一词,而用资质突出的专才(outstandingly talent)和资质优异的专才(exceptionally talent)来代替。尽管这些术语常常可以替换使用,但正如加涅的天才和专才的模型提出的那样,天才一般指"在一个或多个领域内具有突出的能力",专才指"在这些领域(domain)内一个或多个专业(field)中取得突出的成就;也就是说专才是作为学生学习过程的结果,是能力的产物"[②]。尽管许多研究者支持采用专才这一概念,但也有研究者认为天才这一概念更确切地描述了这些个体身上表现出的才能的多样性。

由于术语使用的争论的影响,教育者对这些有天赋的学生的界定也发生了变化。其中一个重要的核心思想是对天才的界定应该包括多种标准。对于天才的定义很重要,因为"对何为天才的界定,会影响并决定对天才的鉴别和教育"。

本书中采用"超常儿童"的概念,并认同我国学者对于其内涵的界定:第一,超常儿童是有特殊教育需要的儿童,普通教育无法满足其发展的需要;第二,超常儿童的"超常"可以表

---

① 方俊明.今日学校中的特殊教育[M].上海:华东师范大学出版社,2004:324.
② Gagné, F. A proposal for subcategories within the gifted or talented populations[J]. Gifted Child Quarterly, 1998(2):87-95.

现在认知能力(智力)、创造力、学业能力、领导力、特殊才能(艺术、表演、运动等)等不同的领域,在其中一个或多个领域表现出显著的能力水平;第三,超常儿童的"超常"有生理与遗传因素,但后天环境与教育是"天才"能否发展为真正的"专才"的关键,教育不仅要关注其认知和智力因素,还要关注其社会性发展。

(二)国外关于"天才"的概念模型

1. 伦祖利关于天才定义的三环理论

如图1-1所示,伦祖利的"三环天才儿童的概念"认为,天才需具有以下特征:① 高于平均水平的能力(above average ability);② 创造力(creativity),在某一领域内的新颖、实用或不同一般的想法;③ 对任务的执著和承诺(task commitment),即强烈的动机与责任感。这一定义对于美国天才儿童教育的实践也产生了影响,使得更多的儿童可以进入天才项目获得相应的服务。他特别强调了在适当的教育条件下这三个方面的相互作用促成各类天才儿童,而不是单方面的作用的结果。按照伦祖利的定义,在确定谁是天才儿童的时候,在智力(能力)方面的要求要比传统的确定天才儿童的标准(智商130~140以上)要低,只要求高于平均水平(即智商110~120以上),但同时要求满足其他两方面的心理品质,这样就拓展了天才儿童的概念,同时也丰富了天才的定义。并且他强调通过在全校范围内的丰富(school-wide enrichment)教学,给予每个儿童机会去发现自己的兴趣和天分,给予各种支持,特别是教授给孩子问题解决的技能,他们就可以表现出各个领域的能力,而且这些领域也是多样化的,除了我们通常认定"一般成就领域",比如数学、音乐、运动学科、语言学科等,还包括一些"特殊成就领域",比如动画、珠宝设计、制图、编辑、烹饪等日常生活中的各行各业。

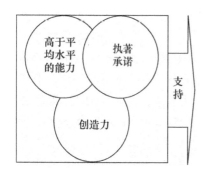

一般成就领域
数学·视觉艺术·物理科学·哲学·社会科学·法律·宗教·语言学科·音乐·生活学科·运动学科
特殊成就领域
动画·天文学·舆论测评·珠宝设计·制图·编舞·传记·电影·统计·地方史·电学·作曲·造景建筑·化学·人口统计·微缩摄影·城市规划·污染治理·诗歌·时装设计·编织·剧本写作·广告·戏服设计·气象学·木偶戏·营销·游戏设计·新闻写作·电子音乐·看护儿童·保护消费者·烹饪·鸟类学·家具设计·航海·宗谱学·雕刻·野生生物管理·背景设计·农学研究·动物学·电影评论·等

图1-1 伦祖利的关于天才定义的三圆图解[①]

2. 斯滕伯格的"五角内隐理论"

斯滕伯格也针对"天才"提出了一种概念模型,名为"五角内隐理论"。这个模型提出天才的必要标准有五个:① 杰出(excellence);② 优异(rarity);③ 实用(productivity);④ 表现(demonstrability);⑤ 价值(value)。表1-1对这五个标准进行了界定,并指出怎样进行测定。这一理论的目的是"在鉴别天才之前,先确定我们所指的天才是什么",并鼓励大家"把

---

① 方俊明.今日学校中的特殊教育[M].上海:华东师范大学出版社,2004:326.

人们对何谓天才的直觉记录下来并系统化"。

表 1-1　五角内隐理论：斯滕伯格和张丽芳的五项标准的改编①

标准	定义	怎样测定	例子：8岁的钢琴演奏者
杰出	某些方面与同龄人相比比较优秀	通过大量的与同龄人的对比来决定。优秀与否取决于被评判者的技能	在相同的训练条件下，和其他8岁儿童相比，钢琴演奏水平要高很多
优异	与同龄人相比，具有罕有的高水平的某些特质	通过与同龄人大量的特质对比来决定，仅当该特质是罕有的时候才评定为优异	其演奏水平不仅优秀，而且在同龄人中很少见
实用	被评估为优秀的内容要具有实用性或潜在的实用性	对儿童而言，多是潜在的实用性，但被鉴定为天才，必须要有某些成果	不仅演奏出色，而且作曲也得到其他音乐家的肯定
表现	某一方面的优秀必须可以通过一个或多个有效的测验表现出来	由具有有效性的评估工具来决定	获得由官方组织的成人艺术比赛的奖项
价值	某一方面的优秀的成就要被个体所在的社会认可为有价值	由某一特定文化、时代和/或地区对什么是有价值的理解来决定	其出色成就为社会所认可——在电视台的谈话节目中出现

3. 领域—特定模型(domain-specific model)

领域特定模型认为天才的智力不是单方面的（比如仅仅依据测验的分数），而是不同领域内的多方面的智力，这一概念模型得到了比较广泛的支持和认可。领域—特定天才并不意味着天才的优异表现是孤立的，而是说一个数学天才可能也在艺术、领导能力和体育等其他方面具有天赋。在现实生活中，两种情况都可能存在，某些人可以在多个领域表现出天赋，而某些人仅在一个领域十分出色。

加德纳的"多元智力理论"属于领域—特定模型，他提出的天才定义和美国政府的定义不同。他把身体智力和自觉/内省天才也包括进来。正如上文提及，加德纳认为在不同的文化和社会中存在八种特定的智力，详见表1-2。后来他又提出"存在(existential)智力"，即灵性或宗教相关的智力，这一智力仍在被研究者探索的过程中。加德纳的多元智力(multiple intelligences)也得到脑科学研究的支持，大脑不同部位成熟的差异，显示出可能存在不同智力的发展区域。

很多研究者还认为每一种类别的天资都有不同的程度区分，从天才(gifted)和专才(talented)到奇才(rare genius)，加德纳的理论有助于更好地理解在任何一种智力领域内的天才或专才存在的一个范围。加德纳认为"天才是存在于某一种文化背景内的，一种身心早熟的潜能的表现"，而"奇才(prodigiousness)是某一领域的天才的一个极端的类型"。换句话说，天才是指那些在某一特定任务或领域内表现出不同寻常的潜能的人；而奇才(prodigy)表现出的远远不仅是不同寻常的潜能，而是毋庸置疑的非凡。

---

① 方俊明.今日学校中的特殊教育[M].上海：华东师范大学出版社，2004：327.

知识小卡片 1-1

表 1-2　天才的潜在领域：加德纳的八种智力的改编①

领域	代表人物	天赋的可能特征	天赋的早期表现
音乐	艾拉·弗兹杰拉(Ella Fitzgerald) 伊萨克·帕尔曼(Itzhak Perlman)	对音高、节奏和音色具有非凡的悟性和感受性 未经音乐训练便具有这种能力 把音乐作为表达感情的方式	很小就可以唱歌或演奏 对歌曲的片断进行匹配和模仿的能力 热爱各种声音
身体—运动	迈克·乔丹(Michael Jordan) 娜迪亚·歌曼妮芝(Nadia Comenici)	未经正式训练便表现出才能 对身体运动的控制力非凡 手巧、平衡	身体运动灵活 时间感很好
逻辑—数学	艾伯特·爱因斯坦(Albert Einstein) 史蒂芬·霍金(Stephen Hawking)	喜爱抽象 问题解决速度极快 解决方法是既定的公式化的 整体系统地表述 高超的复杂推理能力	理解概念无需实物帮助 热衷并善于模型制作 不用草稿纸就可以解题 喜欢给实物排序和重新组合
语言	弗吉尼亚·伍尔芙(Virginia Woolf) 玛雅·安吉洛(Maya Angelou)	运用语言的能力非凡 语言丰富多彩，甚至开始于幼时	有非凡的模仿成人言语类型和音域的能力 掌握语言的速度很快 最初开口说的词句不同一般
空间	毕加索(Picasso) 弗兰克·L.赖特(Frank Lloyd Wright)	具有神奇地在脑海中想象出各种形象并把其转化的能力 有举一反三的能力 把一事物转变成其他事物的能力	对布局有直觉 可以看到景物的很多方面 可觉察到微小细节，可在心中画地图
人际	马丁·路德·金(Martin Luther King, Jr.) 玛德琳·奥尔布莱特(Madeleine Albright)	对人们的情绪、脾气、动机和意图等高度的觉察和敏感性 在社会交往中能理解他人的意图和需要，而且无需语言	可以假扮或"角色扮演"不同的成人角色 很容易感觉到别人的心情 常能激励、鼓励和帮助他人
内省	西格蒙德·弗洛伊德(Sigmund Freud) 露丝·韦斯特海默(Ruth Westheimer)	对人的内心世界有丰富的了解 对自我的情绪和情感的认识日渐深入 自我感成熟	感觉敏感(有时过于敏感) 对自我有不同寻常的深刻理解
自然	玛格丽特·米德(Margaret Mead) 约翰·奥杜邦(John Audubon)	与周围世界关系密切 和环境和谐相处	可以辨认和区分某一周围事物的很多种类，如汽车的不同型号 认识很多不同的岩石、矿物和树木

　　美国的卡尼(Michael Kearney)就是这样一个奇才，他在语言、逻辑/数学、空间和人际能力方面都表现出不同寻常的潜能，他的智商高于200，10岁获得人类学学士，16岁获得第二个硕士学位：第一个是生物化学的硕士学位，第二个是计算机科学的硕士学位。

　　加德纳还认为，在某一特定领域表现出天资的个体常常会在该领域内表现出专业能力和创造力两方面的天资。专业能力(expertise)是指对某一领域内的技能和知识的熟练掌握，而创造力是一种在某一领域的潜在的不同寻常或独特的观点。

---

① 方俊明.今日学校中的特殊教育[M].上海：华东师范大学出版社，2004：329.

另外,加德纳还对另一个概念"非凡的天才"(genius)进行了界定,认为是指"那些人或其作品不仅专业和有创造力,而且同时还有普遍性的(universal)或近于普遍性的(quasi-universal)的重要意义"。因此尽管有的儿童具有很高的智力,但仍然需要时间来证明他表现出的专业能力和创造力能否完成一些有意义的工作,对人类社会具有突出的贡献,只有这样才能符合加德纳的定义,可以称之为非凡的天才。

4. 加涅的天才和专才模型

加涅的这一模型,对于天才和专才的分化,遗传和环境的相互作用,以及后天的学习等都进行了论述。① 他对于天才的界定,可以通过图1-2来表示。其中他认为"天才能力"(giftedness)分为四个关键的领域:第一,智力领域(the intellectual domain),指的是推理能力及解决问题的能力以及良好的记忆力;第二,创造力领域(the creative domain),即有能力用新颖的方法来完成任务,具有一定的原创性,同时也具有一定的实用性;第三,社会情感领域(the socioaffective domain),最基础的能力是在社会情境下去理解他人的情感,并积极地发展这些能力,以形成良好的人际关系,也包括具备领导能力;第四,感觉运动领域(the sensorimotor domain),即平衡、协调和控制能力,有很好的身体意识和空间能力。同时,加涅也指出这些"天才能力"的形成要经历过学习、训练和相互促进等发展过程后可能会最终成为"专才成就",包括在多个领域,包括学业领域、策略领域、技术领域、艺术和商业等领域的"专才成就"。在发展过程中,个体的非智力心理品质以及所处的环境都会影响到最终是否能发展其才能并有较大的成就。

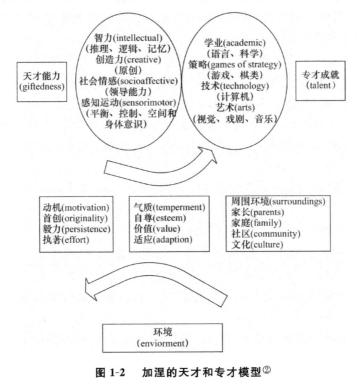

图1-2 加涅的天才和专才模型②

---

① City of Edinburgh Council. A Framework for Gifted and Talent Pupils[R]. Edinburgh, 2001:1-48.
② 苏雪云,杨广学."天才"与"专才":英才教育基本概念辨析[J]. 中国特殊教育,2009(12):59-61.

(三)天才定义中的文化因素

在不同的社会或者文化背景里,人们对于什么是天才的定义也会有差异,有的文化可能更加强调智力上的优异,更加关注学业成就,有的文化则可能会对运动、艺术、唱歌、舞蹈等的评价较高,因此可能给出不同的天才的界定。而且,随着社会的发展,在同一个文化体系中,对天才概念的内涵和外延也会有不同的理解,例如,我国近些年来,对超常儿童学业之外的"天赋"或者"禀赋"的认可和关注也越来越多。

另外,对天才的定义的理解还受到性别的影响。在很多文化体系中,被鉴定为天才或专才的女童数量很少,她们也常面临更多的适应的困难。在某些保守的传统文化中,甚至认为女性应该以家庭为中心,不应该过于发展个人的才能;女孩表现得"太聪明"也常不被社会接受。[①] 相对于天才男童而言,天才女童更容易被同伴排斥和孤立。我国超常儿童的各种教育模式中,女生的比例也总是很少。

三、超常儿童的出现率

超常儿童出现率的高低与人们对智力概念的理解和对超常儿童的界定密不可分。尤其是对以下两个问题的不同看法会直接影响超常儿童的出现率数据。

第一,鉴定超常儿童的标准是什么?尽管人们普遍认为,超常儿童应是那些具有超出常人的才能或能力的个体,但在超常儿童的具体界定上,是应该采取一般智力、创造力、学业和工作成就等各方面都突出的标准,还是以某一方面或几方面才能超过平均发展水平为依据,如前文所述,学者们对此问题的看法并不一致。

第二,所谓的"超过平均发展水平的"区间应该具体定在什么范围?也就是说,超常儿童的人数在一定的人群中究竟应该占多大比例?对此,目前也还没有一个统一的标准。例如,较多的学者认为,在整体人群中,智商分数处于顶端2%~3%的个体可以被认为是超常个体。在教育实践中,也多采用智商分数在125—130水平作为鉴别超常儿童的起始分数。而伦祖利则提出,不能仅仅以智商分数作为决定天才的唯一标准。他认为存在一个"天才群"(talent pool),应该把处于一般能力或特定成就领域顶端15%~20%的儿童都视为天才。儿童的智商分数只要不低于115,并且符合他所提出的天才定义,就可以加入天才计划。

因此超常儿童的发生率,可以从1%~3%到15%~20%,主要取决于如何界定超常以及如何进行鉴别。在我国大陆,一般认为按照智商的正态分布(见图1-3),处于正态曲线的高端的1%~3%的儿童为超常儿童,因此如果按照3%的比例,根据我国最近的第五次人口普查的结果,我国现有14周岁以下的人口为289760000,那么估计我国现有14岁以下超常儿童的人数大约为800多万。而无论是1%~3%还是15%~20%都是理论上的估计值。[②]那么超常儿童究竟在儿童中占多大的比例呢?我们先来看看国外的一些研究和资料的发现。

[①] 方俊明.今日学校中的特殊教育[M].上海:华东师范大学出版社,2004:333.
[②] 施建农,徐凡.超常儿童发展心理学[M].合肥:安徽教育出版社,2004:9.

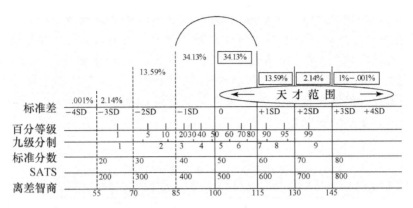

图 1-3　常态曲线及其衍生分数在天才发生率中的应用[①]

美国的心理学家曾使用斯坦福-比奈智力量表对 9900 名儿童的智力水平进行了一次较大规模的调查,调查后对测验结果的统计分析见表 1-3。从中可以看到,大部分儿童的智商分数都在 90～100 之间,共有 4600 人,占全部被测儿童 9900 人的 46.5%。随着智商分数线的提高,儿童的人数渐少,智商分数在 130 以上的儿童共有 440 人,占调查总数的 4.4%;智商分数在 140 以上的共 130 人,占 1.3%;智商分数在 160 以上的只有 3 人,只占 0.03%,即万分之三。同样,智商特别低的儿童也只占少数,智商分数在 60 以下的儿童只有 200 人,只占 2%左右。因此我们可以看出,不同的超常儿童的界定与不同的分数线标准的划分,会导致现实中超常儿童的比例的变化。如果我们以这个量表得分高出平均分 100 分两个标准差,即 130 分为划分标准,则超常儿童的比例可以认为是 4.4%左右;而如果以智商分数 140 为界线,则超常儿童的比例就减少为 1.3%。

表 1-3　美国儿童智商分布抽样调查结果[②]

儿童的智商(IQ)	人数
160	3
150	20
140	107
130	310
120	860
110	1800
100	2300
90	2300
80	1500
70	500
60	200

[①] 方俊明.今日学校中的特殊教育[M].上海:华东师范大学出版社,2004:342.
[②] 施建农,徐凡.超常儿童发展心理学[M].合肥:安徽教育出版社,2004:9.

同时由于智力测验的分数与儿童家庭的经济地位、社会背景和所在的地区位置等有一定的联系，因此来自不同地区和不同文化背景的儿童的智商分数会有一定的差异，因此，符合某一种特定标准的超常儿童的比例也就有相应的差异。美国曾有研究对来自不同社会经济条件的儿童智商分数分布的比例进行了统计，发现来自上层社会经济背景的儿童，高智商的比例要比一般社会经济背景的儿童高，见表1-4，智商分数在130～140以上的儿童在上层社会经济背景的儿童中的比例超过了1‰～3‰，而在一般社会经济背景的儿童中的比例仅为0.5‰～1‰。

表1-4 不同社会经济条件的儿童智商分布的比例①

智商	在学龄儿童中占的百分比	
	一般经济条件	上层经济条件
140以上	0.5～1	2～3
130以上	2～4	6～12
125以上	5～7	15～20
120以上	10～12	30～40
115以上	16～20	45～60

我国的学者也作了一些相类似的调查，如我国心理学家龚耀先等在20世纪80年代初，修订韦克斯勒成人量表时，曾对我国16岁以上人口的智力水平做了抽样调查，结果发现：我国人口的智力分布与国外的调查结果类似（见表1-5）。但实际分布情况，智商分数在120～129以及130以上，却是农村高于城市。施建农等在2000～2003年期间，对北京市初中学生的智力状况的抽样调查结果（见表1-6）均表明，虽然不同智商分数水平的人数比例在不同的人群中的分布可能不完全一样，但是分布模式是基本一致的，都是接近正态分布的。

表1-5 20世纪80年代初中国人智商分布②

智商	百分数		
	理论分布	实际分布	
		城市	农村
≥130	2.2	1.5	2.6
120～129	6.7	7.5	8.9
110～119	16.1	18.9	16.1
90～109	50.0	49.2	47.4
80～89	16.1	13.8	16.7
70～79	6.7	7.1	7.0
≤69	2.2	2.6	1.2

---

① 查子秀.超常儿童心理学[M].第二版.北京：人民教育出版社，2006：25.
② 施建农，徐凡.超常儿童发展心理学[M].合肥：安徽教育出版社，2004：11.

表 1-6　21 世纪初北京市初中生智商分布

智商	理论分布	百分数
≥130	2.2	4.4
120～129	6.7	6.4
110～119	16.1	21.1
90～109	50.0	54.9
80～89	16.1	6.9
70～79	6.7	5.9
≤69	2.2	0.5

虽然，不同研究者对于超常儿童的定义不同，用以划分超常儿童的标准也不尽相同，会导致对于超常儿童的发生率的估计值产生差异，然而按照一般的超常儿童的定义，智力水平属于超常范围的个体，其比例基本在 3％ 左右，这已经是相当大的一个绝对量。如果按照伦祖利的定义，将创造力和非智力因素也纳入超常儿童的定义内，则有 15％～20％ 的儿童是可以被视为超常儿童的。

第 2 节　超常儿童教育的历史与发展

一、我国超常儿童教育的历史与现状

（一）我国古代对超常儿童的选拔和培养

我国对超常儿童的选拔和培养有着悠久的历史。早在 2000 多年以前的西汉时期，我国就有选拔神童的做法。据《汉书·艺文志》记载："汉兴，萧何草律，亦著其法曰：太史试学童，能讽书九千字以上，乃得为史。又以六体试之，课最者以为尚书御史，史书令史。吏民上书，字或不正则举劾。"西汉初期已有通过考试来选拔优秀学童的规定，那些在考试中表现最优异的学生可以做官。秦以后，各朝都有对神童的详细记载，如《梁书·刘孝绰传》："绰传幼聪敏，七岁能属文，舅齐中郎王融深赏异之，常与同载适亲友，号曰神童。"虽然，在汉朝就开始有类似"科举"的"童子科"，但是真正系统进行选拔的科举制度始于隋而成于唐。从唐宋开始，作为选拔人才的科举考试，还为这些神童专门设有童子科，并对童子科有了明确的规定，凡赴者称应童试，其中不乏成就卓越之人。但是当时只停留在发现超常儿童，然后封官或给予其他形式的奖励。查子秀曾在回顾我国超常儿童教育的历史时将我国古代超常儿童选拔的情况作了一个概括，见表 1-7。

表 1-7　我国古代对神童的选拔和培养简况①

朝代	选拔与培养	特点或意义
西汉（公元前 206—25）	在选举取士制度中设童子科，"太史试学童，能讽书九千字以上，乃得为史。又以六体试之，课最者以为尚书御史，史书令史。"	中国历史上有记载以来最早形成的选拔和培养神童（天才儿童）的制度
东汉（25—178）	神童被推荐入太学，并由明儒博士培养，一般太学学生年龄在 18 岁以上，神童在 18 岁以下，不受年龄限制，称童子郎	
东汉灵帝光和元年至东汉末（179—220）	建立洪都门学（艺术专科性大学），学生都由州郡三公选派，多数为平民子弟中具有艺术才能者，开设辞赋、小说、尺牍、字画等课程，兴盛时学生达千余人	这是中国和世界上最早创建的文艺专科学校，它的建立为后来唐代设立各种专科学校开辟了道路
唐代（618—907）	在科举制度中设立童子科。规定："凡十岁以下，能通一经及《孝经》《论语》，每卷诵文十通者，予官；通七者，予出身。"唐代重视推荐童子的质量，不断改进。后又规定"荐送童子，并需实年十一、十二以下，仍须精熟一经，问皆全通，兼自能书写者。"发现超龄者，则令其退回，并惩罚推荐者	唐代以诗立国，"作诗"便成了考察神童的一般手段。《孝经》是家庭早教的主要内容，培养和推荐神童成为社会风尚
宋代（960—1279）	童子科规定："能背诵挑试一经或两小经，即可应试，补州县小学生；通五经以上，则由州官荐入朝廷，送中书省复试，中则面试。"采取三级考核选拔。宋孝宗淳熙八年，将童子科分为三等："凡全通六经、孝经、语、孟及能文，如大义各三道，语孟义各一道或赋及诗各一首为上等"；"诵书外能诵一经为中等"；"能诵六经、语孟为下等"。按等级委任不同官职。南宋时加试武功	皇帝重视对神童的选拔，经常把推荐的童子召至宫中亲试。北宋兴"对课"（即对联），因而"对课"成了社会上考核神童的常用手段，也是家庭早教的重要内容
金代（1115—1234）	童子科规定："凡士庶子年十三以下，能诵二大三小经，又诵《论语》、诸子五千字以上，府试十五题通十三以上，会试每场十五题三场共通四十一题以上为中选"	
元代（1206—1368）	沿袭唐宋设童子科，接受各地举荐的天资颖悟儿童的考试	
明代（1368—1644）	明代教育发达，科举制中虽未设童子科，但凡各地举荐的神童，皇帝一般都要召至宫中殿试，然后给予各种优待和培养。如送国子监或翰林院读书受教育，或命内阁选择教师给予指导，或遣归就举，再通过进士考试，根据成绩封官录用	比唐宋更重视对神童的教育
清代（1616—1911）	沿袭唐宋设童子科，但在选拔和培养神童方面不如前几代兴盛	

---

① 查子秀.儿童超常发展之探秘——中国超常儿童心理发展与教育研究 20 周年论文集[M].重庆：重庆出版社，1998：218-219.

但是，我国古代对于"神童"的教育并没有定论，一直存在各种议论，大都是围绕着神童的超常智力发展水平是受之于天还是受之于人，即先天遗传和后天的环境教育在超常教育中的作用是什么这个问题，展开讨论的。我国古代学者有的认为先天因素起决定作用，人生来就有智愚之分，神童是先天命定的。有的学者认为神童是后天学习和教育的结果。但大部分学者既肯定神童先天禀赋高这个事实，又重视后天环境和教育的作用。比如叶梦得在《避暑录话》中说，"人之学问皆可勉强，惟记性各有分量，必禀之天"。他将人的记忆力的先天因素比做一个人下围棋，认为一个人下棋水平，尽其全力终有个限度，达到这个限度，虽只是一子，到老也不可能增加。他还以吴元献、杨文公为例，元献十四岁，文公十一岁，真宗亲自试以九经，他们不漏一字，他认为"此岂人力可至哉"。他认为先天素质是造就神童的一个重要因素，而不顾先天素质的好坏，一味想把禀赋一般的幼儿都培养成神童，则是很愚蠢的做法。"饶州自元丰末，朱天锡以神童得官，俚俗争慕之。小儿不问如何，粗能念书，自五六岁即以次教之五经，以竹篮坐之木杪，绝其视听。教者预为价，终一经偿钱若干，书夜苦之。中间此科久废，政和后稍复，于是亦有偶中者。流俗因言饶州出神童。然儿非其质，苦之以至死者盖多于中也。"（《避暑录话》卷上）这里他举了一个例子，评判了为了一味地追求造就神童而不顾其资质如何的做法。从五六岁对儿童进行教育虽然不算过早，但是如果采用"绝其视听"的方式，每天向稚嫩的幼儿小脑袋里灌输那些缺乏感性经验的抽象的"五经"，而且"儿非其质"，不顾幼儿先天素质基础，望子成龙的高压的填鸭式教育下，"以至死者盖多于中也"。叶梦得的看法虽不尽全面系统，但他肯定神童先天因素这一方面是可取的，对超常教育提出的量才而教的建议也是有道理的。

对这个问题论述得比较全面的是王安石。从严格意义上说，王安石的《伤仲永》可以称为是真正对超常儿童的研究。他根据方仲永的实例，从反面论证：神童的智力虽然先天的基础很好，但如果得不到后天的正确教育和培养，神童们好的先天因素不仅无法发展，反而会被埋没。《伤仲永》是我国古代探讨超常儿童（神童）教育的一篇重要文献，从中可以得出：神童既是"受之天"，更要"受之人"；即使"受之天"的因素再优越，但如果"不使学""不受之人"，那也只会遭到"泯然众人"的命运。王安石分析道："仲永之通悟，受之天也。其受之人也，贤于材人远矣；卒之为众人，则其受于人者不至也。彼其受之天也，如此其贤也，不受之人，且为众人矣。"他强调在神童优异的先天因素基础上，必须加强后天教育，不使其"为众人"，虽然王安石的探讨更多的是一种经验总结，但是其中的一些思想仍是值得借鉴的。

（二）我国近现代有关超常儿童的教育和研究

20世纪30年代末，林传鼎对中国的天才（超常）人物做了一个比较系统的研究，他采用了历史测量学的方法，对唐宋以后的34位历史名人的智商做了定量研究，分析结果详见表1-8。这34位历史名人的智商都在135以上，有的高达180以上。之外，还有一些人试图开设超常儿童教育学校，开展超常儿童的集体教学实验，但是由于战争而未能实施。

表 1-8　34 位历史名人的智商估计①

序号	人名	平均等级	标准差	估计的智商范围
1	王勃	9.5	0.44	181.2～198.8
2	张九龄	7.4	0.48	138.4～157.6
3	李白	8.4	0.11	165.8～170.2
4	杜甫	8.0	0.63	147.4～172.6
5	李泌	9.0	0.54	169.2～190.8
6	权德兴	8.0	0.54	149.2～170.8
7	韩愈	7.7	0.40	146.0～162.0
8	白居易	9.2	0.50	174.0～194.0
9	元稹	7.7	0.77	138.6～169.4
10	李贺	8.8	0.74	161.2～190.8
11	贾黄中	8.9	0.80	162.0～194.0
12	司马光	8.8	0.81	159.8～192.2
13	刘恕	8.5	0.70	156.0～184.0
14	苏轼	8.5	0.92	151.6～188.4
15	黄庭坚	8.9	0.58	166.4～189.6
16	王庭筠	8.1	0.86	144.8～179.2
17	王恂	8.3	0.40	158.0～174.0
18	刘因	8.3	0.67	152.6～179.4
19	吴澄	7.5	0.89	132.2～167.8
20	陈栎	8.2	0.83	147.4～180.6
21	齐履谦	8.3	0.74	151.2～180.8
22	吴莱	8.0	0.70	146.0～174.0
23	方孝孺	9.1	0.56	170.8～193.2
24	解缙	9.1	0.37	174.6～189.4
25	祝允明	7.0	0.83	123.4～156.6
26	杨慎	8.7	0.78	158.4～189.6
27	杨继盛	7.5	1.00	130.0～170.0
28	顾炎武	8.1	1.18	138.4～185.6
29	吴敬梓	7.0	0.98	120.4～159.6
30	段玉裁	7.6	0.91	133.8～170.2
31	张謇	7.5	1.14	127.2～172.8
32	梁启超	8.3	0.74	151.2～180.8
33	林旭	7.5	0.89	132.2～167.8
34	王国维	7.3	1.02	125.6～166.4

新中国成立以来,由于种种原因,超常教育曾长期被视为研究的禁区。1978 年以后,为了现代化建设多出人才、早出人才、出好人才的需要,在中央有关领导的直接关怀下,中国科学院心理研究所成立了超常儿童研究课题组,并在全国范围内建立了超常儿童追踪研究协作组,超常儿童的教育和研究工作才重获生命。此后,相继在中国科技大学、西安交通大学等 12 所高等院校建立了少年班,在 70 多所中小学开办了实验班,对一些优秀的超常儿童进行了系统的规模教育和培养。目前,我国的超常儿童教育主要有以下几种形式:一是加速—弹性升级,即

---

① 施建农,徐凡.超常儿童发展心理学[M].合肥:安徽教育出版社,2004:29.

通过鉴别和学校的文化课考查,允许学生提前入学、插班、跳级或提前毕业;二是建立超常儿童实验班、大学少年班,即按智力、能力分班(或组)的特殊教育形式;三是随班就读、个别辅导,即在普通班学习的超常儿童,在某学科具有特殊优势或特长,被教师发现后由教师制订个别化的辅导和学习计划;四是课外或校外的充实教育,即由学校或者社会有关方面根据不同类型的超常儿童的需要,提供各种内容丰富、形式多样的课外或校外的拓宽、加深和提高的活动;五是早期超常教育,少数幼儿园对超常幼儿进行集体教育实验,目前还没有推广;六是对有障碍或残疾的超常儿童的教育,促进有身心障碍的儿童的智力和才能的发展。

我国超常儿童教育开展 30 年,在借鉴国外经验的基础上,围绕着超常儿童的评估和鉴别、认知特点、智力非智力因素、个性特征与教育及管理的方法等问题展开了一定探讨,并引起了国际上同行专家的重视。但是,相对而言,在特殊教育中,大多数人的注意力常集中于残疾儿童和问题儿童,超常儿童的需要常被人们忽视。有些国家尽管已在法律条文中把超常儿童的教育列入了特殊教育的范畴,但怎样为超常儿童提供适合其心理特点的教育和相关的服务仍是各国专家关注的一个大问题。而我国目前还没有专门的政策法律对于超常儿童和超常教育的各方面给出明确具体的规定。

由于我国大陆的现代超常教育起步晚,在改革开放后随着观念的变革,社会的发展对于人才的需要的增加,以及国家政府对于人才培养的重视,超常儿童教育取得了一定的发展,但还存在很多的障碍和问题,需要进行深入的研究。

二、国外超常儿童教育的历史与现状

古代西方很早就开始了一定的超常儿童(天才)教育,注重天才的发现和培养。如古代斯巴达,对于军事技能的推崇使得他们认为"天才"就是格斗、兵器和领导领域的出色才能,并积极发现和训练这些方面的天才。古代雅典,上层社会的青少年则被送往私立学校进行学术和体格方面的培训,年长的儿童则学习数学、逻辑、政治、文化和"辩论"等。柏拉图的学院则按照智力和体格作为标准,而非社会地位,在年轻的男性和女性中都进行筛选。古代罗马,虽然只有男性可以接受高等教育,但是也不乏一些优秀的天才女性出现,对罗马社会的进程也产生重要的影响。[①]

文艺复兴时代,欧洲则大力寻找并用财富和荣誉来激励那些有天分的艺术家、建筑师和作家的创作,如著名的米开朗基罗、达·芬奇和但丁等。而在东方,除了中国古代对于神童的关注,日本在德川时代(1604—1868)也对武士阶层的儿童进行历史、儒学、写作、书法、道德、礼节和武术等方面的训练。

到了近现代,英国的高尔顿对于智力和智力测验的研究开辟了对天才研究的一条新的途径,专著《遗传和天才》集中反映了他对天才问题的研究结果;比奈和西蒙在法国政府的支持下继续对智力测验进行了深入研究,并提出了智龄的概念;美国斯坦福大学的心理学家推孟对比奈-西蒙的智力量表进行了修订(1916),形成了目前仍在广泛应用的斯坦福-比奈量表,同时,他和他的同事们对 1528 名天才儿童进行了一项长期的、深入的追踪研究,最终形

---

① Nicholas, C, Gary A. D. Handbook of Gifted Education[M]. 3rd ed. New Jersey: Pearson Education, Inc., 2003: 5.

成四卷本的专著——《天才的基因研究》,这是特殊教育发展史上对天才儿童进行的一项最深入和系统的研究,很多研究结论至今都有参考价值。

虽然美国的历史相对较短,并且在超常儿童教育领域,最初的时候也只能为那些学业上有出色成就并有经济能力支付学费的超常青少年提供高中和大学阶段的教育,但是随着美国的政治经济和相关立法的发展,越来越多的超常儿童可以获得适当的特殊教育。到了20世纪二三十年代,大约三分之二的大城市都已经有了专为天才(超常儿童)设立的教育项目。

表1-9对国外,主要是美国对于天才教育和专才发展的兴趣和关注点的变化发展进行了一个梳理。从中我们可以看出,美国对于天才的教育和研究的兴趣和投入一直存在波动和起伏,但是在这个过程中,很多天才(超常儿童)接受到了适合的教育,超常教育的研究,特别是在鉴定、教育、课程等方面都取得了很大的进步。

特别是20世纪80年代末,《雅各布天才和专才学生教育法案》(即100-297公法)(Jacob K. Javits Gifted and Talented Students Education Act)颁布,为美国的天才教育的发展提供了法律基础和有力支持。尽管目前美国的天才教育相对其历史发展的其他时期,处于低迷期,但是,一些研究者和教育者仍在继续开展研究和教学,并不断呼吁政府加大对于这个特殊人群的关注和投入。

知识小卡片 1-2

表 1-9　世界天才和专才教育发展的轨迹[①]

历史早期	希腊、埃及、罗马、中国和日本为有着出众才能和能力的个体提供后天养育以促进其发展
1400—1600	欧洲文艺复兴时期政府鼓励支持艺术和有创造力的艺术家。采用师徒模式来培育有杰出能力和天分的人。教会为艺术家、雕塑家和音乐家提供资助
1700—1800	兴趣低迷期。美国出于平等和一致性的考虑引发一些忧虑。私人教育被认为是贵族和富人家庭中的男孩才具有的天生的权利。欧洲的贵族们会资助那些具有显著的天分和才能的人(如莫扎特)。美国的杰斐逊(Jefferson)建议使用公共经费支持聪明的男性的教育
1869	高尔顿出版了《遗传和天才》,对于高能力的家族史进行了研究
1916	兴趣上升期。洛杉矶和辛辛那提为天才学生开设了特殊班级
1921	推孟进行了一项著名的关于天才的特征和行为的长期研究。1925年,30年长期研究的第一项结果公布,有1500名智商分数在140或以上的学生参与,平均年龄为11岁。该研究结集成为四卷本的专著《天才的基因研究》(1925)
1930	兴趣低迷期。大萧条时期,由于席卷全美的金融危机以及社会对于平等的关注
1942	豪林沃斯(Leta Hollingworth)出版了关于有着极高的天分的儿童的一项研究《智商180以上的儿童》
1946	兴趣上升期。美国天才研究学会成立,这是本领域内第一个专业团体
1950	全美科学基础法案将一些资源用于提高科学课程的项目上

---

① Clark, B. Growing up Gifted: developing the potential of children at home and at school[M]. 7th ed. Pearson Education, Inc., Upper Saddle River, New Jersey, 2008: 10-12.

续表

年份	事件
1954	全美天才儿童学会成立
1956	吉尔福特在美国心理学会主席演讲中指出了创造力研究的重要性,因而扩展了智力的概念
1957	兴趣高涨期。苏联人造地球卫星成功发射后,为美国专才的学生特别是科学和数学能力突出的学生提供了更好的机会。对于培养卓越之才的关注,使得天才项目如雨后春笋般涌现,也形成了更好地满足天才学生需要的课程
1958	《美国国防教育法案》(*The National Defense Education Act*,即 85-864 公法)颁布,以促进超常教育发展,特别是在数学、科学和外语方面。作为特殊儿童委员会的附属机构的天才学会成立
1960	兴趣低迷期。对平等的呼声和对隔离式学校的担忧,减少了对于天才学生的支持。《中小学教育法案》(*The Elementary and Secondary Education Act*,即 89-10 公法)颁布,为示范项目和州的天才教育师资的发展创造了机会
1970	兴趣上升。《中小学教育法案》(91-230 公法)修订中增加了天才和专才儿童相关的条款,表明了联邦层面上对于天才和专才儿童教育的重视,并使得相关项目可以获得联邦财政支持,下属于中小学教育法案的经费,国会要求提交项目现状的报告书
1972	兴趣高涨期。马兰德(Sidney Marland)发表了《天才和专才教育》的报告,这一报告是对国会的要求的回应。其中建立了第一个联邦的关于天才和专才的定义,以及基于数据的基本原则
1975	隶属于美国教育部办公室的联邦天才和专才办公室设立,国会拨款 1250 万美元。同时也设立了美国天才和专才票据交换所,为州和地方教育机构提供培训、研究和项目的经费资助
1978	《天才和专才儿童教育法案》(*The Gifted and Talented Children's Education Act*,即 95-561 公法)制定,为天才和专才儿童提供独立的项目。并为各州设立、发展、实施和促进天才和专才项目提供财政支持
1981	兴趣低迷期。天才和专才法案在里根总统任期被撤销。通过的教育巩固和促进法案(97-35 公法)中,联邦的天才和专才学生的经费缩减了 40%,并被归入匿名经费,与其他 29 个项目一起分配给各州,联邦天才和专才办公室解散,经费也取消了,联邦政府无法直接参与天才与专才教育
1982	美国国家委员会关于卓越的报告《民族的危机:急切呼唤教育改革》出版
1988	兴趣上升。《雅各布天才和专才学生教育法案》(100-297 公法)颁布。联邦天才和专才办公室、经费支持项目和国家天才《雅各布天才和专才学生教育法案》和专才研究中心重新建立,拨款 790 万美元
1993	《国家的卓越:发展美国的专才的个案》(Ross 著)由美国教育部出版
1994	《雅各布天才和专才学生教育法案》修订,获得 951 万美元的经费,而且当新的政党掌权时最多可以减少一半。经费优先支持关注经济弱势、有障碍和有限英语能力的天才和专才学生的项目
1998	新总统要求给《雅各布天才和专才学生教育法案》拨款 700 万美元
2000	新千年,对于天才和专才教育的兴趣持续高涨

续表

2002	兴趣减弱。中小学教育法案的重新修订,即《不让一个孩子掉队》(No child left behind),导致学校资源转移到应对考试和责任上,天才和专才项目减少
2004	《雅各布天才和专才学生教育法案》获得1111万美元的国会拨款。《关于加速的坦普尔顿报告——一个被蒙蔽的民族：学校是如何阻碍美国最聪明学生发展的》出版
2006	学校依旧在不让一个孩子掉队的法令的压力下,关注考试。天才项目继续减少,引起多方关注,很多教师和专家在学术会议上都表达了对天才教育的担忧。尽管已有两年未纳入总统预算,国会为《雅各布天才和专才学生教育法案》拨款920万美元

三、超常儿童教育的发展与展望

很多国家都还在为实现基础教育的普及而努力,"天才"(超常儿童)教育的发展,即便在美国这个经济发达的国家,也存在很多的争论,人们更关注如何提高那些学业成就低于平均水平的儿童群体的学习。我们在介绍超常儿童教育的历史的时候,列举了很多事例,表明人类在其长期的历史发展过程中一直都以各种方式在各个阶段关注过这个群体的发展,实践也证明了为这些儿童提供适当的教育和训练可以促进他们天分和才能的发展,为人类的进步作出更大的贡献,但是同样,实践也证明了,忽视这个群体特殊教育的需要,会造成许多人才和潜能的浪费。

世界有关天才教育发展的历史表明,进一步发展天才教育或将天才教育纳入科学的特殊教育的发展轨道,必须消除以下误解：

(1)"所有的儿童都是天才。"所有的儿童都是有价值的、所有的儿童都能学习,我们应该最大限度地发挥一切儿童的潜能,但是,这并不意味着,所有的儿童都是天才。从智力的正态分布曲线来看,处于高端的比例是有限的,即使我们将天才界定为在各个不同领域,包括智力、创造力、艺术、领导和学业能力等领域表现出高水平成就的个体,显然并不是所有的儿童都具备需要对现有的课程进行调整才能满足其发展需要的高水平能力,因此,这种误解的一个影响在于,似乎无需为超常儿童提供单独的教育,超常儿童教育也就没有存在的必要性了。

(2)"超常儿童没有什么高危性,如果他们真的是天才,靠自己就行了。"这一观点的假设前提是,智力仅仅是由遗传因素单一决定的,并且是不变的。很多研究都证明,智力的发展是基因类型和后天环境相互作用的结果。而且儿童的很多能力不是不发展就保持原状的,相反,没有获得适当的发展,会导致退化。超常儿童自己无法解决所有的问题,他们跟其他儿童一样,都需要获得与其能力相应的学习经验。这种误解导致的问题是,学校时常无法为这个群体的儿童提供可以促进其高水平思维发展的课程。

(3)"天才可以简单地通过智力测验和成就测验进行测量。"这其实与现有大脑研究的结论是不符的,已经发现人的大脑至少有四个主要的功能区：身体/感知、情感、认知和直觉,人的智力建立在这些区域协同运作的基础上,并且人的大脑似乎具备无限的发展潜能。

而现有的智力测验一般都仅能就个体的推理能力进行测量,很难测出个体复杂的整体智力水平。即使智力测验在估测个体的智力水平,特别是预测与学业相关的任务成绩上具有很大的可信度,但是这些测验无法鉴别出其他领域的能力或推测个体的潜能。因此超常儿童的鉴别是一项复杂的工作,需要考虑个体在多个不同领域的功能表现。

(4)"好教师可以教各种类型的儿童,包括超常儿童,我们需要的只是好的教学。"尽管好的教学是基础,但是适合超常儿童的教育并不仅仅是这些重要的教学理念和策略。教育超常儿童的教师还需要一些特殊的技能,他们必须知道如何调整教学的进度、提供深入的学习和增加内容的水平等,而这些都是超常儿童最普遍的需要。教师必须了解如何在原有的内容上加强复杂程度和相互联系,并使得材料具有新奇性和丰富性等。教师需要特殊的教学技能以满足超常儿童具有的特殊的需要,包括额外的挑战、学习过程中的质的和量的差异等。

(5)"如果加速了所有学生的课程,就无需专门给超常儿童提供课程和项目了。"每个学生都应该有机会获得具有一定挑战性的学习经验,但是,这些经验对于不同的儿童而言应该是不同的,不仅在内容上,还表现在学习的进度上。超常儿童学习得更快,加工信息的速度也更快,因此如果给这些儿童一样的进度,实际上是要求他们按照较慢的进度来学习,这也是不公平的。而且在普通班级内,如果忽视其他儿童的学习特征和需要,一味地加速,可能会对这些儿童产生不利的影响。因此理想的教育模式是,为每个儿童提供适合自己进度的学习材料,儿童可以按照自己的兴趣和需要来接受教学。

(6)"教别人的时候,自己也在学习。复习已经学会的知识总是无害的。"这种观点导致很多教师会请超常儿童在班级内担任其他学生的"小老师"或者让他们重复完成同一水平的任务和作业,特别是超常儿童很快完成了作业和任务的时候。合作学习是目前班级内教学组织的一种重要形式,当然超常儿童在小组内可以为其他成员提供指导,承担更多的责任,在这个过程中,学习如何与同伴分享自己的知识和思想,也是有益的社会经验,但是如果过度运用类似的合作学习,可能会使得超常儿童无法参与到更适合其水平的具有挑战性的学习任务中,他们在不断重复其已经习得的知识。如果能使他们也有机会与能力相当的同伴开展合作学习,可能会极大地促进彼此间的互动,具有更好的影响。

我们都知道,天才(超常儿童)不是天生的,需要后天给予适当的教育,而真正的教育平等不是给予每个人一样的教育,而是给予每个儿童适合其需要的教育,这样才能激发超常儿童的潜能,促进其能力的发展,使之成为真正的"人才"和"专才"。

改革开放以来,我国经济发展迅速,时代需要人才,国家和社会也需要大量的人才。早在1978年3月,邓小平同志就指出:"必须打破常规去发现、选拔和培养杰出人才。"并且提出"我可以预见,一个人才辈出、群星灿烂的新时代必将很快到来,科学的未来在于青年。青年一代的成长,正是我们事业必定要兴旺发达的希望所在。"21世纪,国际竞争的焦点集中到人才的竞争,特别是杰出人才的竞争,在这样的时代背景下,需要采取各种有效措施,加强对高素质人才的选拔和培养,因此,超常教育的重要性更加凸现。我国目前已具备了加强超常教育的条件和基础,超常儿童也需要特殊教育,这是对于每一个儿童获得适宜的高质教育的回应,也是每个超常儿童应有教育权利的体现。

我们需要倡导大特殊教育的理念,保障每一个有特殊需要的儿童获得适当的教育,超常儿童也是特殊需要儿童,需要获得适合其能力和发展水平的教育,以促进其全面发展。要做到这一点,首先,要明确超常教育的方向,即解决"我们要培养什么样的人才"的问题,规范现有的超常教育理念,并制定相应的政策和法律来保障超常教育的科学性和规范性。其次,要完善筛查、评估和鉴别机制,包括研制和规范筛查、评估、鉴别工具,规范评估鉴别的程序和过程,规范评估人员的资质等;再次,要规范教育培养模式,在现有教育模式的基础上,不断完善,建立适合我国国情的超常教育体系,包括教育安置、课程设置、各个学段的衔接等问题。另外在超常儿童的早期教育、家庭教育、师资培养等其他重要方面,也有很多工作需要开展。

 本章小结

本章第 1 节介绍了古今中外对于超常儿童概念的不同界定,以及天才与高智商、天才与专才、资优与超常等不同概念的演化过程,并综合了相关的对于超常儿童的理解,对超常儿童进行了界定。同时还从更宏观的角度,介绍了国外有关超常儿童的一些理论模型,如伦祖利的三环理论、斯滕伯格的五角内隐理论、加德纳的多元智力理论和加涅的天才和专才模型等。最后,讨论超常儿童的出现率和我国发现和培养超常儿童的现实意义和紧迫性。

第 2 节回顾了世界超常儿童教育的发展历程,一方面介绍了我国古代对超常儿童的理解以及对于"神童"的选拔和培养,分析了我国超常儿童教育的现状和存在的问题;另一方面简单介绍了国外尤其是法国和美国超常儿童教育的历史和发展情况。最后,讨论了如何消除误解,以及将我国超常儿童教育纳入科学的特殊教育发展轨道的必要性和可行性。

 思考与练习

1. 如何理解"超常儿童"的概念?
2. 超常儿童在人群中的出现率是多少?谈谈你的理解。
3. 简要描述一下我国超常儿童教育的历史和现状。
4. 谈谈你觉得现有还存在哪些对于"超常儿童"或者"超常教育"的误解。
5. 如何促进我国超常儿童教育的发展?

第 2 章 超常儿童的成因

1. 了解智力的遗传基础。
2. 掌握大脑可塑性的机制。
3. 理解社会文化因素对超常儿童产生和发展的影响。

千百年来,人们一直对表现非凡的儿童有着强烈的兴趣。人们既惊叹于他们的出众,同时又不禁深深迷惑,这些孩子独具的神奇才智从何而来? 人们常对这些孩子冠以"神童""天才"之类的称呼,以上天赐予来解释他们的与众不同。1869 年,英国学者高尔顿出版了《遗传和天才》一书,标志着人们对超常现象背后的成因开始进行系统理性的探讨。一百多年过去了,虽然人们还远远未揭开超常儿童成因的全部奥秘,但随着科学的进步,这层神秘的面纱也被掀开了一角。

第 1 节 超常儿童的遗传与生理基础

一、智力的遗传学研究

遗传是生物界的普遍规律,一切生物都通过遗传来繁衍后代,基因是生物的遗传功能单位。我们现在已经知道,人类基因组大约包括了 2~3 万个基因,人与人之间 99.9% 的基因序列都相同。[1] 如果把人类基因组比喻为一本有 3 亿个单词的长篇小说,这本书可分为 23 个章回(即 1~22 号染色体及性染色体)。每个章回(染色体)又包含着数千个"小故事",这些"小故事"由一系列单词(即基因)组成,其中每个单词由 4 种不同的字母(即碱基)任意排列组合而成,其排列组合所述说的故事蕴涵了人类生、老、病、死的绝大多数遗传奥秘。让人叹为观止的是,人与人之间故事的差别只有千分之一,这微小得不能再微小的差别就演绎出了每个人生物学属性和行为属性上的不同特征。一般来说,遗传因素对长相、肤色、体质等生物学属性的影响较为显而易见,人们对此也鲜有争论。但是在智能等行为属性上,遗传的影响到底有多大? 具体的作用机制如何? 这一直是学者们所关心的问题。

(一) 智力与遗传度

1. 智力遗传度的概念

在基因水平上,遗传可以概括地分为单基因遗传和多基因遗传。[2] 单基因遗传主要是由

---

[1] 〔美〕比尔·布莱森.万物简史[M].严维明,等译.南宁:接力出版社,2005:372-374.
[2] 丁显平.人类遗传与优生[M].北京:人民军医出版社,2005:48-58.

一对等位基因控制的遗传现象,常表现为"非此即彼、全或无"的质量性状,如白化病,只有发病或不发病两种可能,不存在介于发病与不发病之间的中间状态。而多基因遗传是指由微效多基因控制的遗传现象,这类遗传性状一般表现为连续变异的数量性状,如智力就是一种多基因遗传性状。人与人之间只会有智力高低的数量区分,不会出现"有或没有"智力的现象。多基因遗传性状往往受到遗传和环境因素的双重影响。

对智力的遗传因素进行研究,采用最早和使用范围最广的研究方法是双生子法,即通过比较同卵双生子(Monozygotic Twin,简称 MZ)和异卵双生子(Dizygotic Twin,简称 DZ)在智力上的相似性,来寻找遗传和环境因素对人类智力变异相对效应的大小。[①] 该方法的理论假设是,同卵双生子由于来源于同一个受精卵,基因型完全相同,即共享了 100% 的基因,因而他们之间的差异就可能是源于环境的影响;异卵双生子来源于两个受精卵,共享了大约 50% 的基因,所以他们之间的差异可能同时受到遗传和环境的影响。为了能进一步说明环境因素的作用,有的研究者还将双生子研究与收养研究结合起来,对一起长大和分开长大的双生子进行对比研究。目前,包括我国在内的许多国家都已经建立了规模不等的双生子库和双生子登记系统,为相关研究的深化提供了良好的条件。

在具体的研究中,通常采用 3 种统计学方法来考察遗传和环境因素对智力差异的影响,即平均对差、相关分析和方差分析法。[②] 平均对差和相关分析法主要是为了说明遗传和环境两种因素在智力差异的形成上是否起了重要作用。使用方差分析法则可以定量地推算出遗传效应在智力差异中所占的比例,这个比例就称为智力的遗传度(heritability)。确切地说,智力的遗传度即在一定的人口抽样中,在当时特定的生活环境下,对人们智力的整体差异在多大程度上与基因差异有关的估测,也可称为智力的遗传力或遗传率。一般来说,如果智力的遗传度大于 0.6,就说明智力具有遗传倾向。[③] 不过需要说明的是,智力遗传度探讨的是遗传或环境对整体人群智力差异的影响程度,而不是对某个个体智力水平的影响大小。

2. 国内外有关智力遗传度的研究成果

从国内来看,有关智力遗传度的研究尚不多见,研究结果的差异也较大。唐久来等对 60 对 4~14 岁的同卵和异卵双生子进行了测量,得出儿童的智力遗传度在 0.618~0.643 之间。[④] 甄宏等运用韦氏儿童智力量表对 87 对 6~17 岁同卵和异卵双生子进行研究,得出儿童的总智商遗传度为 0.5175,言语智商遗传度为 0.7350,操作智商遗传度为 0.4732。[⑤] 张悦等采用韦氏儿童智力量表对 233 对 6~15 岁同性别双生子进行智力测量,结果总智商遗传度为 0.437,言语智商遗传度为 0.315,操作智商遗传度为 0.482。[⑥] 张晓薇等评定了 275 对 6~16 岁双生子的智力,推算出总智商遗传度为 0.24。但≥12 岁青少年的智商遗传度大于<12 岁儿童的智商遗传度(0.82 vs 0.06),这说明遗传因素对不同年龄段儿童青少年智

[①] 高欣,等.双生子研究与双生子登记系统现状[J].华西医学,2008(1):571.
[②] 竺培梁.智力心理学探新[M].合肥:中国科学技术大学出版社,2006:55.
[③] 吴彩云,等.行为遗传的双生子研究[J].遗传,1994(2):4.
[④] 唐久来,等.儿童智商的遗传度研究[J].中华儿科杂志,1994(5):293-295.
[⑤] 甄宏,等.双生子儿童智力影响因素分析[J].中国行为医学科学,2002(6):676-678.
[⑥] 张悦,等.遗传和环境效应对儿童少年智力影响的双生子研究[J].中国学校卫生,2008(11):974-975.

力的影响有所不同。① 上述研究结果的差异可能与样本量、智力测试方法和所采用的遗传度具体推算公式各异有关,但总体来看,智力的遗传度在中到高之间。

国外研究报道的智力遗传度估计值在0.4～0.8之间。② 值得注意的是,国外许多纵向的双生子研究都发现,③④遗传和环境因素对智力的影响并非固定不变,而是表现为随年龄的增长,遗传因素对智力的影响有日益增加的趋势。波尔德曼(Polderman)等的研究显示,5岁时IQ的遗传度为0.30,到12岁时上升为0.80。⑤ 希尔文特诺伊宁(Silventoien)等的研究结果也显示,儿童早期IQ的遗传度较低,青少年时期IQ的遗传度上升为0.83～0.84。⑥ 上文提到的我国张晓薇等的研究也证实了这一现象。贝尔根(S. E. Bergen)等通过对已有研究进行的元分析进一步揭示,该现象在从青春期到成人期的过渡阶段最为明显。⑦

实际上,继最初在智力上观察到遗传对个体行为的影响随着年龄有所变化后,人们又陆续在政治态度、反社会行为、亲子关系、宗教信仰和同伴关系等广泛的人类行为领域里发现了该现象。⑧ 不过,多数行为遗传学家并不满足于把这种现象简单地解释为遗传因素对人类行为的影响随年龄增加而加大。实际上,有多种机制可以解释这一现象,如遗传与环境交互作用的活跃、基因表达的增长以及环境影响的减少等,其中,基因与环境相关的不同类型理论尤其引人注目。⑨⑩ 该理论认为,个体在环境敏感性上存在遗传差异,对不同的个体而言,在基因和遗传影响相互独立的情况下,二者之间以不同的交互作用形式影响着个体的行为。具体而言,遗传与环境因素之间存在着三种类型的相关,分别是被动的基因-环境相关(passive gene-environment correlation)、唤起的基因-环境相关(evocative gene-environment correlation)和主动的基因-环境相关(active gene-environment correlation)。

被动的基因-环境相关:即父母在给子女遗传相同倾向的同时,也会为子女提供强化该遗传倾向的环境,这时就可能出现被动的基因-环境相关。例如,高IQ的父母不仅可能给孩子遗传了支持他们取得高成就的基因,而且还更可能为子女提供有利于IQ发展的丰富环境。

---

① 张晓薇,等.遗传和环境因素对儿童青少年认知功能和人格的影响分析[J].中国神经精神疾病杂志,2008(6):943-946.

② Plomin, R., et al. A Genome-Wide Scan of 1842 DNA Markers for Allelic Associations with General Cognitive Ability: A Five-Stage Design Using DNA Pooling and Extreme Selected Groups[J]. Behavior Genetics, 2001(6): 497-509.

③ Carol, L. Genetic and Environmental Influences on the Development of Cognitive Abilities Evidence From the Field of Developmental Behavior Genetics[J]. Journal of School Psychology, 2000(1): 79-108.

④ McGue, M. The End of Behavioral Genetics?[J]. 心理学报,2008(10):1073-1087.

⑤ Polderman, T. J., et al. A longitudinal twin study on IQ, executive functioning, and attention problems during childhood and early adolescence[J]. Acta Neurol Belg, 2006(4): 191-207.

⑥ Silventoinen, K., et al. Genetic contributions to the association between height and intelligence: Evidence from Dutch twin data from childhood to middle age[J]. Genes, Brain and Behavior, 2006(8): 585-595.

⑦ Bergen, S. E., et al. Age-related changes in heritability of behavioral phenotypes over adolescence and young adulthood: A meta-analysis[J]. Twin Research and Human Genetics, 2007(3): 423-433.

⑧ McGue, M. The End of Behavioral Genetics?[J]. 心理学报,2008(10):1073-1087.

⑨ Scarr, S., et al. How people make their own environments: A theory of genotype => environment effects[J]. Child Development, 1983(2): 424-435.

⑩ Plomin, R., et al. Genetics and Psychology: Beyond Heritability[J]. European Psychologist, 2001(4): 229-240.

唤起的基因-环境相关：指周围环境对个体行为所作出的反应在一定程度上也取决于个体受遗传影响的行为表现本身。例如，两个同龄儿童，如果其中一个表现得聪明活泼，另一个较为拘谨顺从，那么即使在同样的环境里，他们的行为所引起的反应也是不同的，因此也必然造成他们个人经验的差异。

主动的基因-环境相关：指个体能够通过选择强化或弥补自己遗传倾向的方式来主动地建构自己的成长环境，表现为一旦个体能够积极地作用于环境，遗传因素就影响着对环境的选择和创造。例如，具有高创造力的儿童常选择充满挑战的环境，而具有反社会倾向的儿童往往与自己行为相似的儿童为伴。

因此研究者认为，随着儿童年龄的增长，特别是进入青春期后，个体选择和控制自己周围环境的能力迅速增强，具有不同遗传基因的个体遂寻求和创造着各不相同的生活环境。这样，主动的基因-环境互动不断增加，被动的基因-环境互动明显降低，从而导致了从幼儿期到成人期之间行为性状上遗传度的提高和共同环境影响的降低。

3. 智力与遗传度关系理解上的几个问题

首先，智力是一个极其复杂的概念。在心理学界，有关智力是什么的争论一直处于智者见智、仁者见仁的状态。从早期智力理论的因素论、结构论到加德纳的多元智力理论、斯滕伯格的三元智力理论和戴斯(J. P. Das)的智力 PASS 模型，可以说，人们至今对智力的概念没有一个公认的定义。而且实际上也不可能找到一个可以真正概括、充分反映个体智力的数字对整体智力的遗传度进行精确估算，有关整体智力的遗传度数值只是给我们提供一个相对的参考依据。鉴于此，有学者从基本心理能力的角度对遗传度进行研究。美国的学者就发现，语言表达、空间感知能力和措词能力上的遗传度要高于记忆能力。[①]

其次，遗传度是根据统计学方法推算出的遗传因素在智力差异中的比值，由于基因与环境之间存在着互动效应，因此，它不可能是一个固定不变的常量。纵向来看，在不同的历史时期、不同的年龄阶段，同一群体的智力遗传度会有所差异。横向来看，不同的文化背景和生活环境也会对智力的遗传度造成影响。这就提示我们，智力的遗传度说明的只是特定环境下特定群体的情况，不能轻率地推而广之。

第三，不能僵化地理解智力的遗传度值。例如，是否很高的遗传度值就意味着在该种情况下智力主要是由遗传因素决定的，环境因素的作用无需考虑了呢？其实不然，在外界环境极度贫乏的条件下，环境因素对智力的发展几乎没有什么帮助，这时由环境所引起的智力变异部分接近零，就会得到很高的智力遗传度值，但在这种情况下，恰恰最需要改变环境因素来促进智力的发展。

(二) 分子遗传学对智力的研究

通过对智力遗传度的研究可以得知在特定时间、特定环境下特定人群智力表现上的差异在多大程度上可归因于遗传变异。但仅知道这一点是不够的，人们更关心的是，究竟是哪些基因决定或影响着智力，这些基因又是如何和环境因素一起发挥作用的？20世纪90年代中期以来，随着新型分子生物学及分子遗传学等技术手段的飞速发展，人们已经有可能直接在分子水平上认识和分析智力等复杂人类行为性状的遗传因素。不过由于这方面的研究还

[①] 施建农，徐凡. 超常儿童发展心理学[M]. 合肥：安徽教育出版社，2004：126.

处于刚刚起步的阶段,取得的研究成果还不多。

1999年,美国普林斯顿大学的华裔科学家钱卓领导的研究小组宣布,他们成功地通过基因移植培养出了一只名为"杜奇"的聪明鼠。[①] 他们发现了一种与学习和记忆能力有关的基因——NR_2B,该基因与一种蛋白质的生产有关,该蛋白质存在于大脑神经元表面,可作为某些特殊化学信号的受体。将NR_2B基因移植入杜奇的大脑后,杜奇的记忆比以前活跃得多,也显得比同类聪明。如果给杜奇一个塑料盒子,第二天给它另外一个塑料盒子,它会在盒子上嗅来嗅去,知道这个盒子与前一天的盒子不同,而普通老鼠的反应则很平淡。尽管后来发现杜奇的学习、记忆等能力增长维持的时间并不长,但该研究成果的影响是巨大的,提示了通过现代行为遗传学技术从根本上调控人类基本行为能力的巨大潜力。

在与人类智力相关的候选基因研究上,行为遗传学家普罗明(R. Plomin)领导的团队经过多年研究,发现人类第6条染色体上的IGF2R基因与人类的智力有关。普罗明等采用分子遗传学的方法,对智商极高的超常儿童和普通儿童进行了比较研究,结果发现,在超常儿童的DNA样本中,第6条染色体长臂上出现IGF2R基因的频率显著高于普通儿童。这是第一个被确认与智力和超常有直接关系的基因。[②] 此外,与多巴胺系统、5-羟色胺系统和类胆碱神经递质系统相关的一些基因也被认为与不同的认知能力相关。[③] 不过,由于人类的智力是受到多种基因影响的遗传性状,众多独立的、在不同程度上发挥作用的基因之间以及它们与环境之间都以高度复杂的方式交互作用,共同影响着人类的智力表现,所以基因和智力表现之间并不存在简单的因果关系。正如哈默(D. Hamer)所指出的,基因网络和众多的环境因素共同影响了大脑的发育和功能,在此基础上,又影响了行为的产生。[④] 因此,仅仅发现与智力有关的基因是不够的,还应进一步了解基因与环境的复杂交互作用。

虽然目前在这方面还没有直接针对智力展开的实证研究,但是卡斯皮(A. Caspi)等学者就儿童虐待和单胺氧化酶(MAOA)基因之间的交互作用进行的研究,堪称基因—环境互动研究的典范,[⑤][⑥]非常有助于我们理解基因与环境在智力表现上的复杂机制。他们的研究表明,幼时有受虐待经历并且携带编码低水平MAOA基因的儿童与虽然同样幼时有受虐待经历但携带编码高水平MAOA基因的儿童相比,前者的反社会行为几乎是后者的两倍。他们其后进行的研究又发现,5-羟色胺转运体(5-HTT)基因和应激刺激对抑郁的形成具有交互效应,即基因型不同的人对有害环境刺激的易感性不同。

从卡斯皮等的研究工作中,我们可以进一步得到启示:复杂的问题不可能有简单的答案。如果我们想知道基因如何影响智力,那么我们就必须把先天与后天,基因和环境因素都考虑进去,二者的交互作用才是最终影响人类智力行为的产生和发展,并决定智力个体差异的根源。

---

① 张美华,等.聪明鼠及其原理[J].生物学通报,2001(2):15.
② 施建农,徐凡.超常儿童发展心理学[M].合肥:安徽教育出版社,2004:126.
③ 陆丽萍,施建农.智力相关基因的遗传多态性研究[J].中国心理卫生杂志,2008(9):694-696.
④ Hamer, D. Rethinking Behavioral Genetics[J]. Science, 2002(5591):71-72.
⑤ Caspi, A., et al. Role of genotype in the cycle of violence in maltreated children[J]. Science, 2002(5582):851-854.
⑥ Caspi, A., et al. Influence of life stress on depression: Moderation by polymorphism in the 5-HTT gene[J]. Science, 2003(5631):386-389.

二、脑的结构和可塑性

在人类所热衷研究的事物中,大脑是最令人着迷,也最令人迷惑不解的。这个聚集了上千亿个神经细胞,一层层折叠起来的神奇物体,在我们的一生中,通过选择获取信息、保存记忆、学习各种技能等方式控制着我们的待人接物、所思所想和喜怒哀乐。最有意思的是,它还是世界上唯一能对自身展开研究的器官,人们一直绞尽脑汁地企图揭开大脑发育和运作的奥秘。

(一)脑的结构和功能

1. 脑的宏观结构和功能

脑由大脑半球、脑干、小脑、间脑和边缘系统组成。

人的大脑包括左、右两个半球及连接两个半球的胼胝体部分。大脑半球表面被覆灰质,称为大脑皮质,厚度约为2毫米。皮层表面有许多起伏的"沟"和"回"。如果摊开这些沟回,成人的大脑皮层可以有一张报纸那么大。凸起的皱褶和凹陷的沟槽,将大脑分隔成前面的额叶、外侧的颞叶、头顶的顶叶和后面的枕叶四部分,每个部分各有不同的功能。一般认为,额叶是执行控制中心,与思维、想象力和人格特性有关,也与工作记忆和情绪控制有密切的关系;颞叶是人类的言语行为中心,主要参与分析和解释声音和言语信息,还与长时记忆和视觉记忆有关;顶叶是人体体表冷、热、触、痛等感觉的知觉中枢,负责感觉信息的整合及定位;枕叶则是视觉中枢。大脑皮层的各种神经元之间存在着复杂的联系,由于联系的复杂性和广泛性,大脑各部分的功能区分并不是绝对的,实际上大部分区域的功能存在着重叠,任何创造性活动都是左右脑密切配合、协同活动的结果。①

脑干位于颅底内面的斜坡上,下连脊髓,上接大脑,通常将脑干分为延髓、脑桥和中脑。脑干既是大脑、小脑和脊髓相互联系的重要通道,也是负责人体的呼吸、血压、心跳反射的中枢所在,可以说是人体的生命中枢。

小脑在脑干背面,分左右两个半球,与身体姿势的平衡与肢体动作的协调有关,因此,在学习复杂运动、执行和速度控制方面起着非常重要的作用,同时小脑还与一些机械运动的记忆信息储存有关。

间脑大部分被大脑所覆盖,位于两个大脑半球之间,故称为间脑。它包括丘脑和下丘脑。丘脑是人体传入冲动的中继站,来自全身各感觉器官的传入神经(除嗅觉外)均通过这里传向大脑皮层,丘脑还对睡眠和觉醒起重要作用。下丘脑是调节交感神经和副交感神经的主要皮下中枢,对维持体内平衡、控制内分泌腺的活动有重要意义。它与人的基本生存动机(如饥饿、干渴、性及生殖)有关,它还对情绪活动的控制起重要作用。

大脑皮层下面内嵌的区域通常称为边缘系统,包括隔区、扣带回、海马及与这些部分联系密切的杏仁核、丘脑、下丘脑等部分的一些结构。其中有三个非常重要的部分与学习和记忆有关,它们是将信息从感觉系统传递整合给皮层的丘脑、对学习和记忆起关键作用的海马以及参与情感记忆的杏仁核。边缘系统各部分之间存在着复杂的纤维联系,构成许多大大

---

① 〔美〕David A. Sousa.天才脑与学习[M]."认知神经科学与学习"国家重点实验室脑与教育应用研究中心,译.北京:中国轻工业出版社,2005:13-14.

小小的环路。

不过因为人脑是宇宙中已知最复杂、最精细的体系之一,人们至今对脑内许多结构和功能的认识还非常有限。

2. 脑的微观结构和功能

从微观结构上看,大脑里除了血管和结缔组织外,主要由神经元和神经胶质组成。[①] 神经元是大脑的主要功能细胞,具有接受刺激和传导冲动的功能。而神经胶质细胞则主要对神经元起支持、营养、保护、修复和形成髓鞘等作用。不同神经元的形状和大小差异很大,但每个神经元都包括胞体和突起两部分,突起分为树突和轴突(见图 2-1)。树突一般较短,可以反复分支,逐渐变细而终止,树突主要接受其他神经元传来的神经信号。每个神经元的轴突通常只有一条,神经元发出的信号沿轴突向其他神经元传递,不同类型神经元的轴突长度相差悬殊,短的仅及胞体周围,而长的可达 1 米以上。值得注意的是,神经元的轴突并不是"赤裸裸"的,有的外面有髓鞘和神经膜包裹,称为有髓纤维,还有的只包裹一层神经膜,称为无髓纤维。可别小看轴突外面的这层膜,髓鞘的厚薄能影响神经传导的速度,髓鞘越厚,传导速度越快。

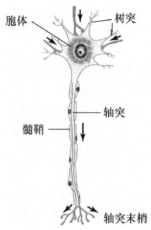

图 2-1 神经元结构示意图

神经元之间并不直接相连,而是存在着称为"突触"的小间隙,不同类型的突触含有不同的神经递质,可以产生不同的电化学反应。人脑约有 1 千亿个神经元,神奇的是,每个神经元可以同 5000~10000 万个神经元发生联结,所以,人脑中可能存在着 100 万亿个突触。神经元之间的连接具有很大的灵活性,为人类的学习活动奠定了生理基础。例如,我们初次学乘法口诀时,需要一点一点地记,速度不快,还可能经常弄错或遗忘,但随着不断地练习和背诵,我们越来越熟练,最后可以在需要使用乘法口诀时毫不费力地"随手拈来"。这是因为通过反复学习,大脑中就能形成一个有关乘法口诀的神经网络。对神经网络使用得越频繁,神经传导就越通畅,突触之间的传导速度就越快,连接也就越牢靠。

(二)脑的可塑性

有学者提出,人体中大约 60% 的基因是专门用于大脑发育的,[②]但这并不表明单靠基因就能决定大脑的发育,基因本身也会由于外界环境的不同而选择发挥作用或处于"休眠"状态。实际上,环境因素从胎儿时期就开始与基因共同作用,对大脑发育产生影响了。出生后,环境因素的影响更加突出,这充分体现在大脑的可塑性上。所谓大脑的可塑性(neural plasticity)是指大脑在解剖学上的差异是由使用所决定的,遗传提供了大脑的基本发育过程,而后天的教育则提供了基于使用和功能优选最适应的大脑连接网络所需的经验。[③]

---

① 〔美〕David A. Sousa. 天才脑与学习[M]. "认知神经科学与学习"国家重点实验室脑与教育应用研究中心,译. 北京:中国轻工业出版社,2005:15-17.
② 〔美〕Doris Bergen, Juliet Coscia. 大脑研究与儿童教育[M]. 王爱民,译. 北京:中国轻工业出版社,2006:28.
③ 〔美〕艾里克·J. 马施,等. 儿童异常心理学[M]. 孟宪璋,等译. 广州:暨南大学出版社,2004:45.

1. 神经元的发生

现在已经知道,人胚胎大约在形成的第三周末就会出现神经管,脑是由神经管的头段发育而来的。受孕后的前几周,神经元开始分裂繁殖,并形成神经元之间的最初联系,人们观察到,胎儿最早约从受孕后第 7 周就有运动和感觉活动的迹象。孕 12~20 周是神经元形成的高峰,在增长的最高峰每分钟甚至可以分裂产生 25 万个神经元之多,这真是令人难以置信![1] 与此同时,神经元之间的突触联系也迅疾增加。神经元在形成的同时还伴随着迁移过程,新产生的细胞总是沿着由神经胶质细胞组成的"皮质阶梯"自下而上地迁移至前一批细胞的浅部,故最早形成的神经元位于大脑皮质的最深层,最晚形成的位于最浅层。在这个过程中,由基因决定神经元的功能和最终位置,营养不良、致畸剂(如酒精、药物、毒品)和母体疾病等有害的环境因素都可能对胎儿期神经元的产生和迁移过程产生干扰。

婴儿出生时已有大约 1000 亿个神经元,虽然新近的研究发现成人的脑也有生成新神经元的可能性,[2]但绝大多数神经元在新生儿期就已经产生了。尽管如此,新生儿大脑的重量仅相当于成人的四分之一。出生后的大脑发育主要不是由于神经元数量的增加,而是由于神经元体积的增大、神经胶质细胞数量及体积的增加、树突成分的增长、轴突的髓鞘化及其相互连接的广度增加所致。

2. 凋亡与修剪现象

新生儿拥有的神经元和神经连接的数量远远超过其实际所需。大自然在造人时秉持的原则似乎是:不做捉襟见肘的事,先为人类发展的各种可能性留出足够的余地,再根据每个人的具体情况进行调整。在发育过程中,这表现为凋亡(apoptosis)和修剪(pruning)现象。

细胞凋亡是指多细胞有机体为调控机体发育,维护内环境稳定而由基因控制的细胞主动死亡过程。[3] 细胞凋亡是生物界广泛存在的一种基本生命现象,如同细胞生长、发育、增殖一样,有着十分重要的生理意义。细胞凋亡从胎儿时期就开始了。戴尔蒙德(M. Diamond)曾推测,大约有高达 50% 以上的神经元在出生前就会凋亡。[4] 脑发育过程中细胞的凋亡主要起以下作用:① 清除无用或多余的神经元来阻止脑被自身细胞"过度填充";② 除去发育不正常的细胞,如未建立起正确连接的神经元;③ 加强保留下来的神经连接。

婴儿出生后,大脑发育最显著的现象之一是神经突触连接的迅速增加。[5] 如果外界环境适宜(如良好的营养和适当的环境刺激),一个神经元能生成上万个突触,生成一个突触仅需要几秒钟的时间。2 岁时,突触的数量就可以达到成人的水平,3 岁时,幼儿大脑突触的密集程度是成人的 2 倍。突触增长的势头会持续整个童年早期,但不同功能区域突触的增长高峰有所差异。通常表现为,越与复杂的技能有关,其皮层突触的生成高峰开始得越晚。如幼

---

[1] 〔美〕David A. Sousa. 天才脑与学习[M]."认知神经科学与学习"国家重点实验室脑与教育应用研究中心,译. 北京:中国轻工业出版社,2005:15.

[2] 〔美〕Patricia Wolfe. 脑的功能[M]."认知神经科学与学习"国家重点实验室脑与教育应用研究中心,译. 北京:中国轻工业出版社,2005:12.

[3] 姜泊. 细胞凋亡基础与临床[M]. 北京:人民军医出版社,1999:1.

[4] 〔美〕Patricia Wolfe. 脑的功能[M]."认知神经科学与学习"国家重点实验室脑与教育应用研究中心,译. 北京:中国轻工业出版社,2005:14.

[5] 〔美〕Marilee Sprenger. 脑的学习与记忆[M]."认知神经科学与学习"国家重点实验室脑与教育应用研究中心,译. 北京:中国轻工业出版社,2005:12.

儿1岁时,视觉皮层的突触生成现象就非常明显,而与语言等较复杂技能有关的皮层,则在2~3岁时才出现突触大量生成现象。某区域的突触大量生成之后,会紧接着出现该区域突触的修剪现象,即那些形成后又被长期冷落、未频繁使用的突触会逐渐衰退或消失。突触的修剪对儿童潜能的发展极其重要,也充分体现了人脑在发展过程中的可塑性。埃利奥特(L. Eliot)曾指出,大脑某区域的突触生成高峰为特定脑区功能的发挥奠定了最初的神经基础,也标志着某种能力(如视觉)的初步形成,然而,该种能力发展的整体水平却是由后来的修剪期所决定。[①] 这是因为外来的经历对大脑神经活动产生影响,这些影响决定了哪些突触连接得以保留,哪些自行衰退,进而形成的某种稳定长久的神经通路将决定大脑以何种方式思维、感觉和行动,所以过量突触的存在是大脑保持最大程度可塑性和发展多样性的生理基础。

突触生成和修剪现象在脑发育过程中一直存在,不过随着儿童年龄的增长在不同功能区域的表现有所不同。原先认为,在3~8岁期间,随着儿童与环境经历的相互作用,到该年龄段后期,突触系统改变的灵活性就较为有限了,也就是说,大脑某个区域的精细化改善阶段一旦结束,其发展的敏感期就结束了,对之重新进行调整的可能就受到局限。但新近的研究发现,大脑的动态变化期要比以前认为的长得多,尤其是人的高层次认知功能,其变化可以一直持续到生命结束。[②] 加州大学的索厄尔(E. R. Sowell)比较了儿童、青春期少年和年轻成人的大脑,发现负责自我控制、判断、计划、策略等执行功能的额叶在12岁时又像胚胎时期一样开始成长,而且有性别差异,女生开始的比男生早些,20岁时开始修剪。除额叶外,顶叶也在青春期继续成长,然后开始修剪,颞叶则到16岁时才达到高峰,然后进行修剪。[③]

3. 神经元的髓鞘化

髓鞘是指包裹在有髓神经元轴突表面的一层脂状物质,髓鞘的存在可以加快神经冲动传导的速度。有关髓鞘的形成过程有两种不同的理论假说。[④]

一种理论是神经生理学家汉纳福德(C. Hannaford)在1995年提出的,他认为,在大脑发育的早期,有一层髓鞘包裹在轴突的外层,当通过神经元的电活动数量增加时(也就是该神经元的轴突频繁使用时),髓鞘就会相应地变厚,这一过程称为髓鞘化,髓鞘化后,神经网络相互间的联系变得更加快速高效。

另一种理论是希利(J. Healy)在1994年提出的,神经元的髓鞘化是一个从出生开始不断发展的过程。最初,脑从较低级的感觉和运动中枢开始,阶段性地释放髓磷脂(myelin),最后髓鞘化的脑区域是与高级思维活动相关的前额叶皮层。

上述两种理论可能都是正确的,这正好能够说明神经元的髓鞘化也是在环境和遗传两种因素的共同影响下发生的。突触的过剩和修剪与神经元的髓鞘化过程共同为儿童基于经

---

① 〔美〕Doris Bergen, Juliet Coscia. 大脑研究与儿童教育[M]. 王爱民,译. 北京:中国轻工业出版社,2006:61.
② 洪兰,等. 婴幼儿大脑与认知发展的奥妙[M]. 台北:信谊基金出版社,2004:25.
③ Sowell, E. R., et al. Mapping continued brain growth and gray matter density reduction in dorsal frontal cortex: Inverse relationships during postadolescent brain maturation[J]. The Journal of Neuroscience, 2001(22): 8819-8829.
④ 〔美〕Marilee Sprenger. 脑的学习与记忆[M]. "认知神经科学与学习"国家重点实验室脑与教育应用研究中心,译. 北京:中国轻工业出版社,2005:6.

验的不同产生个别差异提供了生理基础。

（三）从脑的可塑性看超常儿童的成因

虽然人们常常把超常儿童称为"神童""天才"，意味着这些孩子的才能是神赐或上天赋予的，但近年来对大脑可塑性的研究让我们对超常儿童的产生有了更深刻的理解。

首先，环境因素对大脑发育的影响实际上从胚胎期就开始了。研究者发现，基因虽然为大脑各部分的发生、发展设定了既定的程序，但不同基因的开/关及其排列组合是受到环境因素影响的。如流感病毒可能扰乱胎儿期神经元的迁移过程，导致认知和情绪方面的损伤；胎儿期神经元细胞的凋亡等现象也会受到外界刺激的影响。因此，虽然当前与大脑发育有正面相关作用的环境刺激因素的直接实证研究证据还较为缺乏，但我们有理由相信，胎儿时期良好的成长环境是使优良的基因遗传由"蓝图"变成现实的前提条件。一位超常儿童的母亲曾这样回忆："在确定怀孕后，我首先改掉了平时容易急躁的坏脾气，即使遇到不顺心的事，也能一笑了之，与此同时，我注意经常欣赏一些优美动听的音乐……在整个孕期，我保持情绪稳定、性情开朗，给胚胎创造一个宽松舒适的生长环境。"[①]

其次，脑的良好发育必须在受到适宜外界刺激的情况下才能实现，即学习和发育成熟不可分离。这就像要想学会游泳必须下水练习一样，否则，即使拥有健全的身体，具备学会游泳的条件，但没有进行实际的游泳练习，还是不能真正习得游泳技能。格林诺夫（W. T. Greenough）等曾经研究了经验与海马部分神经（与记忆功能有关）变化之间的关系。[②]他们认为，较丰富的、含有复杂学习事物的外部环境能使海马的神经元免于被修剪。2000年诺贝尔医学奖得主埃德尔（E. R. Kandel）则在分子水平上对学习和大脑发育的关系作了更细致的研究。他在动物身上找到了建立起学习与记忆关系的分子基础，证明了有机体与外界的互动（学习过程）会改变大脑的神经连接，并能加强经常使用的突触的强度。[③] 由此可见，在良好的后天养育和教育环境中进行学习与智力的积极发展之间存在必然的联系。不过，值得我们注意的是，良好的后天环境并不等同于环境刺激"多多益善"或过度学习。学者们倾向于认为，尽管没有特定的研究证据证明，但似乎存在一种环境机会的"阈限"，只要达到这一基本的"阈限"，大脑就能毫无困难地发展。

第三，尽管生命的早期至关重要，但大脑的可塑性是持续终生的。通过对大脑发育的观察，人们发现不同脑区在不同的年龄阶段存在着突触的过剩生长期和随后的修剪期，研究者推测这是某项特定能力发展敏感期的生理基础。在敏感期对儿童加以教育和训练可能有事半功倍的效果，许多早慧儿童的早期教育经历似乎也证实了这一点。但也有研究表明，某种能力的敏感期并不是非常短暂的，而是持续相对较长的时间。另外，即使在敏感期缺乏某些经历，儿童大脑的可塑性研究仍表明，在稍晚的年龄阶段接触丰富的环境，仍可使他们的大脑得到进一步的发展。[④]甚至有研究者认为，终其一生，人的大脑都可以在遇到新的经历时

---

① 宁城.天才咨商[M].合肥：安徽人民出版社，1998：7.
② 〔美〕Doris Bergen, Juliet Coscia.大脑研究与儿童教育[M].王爱民，译.北京：中国轻工业出版社，2006：37.
③ Cell and Molecular Biological Studies of Memory Storage[EB/OL].[2009-10-08]. http://www.hhmi.org/research/investigators/kandel.html.
④ 〔美〕Doris Bergen, Juliet Coscia.大脑研究与儿童教育[M].王爱民，译.北京：中国轻工业出版社，2006：44.

产生结构和功能上的变化。① 我国学者查子秀对超常儿童成长类型的研究似乎也可对此做出佐证。② 她通过对20年间140余名超常儿童进行的追踪研究,概括出了超常儿童成长过程的五种不同类型:跃进式、渐进式、V形前进式(或波浪式)、后起式和滑落式。其中波浪式发展的超常儿童幼年表现早慧,但在小学或中学阶段表现一度下降,甚至与常态儿童无异,经采取措施后逐渐回升,再次超常出众。后起式发展的超常儿童幼年时缺乏早教条件,或由于某个原因显得"开窍"较晚,幼年或童年没有超常表现。小学或初中阶段,由于某次竞赛或机遇,成绩突出,一鸣惊人,此后受到重视,给予特殊培养,最终发展优异。

最后,脑的良好发育还需要稳定安全的环境,其中包括身体和社会情绪的安全。人们现在已经认识到,产生情绪的脑结构(如边缘系统)和大脑皮层中主要识别和控制情绪的脑结构(如额叶)之间存在密切的相互作用,情绪和认知之间联系紧密,可以说大脑情绪调节中心是思维和学习等大脑功能的传导器和监视器。基于此,格林斯潘(S. I. Greenspan)和刘易斯(N. B. Lewis)甚至提出这样的假说,婴儿先学习辨别情绪,然后才学习认知分类,也就是说,情绪的发展为认知发展提供了基础。③ 当孩子不能感到情绪上的安全时,其信息加工能力必然受到影响。因此,我们有理由相信,幼年和童年的社会情绪安全感对大脑的健康生长和神经发育至关重要,具备情感安全的高质量的早期环境最适合于幼儿社会情绪和认知的发展,有助于儿童的大脑保持最佳的发育状态。

埃德尔曼(G. M. Edelman)曾把大脑比做一个生态系统。他提出大脑和热带雨林生态系统很相似,都具有复杂、丰富而活跃的相互作用。④ 尽管我们现在还不能从大脑发育的水平解释超常儿童"超常之处"的具体细节,但埃德尔曼的比喻形象地告诉我们:大脑的超常发展是基因和经验相互作用的结果,儿童早期及后期神经元的快速生长和修剪对儿童的知识建构至关重要,大脑建立起来的神经网络之间的复杂相互作用影响着学习的成效和性质。我们应该记住,大脑的可塑性为处于良好环境中儿童的超常发展开启了机会之窗,但也可能因此阻碍那些处于不利境况下的资赋优异儿童的发展。

第2节 超常发展与文化

前面的论述已经阐明,超常儿童的产生确乎有其先天的遗传和生理基础,但有关超常儿童是源于先天还是形成于后天之争并没有就此打住,随着研究的深入,答案反而显得愈加错综复杂了。这是因为,一方面,超常能力并不是由一两个基因决定的,其发展是在众多基因与环境的互动过程中实现的;另一方面,人是一种社会性动物,自出生始就不可避免地置身于一定的人类文化之中,生活在一个特定区域的人群使用同样的语言,遵循一致的生活准则,秉持相似的价值观念。生物个体心理学意义上的潜能是否能发展为解决实际问题或创造"产品"的超常才能,也即智力的发展过程及形式、个人间的智力差异与群体间的智力特点等都从根本上受到文化的深远影响。

---

① 〔美〕Doris Bergen, Juliet Coscia. 大脑研究与儿童教育[M]. 王爱民,译. 北京:中国轻工业出版社,2006:77.
② 查子秀. 超常儿童健康成长的主客观条件[J]. 中国特殊教育,2000(2):1-4.
③ 〔美〕Doris Bergen, Juliet Coscia. 大脑研究与儿童教育[M]. 王爱民,译. 北京:中国轻工业出版社,2006:39.
④ 〔美〕Doris Bergen, Juliet Coscia. 大脑研究与儿童教育[M]. 王爱民,译. 北京:中国轻工业出版社,2006:12.

从文化影响的角度看,智力理论存在着人类学观和社会学观两种取向。[①] 前者所关心的是不同的文化环境对个体智力发展的影响,要解决的问题是智力在不同的文化中是不是同一个东西,若不是,是如何不同的;而后者所关心的是某一文化中个体的社会化是如何影响智力发展的,该取向的主要兴趣在社会化过程本身。本部分我们就从这两种取向出发来探讨社会文化与超常儿童产生的关系:一是考察时代文化背景是如何影响人们对超常能力认知的;二是探讨超常儿童自身在成长过程中所受到的社会文化因素的影响。

一、时代文化背景对超常才能产生和发展的影响

(一)费尔德曼的非普遍性发展理论

非普遍性发展理论(the theory of nonuniversal development)是美国发展心理学家费尔德曼(D. H. Feldman)在其1980年出版的著作《超越认知发展的普遍性》一书中提出的,并于该书1994年再版时进行了补充。[②] 该理论不仅为我们理解儿童发展提供了一个新视角,也阐明了文化因素在儿童发展中的深远意义。

费尔德曼认为人的发展既包括了每个人都必须经历的自发的普遍性范畴的发展,还包括由环境和教育等文化因素促成的因人、因人群而异的非普遍性范畴的发展。以往的发展心理学深受皮亚杰学说的影响,注重儿童认知发展变化的普遍特征,即不管个体所在的社会文化背景如何,只要是在正常的人类环境中成长,就必然依次经过感知运动期、前运算期、具体运算期和形式运算期这四个共同的发展阶段。费尔德曼则强调在研究儿童发展中普遍性问题的同时,也不应忽视非自发产生的、需要个体自身努力和外在支持才得以发生的非普遍性范畴的发展。这是因为,人类的许多活动范畴和知识领域与特定的文化教育环境有密切的关系,并不是每个社会成员都必须或能够达到的,实际上,人类活动更多地体现为非普遍性范畴的专业发展。

费尔德曼进而提出,儿童的认知发展表现为从普遍性范畴到非普遍性范畴的连续统一体。[③] 他把儿童认知能力的发展分为六个范畴:即普遍性(universal)范畴、泛文化(pancultural)范畴、文化性(cultural)范畴、学科性(discipline-based)范畴、专门性(idiosyncratic)范畴和独特性(unique)范畴。这六个范畴层层递进,其非普遍性程度依次增加,能够达到的人数逐级减少。

普遍性范畴:指潜在于人类内部的与生俱来的发展可能性和发展顺序,是儿童能力发展的最低层次和起点。

泛文化范畴:指在一定的社会文化中所有个体都能够自然得到的发展,典型的泛文化范畴领域包括语言、音乐、舞蹈等,在人类的每一种文化中我们都可窥见这些能力的踪迹。它们是普遍性的,任何个体只要置身于一定的人类环境,就可以通过模仿习得这些泛文化能力。

文化性范畴:指在一定的社会文化中,通过系统、正规的教育训练和个体自身的努力,所有个体都能达到的一定水平的能力发展。例如,现代社会中通过学校教育所获得的基本

---

① 徐凡,施建农.智力的人类学观和社会学观介绍[J].心理学动态,1996(4):12-16.
② Feldman, D. H. Beyond universals in cognitive development[M]. 2nd ed. New Jersey: Ablex Publishing Corporation, 1994.
③ 霍力岩,李敏谊.非普遍性发展理论及其对我国幼儿教育改革的启示[J].学前教育研究,2003(9):8-10.

的读、写、算能力。费尔德曼指出,在不同的社会文化背景中,该范畴能力的发展方向和程度有所不同,"某些领域的能力(如数学)在很多文化中被要求一定要达到某个水平,而某些领域的能力(如民主参政的能力)仅仅在某些文化中被要求掌握,还有一些领域的能力(如宗教知识、驾船航海的能力)对于一些文化来说是必需的,但是在其他文化中却不一定需要"①。

学科性范畴:指在一定的社会文化中,通过系统、正规的教育训练和个体自身的努力,部分个体能达到一定水平的能力发展。例如,现代社会中个体通过系统、正规的高等教育或其他专门教育获得的某些特定学科(如法律、医学等)或领域的发展。

专门性范畴:指在一定的社会文化中,通过系统、正规的教育训练和个体自身的努力,少数个体能达到一定水平的能力。例如,现代社会中个体在天资、兴趣和自身努力的基础上,通过系统、正规的高等教育或其他专门教育在某些特定学科上进一步的专门化发展(如物理学中的天体物理、医学中的分子遗传学等)。要取得这一层次的发展需要个体的天资、自身的巨大努力及适宜的环境和教育条件的有机结合。

独特性范畴:指在一定的社会文化中,极少数个体超越某个领域或学科的原有局限所取得的前沿性突破,能达到该层次发展的人是出类拔萃的。例如,爱因斯坦在物理学理论上的突破。

上述每一范畴还包含许多知识领域,每个个体在各知识领域的发展通常是不平衡的。超常儿童在某个或某几个领域的能力发展可能达到专门,甚至是独特性范畴,但在其他领域的发展却可能滞留在较低的层次。需要注意的是,儿童在普遍性范畴的发展源于人类与生俱来的想了解世界的生物本能,而非普遍性范畴的发展则既不是自发的,也不是所有儿童都能达到的,还需要特定的环境文化因素持久而系统的支持,而且非普遍化的程度越高,对文化环境支持程度的要求也越高。可以想象一下,如果一个儿童具有下棋的天赋,但其所生活的文化环境对这项活动毫无兴趣,那该儿童的下棋潜能也难以得到发展。非普遍性发展理论让我们进一步认识到,超常发展不仅依赖于个体自身的建构,更是个体与社会文化共同作用的结果。

(二) 中国文化发展走向与特点

加德纳曾提出,如果人们能从流行的智商测试分数中彻底解放出来,就会发现在不同的文化背景中,人们所看重的智力形式有很大差异。如对生活在海岛国家的人们来说,智力更多意味着观察天象、分辨记住水域和陆地标志特征及找出航行路线的能力。因此智力是"解决问题或制造产品的能力,这些能力对于特定的文化和社会环境是很有价值的"②。而且,不仅不同社会和文化环境下人们对智力的理解不尽相同,对智力表现形式的要求也有所差异。例如,同为语言能力,在一种文化中可能重视的是写作技巧的高低,而在另一种文化中却可能更看重演讲能力的好坏。可见,智力的内涵因文化的不同而大异其趣,即便在同一种文化中,其含义也会随着时间的推移而改变,了解特定文化发展变化的脉络,会加深我们对超常儿童产生的认识。

德国哲学家雅斯贝尔斯(K. Jaspers)曾就人类文明的发展提出了著名的"轴心时代"理论。③ 他在1949年出版的《历史的起源与目标》中提到,公元前800至前200年之间,尤其是

---

① Feldman, D. H. Beyond universals in cognitive development[M]. 2nd ed. New Jersey: Ablex Publishing Corporation, 1994: 24.
② 〔美〕霍华德·加德纳. 多元智能[M]. 沈致隆,译. 北京:新华出版社,1999:8.
③ 轴心时代[EB/OL]. [2009-08-03]. http://baike.baidu.com/view/555605.htm.

公元前600至前300年间,是人类文明的"轴心时代"。在此之前,人类普遍处于原始文化时期。至轴心时代,远隔千山万水的世界各民族不约而同地经历了人类文明的重大突破和超越,超越和突破的不同类型使得西方、印度、中国、伊斯兰等不同民族和国家走上了各自独特的文明发展之路,其影响一直延续到今天。我国著名学者李泽厚先生在20世纪90年代从发生学和文化比较学的角度,解析了中国文明的演进及与西方文明的分野,他所提出的"巫史传统论"学说引发了思想界对中国文化传统的重新评估和反思,[①][②]对我们理解中国文化的脉络走向和特点非常有帮助。

远古时期,由于生活环境的恶劣和先民们在自然界面前的无力感,人类原始文明普遍表现出"巫"的特征,借以找寻人的"生存价值"和增强自信。这里"巫"的含义较广,是指自人类旧石器时代以来各民族都曾有过的原始人群的非直接生产性的歌舞、仪式、祭祀活动。随着时间的推移,这些活动内容演变得日益繁复,形成了一系列复杂的"巫术礼仪"。李泽厚认为巫有四大特质:一是实用性和功利性,即巫术礼仪的目的在于解决实际问题,而非轻松娱乐;二是复杂性,行巫术是为了沟通天与人的关系,必须有精细严密的礼仪要求,施法者要严格遵照执行;三是主宰控制性,巫师借"巫"的过程以影响甚至主宰鬼神天地,以期实现所希望的目标;四是痴迷性,巫者舞时心态极虔诚以致入迷,但同时又遵循严格的礼仪,以体现内心的敬畏。李泽厚通过严密的分析指出:"巫的特质在中国大传统中,以理性化的形式坚固保存,延续下来,成为了解中国思想和文化的钥匙所在。"[③]也就是说,在中国的历史发展过程中,由于中国的地理环境、历史经验及民族特点,巫术没有在反思中被抛弃而是在继承中被保存、改造和转化了。经由周公姬旦对其外在的礼制化和孔子对其内在心理的敬畏化实现了对"巫"的理性化、历史化改造,巫由起初的非理性形式逐渐走向理性化、客观化,从而形成了中国的"礼乐传统"。这一来自"巫"的"礼乐传统"最典型的特征便是祖先崇拜在中国的形成与兴盛,也即与西方相比,巫术信仰不是走向了科学与宗教而是祖先神信仰,中华文化表现为"肯定人们现实生命和物质生活的文化,是一种非常关注世间幸福、人际和谐的文化"[④]。

西方文明与中国文明相比,如果说在"前轴心时代"二者差别不大的话,到了"轴心文明"时期,两者的发展就分道扬镳了。西方文明在轴心时代受到了希腊理性精神和统一人格神信仰的影响,发生了跳跃式的发展,继起的宗教和科学代替了巫术信仰和巫术中的实用方技。从文明演进的路向来看,西方"由巫脱魅"而走向科学与宗教的分野,中国则由"巫"而走向了"史"的理性化塑建,其结果是西方出现了宗教和科学传统,而"仁"和"礼"成为中国文化的主干。

中国的这种文明模式自西周初年形成后,几千年来一直深刻地影响着中国社会的价值取向和思维方式。[⑤] 具体而言,从人才产生的角度和机制看,表现为如下特点:[⑥]其一,中国知识分子关注和思考的焦点主要在政治伦理领域,对大千世界的奥妙没有太大兴趣。"学而

---

① 李泽厚.历史本体论·己卯五说[M].增订本.北京:生活·读书·新知三联书店,2006:156-183.
② 张永超.李泽厚"巫史传统论"研究[D].北京:中央民族大学硕士学位论文,2007.
③ 李泽厚.历史本体论·己卯五说[M].增订本.北京:生活·读书·新知三联书店,2006:162.
④ 李泽厚.历史本体论·己卯五说[M].增订本.北京:生活·读书·新知三联书店,2006:408.
⑤ 启良.道:中国知识分子的十字架[J].书屋,2001(11):4-13.
⑥ 李茗公,叶青山.传统文化的"三大谜团"[J].书屋,2009(5):25-32.

优则仕"是他们所追求的目标,被奉为国家正统理论的儒家学说蔑视科学研究,视之为"奇器淫巧"。其二,中国古代的思想家几乎都是文学家,所以中国传统文化有形象思维和深奥模糊的混沌性特征,一旦遇到问题不愿深究,"而是喜欢通过领悟达到'圆融无碍',实际上是采用使问题模糊、使领悟也模糊的方法消解问题的存在"①。缺乏精确验证和数理逻辑,古代科学多为经验总结性的实用性科学,并不执意探求现象背后的因果关系。其三,中国自汉代起就建立了察举、征辟及博士弟子等制度,以由下而上推选人才为官。至隋唐以降,更是形成了延续一千三百余年的科举制,为普通读书人跻身统治阶层提供了渠道。各朝科举考试的科目和形式依据统治阶层的用人取向和不同时代的人才需求有所变化。唐代的考试科目很多,常设科目主要有明经(经义)、进士、明法(法律)、明字(文字)、明算(算学)。到明清则只设进士一科。进士科考的内容主要限于儒家经典。科举考试制度对隋唐以后中国的社会结构、政治制度、教育和人文思想都产生了深刻的影响。

(三) 中国历代天才人物产生的实证研究

对创造力颇有研究的旅美学者郭有遹曾经采用历史测量学的方法对我国历史上的天才人物做过系统考察。研究缘起于人类学家克罗伯(A. L. Kroeber)所提出的天才在人类历史上的群起群落现象。② 克罗伯认为,从理论上讲,对于不同的种族和时代而言,具有天才潜能者的数目应该是相对固定不变的,然而从历史上看,天才的出现在某一时代或地区较为密集,而在另一些时期或地区则显得寥落,这种现象是文化环境因素所致,有的环境抑制天才潜能的发挥,有的环境则有助于天才潜能的喷涌。

郭有遹从权威史书中选出了我国历代 667 位天才人物作为研究对象,其中包括了画家、文学家、哲学家及科学家。通过自编的"中国创造者评鉴量表"对这些天才人物的创造力、影响力、多才多艺与技巧进行评分,根据评分结果将这些天才人物分为三个等级(见表 2-1): 一流天才、二流天才和三流天才。所研究的环境变量有四项,分别为: 时代特征(分为盛世、治世、安世、衰世、乱世)、生活状况(分为富贵、小康、安乐或贫、略穷、穷苦)、创作的自由(按照创作是否受到朝廷的限制和迫害分为五级)和价值趋向(根据朝廷对某学科的支持程度分为五级),以上每项变量得分按等级依次计为 5 至 1 分。

表 2-1 中国历代各类各等天才人数③

组 别	第一流	第二流	第三流	总计
画家	49	137	48	234
文学家	47	118	39	204
哲学家	30	50	29	109
科学家	21	77	22	120
总计	147	382	138	667

研究分为两个部分:第一部分探讨时代特征与天才出现数量之间的相关,研究发现,中国三大天才辈出的时代分别是唐宋时期,以及明代中期到清代中期;第二部分则以三流天才

---

① 蓬溪.问题·意义·分界·规律[J].书屋,2001(10):28.
② 郭有遹.创造心理学[M].第 3 版.北京:教育科学出版社,2002:217-219.
③ 郭有遹.创造心理学[M].第 3 版.北京:教育科学出版社,2002:181.

为控制组,比较三流天才与一流天才在各项变量上的差异,其理论假设是,三流天才具有达到一流天才的潜能,他们未能充分发挥潜能的原因在于环境变量的影响。郭有遹通过统计分析发现,总体而言,一流天才在四项环境变量上的得分都显著高于三流天才,这与研究假设是相符的。值得注意的是,四种环境变量对不同领域天才的影响并不一致(见表2-2)。一流的画家多生于盛世及自由的环境之中,可以推测缺乏自由与三流画家未能取得更高成就相关。影响哲学家成就的则除了时代和自由两种因素外,还有价值趋向因素。郭有遹认为,中国朝野对绘画的喜好较为一贯,但中国社会实用理性至上,很少有人真正喜欢哲学。统治者会出于实用的目的在表面上支持某一学派,而其内心信仰的却是另外的学派或宗教,因此,不利于哲学家取得高成就的环境因素更多。文学家的出现与上述迥然不同,研究发现,四种环境因素均与一流文学家的产生无关。如何解释这种看似诡异的现象呢?郭有遹提出了三大原因:其一,中国过分重视文学,长久以来文学既是科举考试的主要内容,又具有谋生的价值;其二,文学本身形式多样,诗、词、歌、赋、戏曲、小说等多种渠道均可为天才提供表现的空间;其三,与绘画和科学创造相比,文学创作对外界的物质条件要求不高。一流科学家的产生则与生活环境、创造的自由和社会价值趋向有密切关系。

表2-2 四种环境变量对各类一流天才的影响[①]

组　别	时代	生活	自由	价值
画家	有	无	有	无
哲学家	有	无	有	有
文学家	无	无	无	无
科学家	无	有	有	有
全体	有	有	有	有

郭有遹的研究系统探讨了我国历史上各领域天才人物的产生与文化环境因素之间的关系。虽然研究者在环境因素的划分和天才人物的选择上还有值得商榷之处,但该研究为了解我国特定文化背景对不同领域超常才能发展的影响提供了难得的实证资料。我们从该研究所提供的数据资料中还发现,就各类历代天才人物的数量来看,在所研究的全部667位天才中,人文类(含画家、文学家和哲学家)天才有547位,约占总数的82%。在147位一流天才中,人文类天才有126位,约占总数的86%,而一流的科学天才仅占约14%。结合前文对中华文明发展脉络和特质的介绍,显然这种现象的产生不是偶然的,进一步佐证了超常发展不仅有赖于个体自身的条件,更是个体与社会文化共同建构的结果的论断。

现当代社会人们对数理逻辑、科技发展的推崇远远超过了对人文科学的重视。但我们实际上仍然摆脱不掉传统文化的深刻影响,毕竟任何一种文化都是一种有机的连续存在,与其说我们现在的转变是与过去文化传统的决裂,不如说正是传统文化中的实用理性仍在顽固地起着作用。这种对数理逻辑能力的推崇与过去人们对人文学科的崇尚一样影响了超常潜能的发展。

方钧君曾运用"多彩光谱"评估系统研究了教师对学前儿童能力的评价,该评估系统是

---

① 郭有遹.创造心理学[M].第3版.北京:教育科学出版社,2002:184.

以多元智力理论为指导研制的。①研究者选择了一所以注重儿童多元发展和教育科研著称的示范幼儿园为研究对象。研究发现,教师对儿童智力发展水平高低的判断与教师对该儿童数学逻辑能力强弱的认知有直接的对应关系。教师认为的智力水平发展较好的儿童通常也是教师眼中数学逻辑能力较强的那些儿童。而被教师评价为数学逻辑能力一般或较差的儿童,即使其在语言或其他能力上发展超常,仍会被评价为智力发展水平一般或较差。可见,在号称重视儿童发展个别差异的环境中,教师仍然不自觉地采用了以数学逻辑能力为核心的智力发展评估标准来评价儿童的发展,这种评判标准反过来又对教师的教育行为产生了影响。研究者观察发现,教师指导儿童活动时,在数学区出现的频次最高,逗留的时间最长,进行真正意义上辅导的次数也最多。在教学活动和教室空间的安排上,也以数学能力的发展为首。对诸如音乐、社会技能等其他领域能力的发展,教师表现得既不敏感,也疏于提供发展的机会。该研究提示我们,尽管教师行为背后的原因是复杂的,但不可否认,社会文化中长期形成和积累的民族文化因素在无意识层面对我们一直产生着深刻的影响。

二、家庭因素对超常才能发展的影响

现有的研究已表明,对人类个体而言,超常才能的产生和实现是一个动态过程,这个过程从胎儿时期就开始,一直延续至整个成长期。先天不能决定一切,早年出类拔萃的孩子,只有在整个成长过程中都得到适宜的教育和引导,才能成为对社会有独特贡献的宝贵人才。身兼小说家和诗人于一身的美国超常教育研究专家皮尔托(J. Piirto)曾提出了有关才能发展的金字塔模型(the Piirto pyramid of talent development model)。②她强调,超常才能的发展需要取决于以下五个层面的因素:① 遗传基础;② 个性品质,如动机、坚持性、悟性等;③ 在表现才能的领域内发挥作用所必需的智力下限;④ 某一特殊领域的才能,如数学、音乐、运动;⑤ 五种环境影响:家庭环境、社会文化、学校环境、机遇和性别。皮尔托把这五种环境因素比喻为儿童成长过程中的五个太阳。为避免与其他章节的内容重复,本部分主要探讨家庭文化因素在超常儿童产生和成长中的重要作用。

近年来,研究者们注意到,先前的研究对家庭环境的认识过于笼统,实际上即使是一个家庭的子女,他们每个个体所处的具体家庭环境也是有差异的,家庭环境不是在"家庭"的基础上,而是在"个体"层面上起作用的。基于此,学者们提出了共享环境(shared environment)和非共享环境的概念(nonshared environment)。③ 共享环境指生活在同一家庭的子女所共同面对的环境,如家庭背景、父母在养育儿童上秉持的价值观念、家中拥有的书籍玩具等。非共享环境则指各子女在家庭内外由于不同的经历所获得的独特经验,可以分为系统影响和非系统影响。系统影响包括父母对某个子女的独特教养行为(偏爱或忽视)、出生顺序、性别差异、独特的同伴等。非系统的影响主要指那些无法预期的特殊经历,如意外事件、疾病等。学者们对共享环境和非共享环境与儿童发展之间的关系分别进行了研究。

---

① 方钧君.学前儿童个体差异的再认识——应用"多彩光谱"评估系统的一次实证研究[D].上海:华东师范大学硕士学位论文,2001.
② 〔美〕William L. Heward.特殊需要儿童教育导论[M].第8版.肖非,等译.北京:中国轻工业出版社,2007:435.
③ Plomin, R. Environment and Genes Determinants of Behavior[J]. American Psychologist,1989(2):105-111.

(一)共享环境

考德威尔(B. Caldwell)和布拉德利(R. Bradley)等人对家庭环境质量与IQ之间的关系进行了长期的研究。① 他们建立了家庭环境测量观察法(home observation for measurement of the environment,简称HOME),采用该方法可以对儿童所处的家庭环境进行系统的评估,其后根据评分考察家庭环境与儿童IQ之间的关系。研究发现,在婴儿期,物质环境的组织和日常刺激的种类与IQ的相关最高;而在学龄前期,温暖、语言刺激、学习行为及提供适宜的玩具是预测儿童IQ的最佳指标。此外,研究还显示,婴儿时期的高HOME得分能够预测1~3岁期间较高的IQ得分,而这一时期的低HOME得分则预示儿童在1~3岁时的IQ得分将下降15~20分。

值得注意的是,共享环境对儿童的影响还依家庭背景的差异而有所不同。特克海默(Turkheimer)等的研究指出,对生活在贫困家庭的孩子来说,共享环境对IQ的作用达60%,遗传的作用几乎为0;而在富裕的家庭,结果恰恰相反。② 专家推测,这可能是由于贫困的环境难以提供智力发展的机会,以至于抑制了与智力相关的基因表达。

盖泽尔斯(J. W. Getzels)和杰克森(P. W. Jackson)对400余名智力和创造力超常青少年家庭背景的差异进行了比较研究。③ 他们根据智力和创造力测验将研究对象分为两组:智力超常组和创造力超常组。研究结论大致有:① 两组青少年的父母受教育程度都较高,但智力超常组的父母具有大学以上受教育程度的人数更多。创造力超常组的母亲们从事全职或兼职工作的人数要多于智力超常组,在教养态度上,智力超常组的母亲对子女的行为更关注,表现出更多的不接纳态度。② 在阅读兴趣上,智力超常组家庭所拥有的阅读刊物远多于创造力超常组,而且学术性更强。③ 两组父母的平均年龄大致相当,但智力超常组父母之间的年龄相差较大,研究者认为这与智力超常组父母的不安全感较大有关。④ 在子女交友的价值观上,智力超常组的父母较为重视诸如外表、礼貌、宗教信仰以及家庭文化水准等外部特征,而创造力超常组的父母更注重子女同伴的兴趣、价值、有趣等内在品质。总体来看,智力超常组的家庭生活更有规则,提供了更多的知识性环境;创造力超常组则给予了子女更多的自主空间,独立解决问题的机会更多。这与我国学者所得出的研究结果也是类似的。④⑤

另外,我国学者谷传华还利用历史测量法对30位中国近现代社会创造性人物的早期家庭环境与父母教养方式的特点进行了考察,其中包括了著名的政治家、军事家和社会活动家。⑥ 他发现,我国社会创造性人物的家庭环境特点主要表现在家庭的价值观和人际关系、家庭秩序性与家庭活跃性三个方面,其中家庭的价值观和人际关系最为重要。这些家庭比较强调成员的成就动机和独立性以及道德伦理品质,并普遍表现出对政治和社会活动的浓

---

① 〔美〕劳拉·E.贝克.儿童发展[M].吴颖,等译.南京:江苏教育出版社,2002:476.
② Turkheimer, E., et al. Socioeconomic status modifies heritability of IQ in young children[J]. Psychological Science,2003(6):623-628.
③ 郭有遹.创造心理学[M].第3版.北京:教育科学出版社,2002:191-192.
④ 李金珍,等.儿童实用创造力发展及其与家庭环境的关系[J].心理学报,2004(6):732-737.
⑤ 谷传华,等.小学儿童社会创造性倾向与父母养育方式的关系[J].心理发展与教育,2008(2):34-38.
⑥ 谷传华,等.中国近现代社会创造性人物早期的家庭环境与父母教养方式[J].心理发展与教育,2003(4):17-22.

厚兴趣。研究同时发现，这些社会创造性人物的家庭生活规则性强，缺乏活跃性和宽松性。总体而言，我国社会创造性人物的家庭教养方式表现为传统的"严父慈母"型。不过，研究者提出，不应简单地将"严父"理解为现代意义上的拒绝和否认，因为在我国传统的伦理文化背景下，父亲的严厉更容易被儿童看作对子女的关爱和保护，而现代社会父母的严厉更可能意味着对子女的过分约束和限制。

(二) 非共享环境

新近的研究发现，共享环境因素与儿童发展之间的相关在儿童中期开始下降，特别是到了青少年后期，共享环境的影响就变得微不足道了。有学者认为，这是因为随着儿童的成长，非共享环境因素的作用增强了。[①②]

非共享环境指一个家庭中的儿童即使身处同样的家庭环境，他们在许多方面的经历仍然有很大的差异。例如，父母可能更偏爱某一个子女，对待不同子女的方式不一样，出生顺序的差异使得兄弟姐妹之间的关系不同等。当前有关非共享环境因素对儿童IQ影响的研究还较少，得到较多关注的方面是出生顺序与IQ之间的关系。斯沃门（L. Silverman）在1997年第12届世界天才教育会议上总结了美国天才发展中心在1979年至1995年间关于天才儿童的研究结果，发现第二个孩子是天才儿童的，比独生子或第一胎是天才的概率要少得多，甚至双胞胎中先出生者，在天才测试中被肯定的机会也比第二个大得多。[③] 罗（A. Roe）对杰出科学家早年家庭背景的研究也支持了上述发现，在她所研究的64位科学家中，有39位是头胎所生，即使不是头胎的，与头胎的年龄差距也相当大。[④] 不过美国心理学家艾伯特（Albert）通过进一步的研究提出，出生顺序虽然是一个很重要的家庭变量，但该术语含义过于含糊，使用"特殊的家庭地位"变量——即在幼年就被认为是家庭里的特殊人物，更能从本质上解释个体后来的创造力发展。[⑤] 艾伯特认为"特殊人物"包含两个条件：一是该儿童的心理角色及给予的待遇和地位；二是在家庭的地位及其对成就所承担的义务。独生子女、长子（女）或是童年由于长兄（姐）夭折而成为家中老大，这些孩子都有其特殊的家庭地位，他们要承担更多来自家长或弟妹的关注和期望，促使他们努力向上。所以不是出生顺序影响了个体后来的创造力发展，而是由于个体在家庭中处于特殊位置，引起父母的特殊关注和重视，以及担当弟妹的指导者等产生的心理效应对个体创造力的发展产生了积极影响。

---

① Plomin, R., et al. Genetics and Psychology: Beyond Heritability[J]. European Psychologist, 2001(4): 229-240.

② Plomin, R., et al. Intelligence, Genetics, and Genomics[J]. Journal of Personality and social Psychology, 2004(1): 112-129.

③ 琳达·斯沃门. 美国天才发展中心"关于天才儿童的研究结果"[J]. 沈晓讯，等译. 中国特殊教育, 1999(1): 47-48.

④ Roe, A. Early background of eminent scientists[M]//Albert, R. S. Genius and eminence. Oxford, U. K.: Pergamon Press, Ltd., 1983: 170-181.

⑤ Albert, R. S. Family positions and the attainment of eminence: A study of special family positions and special family experiences[J]. Gifted Child Quarterly, 1980(2): 87-95.

本章小结

　　人们对超常儿童的产生一直有着浓厚的兴趣,从遗传的角度看,智力是一种多基因遗传性状,受到遗传基础和环境因素的双重影响。国内外的研究都发现智力的遗传度在中到高之间。由于基因与环境之间存在着互动效应,因此,遗传度不是一个固定不变的常量。不同的历史时期、不同的年龄阶段和不同的文化背景和生活习惯对智力的遗传度都会有所影响。目前从分子遗传学角度对智力进行的研究还刚刚起步。一般认为,基因和智力表现之间不存在简单的因果关系,基因与环境的复杂交互作用共同对人类的智力差异产生影响。

　　在宏观结构上,脑由大脑半球、脑干、小脑、间脑和边缘系统组成。大脑的任何创造性活动都是左右脑密切配合、协同活动的结果。在微观结构上,大脑主要由神经元和神经胶质组成,神经元之间以突触相连。大脑在发育过程中的一个突出特点是其可塑性,即遗传规定了大脑的基本发展过程,而后天的经验能通过凋亡和修剪过程使大脑优化出最适应的神经连接网络。因此,良好的成长环境是使优良的基因遗传由"蓝图"变成现实的前提条件。

　　社会文化背景与超常儿童的产生也有很大关系:一方面时代文化背景深刻地影响着人们对超常能力的认知,继而使得不同社会中天才人群的特点有所不同,这在我国历史上表现为人文类天才占绝对优势;另一方面超常儿童自身在成长过程中也不可避免地受到所在社会文化因素的影响。从家庭环境对超常儿童产生和发展的影响来看,主要体现为家庭共享环境和非共享环境对儿童发展的共同作用。

 思考与练习

1. 如何理解智力与遗传度的关系?
2. 大脑的可塑性对超常儿童的心理发展有什么意义?
3. 为什么在历史上会出现天才的群起群落现象?
4. 结合你的理解谈谈家庭环境对家庭中不同子女的影响有何异同。

第 3 章 超常儿童的鉴别

**学习目标**

1. 了解超常儿童早期发现的必要性和可能性。
2. 分析超常儿童鉴别的标准(内容)、程序和过程。
3. 了解现有的不同能力和才能的鉴别工具。

我们如何辨别出儿童具有超出一般水平的能力呢？在鉴别超常儿童的时候可以从哪些方面来考察儿童的表现，同时是否需要遵循一定的程序和规则，才能保证鉴别的有效性呢？本章将针对这些问题来展开讨论。超常儿童鉴别的一个基础是超常儿童的界定。在明确了超常儿童的内涵和外延后，我们才能制定相关的标准和程序。鉴别的目标并不仅仅只是发现超常儿童，更关键的是，通过鉴别，对儿童进行详细全面科学地评估，为后续的超常儿童的安置和教育提供参考。

第 1 节 早期线索与早期发现

超常儿童是否需要在婴幼儿时期就被鉴别出来？超常儿童是否能够在婴幼儿时期就被鉴别出来？这两个问题一个针对的是超常儿童早期发现的必要性，另一个则是早期发现的可能性问题。对于这两个问题，研究者有不同的答案，但是大部分学者的答案是肯定的。和常态儿童一样，超常儿童生命的最初几年也是其各方面能力发展的关键时期，早期发现的目的是为了能给这些儿童提供适应其发展的各种资源和支持，促进其身心的全面和健康发展。本节仅就可能为超常儿童早期发现和早期鉴别提供参考的线索和行为表现进行论述，并介绍家长和学校在鉴别中起到的作用。而相应的超常儿童的早期教育内容将在第 8 章中进行论述。

一、婴幼儿期的早期线索

正如第 2 章论述的那样，人的大脑在出生后的几年内具有非常高的可塑性。也有研究者指出，在出生后的头两年，其自身的很多特质也会影响到婴幼儿与环境的互动模式。早期阶段是很多能力发展的关键期，对于超常儿童而言也是一样，而且"天才"或超常的潜能，或者较高水平的智力发展在儿童早期就已经有所表现。[①] 这方面的相关研究虽然不多，但是已

---

① Clark, B. Growing up Gifted: developing the potential of children at home and at school[M]. 7th ed. Pearson Education, Inc., Upper Saddle River, New Jersey, 2008: 62.

有的不同类型研究从不同的角度对婴幼儿期是否存在可以预示未来"超常"能力的早期线索进行了探索，一般可以分为两种类型。[①]

第一，追踪量化研究。该方法多采用智商（认知）测验，在婴幼儿期选取被试进行测量，然后按照一定的时间间隔，采用标准化量表进行再测，对早期的分数和后续的分数之间进行相关性研究，检测超常是否能在儿童的婴幼儿期就被预测出来。如沙皮瑞（Shapiro）等选取了200个儿童，从出生追踪到7岁半，选取的被试来自同等的社会经济地位的家庭，这一研究的目的是看婴幼儿期的《贝雷婴幼儿发展量表》（Bayley Scales of Infant Development，简称 BSID）的测量结果是否能预测后续的"超常"。作为一个群体，他们发现，最后被鉴别为超常的儿童（韦克斯勒修正版测验分数135分以上）在以下几个领域的 BSID 得分上显著优于其他儿童：走路的年龄、可以说双词句的年龄、表达性语言的水平等。他们在儿童一岁时采用 BSID 进行了测验，然后研究发现测验分数在85分以下的，无人被鉴别为超常；85～100分之间的，在7岁半时有14%被鉴别为超常；而101～117分之间的，7岁半时有22%被鉴别为超常；但是118～134分的 BSID 得分的群体，则只有16%在后来被鉴别为超常；最初有4位婴儿 BSID 得分高于134分，但是仅有2位在7岁半时韦克斯勒量表的测验得分符合超常的标准。虽然在数据统计上，最后发现7岁半被鉴别为超常的儿童婴幼儿时期的 BSID 得分和非超常组的儿童婴幼儿时期的得分之间存在显著差异，但是前者的平均分为109.8分，后者为104.4分，在实践层面，大部分人是难以区分的。当然这个研究也发现，不同的智力/认知测验之间的相关系数也是不尽相同的，BSID 和韦克斯勒修正版的相关度属于中等水平（$r=.35$）；而三岁时在斯坦福-比奈量表的得分与韦克斯勒修正版的相关度则相对较高（$r=.52$）。但是研究者指出，婴幼期的智力发展，对于后续的超常的鉴别具有群体的可预测性，但是对于个体而言则无法直接预测。这一研究虽然没有确认一个可以在婴幼儿期准确地鉴别出超常的量表，但是还是表明了超常儿童和非超常儿童存在显著差异，特别是在语言表达领域，还是提供了一定的价值。

第二，个案研究的方法。这一路径被很多案例证明是比较有效的，可以通过深入地观察和记录，来分析婴幼儿时期的一些行为与后续的超常之间的关联。个案研究如果运用得当，也可以得到丰富的信息。有研究者对一名女孩，从出生到8岁的行为与环境的互动等进行了深入的观察和分析，发现该女孩在婴儿期就表现出独特的对环境的控制力，她比其他参与研究的婴儿处于"警觉"状态的时间要长，对于外界刺激的反应更敏锐。即使还是个新生儿，她就表现出很强的控制外界的欲望，她会坚持大人把她拉起来让她保持坐的姿势，而且不像一般婴儿那样喜欢被搂抱。她的精细动作控制能力也发展得比较早，在第一周末就可以把双手放到嘴巴的位置。这个女孩在各个领域的发展都一直要优于她的同龄人，这当然也得益于她的父母提供的良好的环境支持，7岁10个月的时候，她的韦克斯勒智商分数为141。个案研究不仅能为我们提供关于儿童本身的发展信息，即在婴幼儿期不同儿童的发展可能存在质的差异，同时也有利于我们去总结在这个发展过程中，环境起到了什么样的作用。

我们都知道，婴幼儿阶段的发展，具有一定的发展路径，这一时期，环境对于智力发展的

[①] Smutny, J. F. The Young Gifted Child: Potential and Promise and Anthology[M]. Hampton Press, 1998: 16-30.

影响虽然已经为研究者和公众所认识,但是两者究竟是如何互动的,很难加以量化。从现有的研究里,我们能得出的结论只是,婴幼儿期的一些行为线索,具备提示未来超常的可能性,在生命的最初几年,具备一定的儿童发展知识和了解环境对于儿童成长的重要性的家长和专业人员,可以从以下几个方面的行为线索,留意儿童的发展:① 能较早地区分人的语音和周围的其他声音(一个月时就可以做到);② 早期的哭声具有不同的功能和分辨性,可能会预示较好的言语能力发展;③ 精细动作能力发展比较早(如手的控制力);④ 粗大动作能力发展比较早(如爬、翻身、坐的时间较早);⑤ 更容易对重复呈现的刺激习惯化(即对重复出现的物体或刺激较快失去兴趣和注意力);⑥ 言语发展比一般儿童要早;⑦ 对新异刺激能保持较久的注意力。早期线索的意义,并不是为了在2岁前就对儿童进行真正意义上的"鉴别",而是通过知道和意识到儿童的"能力"可能在很早就有所表现,了解这些表现,可以使得我们在一开始就为儿童提供有利于他们能力发展的各种支持,为儿童提供一个丰富的环境,来促进这些潜能的发展。

我国学者也有一些类似的发现,比如对超常儿童在婴幼儿阶段的成长情况调查中,许多家长报告了其子女感知敏锐,如1岁多的孩子就已经能分清上下、前后、左右的方位,2岁多就能从车辆的启动声,辨别出是小轿车还是大卡车等不同的车辆;超常婴幼儿的注意范围比较广,注意分配能力比较强,常在"无意"中记住、知道许多事物;有很强的求知欲,且表现出很强的坚持性,不会浅尝辄止,轻易放弃等。①

二、儿童早期的超常表现

学龄前的儿童,在各个领域都处于迅速发展的时期,对于超常儿童而言也是个十分关键的时期。我们对于超常儿童早期的行为和表现的描述和分析,很大程度上取决于我们如何界定"超常"。正如我们在第1章里所讲到的那样,不同的理论有着不同的理解,但是我们更倾向于认为"超常"是一个综合体,包括高智力、高创造力,也包括其他的特殊才能和领导能力等,因此我们在对儿童早期的行为和表现进行分析的时候,需要超越传统的高IQ等同于超常的概念。同时值得指出的是,由于我们目前缺乏系统的超常儿童早期发现和早期鉴别的体系,也缺乏相应的早期教育的体系,因此,本节内容很多是基于国外的研究发现,亟须基于我国的国情,开展相应的研究,探索相应的早期鉴别的体系。但国外关于超常儿童早期鉴别中的行为和表现的研究,对我们依旧具有借鉴意义。

对超常儿童早期阶段的研究,很多时候是基于对典型儿童的发展序列的研究基础上的,研究者目前达成共识的是,年幼的超常儿童在某些领域或某些能力上会表现出超越其年龄水平的特征,比典型发展儿童要更早出现某些关键的发展里程碑,比如语言发展,3岁的儿童可能具备了4岁或者4岁半典型发展儿童的语言发展水平,我们可以认为这个3岁的儿童具有一定的超常的才能。② 因此在评估和鉴别学龄前超常儿童时,通常我们依据的标准是:"那些在一般学业技能和/或特定的领域(音乐、艺术、科学等)表现出超出其同龄人发展

---

① 查子秀.超常儿童心理学[M].第二版.北京:人民教育出版社,2006:429-432.
② Clark, B. Growing up Gifted: developing the potential of children at home and at school[M]. 7th ed. Pearson Education, Inc., Upper Saddle River, New Jersey, 2008:63.

的显著水平的能力的儿童,而且他们需要差异性的教育才能满足其发展需要。"①但除了考虑这些儿童的语言和认知发展,我们也要考虑他们的社会情感发展。

案例 3-1

洋洋的故事

洋洋25个月,是个活泼的小男孩,外婆带着他来参加早教班,他是班里最小的小朋友。班里的其他小朋友基本都快36个月了。洋洋的语言发展似乎比大哥哥大姐姐还要好,可以很流利地说整句了,可以命名很多东西。学习颜色的时候,其他的小朋友还在学习红色、绿色、蓝色,学习区分和再认这几种最基本的颜色,小洋洋已经可以准确地区分和命名超过十种以上的颜色,包括咖啡、粉红等。有一次看到两种不同的蓝色,洋洋用自己的理解,将之分别命名为大蓝和小蓝,在教师提示了一次是深蓝色和浅蓝色之后,洋洋复述了一次。一周后,他再看到图画本上的两种颜色,准确地说出深蓝色和浅蓝色。临近新年上课,教师们在教室里布置了新年树,在树上挂了礼物。上课的时候,教师指着树,问小朋友们,这是什么的时候,别的小朋友回答"树",洋洋站起来说:"是圣诞树",然后还说:"圣诞老人会把礼物放在袜子里。"外婆解释道,在家里看过类似的动画片,可能他就记住了。这个年龄的其他小朋友在自由游戏时间,基本上会不断地从一个区角转移到另一个区角,或者看到其他小朋友玩什么就跟着一起玩。洋洋时常一个人玩某个新玩具,玩20多分钟,他会仔细地"研究"玩具的玩法、想出不同的玩法,似乎不受周围的影响。洋洋会表现出更喜欢和大人一起游戏的倾向,喜欢和大人一起阅读喜欢的故事,已经可以跟着教师进行分角色扮演,他已经能再认某些汉字,很多故事他听了几次后就能全部记下来了,并且能区分不同角色和故事的进展。

(一)认知发展

研究发现,超常儿童在早期就在认知发展方面表现出较强的水平,这些能力使得他们的智力发展水平超前或者优于同龄的儿童,包括以下几个方面:

第一,超常的记忆力。很多超常儿童最初引起家长注意的是其惊人的记忆力,他们中大多数能较为轻松而牢固地记住所学、所听、所看到的内容,其特点是识记迅速,保持长久。比如案例里的洋洋,对于新概念可以非常快地识记,教师对两个颜色"浅蓝色"和"深蓝色"仅复述了一遍,一个星期后,他依旧能准确地指出物体的这两种颜色。

第二,有意注意时间长。儿童早期,注意力一般以无意注意为主,注意很容易转移。五六岁的幼儿,其有意注意的保持时间通常不会超过半个小时,但是超常幼儿有意注意的最高时间却大大超过普通儿童,表现出不同寻常的特点。比如洋洋可以独立保持集中注意力,玩某个玩具达半个小时以上,据外婆说在家里安静的时候,自己玩拼图甚至也可以到1个小时以上,非常专注。

第三,概念和思维能力发展超前,理解力及解决问题的能力强。许多超常儿童的思维能

---

① Sankar-Deleeuw, N. Gifted preschoolers: Parent and Teacher Views on Identification, Early Admission, and Programming[J]. Roeper Review, 2002(3): 172-177.

力比一般儿童强,但是具体表现不同,有些表现为抽象思维能力更强,也有些表现为直觉思维能力超常,超常幼儿对问题的理解快、能够迅速发现事物之间的关系。在一项实物图片类比推理实验中,3~6岁的超常幼儿的成绩高于普通同龄幼儿2个标准差以上,并高于年长2岁以上普通儿童的成绩,他们已经能在一定程度上理解事物的本质关系,并表现出理解问题迅速、善于概括关系、能抓住本质特征等思维特点。[①]

(二) 语言发展

超常儿童在早期的另一个优势发展领域是语言,他们会表现出超越其同龄儿童相当显著水平的优势,其中包括:

第一,言语发展早。很多研究都发现,这是超常儿童的一个共同特征,一般儿童都是在大约12个月的时候说出第一个词,而很多后来被鉴别为超常的幼儿要早至少2个月开口说出第一个词,同时后续的语言获得的各个阶段都领先于同龄儿童,其发展速度也更快。而且超常幼儿的言语的流畅性和复杂性也相当高,很早就可以说出具有复杂的语法结构和逻辑关系的句子。[②] 这一领域的发展当然与认知的发展是密不可分的。

第二,阅读能力早。阅读是个复杂的领域,但和语言的发展有密切的关系。有研究发现,很多超常儿童,在很早的年龄就开始独立阅读了。推孟的研究里智商在170以上的人,有43%在5岁前就可以阅读,13%在4岁前就已经开始阅读;现代儿童的早期教育进行得更早,有的学者统计自己项目内的超常幼儿,大约90%都在5岁前就能进行阅读。比如案例里的洋洋,在2岁多就表现出对阅读的浓厚兴趣,随着其语言和认知以及运动能力的发展,毫无疑问,我们可以期待他会比同龄儿童更早地学会阅读。

(三) 运动发展

有关超常儿童的偏见多认为,超常儿童体弱多病,缺乏运动能力。但实际上并非如此。相关研究发现超常婴幼儿的发病率并不比常态发展的儿童高,甚至某些疾病的发病率还要低于其他儿童,他们通常是整体健康状态良好的儿童。[③]

超常幼儿在运动领域的能力发展也是以不同寻常的速度进行的,他们会比同龄人更早地学会爬、行走和跑,除了粗大动作领域,他们在精细动作领域的发展也比同龄人更早。除了发展时间早,其技能和能力的掌握程度也是很出众的。

(四) 社会情感发展

在社会情感领域,我们会更容易忽视超常幼儿在这个领域的表现和发展,更多地关注其认知和语言领域的表现。实际上在早期,对于超常儿童而言,其社会情感的发展也是一个非常重要的领域。一般而言,他们会有着超出其他儿童的求知欲,学习兴趣浓厚,他们对于事物的好奇心明显高于常态的婴幼儿,异常好奇好问,常常"打破砂锅问到底",而且他们更倾向探究事物的本质,不仅仅满足于了解事物的表面。同时他们还有着更强的坚持性,更能接受有难度的学习任务。

但由于如果我们没有发现这些孩子的独特性,他们在周围的环境里一直无法找到跟自

[①] 查子秀.超常儿童心理学[M].第二版.北京:人民教育出版社,2006:430.
[②] Gross, M. U. M. Small poppies: Highly gifted children in the early years[J]. Roeper Review, 1999(3): 207-214.
[③] 〔美〕弗吉尼亚·Z.埃希利.资优与专才[M].唐世力,等译.桂林:广西师范大学出版社,2002:38.

己类似水平的同伴,分享相同的兴趣,可能会导致超常幼儿的焦躁困惑和感到厌烦等负面情绪。他们可能会不愿意去上学或者掩藏自己的才能。而他们的认知和情感的发展有时是不平衡的,特别是年幼的阶段,他们会更喜欢年长的同伴,并且也开始意识到自己的与众不同。超常幼儿也会表现出有着更高的敏感性,精力也比较旺盛。[①]

三、家庭、学校与早期发现

我国目前还缺乏系统的早期鉴别的程序和体系,也缺乏相应的标准和工具,同时在幼儿教育的实践里,也仅有个别的机构初步尝试进行超常幼儿的早期教育。但早期发现对于超常儿童也是非常重要的。从生物学角度看,早期良好的环境是保证超常幼儿潜能得以发展的关键;从超常幼儿全面发展的角度来看,发现和认识超常幼儿特殊的身心发展特征,是家庭和学校为之提供相应的适合其需要和发展的教育环境的前提和保障。

在国外,超常幼儿的早期发现和鉴别很大程度上也是与家长的积极参与密不可分的。但是家长需要具备儿童发展的基本知识,了解到自己的孩子在不同领域发展的特殊性,在入园后和教师进行密切的沟通,提供幼儿发展的一些记录和观察,特别是各个领域发展中非常突出的相关信息,这些都将有助于超常幼儿的早期发现和鉴别。

同样,学校也需要充分认识到超常幼儿早期发现的重要性。教师的提名、观察、与家长的合作等都是早期发现和早期鉴别中不可或缺的环节。教师要对超常幼儿的一些显著的差异表现,进行仔细观察和记录,如果有条件,可以结合参照我国超常儿童研究协作组编制的"学前儿童非智力个性特征测验",从社会情感角度来进行鉴别。我国目前没有相应的体系和政策来为超常幼儿提供特殊教育,但在早期发现的基础上(虽然我们无法进行正规的鉴别程序),家长和教师可以据此优化学习环境,尊重超常幼儿的特殊才能,为他们提供一个良好的支持环境。

第2节 超常儿童鉴别的过程与内容

要了解每个超常儿童的能力和需要,为超常儿童提供适合其发展需要的教育,就需要发现他们,并对之进行科学规范的鉴别。但是,开展超常儿童的筛查和鉴别工作是具有相当难度的。一方面,人们对于"天才""超常"缺乏科学全面的了解(表3-1可以作为你对"超常"和"超常儿童"了解程度的自测参考),对于超常儿童的特点和表现等的认识还需要进一步发展,这为现实中家长和教师发现这类儿童设置了某种障碍。另外,正如上一节中指出的早期教育环境对于超常儿童的发展十分关键,"超常"是遗传和后天环境相互作用的产物,有时候不良的环境会埋没甚至阻碍超常儿童才能的发展,使得他们无法充分表现出出众的成就,因此很难被发现。另一方面,鉴别的工具尚待系统化和完善化。由于我们对于人类的智力、创造力和个性特征等心理过程的研究所得出的结论还很有限,在现有的研究和理论基础上,制定的相关的评估智力、创造力和个性等其他心理过程的标准和工具,也需要不断改进和提高。

---

① Sankar-Deleeuw, N. Gifted preschoolers: Parent and Teacher Views on Identification, Early Admission, and Programming[J]. Roeper Review, 2002(3): 172-177.

知识小卡片 3-1

表 3-1 对于超常儿童的知识的自测①

本自测题仅为对超常儿童知识的一个自我评估。测验的项目都是现有的已经获得证实的一些对于超常儿童的知识,仔细阅读每条内容,并在项目后面的选项里,选出最符合你自己情况的选项,打√。

1. 我完全不同意 2. 我不同意 3. 我没有看法 4. 我同意 5. 我完全同意

	1	2	3	4	5
1. "超常"(天才)对于不同的人而言,其含义是不同的,并且经常存在迷惑和误解。					
2. 智力是可以发展的,而且如果存在天赋,必须给予适当的后天培养才能保持天赋的发展。					
3. 我们很少能发现具有极高天资的超常儿童,也就是"奇才",因此我们对于他们的了解相对更少。					
4. 以为超常儿童是超人,这样的想法或者说法是不准确的,也容易引起误解。					
5. 因为学校有着既定的组织方式,如果没有特殊的一些项目,学校可能无法为超常儿童提供适合的教育。					
6. 教育中的机会平等,并不意味着每个人都使用相同的课程和活动,而应该是指为每个儿童提供适合其特定需要的教育。					
7. 超常儿童,一般兴趣都很广泛,但是通常不是在每件事情上都超常。					
8. 在完成小组任务的时候存在困难的原因可能是,超常儿童的兴趣不同或者具备较高的理解力等因素导致的。					
9. 教师经常会觉得超常儿童对他们的权威是种挑战,不尊重教师或者经常捣乱。					
10. 有些超常儿童会用他们高水平的言语技能来避免一些较难的思考性的任务。					
11. 要求超常儿童急着创造作品或者赶工完成任务,会抑制他们形成新观点的能力的发展。					
12. 让超常儿童做些过于简单或没有意思的事情,和让普通儿童做太难的事情一样,都令人情绪受挫。					
13. 在我们现有的学校体制内,很多超常儿童可能是低成就者。					
14. 通常的一般的学习次序对于超常儿童而言可能是不适当或者限制其能力的。					
15. 超常儿童可能会对自己特别挑剔,其自我概念时常低于平均水平。					
16. 超常儿童时常会希望别人能达到他们为自己设定的标准,因此在人际关系上出现问题。					
17. 超常儿童在和他们同等能力水平的学生一起学习的时候,他们会更有动力。					
18. 有些超常儿童在他们觉得没有意思或没有学习动机的科目上成绩很差,甚至不及格。					
19. 超常儿童在以下方面具有不同于常态儿童的能力:迁移、综合、问题解决、深度学习、对抽象和复杂模型的兴趣、思维速度快等,因此为他们提供的教育项目应该强调这些能力。					

---

① Clark, B. Growing up Gifted: developing the potential of children at home and at school[M]. 7th ed. Pearson Education, Inc., Upper Saddle River, New Jersey, 2008: 195-196.

续表

	1	2	3	4	5
20. 超常儿童对于目标的持续的坚持,可能会使得他人觉得他们顽固、任性或者不合作。					
21. 如果没有给予足够的挑战,超常儿童可能会浪费他们的才能,成为平庸普通的人。					
22. 超常儿童经常在很小的时候就表达他们的理想和正义感。					
23. 不是所有的超常儿童都表现出创造力、领导力或者体育才能。					
24. 那些和超常儿童一起探索、研究并努力进一步理解"超常"的人,可以为超常儿童提供更成功的教育,相比较而言,与超常儿童很少有接触或者没有接受相应地有关超常儿童特殊需要的教育的人,则比较难成功。					
25. 我会很高兴被看作是超常或天才,也为那些是超常的人感到高兴。					
上述这些条目,其实反映了你对于超常儿童的理解,以及你愿意为他们提供的支持度。选择5越多,则意味着你对这类儿童的理解更接近那些从事了很多年研究的人。					

另外,对于"什么是超常儿童"的理解,不同的"天才观",以及不同的教育政策等也会影响到鉴别。国外的研究者对于超常儿童的鉴别也是一个发展的过程,不同时期、不同区域都有不同的标准和内容。但是目前国内外的学者和学校教育都倾向于多指标、多形式、多途径的鉴别原则。我国超常儿童教育的研究者在参考国外经验的基础上,根据我国三十多年的超常儿童鉴别研究和实践,总结了四项鉴别超常儿童的原则。[①]

第一,在动态中的比较研究中鉴别。超常儿童是相对于常态儿童而言的,而超常儿童的智能是发展的,受到儿童所处的文化条件、环境和教育的制约,因而提出"有比较才有鉴别"。即把超常儿童的研究和鉴别,放在与年龄相同、条件接近的常态儿童的比较中进行,并且这种比较是"动态"的,即不能根据一次测验定终身,而是需要随着儿童的发展,进行多次的评估,动态的评估。

第二,采取多指标、多途径、多种方法进行鉴别。超常儿童的智能和表现都是多维的,因此不能依照单一的智商或者其他标准作为衡量的标准,也不能仅使用一种测验或者方法作为工具,而是要采用多指标、多途径、多种方法。多指标包括认知能力、推理能力、创造力、学习能力、特殊才能以及个性倾向和特征;通过多种途径(如直接实验、测查、观察;间接通过教师、家长的观察等),采用多种方法(如实验、观察、测验、谈话、作品分析等)搜集资料,进行鉴别。

第三,把发展的量和质结合起来考察。由于超常儿童与常态儿童之间的差异不仅表现在量的方面(反应的结果、得分和速度等),也表现在质的方面(反应的过程、方式、策略等),因此对于超常儿童的鉴别,需要有量的方面和质的方面的双重指标。比如解同样的数学题,答案都是正确的,但如果使用的方法是更加新颖、简捷的,则反映了儿童不同质的思维水平。

第四,鉴别应该服务于教育,通过教育过程发现和鉴别。鉴别的目的是为了更好地对超常儿童进行因材施教。同时,由于环境对超常儿童智能的发展有很大的影响,良好的教育对于其各方面能力的发展起着重要的作用,我们前期测查的是儿童过去的能力的表现,在教育过程中,我们要继续以鉴别作为手段,来考察儿童的发展,即时作为依据,调整教学。

---

① 查子秀.超常儿童心理学[M].第二版.北京:人民教育出版社,2006:294-296.

一、超常儿童鉴别的程序和过程

超常儿童鉴别的途径有很多种,随着对于"智力""天才"等的研究的深入,人们在不同的时期、不同的文化背景下,对超常儿童鉴别的程序和过程也有所不同。人们可以在观察儿童的学习和游戏等活动中来识别和发现超常儿童;也可以通过一些竞赛、作品展览等来发现具有特殊才能的超常儿童;家长和教师也可以在教育过程中发现儿童出众的学习能力和创造力等;另外也可以通过各种心理测验来鉴别和发现超常儿童。但一般系统性的学校教育对超常儿童的鉴别还是遵从一定的标准程序的,一般来说包括初选、筛查和正式评估鉴别等过程。

我国大陆虽然在过去的三十多年积累了丰富的鉴别经验,也编制和修订了多种鉴别测验,但是,我国大陆缺乏相关的政策指导,以及明确的超常儿童教育的相关规定,因此在超常儿童的鉴别中也仍然存在一些问题,毕竟鉴别最终是为了教育服务。我国大陆地区完备系统的超常儿童教育体系尚在建设中,因此鉴别的程序也仍需要进一步的发展。而我国台湾地区和其他超常教育相对比较完备的国家与地区,其鉴别的程序和过程,虽有其特殊的文化背景,但也有参考的价值。

(一)我国大陆的超常儿童鉴别的程序和过程

我国大陆对于超常儿童的鉴别,目前一般有两种情况:一种是个别鉴别;一种是集体鉴别,后者是为建立超常儿童实验班(少年班)而对前来报名的儿童进行筛选鉴别。总体而言,我国大陆超常儿童鉴别是通过下列程序进行的。

1. 推荐

由家长或者教师推荐。一般会要求填写一份书面调查表,了解儿童的各项情况,包括儿童的基本情况、发展发育史、超常的主要表现、家庭的基本情况、家长对儿童的教育情况、儿童在学校的教育表现等。

2. 初试

一般是对主科知识和能力的考查,以及一般智力测查。通过学科测验来测查主科知识和能力,一般智力测查通常采用《韦克斯勒儿童智力量表》(WPPSI)、《瑞文标准推理测验》等,也可以使用非标准化的思维或者推理测验,初步了解儿童一般智力,特别是推理能力的发展水平。

3. 复试

对在初试中表现优异,达到标准的儿童,通过进一步的复试来全面考察其认知能力、创造力和个性特征。目前,有的学校会采用我国超常儿童研究协作组编制的《鉴别超常儿童认知能力测验》对认知能力进行鉴别,或使用我国修订的国外常用的智力量表进行复测,另外也会使用修订的创造力量表对儿童的创造力进行复测。有些学校采取面试的方式,安排有经验的教师进行面试,直接观察儿童有关方面的实际水平和其他的非智力的个性特征等。另外,对于具有特殊才能的学生,则根据不同的特殊才能的标准进行考核,也有请相关专家对儿童的作品(如绘画、作文、作品或者音乐才能展示等)进行专业评定。此外,复试阶段,有些学生也会有体格检查部分,以了解儿童的身体发育和健康状况。

4. 试读或通过教育过程进行继续考察

对通过复试的儿童,综合分析他们的初试和复试材料,确定参加超常儿童试读班的学生,经过一定时间(一个月或以上)的试读(教育干预),进一步了解儿童的学习能力、学习态度、个性品质及其他表现，并在追踪研究和教育实验过程中进一步考察和鉴别。

（二）我国台湾地区超常儿童鉴别的程序和过程

台湾有关特殊教育的法规中规定了"资赋优异儿童"也作为特殊教育对象，并要求"各师范校院应设特殊教育中心，负责协助其辅导区内特殊教育学生之鉴定、教学及辅导工作"。并规定"各级主管教育行政机关应设特殊教育学生鉴定及就学辅导委员会，聘请卫生及有关机关代表、相关服务专业人员及学生家长代表为委员，处理有关鉴定、安置及辅导事宜。有关之学生家长并得列席"。并确认了各级学校在鉴别中的作用。

台湾的资优学生在鉴别中一般分为三类：一般能力优异、学术性向优异和特殊才能优异。前面两类资优学生的鉴别程序一般是：

1. 初选

先由各班教师推荐，由学校辅导室提供学生团体智力测验的资料，并结合参照学生的学业成就表现，进行初选（一般初选的比例是最上端的10%的学生）。

2. 复选

对初选出的学生实施个别智力测验、创造力测验、学业成就测验以及其他性向测验。

3. 录取

最后综合各项资料，进行判断，通常取IQ在130以上，综合考虑其创造力、成就与性向测验的结果，决定录取名单。

台湾的资优学生的鉴别程序可以用图3-1来表示。

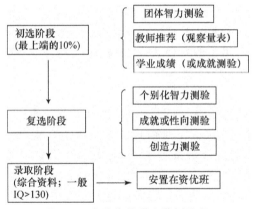

图3-1　台湾资优学生鉴别流程

而第三类特殊才能优异的学生，在鉴别过程中，则比较偏重能力倾向测验（如音乐、美术性向测验），以及学科的专业考评。

（三）美国超常儿童鉴别的程序和过程

美国各州的法律规定不同，但是到1995年，美国50个州都通过立法确立了天才和高天资学生受特殊教育的权利。有些州要求在为天才学生制订特殊教育计划之前，需对天才学生进行无歧视评估，这与有障碍学生特殊教育计划相似，详见表3-2。基本上包括以下程序：家长和教师的观察、筛查、预推荐、正式的"无歧视评估"、安置。

由于美国是个多文化多语言的国家，因此他们在鉴别程序中，特别强调对于来自不同文化或语言背景的学生以及来自低社会经济地位群体的学生，以及以英语作为第二语言的学生要进行公正平等的鉴别，提倡用多种途径，而非单一的标准化智力测验来进行天才的鉴别。

表 3-2　美国天才学生的评估过程①

```
无歧视评估
   ⇩
```

观　察	
教师和家长的观察	学生可能会对学业感到厌烦或有很强的兴趣，在语言或特定方面有很高的天赋和兴趣，有好奇心并常问问题（特别爱问怎样和为什么），很有洞察力，对任务有新颖的想法和方法

⇩

筛　查	
评估工具	表明需进一步评估的结果
教室中的作业	在某一或多个学科的作业保持优秀，如果是未发挥潜能的天才，可能不是很稳定，仅在特别感兴趣的科目上保持优秀
团体智力测验	测验常显示其特别高的智力
团体成就测验	在测验的一个或多个领域中的表现高于平均水平（筛查的最低智商分数为115）

⇩

预　推　荐
一般对可能评估为天才的学生不采用预推荐

⇩

推　荐

⇩

无歧视评估过程和标准	
评估工具	表明为天才的结果
个别化智力测验	学生的智力处于全体的顶端2%～3%水平（大多数州据不同测验定临界分为130或132）。由于标准智商测验存在文化偏见，少数群体的学生在分数未达临界分时，要考虑其他的表现
个别化成就测验	在成就测验的一个或多个领域的成绩处于顶端2%～3%水平
创造力评估	经专家评定，学生的作品表现出非凡的创造力，或在评估创造力的测验中成绩优异。无需要求学生在学业上也具有天赋
天才特征核对表	由熟悉学生情况的教师、家长、同伴或他人完成。学生的分数达到该核对表认定的天才的水平
轶事记录	记录表明学生在一个或多个领域有很高的才能
课程为基础的评估	学生使用地区学校的课程时，在一个或多个领域成绩优于同龄人
直接观察	可能是学习榜样，也可能因为对课堂作业厌烦而产生行为问题。如果学生是完美主义者，可能会观察到焦虑。还应在学校之外的情境中也观察到这些内容
视觉和表演艺术评估	由特定领域内的专家来评判，无需要求学生在学业上也具有天赋
领导能力评估	常由同伴、家长和教师来提名，但自我推荐也是相当重要的表现。还表现为在课外活动中担任领导角色。无需要求学生在学业上也具有天赋
个案研究	要依据上述所有领域的评估结果，不偏重任一因素，来最终作出结论

⇩

非歧视评估小组评定该学生为天才，需提供特殊教育和相关服务

⇩

```
适当的教育
```

---

① 方俊明.今日学校中的特殊教育[M].上海：华东师范大学出版社，2004：345.

另外在超常儿童的鉴别中,还需要特别考虑一类儿童,就是那些可能同时伴有其他障碍的儿童。比如学习障碍、注意力缺陷/多动性障碍、自闭谱系障碍、听力或视力损伤等。对于这些儿童的鉴别的程序和内容都要有所区别,要特别注意不要让其障碍掩盖了其"超常"的才能的表现。比如以伴有学习障碍的超常儿童为例,在鉴别的过程中,我们要注意一些适当的程序,采用相对灵活的诊断的标准。① 但在鉴别方法上,目前还存在很多的争议,比如有的学者反对以智商得分差异是否显著来鉴别学习障碍超常儿童,对于是否为了鉴别学习障碍超常儿童而降低选拔超常儿童的智商标准也存在很多争论等。② 我们需要在"双重特殊儿童"的界定、鉴别的程序、鉴别的内容和标准上都进行进一步的深入研究。

二、超常儿童鉴别的内容和标准

对于超常儿童进行评估和鉴别的内容,是基于我们对于超常儿童的界定。现在比较认同的超常儿童的定义除了高智商之外,还包括其他领域的能力,因此对超常儿童的评估和鉴定主要是从智力、成就、创造能力、非学术领域的特殊才能、领导能力、个性特征或非智力因素等几个不同的方面来进行综合评估。一般采取的是标准化的测试,但基于标准化测试的局限,有学者认为仅进行标准化测试可能不利于不同文化或语言背景,以及社会经济地位较低群体的学生。提倡把智商测试和创造力测验的结果和其他标准结合,如行为等级量表、艺术作品或创作的文章、科技项目的照片、父母和教师提供的其他材料等。③

我国超常儿童的鉴别内容一般包括主科知识和一般智力测验、复试(包括认知能力测验、特殊才能作品评定)、个性品质调查、体格检查等。

(一)智力测验

超常儿童并不局限于高智力型,虽然不能单纯地采用智力测验来判断超常儿童。但是,智商偏高也是超常儿童的主要特征之一。所以,在超常儿童的评估和鉴定过程中,对智力水平进行测量是一个基本内容。但是不同的测验工具,其具体的鉴别标准也有所不同。

从斯坦福-比奈量表开始,采用的智力商数概念,简称智商(IQ),是超常儿童智力鉴别中很关键的一个概念。所谓智力商数即一个人的心理年龄与他的实际年龄之比。为了避免出现小数,再乘以100,这就是比率智商,用以表示智力的相对水平。计算智商的公式如下:

$$智商 = \frac{心理年龄}{实际年龄} \times 100$$

另外一个著名的智力测验是韦克斯勒智力量表。它使用的是离差智商,即将儿童测验的得分与同龄组儿童的平均分比较所得的标准分数,离差智商突破了比率智商的局限,同样的智商分数在任何年龄中都具有同样的相对位置。

使用智商后,我们就有可能对不同儿童的智力水平进行比较,根据不同的智力理论,来决定鉴别的一个标准。一般而言,不同年龄的平均智商分数是100,一个标准差为15分。按照第1章中提及的正态分布图,人群中有50%的人的智商分数是在100~110之间。如果按

---

① Nielsen, M. E. Gifted students with Learning Disabilities: Recommendations for Identification and Programming [J]. Exceptionality, 2002(2): 93-111.
② 姜敏敏,张积家.学习障碍超常儿童的研究进展[J].中国特殊教育,2008(4): 62-66.
③ 方俊明.特殊教育学[M].北京: 人民教育出版社,2005: 345.

照最高端2%为智力超常,斯坦福-比奈量表的智商分数要求为132分以上,而韦克斯勒量表为131分。[①] 也就是说高出平均水平2个标准差及以上。

我国台湾地区的相关法规中,对于智力优异的鉴别的标准规定如下:"一般智能优异,指在记忆、理解、分析、综合、推理、评价等方面较同年龄人具有卓越潜能或杰出表现者;其鉴定标准如下:一、智力或综合能力倾向测验得分在平均数正两个标准差或百分等级九十七以上者;二、专家学者、指导教师或家长观察推荐,并附学习特质与表现等具体资料者。"

从中我们可以看出,在标准化智力测验之外,还有其他的一些方式和标准可以进行智力鉴别,同时,不同的理论和超常儿童的概念,也会对标准产生影响。如伦祖利的全校范围的丰富教学模型里,进行鉴别时,选取的就是智力测验分数在顶端10%的学生。而台湾地区在2006年前,采用的标准是正1.5个标准差或百分等级九十三以上者。

(二)成就测量

对智力的测量是超常儿童鉴别的最常见的内容,但是研究者发现,仅仅进行智力测量,所提供的信息对超常儿童的教育安置的帮助甚微,因为智力测验的分数与学校课程中通常含有的学科内容没有太密切的关系。而且研究发现,高智商儿童并不是在所有学术领域都具有天赋,很多时候,他们的语言能力和数学能力的发展是不均衡的,智商分数不能精确区分在不同学科领域具备"天才"的儿童。[②] 因此,鉴别中对于成就的测量也是一个很重要的内容。成就测量是对个体学习和训练效果的测量,涉及特定的学习经验,反映个体已经学会了什么和能做什么。成就测量包括一些与学业成就和学术潜能有关的测量。例如,一些正式的标准化测试、统一考试测试和学科测试等都可作为成就测量的工具。

我国台湾地区的相关法规中,对于学术能力倾向优异的鉴别的标准规定如下:"学术能力倾向优异,指在语文、数学、社会科学或自然科学等学术领域,较同年龄人具有卓越潜能或杰出表现者;其鉴定标准为下列各款规定之一:一、某领域学术能力倾向或成就测量得分在平均数正两个标准差或百分等级九十七以上,经专家学者、指导教师或家长观察推荐,并附专长学科学习特质与表现等具体资料者。二、参加国际性或全台湾有关学科竞赛或展览活动表现特别优异,获前三等奖项者。三、参加学术研究单位长期辅导的有关学科研习活动,成绩特别优异,经主办单位推荐者。四、独立研究成果优异,经专家学者或指导教师推荐,并附具体资料者。"

其中第一和第二条标准在我国大陆也经常采用,我国目前还没有标准化的学业成就测试,但是采用一些统一考试测试也可以达到相同的鉴别目标。

(三)创造能力测量

越来越多的学者都将创造力视作"天才"或者超常的核心因素,创造力需要一定的智力和认知因素作为基础,但又不完全等同于高智商,但对于创造力的认识,以及创造力与"超常"的关系的理解存在很多争议。但这并不妨碍在鉴别中,对于创造力测量的重视,并把这一领域作为评估和鉴别的重要内容。创造力是一种独特的创新和解决问题的能力,托兰斯

---

① Clark, B. Growing up Gifted: developing the potential of children at home and at school[M]. 7th ed. Pearson Education, Inc., Upper Saddle River, New Jersey, 2008: 213.
② 郝宁. 试析天才儿童的鉴别[J]. 上海教育科研, 2008(2): 45-48.

提出了可以从流畅性(fluency)、灵活性(flexibility)、独创性(originality)和精确性(elaboration)等四个方面来考察创造能力的理论,并制定了《托兰斯创造能力测量量表》(Torrance Tests of Creative Thinking, TTCT)。目前,多采用这一量表来测量人们的创造能力。同时还采用一些创造力个性特征的核查表来进行测量的方法。

我国台湾地区的相关法规中,对于创造力优异的鉴别的标准规定如下:"创造能力优异,指运用心智能力产生创新及建设性的作品、发明,或问题解决者;其鉴定标准为下列各款规定之一:一、创造能力测验或创造性特质量表得分在平均数正两个标准差或百分等级九十七以上者。二、参加国际性或全台湾的创造发明竞赛表现特别优异,获前三等奖项者。三、经专家学者、指导教师或家长观察推荐,并附创造才能特质与表现等具体资料者。"

但由于创造力的概念很复杂,研究者们对创造力的定义和结构理解不一,现有的测量工具是否能有效地鉴别出创造力还有争论,而且超常儿童存在个体差异,不同类型的超常儿童(如数学和艺术才能),创造力表现特点不完全相同。一般的创造性思维测验,可能无法胜任对各类超常儿童的创造潜能的鉴别。[1] 因此在标准上也不能仅依靠测验得分,而应多考虑其表现和其他的材料补充。

(四)非学术能力测量

超常儿童的另外一个重要的能力和才能领域是在学术领域之外的各种不同的才能,如音乐、绘画、表演艺术、运动等方面的能力。已有研究表明,这些领域的超常儿童在各自领域的高能力倾向与智商分数之间不存在正相关。[2] 从加德纳的多元智力理论出发,这是可以理解的。目前虽然国外也有一些特殊能力的评估和鉴别工具,但是这些测验的内容相当的专业化。目前在涉及音乐、绘画、表演艺术、运动技巧等方面的能力的鉴别,多半只能通过非常有经验的专业人员通过共同观察和集体评分的方法来测量和评估。另外,涉及这些能力的成果,如作品、比赛获奖等也可作为非学术能力测量的资料。而标准也会因不同的领域而存在差异。

我国台湾地区的相关法规中,对于艺术才能优异和其他特殊才能优异的鉴别的标准规定如下:"艺术才能优异,指在视觉或表演艺术方面具有卓越潜能或杰出表现者;其鉴定标准为下列各款规定之一:一、某领域艺术能力倾向测验得分在平均数正两个标准差或百分等级九十七以上者,或者该项艺术学科测验表现优异者。二、参加国际性或全台湾各类相关艺术类竞赛表现特别优异,获前三等奖项者。三、经专家学者、指导教师或家长观察推荐,并附艺术才能特质与表现等具体资料者。""特殊才能优异,指在肢体动作、工具运用、电脑、棋艺、牌艺等能力具有卓越潜能或杰出表现者;其鉴定标准为下列各款规定之一:一、参加国际性或全台湾各类相关技艺竞赛表现特别优异,获前三等奖项者。二、经专家学者、指导教师或家长观察推荐,并附专才特质与表现等具体资料者。"

在我国大陆,各个不同领域的才能的鉴别标准尚没有统一,但由各个领域的专业人员制定各自相应的鉴别内容和标准。同时我国大陆也采用各类国际性或全国性比赛的优异成绩作为相应的考察标准。

---

[1] 查子秀.超常儿童心理学[M].第二版.北京:人民教育出版社,2006:322.
[2] 郝宁.试析天才儿童的鉴别[J].上海教育科研,2008(2):45-48.

(五) 领导能力测量

在我国大陆,对于领导能力的测量尚属于起步阶段,但在我们对超常儿童的界定中,领导能力也是不可或缺的内容。虽然还缺乏标准化的测验,但是教师和家长的观察、同伴的推荐等也是相当有效的方法。另外,自我提名和推荐也在领导能力的评估中有着特殊的意义,具有很高的预见性。[①]

我国台湾地区的相关法规中,对于领导才能优异的鉴别的标准规定如下:"领导才能优异,指具有优异的计划、组织、沟通、协调、预测、决策、评价等能力,在处理团体事务上有杰出表现者;其鉴定标准为下列各款规定之一:一、领导才能测验或领导特质量表得分在平均数正两个标准差或百分等级九十七以上者。二、经专家学者、指导教师、家长或同伴观察推荐,并附领导才能特质与表现等具体资料者。"

(六) 人格或非智力因素测量

超常儿童的特殊性,不仅表现在智力领域,同时在他们的个性和社会情感方面也有特殊性。伦祖利的三环天才概念模型里面,就将动机水平,即对任务的执著度作为"超常"的核心要素之一。近几十年的研究也表明,超常儿童不仅是表现出非凡的智力、能力,同时也需要有强烈的动机、积极的情感和坚忍不拔的意志。因此,人们愈来愈认识到运用人格和非智力因素的测量,在超常儿童的评估与鉴别中的必要性。目前,采用个性行为观察法、个性测量法等量表来进行评估,我国超常儿童研究协作组也编制了"中国少年非智力个性心理问卷""小学生非智力个性特征问卷""学前非智力个性特征测验"等。需要指出的是虽然超常儿童可能具有一些类似的个性特质,但是要特别注意个体的差异性,测验的结果要与家长和教师的观察等相结合。

第3节 超常儿童的鉴别工具

一、智力测验/认知能力测验

斯坦福-比奈智力量表和韦克斯勒智力量表是智力测验中最为著名的两项测试。我国在鉴别超常儿童的过程中,常用的智力量表有斯坦福-比奈智力量表中国修订版、韦克斯勒智力量表中国修订版、鉴别超常儿童认知能力测验等,这里简单介绍韦克斯勒儿童智力量表和我国研究者编制的鉴别超常儿童认知能力测验。

(一) 韦克斯勒儿童智力量表

韦克斯勒智力量表包含了一系列的测试,这些测试分别针对不同的年龄阶段。目前,韦克斯勒智力量表所包含的最新版包括:韦克斯勒学龄前儿童和学龄初期儿童智力量表第三版(Wechsler Preschool and Primary Scale of Intelligence, WPPSI-III)、韦克斯勒儿童智力量表第四版(Wechsler Intelligence Scale for Children, WISC-IV)、韦克斯勒成人智力量表第三版(Wechsler Adult Intelligence Scale, WAIS-III)。其中韦克斯勒儿童智力量表第四版

---

① Clark, B. Growing up Gifted: developing the potential of children at home and at school[M]. 7th ed. Pearson Education, Inc., Upper Saddle River, New Jersey, 2008:220.

是这一系列测试中最新的修订版本,于 2003 年修订完成,这里主要介绍这一版本。

韦克斯勒儿童智力量表第四版,测试用时 60～85 分钟,测试对象为 6 岁至 16 岁 11 个月的儿童,测试包括 10 项核心分测验和 5 项补充分测验,全量表不再是语言分量表与操作分量得分的总和,而是由 4 个指数来合成全量表分(Full Scale IQ,FSIQ)。这 4 个指数分别是语言理解指数(Verbal Comprehension Index,VCI)、知觉推理指数(Perceptual Reasoning Index,PRI)、工作记忆指数(Working Memory Index,WMI)和加工速度指数(Processing Speed Index,PSI)。量表的结构见表 3-3。

表 3-3　韦克斯勒儿童智力量表第四版结构

语言理解	类同:找出事物的相似点,如蜡烛和电灯有什么相像的地方?
	词汇:对词汇进行解释,如伞是什么意思?
	理解:回答在一般情况下该怎么做和为什么这么做的问题,如为什么上学?
	常识(补充):普通知识,如是谁发现了美洲?
	语言推理(补充):给儿童一些线索,要求说出所指事物,如有长长的手柄,和水一起使用,可以清洗地板的是什么?
知觉推理	积木:按要求用积木拼出图案
	图片归类:将同一类型的图片归为一类
	矩阵推理:类似于瑞文测试,选择符合方阵规律的图片
	填图(补充):又称图画补缺,呈现缺少部分的图片,要求说出图中缺少了什么
工作记忆	数字广度:用口头呈现的数字表让儿童复述(顺着复述或倒着复述)
	字母—数字排序:如报出 T—4—L—5—Z—2—H,要求按数字从小到大的顺序,字母按字母表的顺序重新排列,即 2—4—5—H—L—T—Z
	算数(补充):不用纸笔来解决一些简单的、口述的算术问题
加工速度	译码:符号替代测验,要求用数字和符号配对,包括数字对符号和符号对数字
	符号搜索:判断在一堆符号中是否出现了目标符号
	划消(补充):在一系列杂乱的图画中,划掉少数不属于该类别的图画

WISC-Ⅳ中文版由北京师范大学张厚粲教授主持修订,2007 年在全国取样并建立了最新的全国常模,2008 年 3 月通过中国心理学会心理测量专业委员会鉴定,目前已在全国正式应用。该量表修订过程科学严谨,修订质量达到美国原版的水平,并提供了众多信度和效度证据。其中总智商 FSIQ 的分半信度系数为 0.97,四个指数的分半信度系数在 0.87～0.94 之间。从量表的内部结构、效标参照等多方面的数据证明该量表具有优良的效度。[①]

(二)鉴别超常儿童认知能力测验

鉴别超常儿童认知能力测验由中国科学院心理研究所查子秀主持,全国 22 省市 30 余家单位经 7 年协作研究,于 1983 年编制完成。该测验为个别测试,适用年龄 3～14 岁,共分 12 个年龄组,各项测验分为两个阶段:3～6 岁为一阶段;7～14 岁为一阶段。根据儿童的年龄特点,两阶段测验在内容、方法等方面都有所不同。该测试的时间较长,一般要分三次完

[①] 李毓秋.智力超常儿童韦氏儿童智力量表第四版分数模式及其认知特性的初步研究[J].中国特殊教育,2009(4):47-51.

成,特殊情况也可分四或五次完成,但全部测试应在两周内完成。

测验项目包括认知的四个方面:

1. 类比推理测验

该测验又包括三项分测验,即

(1) 图形类比推理:用几何图形表明空间关系的变化。

(2) 语词类比推理(3～6岁使用实物图片):用词汇或图片表明两种事物之间的从属、功用、对立、并列、因果及部分与整体的关系。

(3) 数概念类比推理:用数字(3～6岁用图形)表明数量之间的组成与分解、等差、等比等关系。

2. 创造性思维测验

测量思维的创造性、灵活性及流畅性。3～6岁年龄阶段包括两个分测验:根据图片设想故事结尾和利用工具解决问题;7～14岁年龄阶段包括十项分测验:语词联想、数的结合、图形变换、解决问题等。

3. 感知观察力测验

3～6岁年龄阶段包括四项分测验:从一组图形中找出相同图形、找出不同图形、指出图中缺少部分、指出两张图中的不同部分;7～14岁年龄阶段除以上这些之外,还扩充测查儿童的空间感知能力等项目。

4. 记忆测验

该测验包括四项分测验,即

(1) 数字跟读:测查记忆广度。

(2) 按形填数(3～6岁为按图填色):测查记忆速度。

(3) 图片再认:测查记忆的精确性。

(4) 图片或语词再现(3～6岁为图片、7～14岁为语词):测查记忆保持的持久性。

测验通过分半信度、重测信度、测验间信度的检验,证明其具有较高的可靠性;采取因素分析等方法进行检验,证明具有较高的效度。[1] 该测验可用作在常态儿童中发现、鉴别超常儿童的工具之一,同时在追踪儿童认知能力发展、教育咨询、评价教育实验效果等方面也可使用。测验的主要不足首先在于分测验的题量较少,或高限不够,因此一般用于学龄前及小学阶段的超常儿童鉴别更为有效;其次是测试时间偏长,易引起儿童疲劳。[2]

二、学业成就测验

比较著名的成就测试有斯坦福系列成就测验(The Stanford Achievement Test Series,SAT)、考夫曼教育成就测试第二版(The Kaufman Test of Educational Achievement-II)、皮博迪个人成就测验修订版(The Peabody Individual Achievement Test-Revised)、伍德考克·约翰逊成就测试第三版(The Woodcock-Johnson Tests of Achievement,III)等。叶重新(1979)将成就测验分为三种,即一般综合性的成就测验、分科成就测验与教师自编测验。

---

[1] 查子秀.超常儿童心理学[M].第二版.北京:人民教育出版社,2006:310-311.
[2] 周家骥.心理测验分类介绍(三)[J].现代特殊教育,1996(2):19-20.

这里介绍一项著名的综合性成就测验——斯坦福系列成就测验,以及我国研究者编制的分科成就测验——小学生数学能力测验。

(一) 斯坦福系列成就测验

1992年出版的斯坦福系列成就测验是最早的综合性成就测验,由斯坦福早期学校成就测验(Stanford Early School Achievement Test,SESAT)、斯坦福成就测验(Stanford Achievement Test,SAT)和斯坦福学业技能测验(Test of Academic Skills,TASK)组成。这三套测验都是团体施测的综合成就测验,其中SESAT适用于幼儿园儿童至一年级的学生,SAT适用于一至九年级的学生,TASK适用于九至十三年级(社区学院)的学生。目前SAT已经更新到了第十版(SAT 10),在第十版中编制者取消了时间限制,并且加入了知名儿童作家所写的诗歌和原创作品等。

斯坦福成就测验分为13个水平,即13个年级,每个水平包含了数量不等的分测验,每项测验都涵盖了基础理解和思考能力两个认知过程,分测验包括:阅读、数学、语言、拼写、听力、科学、社会科学。下面以第十版中八年级的测验项目为例介绍该测验。

(1) 阅读词汇:同义词;多义词;运用上下文提示猜词义。

(2) 阅读理解:文学性的;信息性的;实用性的;最初理解;诠释;批判性的分析;策略。

(3) 解决数学问题:数学感知和运算;模式、关系和代数;数学、统计和概率;几何及测量;交流和表现;估量;数理概念间的关联;推理和问题解决。

(4) 数学程序:小数计算;分数计算;整数计算;情景中的计算;符号计算。

(5) 综合语言形式:写作准备;写作;编辑;提供信息;讲故事;说服力。

(6) 科学:生命;物理;地球;科学的本质;运用模型;范式;形式和功能。

(7) 社会科学:历史;地理;政治科学;经济;对知识理解的运用;对信息的组织、概括和诠释;判断原因和效果。

(二) 小学生数学能力测验

20世纪70年代,我国中央教育科学研究所赵裕春主编了小学生数学能力测验,编者根据知识检查与能力考查相结合的原则编制了该测验,包括三方面内容:

1. 掌握数概念能力的测验

就小学生而言,数的分解与组成能力是形成更为复杂的数概念的基础,因此,在数概念能力的测验中,可主要测验数的分解与组成能力。例如:在低年级学生的测验中让学生心算"8×8×8=4×4×4×( )"。

2. 掌握数量关系的能力测验

掌握数量关系的能力是小学生数学能力测验的中心内容,它又包括以下四个方面:

(1) 数学概括能力。数学概括能力是认识数间本质关系的能力,例如:要求学生从下列四行数中找出一行与其他行不同的数。

1	3	5	7	9
2	4	6	8	10
7	9	11	13	15
3	6	9	12	15

(2) 逆运算能力。逆运算能力就是思维迅速而自由地转换到直接相反进程的能力。例如："什么数乘以 8 等于 48？（　）"。（要求学生在括号里填写正确答案）

(3) 函数思维能力。函数思维能力是把握两个以上变量各要素间对应关系的能力。

(4) 数学推理能力。数学推理的核心部分是逻辑推理能力，逻辑推理是从已知推未知中获得新知识的一种推理。例如："A＞B，C＞D，E＝A，B＞F，E＜D，则 C（　）E，D（　）B，F（　）E，A（　）C，D（　）F。"（要求学生在括号里填写关系符号）

3. 掌握空间关系的能力测验

空间关系的能力是指空间关系的认知能力，包括空间知觉、空间记忆、空间想象和空间思维概括等能力。例如："请你仔细观察下图（见图 3-2）。数一数，它有多少个立方块。"[①]

近年来，华中科技大学同济医学院少儿卫生教研室对德国少儿心理学家 Haffner J. & Baro K. 研究制定的《德国海德堡大学小学生数学基本能力测试量表》进行了翻译和修订，于 2002 年完成了《中国小学生数学基本能力测试量表》，并在全国范围内取样，检验了其信效度，建立了我国的参照常模。

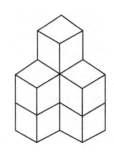

图 3-2　空间关系例题

该测试量表既可个别进行，也可团体实施，针对 1～6 年级的小学生。该量表包括 2 个领域，12 个分测试。在正式测试前有一个热身测试——抄写数字（SG），主要是让学生掌握测试的方法，适应测试的气氛。第一个领域是数学运算领域，由 6 个分测试组成数学运算（MT1）分量表，6 个分测试分别是：加法（RA）、减法（RS）、乘法（RM）、除法（RD）、填空（EG）、大小比较（GK），以评定学生的数学概念、运算速度及计算的准确性。第二个领域是逻辑思维与空间-视觉功能领域，由 5 个分测试组成逻辑思维与空间-视觉功能（MT2）分量表，5 个分测试分别是：续写数字（ZF）、目测长度（IS）、方块记数（WU）、图形记数（MZ）、数字连接（ZV），以评定学生的数学逻辑思维、规律识别、空间立体思维、视觉跟踪能力。由除抄写数字外的其他 11 个分测试组成总分（MTGes）量表。[②]

三、创造力测验

就如同没有一项测试能够测量出智力的全部一样，也没有一项测试能够测量出创造力的每一个方面，因此，现有的创造力测验往往是着重考察了创造力的某些特质。关于创造力测验，较早的创造力测验要数吉尔福特发散性思维测验，而运用最广泛的要数托兰斯创造性思维测验，这里将着重介绍这两项测验。

（一）吉尔福特发散性思维测验

该测验由美国南加利福尼亚州立大学教授吉尔福特等在研究智力结构理论中发展并编制的，主要用于测量发散性思维，适用年龄为初中以上年龄及水平者。

[①] 郑和钧.第九讲小学生数学能力测验[J].湖南教育,1986(9)：33-34.
[②] 吴汉荣.小学生数学能力测试量表的编制及信效度检验[J].中国公共卫生,2005(4)：473-475.

本测验分别从语义、符号、图形三个方面来测量发散性思维的三个主要特征：流畅性、变通性和独特性。本测验共包含13项分测验，其中第1~9项分测验要求言语反应，第10~13项分测验要求非言语反应。

① 语词流畅性：要求儿童能迅速列举出包含有一定字母的词。
② 概念流畅性：要求儿童尽可能多地说出同类物体或事件的名称。
③ 联想流畅性：要求儿童尽可能多地列举出给定词的近义词。
④ 表达流畅性：要求尽可能多地写出由四个词构成的句子，每个词以给定字母开头。
⑤ 多项用途：要求指出物体主要用途以外的各种可能用途。
⑥ 解释比喻：以多种方式去完成包含有比喻的句子。
⑦ 故事命题：给一短故事加多个标题，按所加标题数目及独特性分别给分。
⑧ 推断结果：尽可能多地列举某个假设事件（不可能发生事件）的结果，并指出其中最可能发生的结果。
⑨ 职业象征：列举出给定的符号或物体所象征的各种可能的职业。
⑩ 加工图形：用指定的图形或线条想象并画出尽可能多的物体或图案，指定的图形可以重复和改变大小，但不能增加其他线条或图案。
⑪ 绘图：在给定的简单图形上尽可能多地绘出可以辨认的（不是抽象的）物体草图。
⑫ 火柴问题：移动规定数目的火柴，形成规定数目的正方形或三角形。
⑬ 装饰：在普通物体的轮廓上尽可能多地进行不同的设计修饰。记分要考虑反应的次数及反应的独特性。

南加州大学发散性思维测验在全世界被广泛应用，并被作为其他发散性思维测验的编制蓝本。我国华东师范大学曾对本测验作适当修订后进行研究，并改编后对3~6岁幼儿进行测量（原测验年龄要求为初中年龄以上）。本测验主要缺点为测验的信度和效度均不够理想。[①]

（二）托兰斯创造性思维测验

托兰斯创造性思维测验是创造力测试中运用最普遍的测验之一，由托兰斯和他的助手于1966年开发而成，之后又在1974、1984、1990和1998年经过了四次修订。它适用于个别测试和团体测试，测试对象范围从幼儿至成年人。测验分为创造性语言测验和创造性图形测验，每项测验又各有A、B两个等值型测验。

创造性思维语言测试适用于一年级学生至成人，用时45分钟，测试通过6个语言项目来评估思维的流畅性、变通性和原创性3个特征。6个语言项目分别是：

① 根据图片提出问题。限时5分钟。
② 猜测图片中的行为的原因。限时5分钟。
③ 猜测图片即时的以及长期的后果。限时5分钟。
④ 根据图片产品改良。比如给被试一幅兔子的图片（见图3-3），要求被试来改进这只玩具兔使它变得更有趣，被试将自己的想法用文字写下来。限时10分钟。

---

① 周家骥.心理测验分类介绍（六）[J].现代特殊教育，1996(5)：19-20.

⑤ 不寻常的用途。这项测试要求被试思考一件普通用品的各种用途,比如一块砖头的各种不寻常的用途。限时 10 分钟。

⑥ 猜测和想象。比如请设想一下如果我们能够仅仅眨一眨眼或者抽动一下鼻子就能够将自己送往任何一个自己想去的地方,那么将会发生什么结果呢?限时 10 分钟。

图 3-3　根据图片产品改良例题①

创造性图形测验适用于所有水平的被试,从幼儿园的儿童至成人,一共 3 个项目,每个项目用时 10 分钟,总共用时 30 分钟。测验从思维的流畅性、原创性、精密性、标题的抽象性和思维的持续性 5 个方面来进行评分。图形测验包括:②

① 图画设计。试题给出一个大的刺激图形,要求以该图形为基础作画,画出来的图形必须包含这一图形,并且为图画命名(见图 3-4)。

图 3-4　图画设计

② 图片完成。给出 10 张未完成的图画,请被试在图画上添加几笔,完成图片并命名(见图 3-5)。

图 3-5　图片完成

---

① Torrance Center. New examples of TTCT[EB/OL]. [2009-10-18]. http://www.indiana.edu/~bobweb/Handout/d3.ttct.htm.

② Torrance Center. TTCT Presentation[EB/OL]. [2009-10-18]. http://www.coe.uga.edu/torrance/resources.html.

③ 重复线条或曲线的图形。这个项目包括了 3 页相同的线条或者曲线,要求被试利用这些图形来作画,这些图形可以作为被试的图画的一部分,并为做成的每张图命名(见图 3-6)。

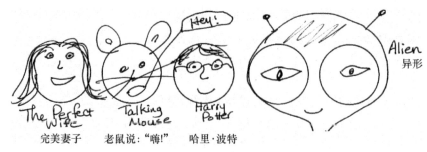

图 3-6　重复线条或曲线的图形

四、社会情感发展测验(非智力因素的测量)

非智力因素对于超常儿童的发展也至关重要。中国科学院心理研究所等组成的中国超常儿童研究协作组经过近五年的协作、研究,编制出"中国少年非智力个性心理特征问卷"、"小学生非智力个性特征问卷"和"学前儿童非智力个性特征测验"等三套测查工具,可测查 4~15 岁儿童的非智力个性特征。

1. 中国少年非智力个性心理特征问卷(CA-NPI)

上海师范大学等 18 所院校、科研单位组成的中国超常儿童研究协作组少年个性组历经五年的研究,编制完成该问卷,并于 1988 年经专家评审鉴定,认为它具有较高的信度和效度,有中国自己的特色,它不仅对超常儿童和学习优秀学生的鉴定、研究和教育有实用价值,对常态少年的非智力个性因素的了解诊断和研究也有其积极意义。CA-NPI 属于自陈量表,团体施测或个别施测均可,一般 30 分钟左右可以完成,适用于 12~15 岁儿童。

CA-NPI 的测试由 120 个测题组成,每个问题有三个答案供选择,其中三个问题有四个答案供选择,内容包括以下六个分测验:

(1) 抱负(B),共 20 题

抱负是指少年具体的生活目的和奋斗目标,是激励少年奋发向上的动力,本测验主要测量少年抱负的三个方面:有无抱负、抱负性质、抱负效能。

(2) 独立性(D),共 20 题

独立性是指智力活动中喜欢独立思考、不受暗示、不受传统束缚、经常会提出一些独到见解的特点。

(3) 好胜心(H),共 20 题

智力活动的好胜心是成就感的反映,其特点是以自信心为基础。本项分测验主要测量智力活动领域内好胜心的三个方面:竞争心、自信心、体验。

(4) 坚持性(J),共 20 题

坚持是指意志坚持性。本项分测验主要测量智力活动领域内意志坚持性的水平及自觉程度。包括克服内部困难(生理方面、心理方面)和外部困难(环境方面)等。

(5) 求知欲(Q),共 20 题

求知欲和认知兴趣具有非常密切的关系,并伴有一定的情绪体验,因此它能直接影响智力活动的效能。本项分测验主要测试少年求知欲的特点及水平,包括三方面:求知兴趣、求知欲的情绪体验、求知欲的行动效能。

(6) 自我意识(Z),共 20 题

自我意识是个性结构的重要部分,是儿童个性发展的一个重要指标。本项分测验主要测试少年自我意识的特点和水平。包括两个方面:自我评价(对自己与他人关系的认识,对自己在集体中的地位及作用的认识,对自己形象、智力、个性及价值观的意识);自我控制(自我行为的目的性、坚持性、自制力、自我调节等)。[①]

由于以上六项指标在个性结构中的地位不尽相同,它们对智力的发展虽然都会直接给予影响,但影响的程度和特点是不一样的。而且,对超常儿童及优秀学生来说,这六个因素不会也不可能发展到同一水平,因此统计分值时不将六项单项得分相加计算总分。但是这些因素在总体上,或是在其中某几项因素上的优异发展,应该是他们的智力获得超常发展和取得优秀学习成绩的必要条件。CA-NPI 编制完成后,已在全国近二十个省的一百多所学校的各种种类的学生进行过测试,测试结果显示 CA-NPI 有较高的鉴别力和使用价值。

2. 小学生非智力个性特征问卷

该测验由中国超常儿童研究协作组小学个性组编制完成,由 30 个测题组成问卷量表,由被试作选择式回答,团体施测或个别施测均可,适用年龄为 6~12 岁。

测验共包括五个分测验:独立性、好胜心、坚持性、求知欲、自我意识。与 CA-NPI 配套成一个非智力个性特征问卷系列。与 CA-NPI 相比较,缺"抱负"一项,因根据研究,小学阶段儿童的抱负还未很好发展,它对儿童的智力发展的影响并不直接,所以未编入问卷。问卷编制完成后,在全国一些学校进行了测试,对超常儿童具有较好的鉴别能力。

3. 学前儿童非智力个性特征测验

该测验由中国超常儿童研究协作组学前儿童个性组编制完成,由问卷测查和心理实验两部分构成,适用年龄为 4~6 岁。

问卷共包括 24 个测题,测试六项与智力发展有密切关系的非智力个性特征,即:主动性、坚持性、自制力、自信心、自尊心和性格的情绪特征。问卷由熟悉幼儿的教师和家长填写,要求作等级评分,由低到高记 1~5 分。

实验部分是通过儿童在完成智力任务中的表现,来直接取得与智力活动有关的个性特征的资料。对问卷和实验结果综合分析来评定幼儿的非智力个性特征。本测验在全国许多城市进行了测试,取得了很好的效果。[②]

五、领导能力测验

鉴别儿童领导能力的工具一般可分为:① 由教师、家长或其他了解这个孩子的人根据

[①] 洪德厚.《中国少年非智力个性心理特征问卷》(CA-NPI)(1988 年版)的编制与使用[J].心理科学通讯,1989(2):13-17.
[②] 周家骥.心理测验分类介绍(五)[J].现代特殊教育,1996(4):19-20.

对孩子的观察来完成的量表;② 儿童自我评估来完成的量表;③ 同时使用这两种方式。由教师来评分的领导能力测量工具有伦祖利等人的优秀学生行为特征量表(The Scales for Rating the Behavioral Characteristics of Superior Students,简称 SRBCSS)、超常教育量表第二版(The Gifted Education Scale, Second Edition, GES-2)、天才评定量表(The Gifted Rating Scale,GRS)、天才评估量表(The Gifted and Talented Evaluation Scale,简称 GATES)等;儿童自我评估的量表有职业性格测试(Myers-Briggs Type Indicator,MBTI)等。①

（一）优秀学生行为特征量表修订版(SRBCSS-R)

优秀学生行为特征量表由伦祖利等人在1976年制定而成,2002年他们又对这一量表进行了修订,完成了优秀学生行为特征量表的修订版。修订版本在原来的基础上又增加了4种行为特征,一共涵盖了14种行为特征。原版本量表中的10种行为特征分别是:① 学习特征;② 创造力特征;③ 动机特征;④ 领导力特征;⑤ 艺术特征;⑥ 音乐特征;⑦ 表演特征;⑧ 交流特征(准确性);⑨ 交流特征(表现力);⑩ 计划特征。新版本中增加的4种行为特征是:① 数学特征;② 阅读特征;③ 自然科学特征;④ 科学技能特征。

该量表由教师或是对儿童各方面情况十分了解的人员对儿童各种行为特征进行评估后完成,每种行为特征约为10个项目,使用6级评分:从不、极少、较少、偶尔、经常、总是。领导力特征的评估有7个项目,例如:班里的同学倾向于尊重他/她、与他人有良好的沟通并能清晰地表达自己的想法等。

量表的制定者们还没有完成全国常模,然而,对于如何完成地区常模已经给出了细致的信息。量表手册中涉及了结构效度、α 信度和相关效度。

（二）全球领导力量表(Globe Leadership Scale)

全球领导力和组织有效性研究计划(Global Leadership and Organizational Effectiveness,简称 GLOBE)既是一项研究计划也是一个社会实体,它由170名来自世界各地的社会学家和学者组成,共同探究社会文化、组织文化和实践以及组织领导力之间的关联。

研究者们鉴别出了21种被所有文化视为有利于领导有效性的领导者特征和行为,并根据这些特征编制了全球领导力量表。该量表共112个项目,这些项目反映了领导者所需的一些特征、能力、技能和人格特征等,项目使用7级评分的方式,最低级为"这一行为或特征极大地抑制其成为一个杰出的领导者",最高级为"这一行为或特征极大地促进其成为一个杰出的领导者"。这21种特征或行为分别是:管理能力、独断、自主、远见卓识、感召力、自我牺牲、诱导出矛盾、果断、灵活应变、保全他人面子、人道、正直、恶意的、谦逊、参与的、指向表现的、程序性的/官僚的、引导团队合作、综合团队能力、自我中心、地位意识。

六、特殊才能鉴别的工具和方式

超常儿童并不一定是学业出众的儿童,他们还可能是在音乐、美术、舞蹈、表演、运动、书法等方面表现出众的儿童。研究者们在这些领域都编制了一些鉴别特殊才能的量表,如桑代克(Edward Thorndike)编制的书法、绘画等测验,推孟编制的机械能力测验,我国研究者

---

① Shaunessy, E., Karnes, F. A. Instruments for Measuring Leadership in Children and Youth[J]. Gifted Child Today, 2004(1):42-47.

余子夷编制的书法量表,中国科学院心理所修订了检测领导才能的 PM 分析量表等。这里将介绍两项在音乐和美术领域著名的鉴别工具,即西肖尔音乐才能测验(Seashore measure of music talent)和梅尔艺术测验(Meier Art Tests)。

(一) 西肖尔音乐才能测验

1919 年,美国艾奥瓦大学音乐心理学家卡尔·西肖尔经过多年对音乐心理的研究,编制了西肖尔音乐才能测验,这是测量音乐才能方面非常著名的一套工具。西肖尔认为音乐天赋是由许多不同的能力组成的,这些能力之间不一定相互关联,如果一个人所有测验分数都很高,说明他对这些方面具有良好的辨别能力,则他就具备了从事音乐学习的最佳可能性。西肖尔的这套音乐才能测量工具被广泛运用,并又进行了几次修订,在此,将简单介绍西肖尔音乐才能测验的 1939 年版本。

西肖尔音乐才能测量适用范围为小学 4 年级学生到成人,该测验包含六项分测验,从五个方面测量与辨别具有音乐才能的儿童,这五个方面是:① 音乐的感觉能力;② 音乐的动作;③ 音乐的记忆与想象力;④ 音乐的智力;⑤ 音乐的情感。六项分测验分别是:音高、音量、节拍、节奏、音色、音调记忆。在音高测验中,被试将听到一对音,要求判断出这两个音中,哪一个音高更高;在音量测验中,被试要判断出两个成对出现的音中,哪一个音量更大;在节拍测验中,被试要判断出成对出现的两个音中,哪个音持续的时间更长;在节奏测验中,被试要判断出成对出现的两个节奏是否相同;在音色测验中,被试要判断出成对出现的两个音中音质是否相同;在音调记忆测验中,被试将会听到一段较短旋律,包含 3~5 个音高,接着主试将会改变这段旋律中的一个音高再放给被试听,要求被试判断出哪个音高改变了。

在 1960 年版的西肖尔音乐才能测验的指导手册中给出了各个分测验的信度,分别是:音高 0.84;音量 0.74;节拍 0.71;节奏 0.64;音色 0.68;音调记忆 0.83。[①]

(二) 梅尔艺术测验

梅尔艺术测验分为艺术判断(aesthetic judgment)和审美知觉(aesthetic perception)两个分测验。

梅尔的艺术判断测验旨在测量学生对于审美的判断能力,而不是测量学生艺术技巧的表现能力。该测验包括 100 组不着色的图画,内容有风景、静物、木刻、东方画、壁画等。每组图画由两幅图画组成,其中的一幅是名画的复制品,另一幅是模仿名画的作品,但在技巧或结构方面稍加修改,比原作差。让被试在两者之中挑出他认为较好的一幅(见图 3-7)。这些图画的好坏标准是根据 25 位艺术专家的意见决定的,其中有些较难判断,若判断正确则其得分比其他的多。被试选择正确的图画所获得的分数即为其成绩。测验的常模分为初中、高中、成人三组,采用百分位数,常模团体是上美术课的学生,资料是向全美国 25 所学校收集的。测验的分半信度系数在 0.70~0.84 之间。[②] 艺术判断测验的分数与艺术课程的成就和艺术创造力评定的相关在 0.40~0.69 之间。

梅尔的审美知觉测验旨在测量个体用不同的方式建构一项艺术作品时表现出的一种审

---

① Roland Leo Raim. A Comparison of the Musical Aptitude Profile and the Seashore Measures of Musical Talents [M]. University of Iowa, 1965:8-10.

② 黄元龄. 心理及教育测验的理论与方法[M]. 台北:大中国图书公司,1987:313-315.

美价值。审美知觉测验包括 50 道题目,每题为一件艺术作品的四种形式,每一种形式相对于另外三种在比例、整体性、形状、设计及其他特征上有所不同,要求被试按其优劣排出等级。

图 3-7　梅尔艺术测验测题举例:挑出较好的一幅

本章小结

超常儿童的发现和鉴别是一个系统性、综合性的工作,是后续安置和教育的基础,在超常儿童教育中具有十分重要的地位和作用。本章主要就超常儿童早期发现的必要性和可能性,超常儿童鉴别的过程和内容以及各种不同的鉴别工具进行了介绍。

第 1 节"早期线索和早期发现",特别强调了超常儿童早期发现的重要性,主要分析了现有研究中的婴幼儿早期可以预示"天才"的早期线索,以及超常儿童早期在认知、语言、运动、社会情感等领域的行为表现,分析了家长和学校在超常儿童早期发现中的作用。

第 2 节"超常儿童的鉴别过程和内容",首先介绍了鉴别的基本原则,然后介绍了中国大陆、中国台湾地区和美国对于超常儿童鉴别的程序和过程,接着对超常儿童鉴别的内容和标准进行了分析,主要包括智力测量、成就测量、创造能力测量、非学术能力测量、领导能力测量以及人格或非智力因素的测量。

第 3 节"超常儿童的鉴别工具",分别介绍了智力测验/认知能力测验、学业成就测验、创造力测验、社会情感发展测验、领导能力测验,以及特殊才能鉴别的工具和方式。

思考与练习

1. 如何理解超常儿童的早期发现及其重要性?
2. 超常儿童鉴别的基本原则是什么?
3. 超常儿童鉴别的程序和过程一般是怎样的?
4. 超常儿童鉴别一般包括哪些内容?各自的标准是什么?
5. 从智力/认知能力、学业成就、创造力、社会情感、领导能力、特殊才能这几个领域中,选取两个领域,简要介绍其中比较常用的鉴别的工具。

第4章 超常儿童的生理发育与特点

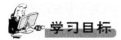学习目标

1. 了解脑容量与智力关系的研究进展。
2. 了解超常儿童大脑发育的特点和神经效能假说。
3. 理解营养物质对脑发育的影响。
4. 了解超常儿童的体质发育特点。

爱因斯坦是杰出的物理学家,被誉为"相对论之父"。他去世后,爱因斯坦生前所住医院的病理科主任,私下征得了爱因斯坦长子的同意,悄悄将爱因斯坦的大脑取出并保留了下来。此后几十年间,学者们对爱因斯坦的大脑进行了深入的研究,希望揭开这颗聪明绝顶的大脑中隐藏的奥秘。① 事实上,人们总是对天才的大脑充满好奇,并试图发现可以将这些天才识别出来的身体特征。那么,超常儿童的中枢神经发育和生理结构是否有着与众不同的特点呢?本章将在现有研究成果的基础上对此进行简要探讨。

第1节 超常儿童的中枢神经系统特点

一、研究脑结构和功能的技术手段

人们对大脑的兴趣虽然由来已久,但很长时间以来,只能采用解剖的手段对大脑进行研究,通过几千年来积累的解剖学知识,人们已经能从宏观甚至微观的层面了解脑的形态和结构,但对大脑如何工作等高级功能却知之甚少。这种状态在脑成像技术发明后有了根本性的改变。现在,研究者们借助这类先进技术可以实时研究活体脑的结构和功能,大大促进了人们对大脑工作机制的了解。

脑成像技术可以分为脑结构成像和脑功能成像两类。脑结构成像可以测量人脑内部结构的三维图像,包括计算机断层扫描技术(computed tomography,简称CT)和磁共振成像技术(magnetic resonance imaging,简称MRI)。脑功能成像能够对脑进行探测,获得脑进行高级功能活动时的动态三维图像,包括正电子放射断层扫描技术(positron emission tomography,简称PET)和功能磁共振成像技术(functional magnetic resonance imaging,简称fMRI)。此外,脑电图(Electroencephalogram,简称EEG)、脑事件相关电位技术(Event-Related Brain Potential,简称ERP)等也为了解大脑提供了大量的实验数据和信息。以下简要

---

① 爱因斯坦的大脑[EB/OL].[2009-06-06]. http://zhidao.baidu.com/question/8419197.html·fr=ala0.

介绍常用的技术手段。①

计算机断层扫描技术：可扫描显示脑的结构。其工作原理是根据人体不同组织对X线的吸收与透过率的不同，应用X射线增强技术，利用灵敏度极高的仪器对人体进行测量，然后将测量所获取的数据输入电子计算机进行处理，重建人体被检查部位的断面或立体图像。CT能在一个横断解剖平面上，准确探测不同组织间密度的微小差别。

磁共振成像技术：可扫描显示脑的结构。MRI是继CT后医学影像学的又一重大进步，在20世纪80年代得到临床应用。其基本原理是将人体置于特殊的磁场中，用无线电射频脉冲激发人体内氢原子核，引起氢原子核共振，并吸收能量。在停止射频脉冲后，氢原子核按特定频率发出射电信号，并将吸收的能量释放出来，被体外的探测器检测，经电子计算机处理获得图像。MRI可以探测人体组织的任意断面图像，是一种非介入探测技术，不需注射造影剂，无电离辐射，对机体没有不良影响。

正电子放射断层扫描技术：可考察脑的功能。其大致方法是，将某种生命代谢中必需的物质（如葡萄糖、蛋白质、核酸或脂肪酸等）标记上短寿命的放射性核素（如F18、碳11等），然后注入人体，通过该物质在代谢中不同部位的聚集来反映生命代谢活动的情况。目前采用最多的是含有放射性核素的葡萄糖，通常某个脑区的激活越强，该部位葡萄糖的代谢相应就越快，聚集的放射性核素也越多，通过扫描设备测量，利用计算机可以生成相应的大脑活动图像。

功能磁共振成像技术：是当前使用最广泛的脑功能研究手段，起源于20世纪90年代。其工作原理是，神经元功能活动对局部氧耗量和脑血流影响程度不匹配会导致局部磁场的性质变化，通过测量这种磁场变化，并经计算机处理，能对大脑受到视觉、听觉、运动及认知活动等刺激时的特定大脑活动的皮层区域进行准确、可靠的定位探测。fMRI的方法是无创的，既可以对单一被试进行多项研究，也可以对不同群体进行横向研究。和PET、EEG及脑磁图（Magnetoencephalography，MEG）相比，fMRI具有非常好的空间分辨率和时间分辨率（可分别达到$100\mu m$和几十ms），为活体人脑结构与功能之间复杂关系的研究提供了一条简便有效的途径。

脑电图：是通过脑电图描记仪将脑自身微弱的生物电信号放大记录成为一种曲线图，来考察神经元的电活动。EEG可检测大脑对诱发刺激响应的电信号，但很难对活动区作准确的空间定位。正常成人的脑电图一般有四种波形（见图4-1）：α波、β波、θ波和δ波。在使用EEG技术探测脑功能时，研究者往往对α波（频率在8～13周/秒）和β波（频率在14～30周/秒）的波幅比较感兴趣。② 神经生物学的理论认为，α活动是由于神经元同步放电或者静息而引起的，它显示了神经通道的效率，所以α活动会产生有节律的、高电压的、呈正弦曲线的波幅。α波的波幅（称为α功率）越高，神经元放电的效率就越高，因而所需的心理努力也就相应地较少。相反，β波则是由于在不同的时间做不同的事时，神经元的活动不同步引起的低电压的、不规则的波幅。δ波（频率在0.5～3.5周/秒）和θ波（频率在4～7周/秒）统称为慢波，慢波是睡眠状态下的主要表现。婴幼儿期脑电波的频率比成人慢，常见到δ波和

---

① 〔美〕David A. Sousa. 天才脑与学习[M]."认知神经科学与学习"国家重点实验室脑与教育应用研究中心，译. 北京：中国轻工业出版社，2005：12.

② 〔美〕David A. Sousa. 天才脑与学习[M]."认知神经科学与学习"国家重点实验室脑与教育应用研究中心，译. 北京：中国轻工业出版社，2005：40-41.

θ波。年龄、个体差异、意识状态、外界刺激、精神活动、药物影响和脑部疾病等都可对脑电波产生影响。

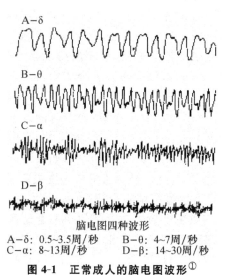

脑电图四种波形
A-δ: 0.5~3.5周/秒　　B-θ: 4~7周/秒
C-α: 8~13周/秒　　　D-β: 14~30周/秒

图4-1　正常成人的脑电图波形[①]

脑事件相关电位技术：是一种特殊的脑诱发电位，是指给予神经系统（从感受器到大脑皮层）特定的刺激，或使大脑对刺激（正性或负性）的信息进行加工时，在该系统和脑的相应部位产生的可以检出的、与刺激有相对固定时间间隔和特定位相的生物电反应。临床上将诱发电位分为两大类：与感觉或运动功能有关的外源性刺激相关电位和与认知功能有关的内源性事件相关电位。经典的ERP成分包括P1、N1、P2、N2、P3（P300），其中P1、N1、P2为外源性成分，受刺激的物理特性的影响；N2、P3为内源性成分，不受刺激物理特性的影响，而与被试的精神状态和注意力有关。长期以来，对P3成分的研究最为广泛。

二、脑容量与智力

长久以来，人类总是把自己在地球上占据的特殊地位归因于自身发达的大脑。一些有关人类进化的考古发现似乎也不断证实了上述观点，距今500~150万年前的南方古猿的脑量约为450~550ml，距今300~150万年前的坦桑尼亚能人的脑量约为680ml，分布在亚、非、欧洲的距今约170~30万年前的直立猿人，其脑量达775~1400毫升，已接近现代人的脑量。不过，由上述事实并不能简单地推论出脑量越大或脑重与体重的比值越大就越聪明。因为大象、鲸鱼等大型哺乳动物的脑就比人类的脑大得多，而许多小型动物的脑重与体重的比值也高于人类。看来既不是脑的绝对大小，也不是相对大小能解释人类大脑的进化优势。为了更清晰地揭示人脑的进化程度，学者们提出了"脑形成商"的概念，[②]即比较给定物种的脑重与体重相同的哺乳动物的"平均"脑重，也就是某物种实际平均脑大小与预期平均脑大小的比值。按照这个标准，人脑的优势显而易见，在所有的物种中，只有人脑的平均重量远远高于体重相当的哺乳动物的平均脑重。此外，人类的大脑皮层还是高度褶皱的，如果把它

---

① 脑电图四种波形［EB/OL］.［2009-06-08］. http:// www.foodmate.net/upimg/allimg/20060926/1121271.jpg.
② 〔美〕斯蒂芬·杰·古尔德. 自达尔文以来［M］. 田洺，译. 海口：海南出版社，2008：137.

摊平,其面积大约有四张打字纸那么大,黑猩猩的大脑皮层摊平后有一张打字纸大小,猴子的相当于一张明信片,而老鼠的只有一张邮票大。①

不过,要想用脑容量的不同来解释现代人的智力差异,问题似乎就不那么简单了。卡尔文(W. H. Calvin)从进化的角度指出,距今20万年至5万年前,生活在非洲的智人脑容量就已和现代人相差无几,其后,诸如工具的使用、语言的出现等人类智力的几次突飞猛进却并未再伴随脑容量的显著变化。② 那么,就现代人类个体而言,脑的大小与智力的高低是否存在着某种联系呢?

弗吉尼亚联邦大学的麦克丹尼尔(McDaniel)博士对涉及37个样本、多达1530人的有关脑容量和智力关系的近期研究进行了元分析。③ 他认为,已有的研究通常采取两种方法测量脑容量:一种是仅以外在尺寸为脑容量的测量指标,如头围;第二种则是通过MRI等手段对活体的脑容量直接进行研究,显然后一种方法的精确度更高。基于此,麦克丹尼尔研究中所涉及的样本均为采用第二种方法进行脑容量测量的。研究发现,综合来看,脑容量与智力的相关为0.33,女性比男性、成人较儿童二者之间的相关更显著。麦克丹尼尔因此得出结论说,无论男女老少,其脑容量都同智力存在正相关——即脑容量大的人更聪明。不过,麦克丹尼尔也提出,应进一步开展两个领域的研究:一是在更精细和局部的层面上分析脑容量与智力的关系,如大脑灰质或海马、额叶等部分与智力之间的关系;二是应该对影响脑容量与智力关系的遗传因素给予更多重视。上述两个领域的深入研究能有助于更好地理解脑容量与智力之间的关系。

加利福尼亚大学海尔(Haier)教授领导的研究小组的一项研究进一步揭示了脑容量与智力的关系。④ 他们利用磁共振成像技术对47名成年人的大脑进行了基于像素的形态测量学(VBM)研究,⑤同时还对这些人实施了标准韦氏智力测验。研究人员将大脑划分为多个区域,然后分别扫描每个区域中灰质(神经元)与白质(神经纤维)的数量。结果显示,额叶、颞叶、顶叶和枕叶部分的灰质和白质的多少,尤其是灰质的多少与智力的高低呈正相关。这说明,比起整个脑容量与智力的关系,大脑中的灰质和白质,尤其是灰质的量更能揭示人类个体间智力的差异。研究人员还猜测,人在不同方面的才智可能取决于大脑不同区域灰质的含量不同,也就是说,可能是不同区域灰质的含量差异决定了为什么一个人在数学方面很有造诣但却拙于言谈,而另外一个同等智商的人可能恰恰相反。此外,研究还发现,不同区域灰质与智力的相关还随年龄发生变化,对年轻人而言,较少额叶和较多颞叶区域的灰质与智力相关,而对中年人来说,则是较多的额叶和顶叶区域的灰质与智力相关。加拿大的维特森(Witelson)对著名物理学家爱因斯坦大脑的研究似乎有助于我们从人类个体的层面理解

---

① 〔美〕威廉·卡尔文.大脑如何思维——智力演化的今昔[M].杨雄里,等译.上海:上海科学技术出版社,2007:13.

② 〔美〕威廉·卡尔文.大脑如何思维——智力演化的今昔[M].杨雄里,等译.上海:上海科学技术出版社,2007:48-62.

③ McDaniel, M. A. Big-brained people are smarter: A meta-analysis of the relationship between in vivo brain volume and intelligence[J]. Intelligence, 2005(4): 337-346.

④ Haier, R. J., et al. Structural brain variation and general intelligence[J]. NeuroImage, 2004(1): 425-433.

⑤ 基于像素的形态测量学(voxel-based morphometry, VBM):是一种基于像素对脑结构图像自动、全面、客观的分析技术,可定量检测脑组织成分的密度,从而进行不同群体间局部差异的比较。

脑容量和结构与智力及创造力的关系。① 维特森发现,爱因斯坦大脑中负责视觉思考和空间推理的区域——顶叶,要比常人的大15%,而且它不像常人的大脑那样,被大脑外侧裂分成两个部分,而是一个相对完整的部分。

格兰特(S. Grant)等人的研究让人们从分子生物学的层面对脑容量与智力的关系有了更深刻的理解。② 先前学术界对脑容量与智力关系的研究一直将重点放在二者的数量关系上,即比较普遍的看法是,从低等蠕虫到人类,其神经突触的基本构成都是类似的,物种间的智能差异主要是由神经元和神经突触的数量不同造成的。由于脑容量大小是神经突触数量的直接体现,故按照这一逻辑,脑容量较大的人自然拥有更多的大脑神经突触,势必会更聪明。然而,格兰特等人的研究对上述看法提出了挑战,他们的研究结果指出,智力不仅取决于大脑的容量或大脑所含神经元和突触的总数,还取决于组成神经元突触的分子多样性。突触是神经元与神经元之间或神经元与非神经细胞(肌细胞、腺细胞等)之间的一种特化的细胞连接。突触负责传递神经电子脉冲,在学习和记忆活动中起关键作用。格兰特及其同事对哺乳动物突触中约600种蛋白质进行了研究。结果发现,不同物种神经突触中的蛋白质数量明显不同,无脊椎动物神经突触中的蛋白质数量只有哺乳动物的约50%,而单细胞动物神经突触中的蛋白质数量只有哺乳动物的约25%,这意味着神经突触分子结构的不断复杂化是人类大脑进化的必要条件。

三、超常儿童脑的发育模式及功能特点

(一)大脑皮层的发育

要充分了解超常儿童大脑的秘密,除了研究他们大脑皮层的结构和功能特点,更重要的是观测他们大脑皮层的动态发育过程。肖(Shaw)等人通过一项长达17年的大型追踪研究发现,超常儿童与普通儿童的大脑发育模式有所差异。③ 这项研究包括了307名5~19岁的被试,根据韦氏智力测验分数将他们分成三组,分别是:超常组(IQ:121~149)、优秀组(IQ:109~120)和普通组(IQ:83~108)。定期利用磁共振成像技术对他们的大脑进行扫描,分析他们大脑皮层厚度的变化情况。先前的研究通常发现,智商与脑容量尤其是额叶的大小成正比。④ 然而,本次研究中通过对7岁超常儿童的脑扫描,研究人员惊奇地发现,与普通组儿童相比,这些儿童的大脑皮质反而要更薄一些。不过到了11岁差异方向出现逆转,超常组儿童的前额叶开始显著厚于普通组儿童,最明显的变化区域发生在右脑额上回及额中回的前端。13岁时,这种差异达到顶峰,此后逐渐变小,到青春期晚期,超常组儿童和普通组儿童大脑皮质厚度的差异就变得很小了。也就是说,发育中的大脑动态变化非常明显,普通组儿童在7、8岁时,大脑皮质的厚度就达到了顶峰,而超常组儿童则要到13岁左右才达到顶峰,随后皮质厚度逐渐变薄。优秀组儿童的皮层变化介于二者之间。

---

① Witelson, S. F., et al. The exceptional brain of Albert Einstein[J]. Lancet, 1999(9170): 2149-2153.
② Team 32: Genes to Cognition[EB/OL]. [2009-08-14]. http://www.sanger.ac.uk/Teams/Team32/.
③ Shaw, P., et al. Intellectual ability and cortical development in children and adolescents[J]. Nature, 2006(7084): 676-679.
④ McDaniel, M. A. Big-brained people are smarter: A meta-analysis of the relationship between in vivo brain volume and intelligence[J]. Intelligence, 2005(4): 337-346.

该研究表明，超常儿童的大脑皮质比普通儿童更容易发生厚薄的变化，他们的大脑更具有可塑性。所以，与其说超常儿童的大脑皮层比普通儿童更厚或更薄，不如说他们大脑发育的特点更多地体现为发育过程中大脑皮层与众不同的变化轨迹。此外，在整个青春期，超常儿童额叶皮质的显著增加也很值得注意，额叶是人脑掌控思维、计划和决策等高级功能的区域，该区域的发展一方面受到遗传的显著影响，[1]同时也受到外在环境的影响，如较佳的社会互动模式、较多的语言学习机会，以及丰富的阅读环境等。

（二）神经效能

在考察大脑工作的个体差异时，较具有代表性的理论模型是人类智力的神经效能假说（neural efficiency hypothesis of human intelligence）。即高智力者能够快速精确地完成任务的奥妙在于其大脑中神经网络运作的效率更高，因而与智力水平较低的个体相比，高智力个体在完成相同任务时，使用的神经网络或者神经细胞更少，消耗的葡萄糖也相对少，从而表现出更高的神经效能。[2]

海尔等曾考察了个体完成瑞文高级智力测验时的大脑葡萄糖代谢率。他们运用PET技术对八位正常被试分别进行了32分钟的扫描，发现测验成绩与几个脑区的葡萄糖代谢率都呈显著的负相关，相关系数在 -0.44 到 -0.84 之间。这说明智力较高的个体，其大脑葡萄糖的代谢水平较低。其后，海尔总结了相关的研究，提出"智力不是大脑如何努力工作的结果，而是大脑如何有效率工作的结果，这种效能可能源自于充分激活与当前任务相关的脑区，同时积极抑制与当前任务无关脑区的激活"[3]。后来陆续有研究证实了这种现象，[4]即智力水平高的个体能够更有效地利用资源，而智力低下者脑的工作效率更低，脑区的激活也更多，因此推论大脑结构与功能上的差异是引起智力个体差异的重要原因。[5]

不过随着脑扫描技术的发展和研究的深入，新近的研究观察到了不一致的情形，即被试的智力成绩与脑区活动呈正相关。为了获得实质性的结论，有学者以智力超常者为被试进行了研究。奥博伊尔（O'Boyle）等人用fMRI技术对六名数学天才与六名正常人控制组执行心理旋转任务时的脑区激活情况进行了比较。结果显示，虽然数学天才组与控制组在准确率与加工时间上没有差别，并都激活了相似的额——顶叶神经网络。但数学天才组执行任务时有三个脑区的激活显著大于正常控制组。而且与基线水平相比，两组在简单匹配任务上未表现出显著差异。[6]李（Lee）等人也进行了类似的研究，[7]对超常青少年和普通控制组青少年在执行不同水平智力任务时的脑活动进行fMRI扫描分析。通过比较两组被试局

---

[1] Thompson, P. M., et al. Genetic influences on brain structure[J]. Nature Neuroscience, 2001(12): 1253-1258.

[2] Haier, R. J., et al. Cortical glucose metabolic rate correlates of abstract reasoning and attention studied with position emission tomography[J]. Intelligence, 1988(2): 199-217.

[3] Haier, R. J., et al. Intelligence and changes in regional cerebral glucose metabolic rate following learning[J]. Intelligence, 1992(3-4): 415.

[4] Haier, R. J., et al. Brain size and cerebral glucose metabolic-rate in 41 nonspecific mental-retardation and Down-syndrome[J]. Intelligence, 1995(2): 191-210.

[5] 林崇德,等.认知神经科学关于智力研究的新进展[J].北京师范大学学报：社会科学版,2008(1): 42-49.

[6] O'Boyle, M. W., et al. Mathematically gifted male adolescents activate a unique brain network during mental rotation[J]. Cognitive Brain Research, 2005(2): 583-587.

[7] Lee, K. H., et al. Neural correlates of superior intelligence: stronger recruitment of posterior parietal cortex[J]. NeuroImage, 2006(2): 578-586.

部的脑活动发现,较高的智力水平与更大的脑区活动有关。这些脑区包括了前扣带回及内侧额回、左侧的外侧前额皮层、右侧前额皮层和双侧顶后区皮层。进一步的回归分析表明,上部和内侧顶部皮层与一般智力因素个体差异相关较高,相关系数为 0.71~0.81。

从上述研究来看,个体的一般智力水平同脑区激活面积之间的相关是正是负,尚未能得出明确的结论。早期的研究多数得到负相关的结果,新近的研究却以正相关为主。有研究者认为,这一方面可能与脑成像技术设备的升级换代、分析手段的提高等因素有关;另一方面更可能与研究中所设置任务的类型、难度不同以及被试的特点有关。[①]

针对上述问题所作的进一步研究加深了人们对大脑神经工作效能的理解。多佩尔迈尔(Doppelmayr)等人就发现,任务难度可能对 IQ 和大脑激活程度的相关产生影响,[②]研究者给被试在计算机上呈现瑞文推理测验图片,并根据被试的反应正确率将任务难度分为难和简单两种,结果发现,简单的任务中高智商者大脑的激活程度低,但任务难度增大时,高智商者大脑的激活程度显著增加,而普通智力水平者大脑的激活程度并未随着任务难度而变化。由此,研究者认为,在任务难度较低时,高智力者可能采用比普通智力者更有效的解决策略,占用的注意资源少,因此大脑激活程度低;而随着任务难度的增加,智力水平高的被试更能集中注意资源来完成任务,因此其大脑激活程度不断提高,这似乎也支持了神经效能假说。纽鲍尔(Neubauer)等人对不同性别被试进行的研究发现,智力与大脑激活程度的相关还受到任务内容和性别的交互影响,不同性别的被试只有在他们所擅长完成的任务上(如女性在语言任务,男性在视觉空间任务上)才表现出智力与大脑激活的负相关。[③]

肖索维克(Jausovec)所作的研究更为细致,让我们对问题解决过程中具有不同智力特征被试的神经效能差异有所了解。[④]肖索维克假设智力和创造力水平不同的个体在解决不同类型的问题时所采用的方式不同。这种不同会反映在大脑的电活动模式中。肖索维克根据被试的智力和创造力水平高低将他们分为高智力型(智力高,创造力普通)、天才型(智力和创造力均高)、创造型(智力普通,创造力高)和普通型(智力和创造力均普通)四组,然后运用 EEG 技术测量被试在解决封闭式问题和创造性问题时大脑 α 波的活动情况。结果分析表明,在解决封闭式问题时,高智力型和天才型被试比创造型和普通型被试使用的心理努力更少;在解决创造式问题时,创造型和天才型被试比高智力型和普通型被试使用的心理努力要少。与天才型被试相比,创造型被试不同脑区之间的协作更多,在解决界定不清楚的问题时,天才型被试的相应脑区活动显出更大的不同步化。

从上述介绍的有关神经效能的一系列研究来看,超常人群的中枢神经活动确实有其特点,他们的大脑活动更能根据不同的智力活动内容作出适宜的调整,能更有效率地调动大脑资源。在日常活动中,这也使得他们的行为常表现出"快且有效"的特征。

[①] 张小将,等.一般流体智力的脑成像研究述评[J].心理科学进展,2009(2):349-355.
[②] Doppelmayr, M., et al. Intelligence related differences in EEG-bandpower[J]. Neuroscience Letters,2005(3):309-313.
[③] Neubauer, A.C., et al. Intelligence and neural efficiency: further evidence of the influence of task content and sex on the brain-IQ relationship[J]. Cognitive Brain Research,2005(1):217-225.
[④] Jausovec, N. Differences in cognitive processes between gifted, intelligent, creative, and average individuals while solving complex problems: An EEG study[J]. Intelligence,2000(3):213-237.

第 2 节　营养与脑发育

饮食是人们日常生活中最主要的内容。"民以食为天"在我国更是具体实在的观念。我国古代传说中的黄帝、燧人氏、伏羲氏、神农氏等人之所以被后世尊为中华民族的始祖,无不与他们开辟食源,教人熟食和烹饪的丰功伟绩有莫大关系。有人还曾经作过统计,儒家经典《论语》中出现"食"与"吃"字的地方有 71 处,出现频率仅次于"礼"字(74 次)。[①] 可见,饮食在我国传统文化中占据着重要而独特的位置。不过,真正从营养和保健的角度对饮食展开科学研究,并具体考察营养成分与脑发育之间的关系和作用机制还是近现代以来的事。

一、生命早期营养的重要性

遗传与环境在人类个体的成长中有着错综复杂的关系,遗传基因的效应能否启动,依赖于其与环境因素的互动。也就是说,良好的智力发展一方面有赖于基因所携带的遗传信息,同时也离不开中枢神经系统的健全发育,摄入均衡适宜的营养素是中枢神经系统健全发育的物质基础。

人的大脑虽然终其一生都在发展,但最重要的发展阶段在出生前期、婴儿期、幼儿期及童年期。[②] 胎儿大脑的发育始于受精卵,孕 12～20 周是脑发育的第一个高峰,这时形成的神经元和突触联结的数量极大,为日后的发展奠定了基础。婴儿出生后,大脑开始迅速发育,如果外界环境适宜(良好的营养和适当的环境刺激),2 岁时突触的数量就可以达到成人的水平,3 岁时幼儿大脑的活动量是成人的两倍半,突触的密集度是成人的两倍,髓鞘化也进一步发展。4 岁时大脑中葡萄糖的代谢水平是成人的两倍。额区的神经网络在 3～6 岁之间生长最快。精细运动、大肢体运动以及记忆与语言等能力在此期间都有进一步的发展,同时像问题解决这样的高级智能也有显著提高。到此阶段末,儿童脑的大小基本稳定下来,其结构与功能更趋个性化。可以看出,生命早期是大脑发育的关键期,母体内和出生后儿童的营养状况应受到足够的关注。

鉴于早期营养的重要作用,1998 年英国营养学专家卢卡斯(Lucas)提出了"营养程序化"(nutritional programming)的概念,[③] 即发育关键期或敏感期的营养状况将对机体器官的功能产生长期乃至终生性的程序性影响。其机制是,机体会根据早期营养环境的刺激产生适应性的克隆选择或者分化母细胞增殖,从而使组织细胞数量或比例发生永久性地改变。也就是说,在生长发育的关键时期若受到营养障碍的不良刺激,机体将做出未来"环境不良"的预测,并据此做出诸如"牺牲发育质量,保证发育速度"的调整策略。此后细胞在不断地新陈代谢过程中,会"贮存"对早期事件的记忆,"一朝被蛇咬,十年怕井绳",即使以后的环境因素并不像预期的那样恶劣,这种策略的影响也很难消除。

脑是人体最容易受营养状态影响的器官之一,在脑发育的关键期,营养物质及基因-营

[①] 饮食与伦理[EB/OL].[2009-07-08]. http://www.lsqn.cn/ChinaHistory/YESHI/200703/57892.html.
[②] 王爱民,等.大脑发展研究及其对儿童教育的意义[J].幼儿教育:教育科学版,2006(1):48-50.
[③] Lucas, A. Programming by early nutrition: An experimental approach[J]. The Journal of Nutrition, 1998(2): 401-406.

养素间的相互作用能影响细胞复制周期、DNA合成率、树突分支及突触的数目等,并能够以某种方式准确地印迹出影响有机体整个生命过程的特殊的基因表达水平。所以,生命早期(特别是胎儿期、婴儿期)的营养障碍将导致脑发育的永久性损害。

二、营养物质与脑发育

营养物质是一种笼统的说法或是一个宽泛的概念。具体来说,对人脑有影响的营养成分主要有以下几类:碳水化合物(能量)类、蛋白质和氨基酸类、脂肪类、维生素类和矿物质类等。其中碳水化合物是大脑活动的主要能量来源,大脑活动所消耗的能量几乎完全来源于血液中的葡萄糖,所以摄入充足的碳水化合物是大脑正常工作的前提。不过从脑发育的角度看,蛋白质和氨基酸类、脂肪类、维生素类和矿物质类等营养成分与脑结构和功能的关系更为复杂密切。[1] 下面主要就这几类营养成分对脑发育的影响加以介绍。

(一)蛋白质、氨基酸与脑发育的关系

蛋白质是神经细胞的重要组成物质,在脑细胞中氨基酸代谢和蛋白质合成非常活跃,蛋白质以及某些氨基酸(如牛磺酸)与脑功能有重要关系。[2]

蛋白质营养不足会造成神经细胞数目减少,神经细胞的树突和轴突的发育也可能受影响,以致突触形成受阻,同时还会通过影响突触前部囊泡内神经递质的合成,影响神经突触之间的信息传递,并因而抑制学习记忆能力。食物中的蛋白质含量水平能直接影响脑中蛋白质及DNA的生物合成。蛋白质营养不良若发生在神经细胞增殖期,对脑发育产生的负面影响将是永久性的,而若发生在神经细胞生长期,其影响则可能是可逆的。由于脑组织中各部分的发育在时间上是不同步的,因此不同时期的蛋白质缺乏所造成的影响也是不同的。施明等人对小鼠的研究表明,[3]胚胎脑发育时期的蛋白质营养不良将导致脑发育的障碍。还有研究显示,母体在妊娠期蛋白质营养不良,子代生后补充蛋白质,脑发育可能获得一定程度的恢复,脑功能也可能部分得到改善。但若长期持续处于蛋白质营养不足的状态,脑功能的损害将是永久性的。[4] 同时值得注意的是,蛋白质供应过多也不利于脑的正常发育和脑功能的正常发挥。特别是婴幼儿的蛋白质供给应遵守循序渐进的原则,过高的蛋白质非但无益,反而会加重肝、肾负荷。

牛磺酸(taurine)是一种由胱氨酸转化而来的β-氨基酸,普遍存在于动物组织细胞内,是体内含量最高的游离氨基酸。在动物嗅觉系统及海马区域含量很高,在大脑皮层、小脑等部位的含量也相当丰富。生长发育中的动物和新生儿脑中的牛磺酸含量显著高于成年动物脑中该物质的含量。牛磺酸可促进脑细胞DNA和RNA的合成,增加膜的磷脂酰乙醇胺含量和脑细胞对蛋白质的利用率,从而有助于脑细胞尤其是海马细胞结构和功能的发育。人类内源合成牛磺酸的能力有限,所需的牛磺酸大多来自膳食供应。不过研究也发现,摄入过量牛磺酸对大鼠的学习记忆功能有不利影响,[5]因此膳食中合理的牛磺酸含量对生长发育及记

---

[1] 孙建琴,等.营养与儿童脑发育和脑功能[J].临床儿科杂志,2003(6):380-381.
[2] 施明.蛋白质对脑发育及脑功能的影响[J].国外医学卫生学分册,1994(4):214-217.
[3] 施明,等.蛋白质水平对大鼠胚胎期脑发育的影响[J].解放军预防医学杂志,1996(1):24-28.
[4] 佘小领.膳食与大学生记忆力和智力的关系研究[D].西安:西北农林科技大学硕士学位论文,2003.
[5] Sanberg, P. R., et al. Impaired acquisition and retention of a passive avoidance response after chronic ingestion of taurine[J]. Psychopharmacology, 1979(1):97-99.

忆功能非常重要。

（二）脂肪类与脑发育的关系

神经组织富含脂类，这些脂类绝大部分以脂蛋白的形式作为细胞膜和髓鞘的结构成分。[①] 中枢神经系统能利用的不饱和脂肪酸中，最重要的是二十二碳六烯酸（DHA）和花生四烯酸（AA），它们是大脑和视网膜的重要组成成分，人类大脑皮质和视网膜光感受器膜的磷脂中 2/3 是 DHA 和 AA。人类大脑和视网膜中的 DHA 和 AA 的绝对含量在出生前 3 个月至出生后 2 岁期间呈持续增加状态，其后出现平台期，这与该阶段儿童神经元树突的大量增多和延长以及视网膜光感受器迅速发育成熟相吻合。膳食中 DHA 和 AA 缺乏或内源性合成不足，可导致婴幼儿出现视敏度降低、视网膜发育迟缓和学习能力降低等中枢神经系统损害的表现。故而在儿童认知能力和视觉功能发育的高峰阶段补充 DHA 和 AA 会对智力的发育产生长远和持久的影响。营养学家主张，人类补充不饱和脂肪酸（如 DHA 和 AA）有三个关键时期：怀孕期、哺乳期和幼年期。在这些关键期内，适时、适量、持续补充人体所必需的不饱和脂肪酸是重要和必要的。

（三）维生素类与脑发育的关系

近年来就维生素类与学习记忆的关系研究比较多的是维生素 C 和 B 族维生素。[②]

1. 维生素 C

随着神经营养学的发展，维生素 C 已被认为是大脑发育所需的重要营养素之一，其在脑的发育和功能的发挥上具有极为重要的作用。维生素 C 是良好的抗氧化剂，身体在新陈代谢过程中会产生氧自由基以及过氧化物，如果积累起来就会引起氧化性损伤，维生素 C 可阻止自由基对细胞的损伤。维生素 C 还具有可逆的氧化还原作用，可参与细胞内呼吸链的工作，维持细胞内正常的能量代谢，同时维生素 C 还以辅酶形式参与细胞物质代谢，与维生素 B_1 协同对神经系统发挥作用。

国内学者洪燕等人的研究表明，维生素 C 能明显促进体外培养的海马神经细胞胞体和突起的生长和存活。[③] 研究还发现，给予维生素 C 可以使细胞内的蛋白质含量明显增加，提示维生素 C 在蛋白质合成方面可能有促进作用。研究者推论，由于脑蛋白合成与学习记忆有关，脑蛋白合成增加可增强学习记忆功能，因而维生素 C 可能有助于大脑学习记忆功能的提高。此外，现已发现在各类哺乳动物种系包括人类中，维生素 C 在脑中的浓度高于除肾上腺皮质以外的其他任何机体器官中的浓度，可见脑对维生素 C 的需求是很高的。但维生素 C 不能在体内合成，需要从外界摄取，所以膳食中提供适量维生素 C 对维持脑的生长发育是重要的。

不过需要注意的是，细胞生长对维生素 C 的需求并不是"多多益善"，浓度过高反而对生长有抑制作用。这可能是由于维生素 C 浓度过高，还原性增强，改变了细胞内正常的氧化还原反应，从而影响了细胞的生长，因此也应避免盲目地大量补充维生素 C。

[①] 孙建琴，等.营养与儿童脑发育和脑功能[J].临床儿科杂志，2003(6)：380-381.
[②] 佘小领.膳食与大学生记忆力和智力的关系研究[D].西安：西北农林科技大学硕士学位论文，2003.
[③] 洪燕，等.维生素 C 对海马神经细胞生长影响的研究[J].营养学报，1995(1)：7-11.

2. B族维生素

B族维生素主要是通过影响脑的发育、结构及递质系统等渠道来影响脑的认知功能的。[①] 首先,从脑的结构和发育来看,维生素B_1可影响子代大脑的蛋白质合成水平,造成蛋白质与DNA比例下降,表现为神经元数量未减少,但形态变小。维生素B_2对脑发育的影响与必需脂肪酸极为相似,都是通过参与脑组织脂质代谢来影响脑的发育和成熟。维生素B_6缺乏则可影响新皮层神经元的发生和寿命。其次,B族维生素可以对乙酰胆碱、5-羟色胺(5-HT)及儿茶酚胺类等神经递质的代谢进行调节,从而改变神经系统的化学传导过程,并对脑的认知行为产生影响。这些神经递质都与学习记忆密切相关,乙酰胆碱是记忆痕迹形成所必需的神经递质和长期记忆的生理基础。维生素B_{12}在乙酰胆碱的合成过程中可能发挥着重要的辅助作用。维生素B_1则不仅参与脑中乙酰胆碱的合成,还与中枢神经系统突触前膜乙酰胆碱的释放有关,维生素B_1缺乏可使脑内儿茶酚胺类神经递质发生改变。维生素B_6可作为辅酶,通过增加酶活性而提高5-HT的合成效率。同时脑中5-HT递质的活性还受叶酸的影响,如果叶酸缺乏,脑中5-HT的活性就明显降低,叶酸缺乏儿童常伴有认知缺陷。此外,维生素B_1、维生素B_6和维生素B_{12}的缺乏还可使机体的视、听觉和感觉发生异常改变,这势必会影响到认知功能的正常发挥。

很多天然食品在加工过程中都会损失一些维生素,例如,麦粉加工过程中损失最多的就是B族维生素,精制麦粉的维生素B_1含量只占麦粒中维生素B_1含量的23%,维生素B_2占20%,维生素B_6占29%。[②] 因此,从维生素B的角度来讲,精白麦粉比粗面粉的营养价值要差得多,所以日常膳食中适量添加一些由粗粮制作的食物对儿童的大脑发育是有好处的。

(四)矿物质类与脑发育的关系

在组成人体的所有元素中,碳、氢、氧、氮等几种元素一般以有机物形式存在,其他元素无论其含量多少,皆为无机物,或称矿物质。矿物质与有机营养素不同,它们不能在人体内合成,也不会在代谢过程中消失,仅能随膳食进入人体,代谢后随排泄物重回环境。根据矿物质在人体内的含量和人体对膳食中矿物质的需要量,可将矿物质分为两大类:[③]一类在人体的含量超过0.01%,日需要量在100mg以上,称为常量元素或大量元素(macro element),包括钙(Ca)、磷(P)、硫(S)、钾(K)、钠(Na)、氯(Cl)和镁(Mg)七种元素;另一类含量和需要量皆低于上述值的其他元素则统称为微量元素或痕量元素。

目前已经检出的人体微量元素约50多种,[④]其中某些微量元素具有人体需要的特殊生理功能,称之为必需微量元素,其余的则称为非必需微量元素,后者又可进一步分为惰性和毒性微量元素两种。现在已知有14种微量元素为人和动物所必需,即铁(Fe)、锌(Zn)、铜(Cu)、碘(I)、锰(Mn)、钼(Mo)、钴(Co)、硒(Se)、铬(Cr)、镍(Ni)、锡(Sn)、硅(Si)、氟(F)、钒(V)。非必需的惰性微量元素对人体无明显的特异作用,主要有铝(Al)、铷(Rb)、锆(Zr)等。毒性元素通常指某些重金属元素,其中以汞(Hg)、镉(Cd)、铅(Pb)最为常见。不过,对于微量元素性质的区分是相对的,即使是一些强毒性元素,只要在人体内的含量极少,并在允许

[①] 洪燕.B族维生素对认知功能的影响及其机制[J].国外医学卫生学分册,1999(3):164-168.
[②] 王成刚.脑科学视野中的儿童早期教育[D].上海:上海师范大学硕士学位论文,2005.
[③] 陈有旭,等.试论环境、微量元素与人体健康的关系[J].天津师范大学学报:自然科学版,1994(1):63-67.
[④] 陈有旭,等.试论环境、微量元素与人体健康的关系[J].天津师范大学学报:自然科学版,1994(1):63-67.

的范围之内,对人体也是无害的。而一些必需或惰性的微量元素,如果摄入量过多同样会引起机能障碍,出现毒性表现。

近年来,国内学者就微量元素对脑发育与功能的影响进行了一系列研究。官大伙等对学龄前儿童智商与血中微量元素含量之间的关系进行了分析,[①]通过对 576 名 4～6 岁儿童的 IQ 值及其血中锌、铁、铜、钙、锰、铅六种元素含量的测定,对智商＞120 和＜70 两组儿童血液中的微量元素含量进行比较。研究发现,低智商组儿童血中锌含量显著低于高智商组儿童,而血中铅含量则显著高于高智商组儿童。说明学龄前儿童的智商高低与机体锌及铅的含量有密切关系。顾金龙对 106 名 4～5 岁儿童(IQ 介于 73～155 之间)头发中的毒性元素铅、镉和营养元素钙、铁、锌、硒、铜的含量进行了检测,并结合这些儿童出生时脐带血中元素含量检测的结果,综合评价了重金属和营养元素对学龄前儿童体格和智力发育的影响。[②]相关分析表明,学龄前儿童头发中铅、镉含量与身高和智商均呈负相关,铁含量与身高和智商呈正相关,高发锌组儿童身高和智商高于正常发锌组,高发硒组儿童身高、体重和智商高于正常发硒组。多元线性分析则显示,当发铅和发镉含量超过参考值的上限时,发铅和发镉是影响学龄前儿童身高和智商的主要因素。从这些研究可以看出,矿物质(含微量元素和常量元素)的摄入量及重金属污染对儿童的智力发育有直接影响。下面简单介绍几种近年来较受关注的与大脑发育关系较大的必需微量元素及毒性元素。

1. 铁

铁是人体内含量最多的微量元素,主要存在于血红蛋白中,其余的铁则与各种蛋白质结合在一起,不存在游离状态的铁离子。铁缺乏症是危害儿童健康的世界性营养缺乏性疾病,铁缺乏一般分为三个阶段:铁减少期、红细胞缺铁期和缺铁性贫血期。以前的研究较为关注的是缺铁与贫血症的关系,但近年来有较多证据表明,在红细胞缺铁期就可导致儿童脑发育和智能行为的改变,尤其是在胎儿及婴儿发育的关键期,轻度缺铁就导致不可逆的脑损害。[③] 这是因为铁是神经系统发育所必需的重要物质,全脑都有铁的分布,含铁最丰富的部分是锥体外系的核团,如基底节、苍白球等处,其次是小脑及大脑的某些区域。铁对婴幼儿脑发育影响的机理可能有以下几方面:[④]首先,脑组织中主要的含铁细胞是神经胶质细胞,该细胞的主要功能是参与中枢神经系统髓鞘的形成,脑发育中缺铁将使髓鞘形成受阻。脑吸收铁的高峰期也即大脑的发育期,此时正是髓鞘形成的高峰期,因此铁的缺乏会给神经发育带来不同程度的损害。其次,铁还参与神经递质的代谢,铁缺乏会影响脑内神经递质代谢及有关受体的发育而导致婴幼儿脑发育及行为异常。第三,铁作为血红蛋白的主要成分,是脑组织发育和维持正常功能必不可少的。所以,预防儿童早期缺铁非常重要,应适时补充含铁量高的食物。

2. 锌

锌是人体中含量仅次于铁的微量元素,参与人体内 90 多种酶的合成,与 200 多种酶的

---

① 官大伙,等.学龄前儿童血中六种元素含量与智商关系的研究[J].广东微量元素科学,2002(6):47-50.
② 顾金龙.毒性元素铅、镉和营养元素钙、铁、锌、硒、铜对学龄前儿童生长发育的影响[D].北京:中国协和医科大学硕士学位论文,2008.
③ 李廷玉.婴幼儿铁缺乏对脑发育的影响及作用机理[J].中国儿童保健杂志,1999(3):202-203.
④ 孙建琴,等.营养与儿童脑发育和脑功能[J].临床儿科杂志,2003(6):380-381.

活性及核酸、氨基酸、蛋白质的合成有关,被誉为"生命之花"。[1] 锌广泛分布于人体的各类组织中,但人脑中锌的含量最高,锌对脑的正常发育及维持正常神经功能具有重要作用。锌缺乏时脑内的DNA、RNA、蛋白质等的合成均相应减少,孕期严重缺锌将导致子代大脑先天性畸形,儿童期缺锌会导致大脑皮层发育迟滞,并影响海马椎体细胞的发育和突触的传导,造成学习记忆能力下降。[2] 锌缺乏还可使脑细胞分化过程减慢并出现分化异常,使神经递质的反应性全面降低。[3] 此外,缺锌时大脑铜含量显著增高,铁含量显著减少,也会影响脑发育和脑功能。需注意的是,缺锌与锌过量对脑发育和功能都会产生不利影响,锌过量时会造成神经元、胶质细胞等变性坏死,突触小泡破裂,从而影响脑的发育。[4]

3. 铅

铅是人类最早使用的金属之一,公元前3000年,人类已会从矿中熔炼铅。铅不可降解,随着工业和交通业的日益发展,铅对环境的污染越来越严重。铅在环境中可以长期蓄积,能通过水、土壤、空气及食物链进入动物和人体内。铅是对人体有害的重金属元素,中枢神经系统是铅毒性作用的主要靶器官,儿童对此更加敏感。研究表明,血铅水平在 $0.48\mu mol/L$ 以上时,将影响儿童的生长发育,特别是损害儿童的神经发育,影响儿童的智力与行为。[5] 铅对中枢神经系统的毒性主要表现在干扰血脑屏障、神经元、神经胶质细胞发育及信息传递等方面。[6] 铅可破坏血脑屏障,还能选择性地损害脑组织中某些与学习记忆、视觉运动及协调能力有关的部位。铅还可以通过抑制大脑酶的活性,干扰中枢神经递质乙酰胆碱和儿茶酚胺的代谢,影响脑功能的正常发挥,产生异常情绪、智力障碍或行为偏离。此外,从胚胎发生学来看,神经系统的发育经历了诱导、增殖、迁移、分化、突触形成与神经元回路建立以及神经细胞凋亡等一系列过程,铅几乎可以对上述每个环节都产生干扰。[7] 孕期和儿童期的铅暴露都会对智力发展产生极为不良的影响。

总而言之,充足的营养是保证儿童脑发育的物质基础,每种营养素既有其独特的作用机理,又互相影响、交互作用。所以要全面促进脑发育、提高脑的发展潜能,一方面要为儿童提供包括充足维生素、蛋白质、脂肪、矿物质等各种营养素在内的膳食;另一方面要注意保持营养素摄入的均衡。每种营养物质都有其适宜的数量,不是越多越好,单一营养素的过多摄入反而可能造成伤害,如过高剂量的锌对学习记忆功能是有害的。此外还有一类现象也要引起我们的注意,现在许多儿童食品中都含有添加剂,长期食用含有添加剂的食品会对婴幼儿的脑发育产生损害。塞西(Ceci)曾做过一个大规模的研究,[8]他以纽约市的100万名学生为被试,研究了饮食对智力发展的影响,结果发现,取出午餐中的染色剂、防腐物质和香料以后,学生的智商得分增加了14%。所以,只有在科学合理的原则下补充营养物质,才能真正促进儿童的大脑发育。

---

[1] 官大伙,等.学龄前儿童血中六种元素含量与智商关系的研究[J].广东微量元素科学,2002(6):47-50.
[2] 石修权.锌缺乏对脑发育的影响及机制研究[J].微量元素与健康研究,2004(1):46-48.
[3] 官大伙,等.学龄前儿童血中六种元素含量与智商关系的研究[J].广东微量元素科学,2002(6):47-50.
[4] 佘小领.膳食与大学生记忆力和智力的关系研究[D].西安:西北农林科技大学硕士学位论文,2003.
[5] 游志华,等.南昌市城区883名儿童血铅水平及影响因素调查[J].微量元素与健康研究,2001(2):53-55.
[6] 郑超一,等.在儿童生长发育中铅的危害与锌的作用[J].广东微量元素科学,2001(10):10-13.
[7] 彭敏.铅锌对脑发育影响研究进展[J].现代预防医学,2009(8):1450-1451.
[8] Ceci, S. Intelligence: The surprising truth[J]. Psychology Today, 2001(7-8):46-52.

第 3 节　超常儿童的身体发育及特点

关于身体和精神的关系,古罗马人曾有一句格言:"健全的精神寓于健全的身体。"17 世纪捷克著名的教育家夸美纽斯(J. A. Comenius)在其名著《大教学论》中也论述到:"身体不仅是作为推理的灵魂的住所,而且也是作为灵魂的工具,没有这个工具,灵魂便会听不见什么,看不见什么,说不出什么,做不成什么,甚至想都想不了什么。"[①]可见,人的心理发展离不开身体这个载体。虽然我们不能就此推论,健全的身体等同于健全的精神,但健全的身体无疑有助于健全精神的发展。因此,我们有必要对超常儿童的体质发育及身体特点加以关注。

一、超常儿童的体质发育

提起"超常"或"天才"人物,我们会发现一般人的想象中有一种很有趣的现象,人们一方面常会把天才成人甚至青少年想象成体弱多病、敏感多疑的人,却又会对看起来不够健康的婴幼儿发出质疑——这么羸弱的孩子怎么可能成为天才呢?这种现象可以用偏见或刻板印象来解释,即人们根据错误的或不完全的信息就概括出对某一群体的印象,并不顾个体差异,把同一个特征赋予该群体中的每一个人。虽然在现实生活中,谁都不可能完全摆脱偏见和刻板印象对我们认知的束缚,但求助于科学的研究还是可以让我们尽可能地接近事实。

美国心理学家推孟从 1921 年开始,对 1500 多名超常儿童进行了长达 30 年的追踪研究。[②] 这些超常儿童入选时的平均年龄为 11 岁,平均 IQ 值高达 142.6,研究同时选取了约 500 名普通儿童作为对照组。研究之初,除了测量 IQ 外,还调查了被试的家庭、学校、兴趣和品行等情况,对部分人进行了体检和运动方面的测试。并在 1927—1928 年、1939—1940 年和 1950—1952 年间进行了三次现场追踪研究,在 1955 年进行了通信跟踪研究。研究结论否定了之前人们对超常儿童普遍存在的诸如体弱多病、早熟早衰等不正确的看法。研究表明,超常儿童在各种测验和各个方面都明显优越于对照组,在生理与社会特征方面与普通儿童没有显著区别。这些结论在最初的研究和其后的长期追踪中都得到了支持,而且超常儿童成年后的死亡率、健康不良、精神病和酒精中毒的发生率均低于同龄人的平均水平。推孟的这项研究在当时引起了很大的反响,并于 1976 年获得了美国心理学会的卓越科研贡献奖。尽管这项研究已经过去了几十年,但该研究在超常儿童的心理特征、体质状况和影响因素等方面所得出的研究成果,在今天看来仍然是非常富于启发性的。

我国自 1978 年开始超常领域的研究以来,对超常儿童的体质发育也给予了关注。对超常儿童个案的追踪统计研究发现,这些儿童出生时的平均体重为 3.65 千克,高于我国同期出生婴儿的平均体重。[③] 从出生体重的角度看,这些儿童的体质指标在正常范围内。另外,北京八中的教师对该校超常教育实验班儿童的体育教学和体质发育情况也进行过较为系统的考察。[④]

[①] 〔捷克〕夸美纽斯. 大教学论[M]. 傅任敢,译. 北京:人民教育出版社,1979:81.
[②] 钟祖荣. 推孟与天才发生学研究[J]. 中国人才,2001(4):26-28.
[③] 施建农,徐凡. 超常儿童发展心理学[M]. 合肥:安徽教育出版社,2004:115-117.
[④] 杜家良. 少儿班体育课程与教学[M]//赵大恒. 超常儿童成长的地方:北京八中少儿班成立 20 周年文集. 北京:学苑出版社,2007:73-97.

北京八中是我国最早开展加速式超常教育的实验基地之一,该校的超常儿童实验班招收9~10岁的儿童,通过4年的培养,使其完成8年的学业,达到高中毕业的文化水平。实验班根据学生的实际情况,将体育课程分为两类:体育教学课和体育活动课。体育教学课主要贯彻中小学体育教学大纲的精神,而体育活动课则以自然体育为主,充分利用自然和社会条件,进行多种多样的体育活动(如游泳、爬山、远足等)。学校每年对实验班学生的身体素质情况进行一次测试,并邀请专业机构每年对学生的身体形态和机能进行两次测试,同时进行全面的体检。其中身体素质测试主要是通过50米跑、中长跑、立定跳远、引体向上和仰卧起坐等项目来进行。人体形态发育和机能指标主要有身高、体重、胸围和肺活量。经过统计分析进行纵向和横向比较表明,实验班学生入学时体质属于正常范围,毕业时各项指标超过北京市同年龄组市均值的人数比入学时有显著增加,各项身体素质超过市均值的人数都在80%以上,实验班学生的身体形态、机能和素质均以高于北京市均值的速度增长。可见,合理适宜的体育教学和锻炼对超常儿童的体质发育和成长有积极的促进作用。

此外,近年还有学者对智力与运动能力的关系进行了专门的探讨。吴秋林对儿童智力与运动能力的关系进行了实验研究。[①] 研究对象为198名3~6岁的幼儿,对实验组幼儿进行强化左侧肢体的运动技能训练,对照组儿童则以传统的右侧肢体活动为主。实验前后幼儿均进行瑞文智力测验。实验前两组幼儿的原始智力水平和运动技能水平测试无显著差异。经过两学年的训练后,实验组幼儿的手眼协调能力、注意力和记忆力的增长都非常显著地高于对照组。实验组幼儿运动技能和智力能力的相关系数达0.91,呈高度相关,对照组为0.32,呈中度相关,这证明运动刺激对幼儿智力能力的开发有促进作用。还有研究证明,体育成绩与文化学习成绩呈正相关关系,表现为体育成绩越好,其文化学习成绩越好。[②] 学者们认为,运动能力和智力的这种正相关关系,可能与运动可以增强神经递质系统的功能、诱导神经元及突触发展、提高认知能力及抗神经疲劳等因素有关。[③④]

从上述研究来看,超常儿童在体质发育上与正常儿童相当,甚至超过正常儿童,尤其值得我们注意的是,进行适量适宜的体育运动不仅能增强超常儿童的体质,同时对其智力的发展也是有益的。

二、智力与皮纹学研究

在一般人的概念中,超常儿童的突出特征是其非同一般的智能水平,该特征虽然可以通过专门的测试来检验,但却难以用肉眼直接辨认出来。那么,是否能从体表特征上觅得智能高低的线索呢?20世纪80年代以来,由于基因遗传学及行为科学的发展,人们开始通过皮纹学来研究智力的个别差异,并取得了一些研究成果。就现有文献来看,在智力与皮纹的关系中,关注较多的是手纹(指纹和掌纹)与智力的关系。

(一)手纹的特征与类型

指、掌纹可以统称为手纹,是由真皮乳头向表皮突出形成的许多排列整齐、平行的乳头

---

① 吴秋林.儿童运动和智力潜能的开发[J].体育学刊,2005(6):115-117.
② 李芳辉.小学生第二根与第四根手指长度的比率与体育成绩和文化成绩的相关性分析[D].广州:华南师范大学硕士学位论文,2007.
③ Dishman, R. K., et al. Neurobiology of exercise[J]. Obesity, 2006(3):345-356.
④ 马强.自愿适量运动对脑的有益作用及其生物学机制[J].神经科学通报:英文版,2008(4):265-270.

线(嵴纹,ridge)和其之间的凹陷(皮沟,dermal furrow)组成的。手纹的形成受遗传基因控制,是一种重要的人体遗传性状。手纹在胚胎期就已发育定型,一个人手纹的纹线类型和细节特征终生基本都无明显变化。[1]

指纹是由人的手指末端内侧皮肤上的凹凸纹线所构成的纹路,具有严格的个体特异性。从理论上讲,如果按全球60亿人口计算,需要300年才有可能出现重复的指纹,其概率几乎为零,所以可以认为每个人的指纹特征都是独一无二的,就是双胞胎之间也有差异。为了研究的方便,人们对指纹特征作了概括的分类,传统的人工指纹纹路特征分类方式有多种,各自的标准也不尽相同。

知识小卡片 4-1

指端花纹的分类[2]

目前采用较多的指纹分类是根据纹型和纹形将指端花纹分为3类9种。指纹的3大纹型是箕型、斗型和弓型(见图4-2),是按中心花纹和三角形纹线区的基本形态划分的;纹形从属于型,分别是正箕形、反箕形、环形、螺形、囊形、双箕形、杂形、弧形和帐形,以中心线的形状定名。两者是类与种的关系。其中箕型纹(loop)俗称簸箕,是一条或多条纹线从一边流入,中间弯曲折回,在同一边流出的指纹模式。它由一条以上完整的箕形线组成中心花纹(中心点)。箕形线的对侧有一个三角形纹线区的上下纹线(三角点)包着中心花纹,按箕枝的流向分正箕(又称尺箕,箕口朝向本手的小指即尺侧)和反箕(又称挠箕,箕口朝向本手的拇指)两种。斗型纹(whorl)的中心花纹呈环形或螺形等曲线状,由内向外扩展与上下包围线汇合形成两个以上三角点,分为环形、螺形、囊形、双箕形、杂形等5种形态。弓型纹(arch)的纹线从一边流入,中间隆起,然后从另一边流出。弓型纹无中心点,中心花纹与上下包围线无明显界限,因此也没有真正的三角形纹线区。弓型纹有弧形纹和帐形纹两种形态。三类纹型的出现频率以箕、斗型纹占绝大多数,约95%,弓型纹只占5%左右。此外,除了指端花纹的纹型,指纹强度或总嵴纹数(TFRC)、指间花纹等指标也常被用来作检测指纹的特征。

箕型纹　　　　　斗型纹　　　　　弓型纹

图4-2　指纹类型示意图[3]

---

[1] 皮纹学[EB/OL].[2009-08-09].http://baike.baidu.com/view/45161.htm.
[2] 柴晓光,岑宝炽.民用指纹识别技术[M].北京:人民邮电出版社,2004:12-15.
[3] 陈祖芬,等.正常人手纹类型分析[J].解剖学报,1981(1):62.

在掌纹中较为重要的观测指标是 atd 角和掌褶。① 在手掌部,除拇指外,在其余 4 个手指的指节基部各有一个掌纹排列成的"Y"型三叉,从食指至小指,依次命名为 a 三叉、b 三叉、c 三叉和 d 三叉。此外在靠近腕部的部位,掌纹也排列为一个明显的倒"Y"型三叉,称为 t 三叉。把 a、t、d 三个三叉线相连,就形成以 t 为顶点的一个夹角,称为 atd 角(见图 4-3)。

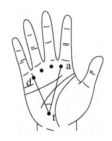

图 4-3 掌纹 atd 角示意图

人的手掌面有几条比较粗大而恒定的褶纹,称为掌褶。掌褶主要有三条:分别为拇指褶、近侧横褶和远侧横褶。依据这三条掌褶的不同排列可将掌纹分为二型五类。分别为正常型和通关型,其中通关型又分为桥贯手、通贯手、中贯手和叉贯手(见图 4-4)。

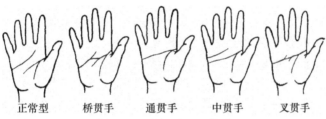

正常型　桥贯手　通贯手　中贯手　叉贯手
图 4-4 掌褶类型示意图②

(二)高智力人群的手纹特征

以皮纹特征来考察智力状况的依据在于,皮纹与智力都属于多基因遗传性状,即脑纹路与手足皮纹都是在基因作用下同步发育的,其发育过程均受到遗传和环境因素的共同影响,二者形成的生理基础具有共性。近年来,有人根据人类遗传学发现先天愚型(Down's Syndrome,唐氏综合征)连锁遗传的原理,试图探讨皮纹与智力的相关性,并已取得了一些研究成果。不同种族人群中,手纹的特点有所不同,根据我国学者现有的研究,可以把我国高智力人群手纹的特征概括如下。

1. 指纹类型

双箕斗即双箕形斗型纹,是指纹结构中最复杂的类型,大多数学者认为它的出现是智力优良的皮纹标志之一,对普通人群、优秀运动员和智力超常青少年和儿童的调查均发现,优秀运动员和高智力人群指端双箕斗的出现率显著高于正常人。③④ 指纹结构中最简单的弓型纹与智力的关系则还存在争议,弓型纹在正常人中很少出现,有研究发现,高智力人群中

---

① 陈祖芬,等.正常人手纹类型分析[J].解剖学报,1981(1):61-65.
② 陈祖芬,等.正常人手纹类型分析[J].解剖学报,1981(1):62.
③ 全跃龙,等.智力超常儿童的皮纹学分析[J].人类学学报,1995(1):48-50.
④ 张丽敏,等.高智力人群的皮纹特征[J].解剖学杂志,2007(1):80-81.

弓型纹的出现率低于正常人。① 也有研究认为弓型纹与智力水平没有相关性。② 而汤大钊的研究则发现,一个人若两只手上出现6个或6个以上弓型纹,此纹则变成智慧纹。③ 桡箕是一种少见的指纹类型,染色体异常患者的出现率显著多于正常人,一般认为,桡箕的出现是智力降低的标志。

2. 指间区花纹

刘洪珍曾对767名8~13岁中、小学生的智力和皮纹特征进行了检测。④ 根据瑞文测验联合型的测试分数,将被试按智商分为1(IQ≥140)、2(IQ:120~139)、3(IQ:100~119)、4(IQ≤99)四个等级。研究发现,智力与第三指间区(食指和中指中间)和第四指间区(中指和无名指之间)花纹有明显相关,从1级至4级,第三指间区和第四指间区花纹的出现率依次递减,并且第四指间区花纹在4级时显著低于其他3级。进一步分析发现,双手出现第四指间区花纹者的IQ值非常明显地高于平均值,而无第四指间区花纹者和既无第四指间区花纹又无第三指间区花纹者的IQ水平则非常明显地低于平均值。值得注意的是,虽然桡箕的出现一般被认为是智力降低的标志,但桡箕者若有双手第四指间区花纹相伴,这种人的平均IQ水平反而高于总样本平均值。研究者认为,这更加说明了第四指间区花纹是智力高的良好标志,其出现可掩盖桡箕对智力的负面作用。

3. atd角

对掌纹atd角的研究开展得较早。最初发现各种先天性大脑发育不全遗传病患者(如唐氏综合征)atd角的数值显著大于正常人(普通人一般为41°~42°)。此后有人提出智力高低与atd角数值的大小呈负相关,甚至把atd角称为"智慧角"。但从现有的国内研究文献来看,除遗传性智力低下者atd角较大得到较多文献的证实外,⑤⑥就atd角大小与智力高低之间关系所得出的研究结论尚不统一。邵紫菀等发现部分优秀运动员的atd角偏小,并把它列入运动员的重要选材指标。⑦ 但也有多个研究未能发现atd角与高智力之间的相关。⑧⑨此外,还有研究者指出,⑩atd角有随年龄的增长而变小的趋势,并有性别差异,故早期用atd角数值的大小来预测智力没有实际意义。

4. 掌褶类型

已有研究中,对通贯手掌褶纹类型与智力之间关系的研究较多,得出的结论尚不一致。有人认为它是超天才的象征,此种人智商高,思维精良,有不可思议的魅力和非凡的管理才能。但由于先天愚型、智力低下者通贯手的出现率远高于常人,故而也有学者认为它是智力低劣的标志。⑪ 不过,就现有的研究文献看,较为支持通贯手的出现与智力之间是负相关关

---

① 罗桐秀,等.科技班学生皮纹的调查研究[J].解剖学杂志,2002(1):83-85.
② 刘晶,等.指间区、掌褶纹、拇趾球部等四项皮纹特征与智商的相关性[J].中国优生与遗传杂志,2008(7):7-8.
③ 汤大钊.智力与指纹检测模型[J].中国学校卫生,1990(4):15-18.
④ 刘洪珍.智力与皮纹相关性的研究[J].曲阜师范大学学报,2001(1):81-84.
⑤ 陈祖芬,等.智能低下者掌、指(趾)皮纹的形态学研究[J].苏州大学学报:医学版,1985(1):29-32.
⑥ 黎屏周,等.低能儿童的皮纹学研究[J].解剖学杂志,1990(2):154-158.
⑦ 邵紫菀.皮纹与运动员选材[J].人类学学报,1992(4):369-374.
⑧ 全跃龙,等.智力超常儿童的皮纹学分析[J].人类学学报,1995(1):48-50.
⑨ 刘晶,等.指间区、掌褶纹、拇趾球部等四项皮纹特征与智商的相关性[J].中国优生与遗传杂志,2008(7):7-8.
⑩ 刘洪珍.智力与皮纹相关性的研究[J].曲阜师范大学学报,2001(1):81-84.
⑪ 陈兰英,等.人类指掌皮肤嵴纹与智力发育的相关性研究[J].遗传,1999(3):25-27.

系,即高智力人群中通贯手的出现率低于低智力人群。

需要强调的是,虽然已有研究表明,皮纹的多项指标与智力之间有一定的相关性,但正如我们前面提到过的,智力和皮纹均是受到多种基因影响的遗传性状,这种多基因遗传性状的特点是受到遗传和环境的双重影响,体现为众多独立的、在不同程度上发挥作用的基因之间以及它们与环境之间都以高度复杂的方式交互作用,智力与基因的关系尤其如此。因此不能简单地使用某种皮纹特征来衡量智力的高低,更不能将二者看作是因果关系。现在有些机构出于商业目的,声称通过对孩子指纹的分析,用 10 分钟时间就能预测孩子的潜能和未来发展,这显然是不负责任的行为。

本章小结

脑成像技术发明后,人们对大脑结构和功能的了解都有了长足的进展。研究发现,脑容量和智力之间存在着错综复杂的关系。从脑的局部构造上看,似乎额叶、颞叶、顶叶和枕叶部分的灰、白质含量,尤其是灰质含量的多少与智力高低的关系更大。而且这种不同区域灰质与智力的相关还随着年龄发生变化。

新近的研究发现,超常儿童大脑的发育模式与普通儿童有所不同。表现为他们的大脑皮质比普通儿童更容易发生厚薄的变化,这意味着其大脑更具可塑性。同时,与普通儿童相比,超常儿童在完成心理任务时,其中枢神经系统更能根据不同的智力活动内容作出适宜的调整,调动大脑资源的效率更高,表现为"快且有效"。

由于在发育关键期或敏感期的营养状况将对机体器官的功能产生长期乃至终生的程序性影响,生命早期摄入均衡适宜的营养素对中枢神经系统的健全发育尤为重要。其中蛋白质和氨基酸类、脂肪类、维生素类和矿物质类等营养成分与脑结构和功能的关系较为复杂密切。营养素摄入过多或过少都会产生不良后果,科学合理的补充营养物质才能真正促进儿童的大脑发育。

超常儿童的体质发育通常与普通儿童没有显著差异。从生理特征上看,手纹(指纹和掌纹)与智力的关系受到了一定的关注。但智力和皮纹均是多基因遗传性状,受到遗传和环境的双重影响,因此不能简单地使用某种皮纹特征来衡量智力的高低,更不能将二者看作是因果关系。

思考与练习

1. 请谈谈你对"脑袋越大越聪明"观点的看法。
2. 如何理解"神经效能假说"?
3. 试从"营养程序化"的角度解释为什么生命早期的营养状况对儿童的脑发育有着重要的影响。
4. 如何理解高智力人群的皮纹学特征?

第5章 超常儿童的认知能力

 学习目标

1. 了解儿童认知发展研究的演变和我国超常儿童认知研究的现状。
2. 掌握信息加工速度的概念及超常儿童信息加工速度的特征。
3. 掌握元认知的概念及超常儿童元记忆的特点。
4. 掌握超常儿童问题解决策略的发展特点和知识基础在超常儿童问题解决中的作用。

日常生活中,认知过程无处不在,去博物馆参观精美的艺术品时,我们在认知;坐在课堂听讲时,我们在认知;看着冰箱里的残羹剩肴,思忖晚餐怎么解决时,我们还是在认知。认知活动是人类的高级心理过程,虽然看不到,摸不着,却是决定我们外部行为的内部心理机制,因此在人类的生存与发展中起着至关重要的作用。对超常儿童的认知发展与特点进行研究也是超常研究领域的重要内容。随着研究的进展,现在该领域的研究重点已经从较早期对一般心理特征的探讨转向了对更加深层的内部心理结构和机制的分析。本章将结合近年来的相关研究进展,从信息加工速度、元认知和问题解决能力等方面分析和探讨超常儿童的认知发展特点。

第1节 概　　述

一、认知的概念

与智力概念一样,要给认知下一个确切的定义也是一个艰难的任务。因为这类概念不仅本身内涵极为复杂,而且也随着人们认知的发展而不断发展变化着(请原谅我们在此不得不先借用"认知"一词)。弗拉维尔(Flavell)曾提出,传统上关于认知的看法,倾向于将其限制在人类心智的比较特别、比较明确的"智力"过程和产物,主要包括心理实体中比较高级的心理过程,如知识、思维、想象、创造、计划和策略形成、推理、问题解决等过程。[1] 近年来的趋势则认为认知还应该包括另外一些可能相对比较低级、较少需要纯粹的皮层智力活动参与的成分(如知觉)和更具有社会心理方面性质的成分(如心理理论、语言等)。不过,正如弗拉维尔所指出的,对认知的界定一旦超越高级心理过程,再要对其划出一个清晰的边界就显得十分困难,因为从某种意义上来说,在心理活动的任何一个环节上,认知成分都有不同程度

---

[1] 〔美〕J. H. 弗拉维尔,等. 认知发展[M]. 邓赐平,等译. 上海:华东师范大学出版社,2002:2-3.

的参与。为便于阐述,本章的认知概念主要指获得、处理、组织与使用知识等较为高级的心理过程。

还需注意的是,在实际的认知过程中,认知的各个方面是互相交织、相互影响的。例如,一个人如果曾有过被狗咬伤的经历,这种记忆会影响到该人再见到狗时的直接情绪感受和反应,同时其对狗是否被牵着等情景的知觉和所拥有的有关狗的种类、大小、凶狠程度等方面的知识信息也会影响到他对自己当前所处境况的推理判断,从而影响他是采取逃跑、不予理睬还是求助等行为。可见,一个人的已有经验、感知、推理、概念形成和问题解决等各个认知过程在整个认知活动中是密不可分的。尽管出于研究的便利,实际上常常分开探讨以上各个认知过程,但认知活动是多个成分和过程参与的动态、立体的心理过程这一点仍应是我们了解认知活动的前提。

二、儿童认知发展研究的演变

儿童认知发展通常是指从出生到青少年期结束期间的认知发展。自皮亚杰对该领域进行了开创性的研究以来,儿童认知研究主要围绕以下问题展开:儿童在特定发展阶段是如何认知的,以及认知的发展变化是如何发生的。前者主要是对儿童认知行为特点的描述性研究,而后者更注重对儿童心智的内部组织结构进行解释性研究。

在儿童认知发展研究的演变历程中,发展心理学家们因不同的研究取向对上述两个问题关注的侧重点有所不同,对具体认知内涵的界定也有所差异。总体来看,在儿童认知发展研究各时期较有代表性的研究取向有:皮亚杰的认知发展论研究、智力测验和智力理论研究、信息加工研究和领域特殊性研究等。[①]

皮亚杰认为,儿童的心智活动与成人有质的不同,儿童随年龄增长而带来的智能发展并非只是由于知识增加所产生的量的变化,而是在思维方式上发生了质的改变,即不同年龄阶段儿童所拥有的概念和看待事物、解决问题的方式在本质上是有区别的。儿童的心智发展从出生到青春期大致可分为感觉运动期、前运算期、具体运算期和形式运算期四个阶段。皮亚杰认为这种认知发展的阶段性特征是领域普遍性的,即在认知系统的各具体内容领域里都以相似的方式进行。近30年来,由于研究方法的改进、跨文化研究及个体差异研究等实验数据的积累,皮亚杰的认知发展研究范式受到了诸多质疑,认为这种过于普遍、抽象和纯粹的逻辑数学化的发展观难以解释目前所出现的新的实验数据,是值得重新考虑的。但这并不意味着皮亚杰的理论将被抛弃或全盘否定,引人注目的反而是,现代儿童认知发展研究的热点问题几乎都来自于皮亚杰的开创性研究。

智力测验和智力理论研究可以远溯到高尔顿,但其真正的兴起是在20世纪20年代。该研究范式受到当时两方面因素的影响:一是行为主义对行为结果的强调和对心理过程的忽视;二是社会实践中对智力个别差异测量的巨大需求。与这两方面的影响因素相对应,早期的智力研究者们在研究中主要是运用数理统计方法定量地分析人类智力的构成因素,并

[①] 邓赐平.译者序——儿童认知发展研究的沿革与新发展[M]//[美]J.H.弗拉维尔,等.认知发展.上海:华东师范大学出版社,2002:6-8.

在此基础上建构智力理论。从斯皮尔曼(C. E. Spearman)的二因素论到桑代克的多因素论,再到瑟斯顿(L. L. Thurstone)的群因素论,尽管这些理论在智力因素的数量上都有不同程度的发展,但都是在心理测验基础上对智力进行的静态因素分析。20世纪60年代中期以来,认知心理学的迅猛发展,引发了对传统智力测验和智力理论研究的批评,主要是认为智力测验研究中恰恰缺乏了对测验的核心——智力内涵的探讨。对智力的有效测量首先要有完备的智力理论作基础,而对智力的研究必须结合认知理论的新发现,考虑更为高级的内在认知机制和过程。到了20世纪80年代中后期,以斯滕伯格的三元智力理论和戴斯等人的PASS理论(Planning Attention Simultaneous Successive Processing)为代表,智力理论研究出现了新的趋势,即以信息加工理论为指导,从参与智力活动的个体内部信息加工过程来理解、研究智力,把智力看成一个动态、发展的系统。

信息加工研究取向可以说是对现今认知发展研究产生主导性影响的一种研究范式。该范式源于第二次世界大战期间对人机交互作用的研究兴趣。战后不久,许多心理学家对计算机和人类神经系统之间的相似性留下了深刻印象。信息加工观的前提假设即是将人类的心智设想为与计算机类似的复杂认知系统,都处理或加工着来自环境或已储存于系统内的信息。其在认知发展研究上的主要目标是要确定儿童在信息加工过程中所运用的一般机制及其发展。20世纪七八十年代以来,信息加工范式下的儿童认知发展研究在感知、注意和记忆、知识的组织、概念形成等方面都取得了令人瞩目的成果,并采用信息加工限制、信息加工速度和信息加工容量等基本概念来解释认知的发展。现今对超常儿童认知发展的研究主要得益于这一范式。

近二十年来,儿童认知研究出现了新的热点,即儿童认知是以一般方式还是以特殊方式发展的。前一种观点由来已久,其典型代表是皮亚杰,他认为儿童认知发展需经历一般性的阶段,并按顺序进行。儿童在某一领域的发展,只是他们认知系统发展的一个组成部分,阶段性的发展变化差不多同步地发生于各个不同的领域。福多(J. A. Fodor)则是持较为严格的"领域特殊性"观点的代表人物。[①] 他的理论着眼于认知系统功能作用的差异,认为可以把认知过程划分为由不同认知模块组成的输入系统(input system,如视觉和语言知觉系统)和范围非特异性的中枢系统(central system)。该理论的提出引起了巨大的反响,促进了研究者对一些认知过程和不同领域的认知发展进行反思,催生了众多关于儿童朴素物理学、朴素生物学和朴素心理学等方面的研究。值得一提的是卡米洛夫-史密斯(A. Karmiloff-Smith)在"模块论"基础上批判性地提出的RR模型(representational redescription)。[②] 她认为,从儿童心理发展的角度看,模块并不是如福多所说都是天生的,大量的模块是在发展过程中通过模块化(modularization)过程形成的。总体来看,领域特殊性研究范式致力于进一步挖掘认知发展复杂的内部机制和行为表现的底层基础,将儿童认知研究带向了一个新的层次。

不过最近的二三十年里,在以智力为核心的认知个体差异研究中,研究者从不同的理论立

[①] 〔美〕J. A. 福多. 心理模块性[M]. 李丽,译. 上海:华东师范大学出版社,2002:45-114.
[②] 〔英〕A. 卡米洛夫-史密斯. 超越模块性——认知科学的发展观[M]. 缪小春,译. 上海:华东师范大学出版社,2001.

场出发,从各种角度对个体智力差异的内在机制提出了不同的解释。当前,除了早期的因素取向,随着认知领域相应研究的拓展,又陆续发展了参数取向(以加工速度研究为核心)、策略取向和适应性取向(以元认知研究为核心)三个方向,试图对智力的个别差异做出更深刻的解释。[①] 本章后面的部分将以这三种新近的取向为核心对超常儿童的认知能力加以介绍。

三、我国超常儿童认知研究概况

许多人都听过盲人摸象的故事。几个盲人想知道大象的样子,就决定去摸摸大象。摸到大象鼻子的人说大象像条弯曲的管子,摸到大象尾巴的人说大象像个细棍子,摸到大象身体的人认为大象像堵墙,而摸到大象腿的人说大象像根粗柱子。这个故事提醒人们要全面、整体地看问题,才能更准确地把握事物的本质。不过在现实中,从某个方面或角度割裂地看待事物常常是人们最初认识事物时难以逾越的阶段。只有在经历了这一知识经验的积累阶段后,才能整合不同层面的认识,更加深入地看待事物,对超常儿童的研究也是如此。

我国对超常儿童开展系统的心理研究始于1978年,迄今已历时三十余年。该研究领域的资深学者施建农曾指出,在超常研究前期的近二十年时间里,研究者们主要是从心理发展的各个不同方面分别对超常儿童展开研究的。[②] 研究者们对智力超常儿童在观察力、记忆、类比推理能力、技术问题理解能力、心理折叠能力和创造性思维等方面的作业成绩与智力常态儿童做了多方面的比较,发现智力超常儿童在这几方面的优势十分显著。[③] 不过,这些早期研究大多数都只考察了作业的结果和水平,还不能揭示超常儿童在这些高级认知活动中所表现出的普遍优越性的心理机制。近年来,随着整个认知科学的发展和对超常儿童研究的深入,国内在超常儿童认知特点的研究上已经开始从经验描述阶段向实验(实证)阶段过渡,从一般特征探讨转向对内部心理结构水平和机制的分析。概括来说,近期的相关研究主要有两大类:[④]一是运用实验或认知心理学的测查方法来探讨一些基本的认知成分,从而解释智力测验分数的差异,这类研究以对信息加工速度的研究为代表;二是与生命科学相结合,积极利用最新的技术,试图勾勒在特定心理活动时不同智力水平个体的脑部加工状况。如运用脑电图(EEG)、脑事件相关电位技术(EPR)来寻求对个体认知神经活动差异的解释(这部分内容在本书的第4章中已有所涉及)。

总体来看,虽然国内的现有研究还不能对超常儿童认知的个体差异做出比较全面的解释,未能真正超越"盲人摸象"的阶段。但在整合前期研究的基础上,我国的研究者们也意识到了对"人的本质的整体讨论"的必要性,并据此提出了生物-社会-心理模型,[⑤]用以解释个体间的差异和所具有的不同特点,其中认知成分是该模型的重要组成部分。该理论模型的提出为未来相关研究的有机整合提供了积极的启示。

[①] 赵笑梅,等.智力个体差异研究述评[J].心理科学进展,2007(3):451-457.
[②] 施建农.以超常儿童为被试的个体差异研究[J].心理科学进展,2006(4):565-568.
[③] 查子秀.超常儿童心理和教育研究20年[M]//查子秀.儿童超常发展之探秘——中国超常儿童心理发展和教育研究20周年论文集.重庆:重庆出版社,1998:1-24.
[④] 张琼,等.超常儿童研究现状和趋势[J].中国心理卫生杂志,2005(10):685-687.
[⑤] 施建农.论素质教育[J].职业技术教育研究,1999(34):1-5.

知识小卡片 5-1

生物-社会-心理模型理论[①]

该模型运用了光的三原色原理作比喻,人类眼中五彩缤纷的世界是由红、绿、蓝三种基本颜色按不同比例混合而成的。假设用红色、绿色和蓝色的圆圈分别代表生物、社会和心理三个有机结合在一起的属性,这三个基本属性之间的关系在不同个体身上的表现是不完全相同的,不同个体在不同属性上的发展程度也是不同的,这种发展的不均衡性及其组合导致了个体在行为表现方面的差异。也就是说,它们以不同的强弱进行交互作用,所产生的效果就表现为个性特点和个体差异(见图5-1)。

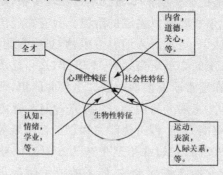

图 5-1 生物-社会-心理模型示意图

第 2 节 超常儿童的信息加工速度

孔融是我国东汉时候的人,从小聪明过人,著名的"孔融让梨"讲的就是他的故事。孔融十岁时,有一天见到一位叫陈韪的官员,陈韪听到别人称赞孔融,不以为然地说:"小时了了,大未必佳。"孔融闻听,马上对答说:"想君小时,乃当了了。"陈韪听后羞红了脸,无以言对。

读过上面这个故事,你一定会对孔融在对答中表现出的敏捷机智留下深刻的印象。从认知心理学的角度讲,这里的敏捷机智体现的就是完成认知活动任务的"快而有效",这一点现在常被认为是超常儿童区别于普通儿童的基本特征之一。实际上,人类对信息的加工都是在一定的时间进程内完成的。不同个体在完成同一任务操作时的一个明显不同就是加工速度的快慢之别,因此加工速度是衡量个体心理发展水平的重要指标,与智力的个别差异有着紧密的联系。

一、信息加工速度概述

(一)信息加工速度的概念及层次

信息加工速度(processing speed)又称加工速度、认知加工速度或心理加工速度,是单位

---

① 施建农.以超常儿童为被试的个体差异研究[J].心理科学进展,2006(4):565-566.

时间内完成任务的数量。信息加工速度是一个抽象概念,一般认为它具体体现在三个层次上:[①]第一个层次是感觉运动速度(sensorimotor speed),这是最基础的,类似于基本的神经传导速度,反映了对刺激迅速作出简单反应的能力,例如手碰到火时马上缩回来;第二个层次是知觉速度(perceptual speed),反映的是对刺激迅速作出简单的知觉判断等反应的能力,例如判断两簇火苗的颜色是否相同;第三个层次是认知速度(recognition speed),涉及较为高级的认知活动,例如回忆、联想与火有关的经验等。由于第三层次认知活动的速度和成绩大都受到经验和策略等多方面因素的影响,所以加工速度在这一层次上的作用比较难于把握。

(二)研究信息加工速度的指标

信息加工速度是一个抽象概念,要对其进行定量研究,必须将这一概念操作化。在选择具体的测量任务时,应考虑到三方面的要求:[②]① 任务应该相对简单,在保证能直接反映信息加工速度作用的同时,要尽量减少其他方面(如策略)的影响;② 任务不能仅仅反映神经反应的速度,必须体现其是参与认知功能的一种能力;③ 任务具有普遍性,突出对大多数认知功能的影响,尽量排除由于特定任务要求产生的差异。

综合考虑信息加工速度在不同层次上的体现和上述三个任务要求,可以发现,认知速度测量指标(例如联想、推理)容易受到其他因素(如经验、策略)的影响,而感觉运动速度测量指标过于简单,主要反映的是基本神经传导的速度,难以体现信息加工速度在认知操作过程中的普遍作用。所以在现有的研究中,以知觉速度作为信息加工速度的指标最为普遍,现在最常用的两个指标是反应时(Reaction Time,RT)和检测时(Inspection Time,IT)。[③]

1. 反应时

反应时指的是从刺激呈现到反应开始之间的时距。[④] 它包含以下几个时段:第一时段,刺激使感受器产生了兴奋,其冲动传递到感觉神经元的时间;第二时段,神经冲动经感觉神经传至大脑皮质的感觉中枢和运动中枢进行加工,从那里经运动神经到效应器官的时间,此时段耗费的时间最多;第三时段,效应器官接受冲动后开始效应活动的时间。通常,反应时可分为简单反应时和选择反应时两类。简单反应时是指给被试呈现单一的刺激,只要求做单一的反应,并且两者是固定不变的,这时刺激与反应之间的时距就是简单反应时。选择反应时就是根据不同的刺激物,在多种反应方式中选择符合要求的,并执行反应所需要的时间。由于纳入了辨别和选择两个心理加工过程,选择反应时比简单反应时更为复杂,在选择反应时中,选择数越多,选择任务愈复杂,反应时就愈长。

对反应时的研究最初始于天文学。20世纪六七十年代,受信息加工理论的影响,一些研究者把反应时作为信息加工过程的客观指标,开始用各种复杂的反应时来解释智力的本质和个体差异。但越来越多的研究发现,以反应时作为认知能力发展的指标存在着一些难以克服的缺点:第一,反应时实验中普遍存在着速度—正确率权衡问题。因为在所有的反

---

① 罗婷,等.认知加工速度研究中常用的实验和统计方法[J].心理科学进展,2002(1):21-28.
② Salthouse, T. A. The processing-speed theory of adult age differences in cognition[J]. Psychological Review, 1996(3):403-428.
③ 刘正奎,等.智力与信息加工速度研究中的检测时范式[J].心理科学,2004(6):1404-1406.
④ 朱滢.实验心理学[M].北京:北京大学出版社,2000:125.

应时实验中,都要求被试在保证反应正确的前提下尽快做出反应,这样,被试有可能以牺牲反应正确率来换取反应的速度,或者为了提高正确率而牺牲反应速度。也就是说,被试在反应时实验中可运用不同的速度—正确率权衡标准来指导自己的反应。儿童在进行反应时任务时,一般比成人更为冲动,更容易发生反应时的速度—正确率平衡问题。第二,从反应时的定义可以看出,一个简单反应时实际上包括信息输入、中枢信息处理和外周运动三个过程。一般而言,个体的智力水平主要与前两个过程关系较为密切,而与后一个过程无关。如果外周运动时间在反应时中所占的比重较大,就会造成反应时与智商的相关很低。这种情况在研究儿童认知发展时更为突出,因为年龄越小的儿童其外周肌肉运动发育越不成熟,按键反应动作对儿童反应时的影响越明显。① 第三,反应时(尤其是选择反应时等较为复杂的反应时任务)还受到适应水平、动机、个体差异、策略使用等复杂因素的影响,用它作为基本信息加工能力的指标,其结构仍然显得较为复杂。② 在这种背景下,检测时概念的提出及其研究技术的应用较好地弥补了反应时范式的不足。

知识小卡片 5-2

反应时研究的缘起③

18世纪末至19世纪初,天文学家是通过观测天体经过望远镜目镜中的一条线来记录天体事件的时间和位置的。这种计时方法被称为"眼耳法",即观测者先用眼看钟表指针所指的秒数,然后一边观察一边根据耳朵听到的钟摆嘀嗒声以 0.1 秒的近似值记下天体通过目镜中那条铜线的时间。1796 年,英国格林威治天文台台长马斯基林(Maskelyne)在观察星辰经过望远镜中的铜线时,多次发现其助手金纳布鲁克(Kinnerbrook)比他自己的观测时间约慢 1 秒,屡次提醒,助手的误差不见减少,台长认为这是重大错误,因而辞退了助手。后来此事引起德国天文学家贝塞尔(Bessel)的注意,他猜想马斯基林和金纳布鲁克所记录到的天体经过时间的差异可能是他们之间存在的系统差异所致。贝塞尔研究了自己与其他天文学家的观测数据,发现不同的观测者所得数据之间有明显的恒定差异,他据此提出了著名的"人差方程":$B-A=1.233$(秒)。其中,B 是贝塞尔的反应时,A 是另一位天文学家的反应时。

2. 检测时

检测时是指当正确率达到一定水平时(一般是 85% 或 90%),观察者正确地辨别一个明显的刺激特征所需的最小呈现时间。现在认为检测时是 IQ 最可靠、最强的信息加工指标。④

---

① 刘正奎,等.智力与信息加工速度研究中的检测时范式[J].心理科学,2004(6):1404-1406.
② Kail, R. Developmental change in speed of processing during childhood and adolescence[J]. Psychological Bulletin, 1991(3): 490-501.
③ 朱滢.实验心理学[M].北京:北京大学出版社,2000:126.
④ 刘正奎,等.检测时与智力关系的研究述评[J].心理科学进展,2003(5):511-515.

一个典型的视觉检测时实验的基本程序如下：①首先，用速视器或电脑显示器向被试呈现一个小实心圆作为预警线索，几百毫秒后向被试呈现靶刺激——两个长度明显不同的垂线(顶端由一条水平线连接)，较长的垂线出现在右边或左边是随机的，随后立即再呈现一个掩蔽刺激(见图 5-2)。被试需要判断短线出现在左边还是右边，然后按相应的键作出反应。检测时就是从靶刺激出现到掩蔽刺激出现之间的间隔时间，这一间隔时间的长度以反应准确率(如 85% 或 95%)为取舍标准，由主试控制，从几百毫秒到十毫秒不等，一般呈阶梯状排列。由于刺激呈现的时间是由主试控制的，被试的按键反应(外周运动时间)只是对刺激判断的一种确认，按键反应的快慢与刺激呈现时间独立，因此，检测时只与被试反应的正确率有关，而不要求对速度进行反应。

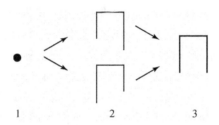

注：1. 预警线索　2. 刺激材料　3. 掩蔽刺激
图 5-2　视觉检测时实验的基本程序示意图②

检测时任务最早被用于研究知觉过程，后来成为智力研究领域中的重要研究范式。与反应时范式相比，它有以下明显特点：③首先，经典的检测时任务只要求被试对非常简单的刺激作单一的判断，在加工速度中最为基础，比反应时所涉及的加工过程要少，反应过程不受年龄、运动和其他高级心理活动的影响；其次，检测时作业不要求被试的反应速度，不涉及反应时实验中的速度—正确率平衡的问题，因此，在儿童认知发展研究领域，检测时范式比反应时范式更能反映人的基本信息加工速度；第三，检测时与智商之间存在较高的负相关。使用结构方程技术分析发现，检测时在智力中的一般速度因素和高级认知能力因素上有较高因子负荷。这实际上反映了心理速度对各种认知加工的普遍影响。基于这些特点，目前来讲，检测时可以被认为是解释人类智力的本质和个体差异的一项既简单又稳定的研究指标。不过，由于检测时任务的实施过程比较烦琐，不易精细控制，所以反应时任务在研究相对复杂的认知功能时仍起着重要的作用。

二、儿童信息加工速度的发展

近十多年来，信息加工速度的发展研究越来越受到重视，研究者试图以时间为变量来揭示人类大脑内部的信息加工过程，探索认知发展过程中的心理机制。老年认知心理学家首先以信息加工速度等为指标对认知老化机制进行了卓有成效的研究，在这种研究方法论的影响下，引发了以信息加工速度为指标对儿童认知发展心理机制的探讨。

---

① 王玲,等.智力与心理速度的关系研究述评[J].心理科学进展,2006(1)：40-45.
② 王玲,等.智力与心理速度的关系研究述评[J].心理科学进展,2006(1)：41.
③ 刘正奎,等.智力与信息加工速度研究中的检测时范式[J].心理科学,2004(6)：1404-1406.

（一）儿童信息加工速度发展的年龄特征

目前，围绕信息加工速度的年龄差异机制问题已有了较为丰富的研究，取得了一定成果。对儿童青少年的研究发现，随着儿童年龄的增长，他们的信息加工速度也随之提高。

黑尔（Hale）在四个年龄组（10、12、15、19岁）分别进行了一系列不同的测量加工速度的实验。[①] 研究显示，信息加工速度随年龄而变的现象普遍存在，而不是单个信息加工速度实验的个别情况，即某个年龄段儿童信息加工所需的时间与年轻成年人所需时间之间有着近乎比例的关系（例如，12岁儿童的信息加工速度比成年早期慢50%）。

1994年，切雷拉（Cerella）和黑尔深入分析了用指数函数来描述与年龄有关的加工速度的变化。[②] 他们指出，儿童和青少年在大多数不同任务上的反应时是年轻成人反应时的函数，用指数函数能较好地描述这种共同的发展变化趋势，即从童年到少年期，信息加工速度飞速增长，形成一个高点之后，紧接着的青春期中期增长速率开始下降，增长趋于相对缓和，信息加工速度渐接近于成人水准。因此，一般来说，年长儿童的信息加工速度更快。

我国学者的研究也证实了成熟对信息加工速度的影响，刘正奎等以线段、汉字部件和数字为刺激材料，用检测时范式对84名7~11岁儿童的检测时发展进行了研究。[③] 结果发现，检测时具有明显的年龄差异，随着年龄的增长，三种任务的检测时均表现出逐步减小的趋势，说明儿童的信息加工速度随年龄增长而加快。其次，儿童的检测时及发展速度依赖于加工任务的类型。在三种检测时任务中，数字任务的加工时间较慢，汉字和线段任务的加工时间较快，并且数字检测时随年龄的增长变化速率最快，研究者认为这可能与不同任务的信息加工负荷有差异相关（见图5-3）。此外还发现，儿童的检测时与智力测验分数之间具有中等程度的负相关。

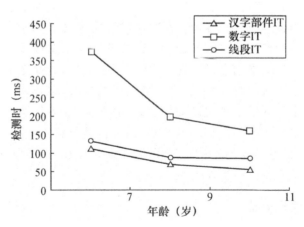

图5-3　三种检测时任务的年龄间比较[④]

---

① Hale, S. A global developmental trend in cognitive processing speed in children[J]. Child Development, 1990(3): 653-663.

② Cerella, J., et al. The rise and fall in information processing rates over the life-span[J]. Acta Psychologica, 1994(2-3): 109-197.

③ 刘正奎,等.儿童的检测时与智力[J].心理学报,2003(6):823-829.

④ 刘正奎,等.儿童的检测时与智力[J].心理学报,2003(6):826.

(二) 信息加工速度年龄差异的理论解释

关于信息加工速度年龄差异的机制问题,不同研究者的理论解释各不相同,概括起来有三种观点:经验说、元认知说和整体机制说。[1][2]

经验说认为,信息加工速度年龄差异的主要根源在于个体知识经验的积累和丰富,也就是说,随着年龄的增长,个体知识经验愈丰富,其信息加工速度就愈快,信息加工速度的年龄差异主要是由于知识的差异造成的。元认知说认为,无论是成人还是儿童,对速度任务的操作是一个选择有效策略、合理分配能量、监控任务操作等一系列的操作过程。因此,儿童和成人信息加工速度的差异主要是使用策略的差异。整体机制说则认为,信息加工速度的变化呈现整体趋势,反映的是大脑的整体机能,即随着年龄的增加,被试对不同任务的信息加工速度是同比率变化的,且指数函数能较好地描述这种整体的变化趋势。因此,儿童与成人的信息加工速度差异是来自心理资源的有限性。也就是说,随着儿童的成熟、资源的丰富,其差异就缩小了,而且这种变化是量的变化,而不是质的变化。

从目前来看,上述三种观点是研究者用不同的材料和不同的方法对信息加工速度的年龄差异机制进行研究得出的。每种观点虽都有一定的合理性,但很难解释所有的研究结果,这与对信息加工速度发展的研究时间较短,研究问题的复杂性和研究手段的局限性等有关,信息加工速度的年龄差异问题还有待更全面和更深入的理论解释。

三、超常儿童的信息加工速度

(一) 信息加工速度与智力的相关研究

1976年,内特尔贝克(Nettelbeck)和拉利(M. Lally)首次对以检测时为指标的信息加工速度与IQ的关系进行了研究。[3] 他们用大学生和智力落后的成人作为被试。结果发现两组被试的检测时与韦氏成人智力测验的操作量表得分之间的相关系数分别高达-0.92和-0.89,这种惊人的高相关很快引起了其他研究者的关注和质疑,也促使人们对信息加工速度与智商的关系进行了大量研究。在这些研究中,智力测验的类型包括了韦氏智力测验、瑞文推理测验和卡特尔文化公平测验等。研究对象涵盖了不同年龄、不同能力水平以及不同文化背景的人群,信息加工速度和IQ两者之间相关的可靠性和稳定性得到了广泛的实验支持。如科恩(Cohn)等人通过简单反应时和选择反应时等九种基本认知任务,对年龄为13岁的天才和非天才儿童的信息加工速度进行比较,发现各项任务中天才儿童的信息加工速度都明显快于非天才儿童。[4] 此后,卡罗尔(Carroll)根据对大量心理测试实验数据的多元因素分析指出,现有数据提示一般智力g因素的一个重要方面就是信息加工的速度和效率。[5]

为了进一步证实信息加工速度和智力之间的关系,克兰次勒(Kranzler)等人曾分别于

---

[1] 王亚南. 加工速度、工作记忆与思维发展[D]. 南京:南京师范大学博士学位论文,2004.
[2] 林崇德,等. 儿童和青少年信息加工速度发展函数的研究[J]. 心理学报,1997(1):43-50.
[3] Nettelbeck, T., et al. Inspection time and measured intelligence[J]. British Journal of Psychology, 1976(1):17-22.
[4] Cohn, S. J., et al. Speed of information processing in academically gifted youth[J]. Personality and individual Differences, 1985(5):621-629.
[5] Carroll, J. B. No demonstration that g is not unitary, but there is more to the story: Comment on Kranzler and Jensen[J]. Intelligence, 1991(4):423-436.

1989 年和 2001 年两次对相关研究作了元分析。[①][②] 1989 年,克兰次勒和詹森(A. R. Jensen)对 31 项有关检测时与 IQ 关系的研究作了元分析,涉及 1100 余名被试。结果显示,正常成人检测时和 IQ 的相关约为 -.54,儿童为 -.47。至 2001 年,有关检测时与 IQ 关系的研究有了长足的进展,格鲁德尼克(J. L. Grudnik)和克兰次勒再次对相关研究作了更加细致的元分析研究,这次元分析涵盖的研究超过 90 个,被试达 4100 余名。研究者分别比较了视觉、听觉通道任务中使用策略和不使用策略者,以及成人与儿童群体的检测时和 IQ 的相关。研究得出结论,视觉和听觉通道检测时与 IQ 的平均相关分别为 -.49 和 -.58;策略使用者和非策略使用者检测时与 IQ 的平均相关分别为 -.60 和 -.77,二者差异显著;成人和儿童检测时和 IQ 的平均相关分别为 -.51 和 -.44,二者差异不显著。总体来看,大多数领域的信息加工速度存在个别差异,并与 IQ 存在中等程度的负相关。

不过,现有相关研究多是对信息加工速度和智力关系的横向研究,要想从发展的角度探讨二者的关系,还必须对它们作进一步的纵向研究,[③]因为横向研究很难排除或区分信息加工速度与智商关系中的一些影响因素,如练习和成熟。但由于纵向研究难度较大,有关的研究还很少。内特尔贝克等曾采用交叉滞后设计,引进了可能会同时对检测时和智商产生影响的第三个变量(成熟和练习),对 10 名 7~13 岁的儿童进行了研究。[④] 结果发现,检测时的发展变化主要依赖于成熟。不过由于该项研究样本量过小,其结论也受到质疑。2001 年,安德森(Anderson)等对 226 名 6~9 岁儿童进行了纵向研究,[⑤]发现练习效应比成熟对检测时的发展影响更大,长期的练习效应对检测时作业的改变要比短期练习更大。另外,对婴儿去习惯化速度与未来智商关系的纵向研究也为加工速度与智力的关系提供了支持。婴儿的去习惯化速度在很大程度上反映的是信息加工的推理速度,它也是信息加工速度的重要指标。科隆博(Colombo)对此进行了大量的实验研究,[⑥]在这类实验中,通常给婴儿重复呈现一个刺激,测量婴儿每次持续注视该刺激物的时间,一般婴儿的注视时间随重复次数的增加表现为下降趋势。研究发现,儿童对刺激适应所需的时间越短,在未来成为超常儿童的可能性就越大。

总体来看,目前较为普遍的看法是,信息加工速度是衡量儿童心理能力和心理发展水平的重要指标,已被看作是儿童智力发展和个体差异的认知基础。

(二) 国内对超常儿童与常态儿童信息加工速度的比较研究

近年来,我国的超常儿童研究也从注重对观察力、注意力、推理能力和记忆力等静态心理特质的研究,转向更加关注认知活动的内部心理过程和机制,并首先对超常儿童的基本信息加工能力展开了一系列的研究。[⑦]

---

① Kranzler, J. H., et al. Inspection time and intelligence: a meta-analysis[J]. Intelligence, 1989(4): 329-347.

② Grudnik J. L., et al. Meta-analysis of the relationship between intelligence and inspection time[J]. Intelligence, 2001(6): 523-535.

③ 刘正奎,施建农. 检测时与智力关系的研究述评[J]. 心理科学进展,2003(5): 511-515.

④ Nettelbeck, T., et al. A cross-sequential analysis of developmental differences in speed of visual information processing[J]. Journal of Experimental Child Psychology, 1985(1): 1-22.

⑤ Anderson, M., et al. Developmental changes in inspection time: what a difference a year makes[J]. Intelligence, 2001(6): 475-486.

⑥ Colombo, J. Infant cognition: Predicting later intellectual functioning[M]. Belmont, CA: Sage Publications, 1993.

⑦ 施建农. 以超常儿童为被试的个体差异研究[J]. 心理科学进展,2006(4): 565-568.

邹枝玲等以 7 岁超常和常态儿童各 25 名为被试,以选择反应、图形匹配、心理旋转和抽象匹配为基本认知任务,对超常和常态儿童信息加工的正确率和反应时作了分析。[①] 结果发现:① 超常与常态儿童对不同任务的反应时变化趋势基本一致。② 超常儿童的信息加工能力显著优于常态儿童,具体表现为反应时更短或正确率更高。③ 超常儿童与常态儿童信息加工的差异与任务难度有关。在选择反应和图形匹配任务中,超常儿童的反应时显著短于常态儿童,而且在图形匹配任务中,任务难度越大,差异越显著。在心理旋转和抽象匹配任务中,超常儿童的正确率显著高于常态儿童。而且在心理旋转任务中,任务难度越大,差异越显著。研究者据此推论,在知觉层面上,超常儿童的主要优势表现在加工速度快,而在表象或相对复杂的思维层面上,超常儿童的优势则表现在正确加工信息的效率高。研究者还建议,在任务难度较大和研究年龄较小的儿童时,综合正确率和反应时来衡量信息加工速度更为合适。恽梅等比较了 8~12 岁年龄组超常和常态儿童以反应时为指标的信息加工速度的发展。[②] 研究结果发现,超常和常态儿童的信息加工速度具有与上述研究基本一致的发展趋势,证明信息加工速度的智力差异具有跨年龄的一致性和稳定性。

鉴于以反应时为信息加工速度指标所引起的争议,程黎等以检测时为指标,采用线段检测时任务和数字检测时任务,对 8~12 岁超常和常态儿童的信息加工速度作了比较,[③]其中超常儿童 83 名,常态儿童 89 名。结果发现,超常与常态儿童的检测时都有随年龄增长而逐步减小的趋势,且不同任务的检测时变化速率不同。不同年龄超常儿童的检测时都显著地短于同年龄的常态儿童。研究同时发现,儿童的检测时基本上不受学校知识或经验的影响。两个年龄组儿童检测时和智力测验分数之间都有中等程度的相关。研究者认为,虽然研究表明超常儿童与常态儿童具有相似的发展模式,但超常儿童在发展的基点和最终达到的水平上都要高于同年龄组儿童,这支持了信息加工速度在智力活动中具有重要作用的观点。

此外,为了进一步探讨不同智力水平的儿童在智力发展过程中可塑性的差异,程黎等人还研究了练习对不同智力水平儿童信息加工速度发展的影响。[④] 研究以 90 名 7 岁儿童为被试,按被试的智力水平和性别分布将其分为控制组和练习组,在五个月的时间里,每周对实验组进行为期 1 小时的抽象匹配任务练习,通过前测和后测来考察练习对不同智力水平儿童信息加工速度的影响。结果发现,五个月后,控制组和实验组儿童在抽象匹配任务中的反应时均有明显提高。但是练习组儿童的提高幅度比控制组儿童更大。表明自然成长和练习在儿童信息加工速度的发展中均起重要作用。但值得注意的是,练习对不同智力水平儿童信息加工的影响是不同的,在抽象匹配任务中,练习对智力水平较高儿童的作业成绩具有明显的促进作用,而对智力水平较低儿童的促进不明显,表明智力水平较高的儿童可能从练习中获益更多。这与国外研究发现的智力水平较低儿童群体的信息加工速度发展较少从外界环境中受益(例如练习等)的结论也是一致的。[⑤] 这说明,加工速度和智力之间存在着非常复杂的关系,受到遗传和环境的交互影响。

---

① 邹枝玲,等.7 岁超常和常态儿童的信息加工速度[J].心理学报,2003(4):527-534.
② 恽梅,等.8 至 12 岁超常与常态儿童信息加工速度的发展[J].华人心理学报,2004(2):233-248.
③ 程黎,等.8—12 岁超常与常态儿童的检测时比较[J].心理学报,2004(6):712-717.
④ 程黎,等.练习对不同智力水平儿童信息加工速度的影响[J].中国临床心理学杂志,2008(6):637-639.
⑤ Neubauer, A.C., et al. Basic information processing and the psychophysiology of intelligence of the mind[M]. New York: Cambridge University Press, 2005:66-87.

第3节　超常儿童的元认知

《论语·为政》篇中有一句话："知之为知之,不知为不知,是知也。"也就是说,人们能够对自己的思维活动进行判断和评价才是真正的"知道",这正是元认知思想的一种具体体现,可见关于元认知的见解在历史上早已有之。不过作为一个完整的科学概念,元认知一词则是由美国心理学家弗拉维尔在1976年提出并加以界定的。此后三十余年来,元认知研究逐渐成为当前发展和教育心理学的研究热点之一。由于元认知概念与超常表现之间的密切关系,对超常儿童的元认知特点和发展进行研究已成为超常儿童认知发展研究的一个重要方面。

一、元认知的概念及要素

(一)元认知的概念

与认知的概念类似,初看起来,元认知的含义似乎很清楚,学习、生活中有关元认知的活动也随处可见。例如,与人聊天时不断调整自己的用词、语速以使沟通进行得更顺畅,上课时决定什么内容需要做笔记,意识到自己一学习数学就感到焦虑等都是元认知发挥作用的例子。但要给元认知下一个明确的定义,就会发现学者们的观点并不完全一致。

弗拉维尔认为,通常元认知的定义是宽泛而松散的,[①]即元认知是以各种认知活动的某一方面作为对象或对其加以调节的知识或认知活动,其核心意义在于"关于认知的认知"。按照弗拉维尔的观点,对元认知可以从两个层面进行理解:一方面它可以是一种相对静态的知识体系,反映个体对认知活动及其影响因素的认识,如人们拥有的关于简短熟悉的材料较复杂陌生的材料更容易记住的知识;另一方面它也可以是一种动态的认知活动过程,体现个体对当前认知活动所做的监测和控制调节,如阅读复杂的材料时,不断停顿加以小结和反复复述以加强理解的调控行为。布朗(Brown)则更着眼于元认知中的动态成分,认为元认知是检验、调整和评价个体思维的能力,是个人对认知领域的知识的控制。[②] 斯腾伯格通过将元认知与认知加以对比,揭示认知包含对世界的知识以及运用这种知识去解决问题的策略,而元认知涉及对个人的知识和策略的监测、控制和理解。[③] 我国学者汪玲等认为,元认知的实质是"个体对当前认知活动的认知调节",元认知不是一种知识体系,而是一种活动过程,这种调节活动通过监测和控制两种基本过程得以实现。[④] 前者指个体获知认知活动的进展、效果等信息的过程;后者指个体对认知活动作出计划、调整的过程。如在解决数学问题时,通过自我检查的监测过程,个体可以知道自己的推理过程是否出错,接下来对当前思路进行的矫正就是一种控制过程。在实际的元认知活动中,监测和控制是彼此依存、互为因果的,它们循环交替进行就构成了元认知活动。上述研究者对于元认知概念的解释,虽然角度

---

① 〔美〕J. H. 弗拉维尔,等.认知发展[M].邓赐平,等译.上海:华东师范大学出版社,2002:218.
② Brown, A. L. Knowing when, where, and how to remember: A problem of metacognition. [R/OL]. [2009-09-09]. http://www.eric.ed.gov/ERICDocs/data/ericdocs2sql/content_storage_01/0000019b/80/32/8c/0d.pdf.
③ 汪玲,等.元认知的本质与要素[J].心理学报,2000(4):458-463.
④ 汪玲,等.元认知的本质与要素[J].心理学报,2000(4):458-463.

不同,但都有一个共同点,即元认知是以"认知"本身为对象的一种现象,这正是元认知最根本的特征所在。

此外,20世纪90年代中期以来,随着元认知理论的发展,元认知的内涵被不断拓宽,[①]这主要反映在教育心理学领域。例如,博考斯基(J.J.Borkowski)从教学应用的角度出发,将动机信念和有关自我的知识纳入元认知体系。波克特(M.Boekaerts)则将动机和情感结构置于元认知概念之下,使人们在实践中对于元认知的理解变得更为宽泛。在此基础上,有学者对元认知概念作了广义和狭义的区分。[②] 广义的元认知过程是指对所有涉及认知活动的心理过程的自我认知和调节的过程。它包括对认知过程、情感过程和对自己在社会交往活动中的自我展示策略进行有效调节等,广义的元认知涉及人类活动的方方面面,只要是需要认知参与的活动就有元认知的影子。狭义的元认知是指个体对自身认知过程的自我觉知、自我监控、自我评价和自我调节。其作用限定在心理过程的认知过程中,在感觉、知觉、注意、记忆、思维和问题解决等过程中发挥自我调节作用。

(二) 元认知的要素

关于元认知的要素,研究者们的观点也不一致。弗拉维尔认为元认知有两大要素:元认知知识(metacognitive knowledge)和元认知体验(metacognitive experience)。[③] 前者指个体所获得的关于认知主体、认知任务、目标、活动、经验等因素对认知活动的影响的知识,可概括区分为个人变量知识、任务变量知识和策略变量知识三个范畴;后者指认知主体随着认知活动的展开而产生的理性和感性的综合体验与感受,弗拉维尔也称其为元认知监测和自我调节。弗拉维尔认为,有很多元认知体验是关于自己在当前认知活动中已取得的进展或即将取得的进展的体验。

与弗拉维尔一样,布朗也认为元认知包含两大要素,即关于认知的知识(knowledge about cognition)和认知调节(regulation of cognition),但二者的内涵与弗拉维尔的两要素有所不同。[④] 关于认知的知识指个体对自身状况和认知对象的了解,以及对自己与环境互动关系的觉察。认知调节指个体在解决问题过程中所使用的调节机制,包括计划、监控、评估等内容。这两个要素在性质上有明显的区别:认知的知识具有稳定、可陈述、发展较晚等特征;而认知调节具有不稳定、不易表达以及更多地依赖于任务和环境等特性。希罗(Schraw)等人曾以布朗两成分观点为理论基础,对元认知的要素进行了实证研究。[⑤] 研究使用"元认知意识量表"(Metacognitive Awareness Iventory,简称MAI)对197名大学生被试进行了测试,该量表以"关于认知的知识"和"认知调节"两要素为基本维度编制。对数据的探索性因素分析表明,量表中的项目分别负荷在两个因素上,且这两个因素能解释总变异的65%,由此,研究者认为布朗的观点得到了实证研究的证明。

目前,国内学者最广为接受的观点是三分法,即元认知由元认知知识、元认知体验和元

---

① 俞国良,等.元认知理论与学习不良儿童研究[J].教育研究,2004(11):46-51.
② 姜英杰.元认知:理论质疑与界说[J].东北师范大学学报:哲学社会科学版,2008(2):135-140.
③ [美]J.H.弗拉维尔,等.认知发展[M].邓赐平,等译.上海:华东师范大学出版社,2002:219-220.
④ 汪玲,等.元认知的本质与要素[J].心理学报,2000(4):458-463.
⑤ Schraw, G., et al. Assessing metacognitive awareness[J]. Contemporary Education Psychology, 1994(4):460-475.

认知监控(或技能)三部分组成。①②③ 其中汪玲等人针对希罗等的研究认为,该研究虽然证明了元认知知识和认知调节的确是元认知的两个组成要素,但不能说明元认知只含有这两个要素,也就是说不能将元认知体验排除在元认知的要素之外。在此理论基础上,研究者以元认知知识、体验和技能三者作为基本维度,编制了元认知问卷,并分三次对总计801名大、中学生进行了测试。对测试数据的验证性因素分析表明,与两要素假设相比,三要素假设与实证数据之间的拟合更好。研究者据此认为,三要素假设是可以成立的,并且元认知体验在衔接静态的元认知知识与动态的元认知调节过程中起着重要的中介作用,元认知技能、知识和体验三者协同作用使个体实现对认知活动的调节。

二、从超常儿童的界定看元认知和超常的关系

元认知的概念一经提出,超常领域的研究者们就发现,元认知和超常之间存在着天然的密切关系。这一点,我们可以从超常概念的演变中看得更加清晰。与智力的概念一样,超常也是一个少见的定义众多的概念,二者由于都具有人为赋予其内涵意义的特性,而必然受到对其加以界定的人(或人群)所处的时代主题、文化背景和科技发展,以及个人知识背景和兴趣取向的影响。④ 据汉尼(E. A. Hany)的研究发现,有关超常的定义已有百余种之多,大致可分为四类,分别是特质指向性定义(trait-oriented definition)、认知成分模型(cognitive component models)、成就指向性模型(achievement-oriented models)和社会文化(心理社会)指向性模型(socio-cultural/psychosocial oriented models)。⑤⑥ 由于智力概念的发展一直与超常概念的发展关系密切,以下我们就结合智力理论的发展,从这四个方面分析一下超常定义中的元认知成分。

(一)特质指向性定义与元认知

1905年,法国的比纳和西蒙编制了《比纳-西蒙量表》,标志着智力测验的开始。此后出现的早期智力理论都是建构在已有智力测量基础上的,其方法沿承和发展于斯皮尔曼的因素分析法,是一种静态的成分理论,因此早期的智力理论被称为"因素说"。特质指向性定义正是智力理论这一取向在超常领域的体现,即试图通过对超常个体的心理特征,特别是有关智力方面的特征对他们加以描述和定义。1921年,美国心理学家推孟首先提出,高智商就是超常儿童的主要特征。此后很长一段时间里,智力测验所得出的IQ分数就成为定义超常儿童最重要和最通用的指标。在此期间,智力理论虽然在智力因素的数量上有了不同程度的发展,但仍都是从"一元论"的假设出发,采用单一的、可量化的智力概念对个体智力进行描述,仍然把智力局限于个体某些方面的特质,割裂了不同认知范畴之间的联系。在这种背景下,早期的超常儿童界定中还很少体现对元认知成分的重视。

1985年,加德纳出于对传统IQ概念和智力一元化的质疑,提出了一种建立在生物和神

---

① 董奇.论元认知[J].北京师范大学学报,1989(1):68-74.
② 陈英和.认知发展心理学[M].杭州:浙江人民出版社,1996:312-344.
③ 汪玲,等.元认知要素的研究[J].心理发展与教育,2002(1):44-49.
④ 于国庆,等.从智力的三元理论到成功智力:是对IQ的再次超越吗?[J].心理科学,2003(4):612-616.
⑤ 桑标.对元认知和智力超常关系的探讨[J].华东师范大学学报:教育科学版,1999(3):75-80.
⑥ 桑标.普通儿童与高智力儿童元记忆发展的实验研究[D].上海:华东师范大学博士学位论文,1999.

经研究基础上的多元智力理论。他认为,智力是在特定文化和社会环境中解决问题或制造产品的能力。① 与传统的智力观不同,尽管多元智力理论在本质上仍把智力看作是由特质组成的,但它并不将智力看成是一种稳固的内在特征,而是视其为生物潜能与外在环境相互作用的产物,并且由七种相对独立的认知过程或心理结构所组成。它们分别是:音乐智力、身体动觉智力、逻辑数学智力、语言智力、空间智力、人际智力和内省智力,后来加德纳又为多元智力家族增加了第八位成员——自然智力。在加德纳看来,界定超常儿童的主要指标是个体在某个或某几个领域里智力天赋的高低。② 值得注意的是,加德纳所提出的内省智力是指个体对自己认识、体验和调控的能力,因此"具有较好内省智力的人,脑中有一个关于自己的积极、可行的有效行为模式"③。显然,在加德纳对超常人群特征的界定中已经明确包含了元认知的成分。

(二)认知成分模型与元认知

20世纪60年代以来,随着认知心理学的发展及其对信息加工模式的探讨,智力研究领域也出现了一种新的研究取向。与"因素法"不同,这种新取向力图从参与智力活动的认知过程来理解智力,被称为信息加工取向。以此相呼应,描述超常的认知成分模型也着眼于对个体内部信息加工机制的分析,并以此作为心理能力评定的要素。

斯滕伯格是认知成分模型的代表人物。他于1985年提出了智力的三元理论,④将人的智力活动与信息加工过程联系起来,认为智力是由情境亚理论、经验亚理论和成分亚理论组成的。其中成分亚理论是分析个体智力行为的基本单元,在智力结构中占据着十分重要的地位,又可分为元成分、操作成分和知识获得成分。元成分是智力活动的高级管理成分,在功能上与元认知类似。其后,斯滕伯格于1996年又提出了"成功智力"的概念,⑤赋予智力以新的含义,即成功智力是指为了完成个人的以及自己群体或者文化的目标,从而去适应环境、改变环境和选择环境的能力。成功智力包含分析性智力(analytical intelligence)、创造性智力(creative intelligence)和实践性智力(practical intelligence)三种成分,这三种成分是一个有机的整体,只有三者都协调平衡时才最为有效。在这种理论框架下,斯滕伯格重新分析了超常的含义。⑥ 他认为,以往的超常标准只着眼于IQ测验分数的高低,这过于狭隘了。实际上,人的能力可以体现在分析(analytic)、综合(synthetic)和实践(practical)三方面。其中,具有分析性能力(analytical giftedness)的个体擅长分析和理解问题,该项能力突出的儿童常表现为学业成绩优秀,但缺乏自己的创意;具有综合性能力(synthetic giftedness)的个体富有洞察力、直觉和创造力,长于应对新变化,该项能力突出的儿童可能智力测验或学业成绩的分数并不高,但能富于创造性地解决问题。具有实践性能力(practical giftedness)的个体则善于将其具有的分析或综合能力应用于实际的情境中,该项能力优异的儿童如果单

---

① 〔美〕加德纳.从多元智能观点看人类天赋才能(Ⅰ)[J].苏芳柳,译.资优教育季刊,2007(103):1-11.
② 〔美〕加德纳.从多元智能观点看人类天赋才能(Ⅱ)[J].苏芳柳,译.资优教育季刊,2007(104):1-7.
③ 〔美〕加德纳.多元智能[M].沈致隆,译.北京:新华出版社,1999:27.
④ 〔美〕R.J.斯滕伯格.超越IQ:人类智力的三元理论[M].俞晓琳,等译.上海:华东师范大学出版社,2000.
⑤ 于国庆,等.从智力的三元理论到成功智力:是对IQ的再次超越吗?[J].心理科学,2003(4):612-616.
⑥ Sternberg, R. J. Giftedness According to the Theory of Successful Intelligence[M] // Colangelo, N., et al. (Eds.). Handbook of Gifted Education. Boston MA: Allyn and Bacon, 2003:88-99.

独看其分析和综合能力,可能并不突出,但他们懂得如何在实践中恰到好处地使用和表现自己的长处。斯滕伯格指出,只有某一方面的才能突出,而其他方面很薄弱的所谓"天才"是很难成功的,真正的天才应该是那些上述三种才能均衡发展,并能对其加以恰当使用的个体。也就是说,"具有天才的人是能够娴熟地'控制自己心理'的人"①。可以看出,在斯滕伯格对超常个体的界定中,元认知成分已经成为其核心的特征。

此外,戴斯等人在20世纪90年代提出的PASS理论,也是近年来很有影响的描述智力心理机制的理论。② 他们利用信息加工理论与认知研究新方法,在鲁利亚(A. R. Luria)的大脑皮层三个机能系统学说的基础上,提出了智力活动的"计划—注意—同时性—继时性加工"模型,简称PASS模型。PASS理论把智力理解为一个完整的活动系统,包括三个认知功能系统:① 注意—唤醒系统,是对信息进行编码加工和作出计划的基本功能系统,起激活和唤醒作用。② 同时—继时加工编码系统,负责对外界刺激的接收、解释、转换,再编码与贮存,在加工方式上分为同时性加工与继时性加工。③ 最高层次的计划系统,负责在智能活动中确定目标,制订和选择策略,对注意—唤醒系统和编码加工系统起监控和调节作用,是整个认知功能系统的核心。可以看出,计划系统与元认知的作用几乎是完全一致的,而智力的高低与此密切相关。

(三)成就指向性模型和社会文化(心理社会)指向性模型与元认知

近年来,在智力理论研究中出现的另一个新趋势是对生态学效度的重视,即从单纯强调智力的认知因素到认知因素与非认知因素并重,从主要着眼于智力的内部结构到兼顾智力的社会文化背景。③ 超常的成就指向性模型和社会文化(心理社会)指向性模型与这种趋势是一致的。

20世纪70年代末,伦祖利提出了超常的三环概念(the three-ring conception of giftedness)。④ 认为超常成就的取得是由下列三种心理特质群相互促进的:高于平均的能力(above-average ability)、执著精神(task commitment)和创造力(creativity)。其中高于平均的能力又分为一般能力和特殊能力。一般能力指处理信息的能力、综合已有的经验解决新问题的能力及抽象思维能力。特殊能力则指获得知识和技能的能力或在有限的范围内从事一项或多项特殊活动的才能。执著精神主要表现为强烈的动机和责任感。从元认知的角度,综合已有经验解决新问题必然涉及计划、监控、评价等元认知过程,而动机和责任感也与对自身和任务的觉察和调节不可分割,因此,在超常的三环概念中,元认知成分也是主要的。

三、超常儿童的元认知发展

(一)超常儿童元认知发展的理论假设

从上面的介绍可以看出,元认知成分在超常儿童成长中的作用已得到了越来越多的关

---

① Sternberg, R. J. Giftedness According to the Theory of Successful Intelligence[M]// Colangelo, N., et al. (Eds.). Handbook of Gifted Education. Boston MA: Allyn and Bacon, 2003: 90.
② 〔加拿大〕J. P. 戴斯,等. 认知过程的评估——智力的PASS理论[M]. 杨艳云,等译. 上海:华东师范大学出版社,1999:12-26.
③ 胥兴春,等. 智力理论发展的新趋势[J]. 宁波大学学报:教育科学版,2004(1):51-54.
④ 〔美〕J. S. 兰祖利,等. 丰富教学模式——一本关于优质教育的指导书[M]. 华华,等译. 上海:华东师范大学出版社,2000:4-11.

注。那么,超常儿童的元认知能力是如何发展的呢?亚历山大(Alexander)等人在回顾了大量有关超常儿童元认知发展的文献后,提出了以下几种理论假说。[1]

顶端假设(ceiling hypothesis):该假设认为,元认知是一种基本的心理过程,与其他基本的心理过程和技能的发展是同步的。超常儿童的元认知发展速度比普通儿童要快,因而在幼年期、儿童期及青少年期,他们的元认知发展水平高于普通儿童。但随着年龄的增长,二者之间的差距逐渐缩小,最终超常儿童在该领域的优势逐渐消失,与普通儿童元认知发展达到的顶点是一致的。

加速发展假设(acceleration hypothesis):该假设认为,高水平的元认知或许正是超常者所特有的,而不仅仅是发展速度快慢和先后的问题。超常儿童的元认知发展存在"马太效应",即随年龄的增长,超常者会获得越来越多的元认知知识和技能,他们与普通儿童元认知水平之间的差距会越来越大。

单一发展假设(monotonic development hypothesis):该假设认为,超常者可能先天就具有元认知领域的发展优势,并且在毕生的发展中,一直保持着该领域的领先优势,但他们与普通儿童的差距始终稳定。

通过更细致的分析,亚历山大等人提出,实际上,在不同的元认知要素上,超常儿童表现出的发展模式是不同的。如在陈述性元认知知识和其迁移上,超常儿童的发展轨迹较为符合单一发展假设,即超常儿童在该领域的发展始终保持较为稳定的优势;在简单和复杂策略自发运用的发展上,超常儿童表现出的发展模式是加速式的,即随年龄增长,超常儿童在该领域的超常效应(giftedness effects)愈益突出,不过该效应很可能是领域特殊性的;而在认知监控的发展方面,超常儿童只表现出了发展效应,而没有明显的超常效应,这可能与认知监控对超常儿童与一般儿童而言都具有一定的难度有关。可见,要深入考察超常儿童元认知发展的特点,需要对元认知的组成成分分别进行研究。以下主要介绍目前研究较多的元记忆领域的相关研究,与元认知联系较为宽泛的问题解决和策略部分将放在下一节介绍。

(二)超常儿童的元记忆发展

元记忆是指认知主体关于自身的记忆能力和记忆过程的认识,[2]其发展研究涉及元记忆知识和记忆监控能力的发展。

1. 元记忆知识

元记忆知识主要指个体对于记忆活动的过程、特点以及与之相联系的自身能力等方面内容的了解和认识。一般认为,尽管有研究发现,3至4岁儿童已经具有了记忆较少的东西比记忆较多的东西容易等元认知知识。[3] 但总的来说,学龄前儿童的元记忆知识水平还是相对较低的,大多数元记忆知识的明显进步体现在学龄期。[4]

施维南弗拉杰(Schwanenflugel)等人就有关记忆和注意的陈述性元认知知识,对幼儿园

---

[1] Alexander, J. M., et al. Development of metacognition in gifted children: directions for future research[J]. Developmental review, 1995(1): 1-37.
[2] 陈英和. 认知发展心理学[M]. 杭州:浙江人民出版社,1996:313-335.
[3] Bjorklund, D. F. How age changes in knowledge base contribute to the development of children's memory: An interpretative review[J]. Developmental Review, 1987(2): 93-130.
[4] 左梦兰,等. 5—13岁儿童元记忆发展的实验研究[J]. 心理科学,1990(4):7-12.

和一年级的22名超常儿童和40名普通儿童进行了比较研究。[1] 研究发现,超常儿童在18%的元记忆知识项目上优于普通儿童,表明超常儿童的元记忆知识优势出现得很早。

我国学者桑标等人也研究了5~7岁智力超常儿童与普通儿童在元记忆知识方面的异同,[2]研究选取了112名被试,按年龄和智力水平进行分组。采用对偶图片的方式(即儿童的任务是按照主试的要求,从一对图片中选择自己认为合适的那张来作出回答),对个体变量(如年龄、性别)、项目变量(如记忆项目的多少)、过程变量(如记忆时间的长短)、策略变量(如对记忆材料有无进行复述或组织)、遗忘与回忆变量等五类陈述性元记忆知识分别进行考察。研究发现:① 5~7岁儿童在不同类型元记忆知识的发展上是不同步的,有先后之别。其中,儿童对项目变量和过程变量的把握较早,而对记忆主体的意识显然要比对记忆客体与过程的意识差得多。② 总体上看,5~7岁是儿童元记忆知识快速发展的时期,每一年龄组儿童的元记忆知识总体水平都显著高于低一年龄组的儿童。值得注意的是,各年龄组高智力儿童的元记忆知识均达到了年长一岁年龄组普通儿童的水平,这与单一发展模式相吻合。③ 5~7岁高智力与普通智力儿童在元记忆知识的不同类别上,表现出的发展模式是不一样的。如在主体变量知识、遗忘与回忆变量知识上,高智力儿童并未表现出发展的优势;而在策略变量知识上,似乎又体现了加速发展的模式。研究者根据研究结果认为,在元记忆知识的总体水平上,高智力儿童具有的优势十分明显,但这种优势实质上主要表现在元记忆知识的某些特定领域,而非所有的元记忆知识领域,即高智力儿童元认知知识内部不同成分的发展是不同步的。

2. 记忆监控

记忆监控包括了解自己的记忆状态,正确评价这种状态对现时或将来心理活动操作影响的能力与过程。布朗认为,元记忆主要是对记忆过程的监控,监控在策略的执行中起着很大的作用,元记忆对记忆的调整作用比任何其他因素都重要。[3]

施建农以11岁的超常儿童和常态儿童各20名为被试,以数字和图形为实验材料对儿童的记忆、记忆组织和记忆监控的特点和差异进行了比较研究。[4][5] 结果发现,超常组儿童不仅在回忆量和回忆速度上比常态组儿童优异,在元记忆监控上也比常态组儿童发展得更好。这表现为,与常态组儿童相比,超常组儿童不仅能更清楚地意识到自己的记忆程度,还能更明确地了解何种记忆状态对回忆更有利。例如,在研究中大部分超常组儿童在报告自己是否记住了所给的记忆任务时,都是自己先想一遍再报告记住了,而常态组儿童则大多数只觉得脑子里有个印象就报告记住了。显然,前者的记忆监控要精确得多。研究者认为,儿童在元记忆方面的差异反映了其认知水平的差异,可以作为鉴别超常儿童的一项指标。

桑标对5~7岁高智力和普通智力儿童数字记忆广度监控能力的发展进行了研究。[6] 实

---

[1] Schwanenflugel, P. J., et al. Metacognitive knowledge of gifted children and nonidentified children in early elementary school[J]. Gifted Child Quarterly, 1997(2): 25-35.
[2] 桑标,等.超常与普通儿童元记忆知识发展的实验研究[J].心理科学,2002(4):406-409.
[3] 桑标,等.儿童元记忆研究的现状与问题[J].心理科学,2000(6):715-719.
[4] 施建农.超常与常态儿童记忆和记忆监控的比较研究[J].心理学报,1990(3):323-329.
[5] 施建农.超常与常态儿童记忆和记忆组织的比较研究[J].心理学报,1990(2):128-134.
[6] 桑标.普通儿童与高智力儿童元记忆发展的实验研究[D].上海:华东师范大学博士学位论文,1999.

验含一套预备实验材料和三套正式实验材料,每套材料均由一位至十三位数字构成,按顺序排列成十三行楼梯状的数字串,每行数字的个数由1位逐个增加到13位。实验基本程序是,主试出示实验材料,首先要求被试估计自己能记忆到哪个长度的数字串,再逐行从头开始测试被试的数字短时记忆广度。研究发现:① 整体来看,各组儿童对短时记忆广度的预测均表现出高于实际值的倾向,随着预测操作次数的增加,儿童对短时记忆广度的预测数值逐步向实际回忆数靠拢,大龄儿童比低龄儿童更为明显,显示出记忆监控的年龄优势。② 在对两组儿童预测值的平均差和差异系数作了进一步的分析后,研究者认为,就普通组儿童来说,随年龄的增加,记忆监控能力的发展表现为从整体上不精确(全部高估),到出现预测的离散(即有的开始接近实际值,有的仍高估),再到整体较为接近实际值。而高智力组儿童仅表现为从相对高估到相对符合实际值的变化,体现出发展上量的区别,不过,高智力儿童的组内差异更大。③ 从统计数据上看,高智力组儿童预测值与实际回忆数的吻合度与普通组儿童的差异并不显著,但基本上各组数值都与年长一岁年龄组普通儿童的一致甚至稍高。研究者认为,与同年龄的普通组儿童相比,高智力组儿童记忆监控上的优势更多地体现在量的方面,而非质的方面,这与亚历山大等人的研究也是一致的。

第4节 超常儿童的问题解决

三国时期,孙权给曹操送来一只漂亮的雉鸡。曹操想观赏雉鸡舞蹈,但用尽办法,这珍禽就是不鸣不舞。此时曹操的幼子曹冲想出一个办法,他让人拿来一面大镜子,摆在雉鸡面前。雉鸡看到镜中的影像,以为看到同类,起了争胜之心,当即对镜起舞,众人称奇。

问题解决是我们所有人生活中的重要组成部分。有时遇到的问题解决起来很容易,我们甚至意识不到它们的存在(如感到饥饿时找一片面包充饥),但有时面对的问题却让人一筹莫展(如解一道高深的数学题或应对经济危机),这时问题就演变为难题。在我们大多数人的头脑中,所谓的"聪明人"往往就是那些善于解决难题的人,如传说中的阿凡提、一休、纪晓岚,还有上面提到的曹冲。20世纪80年代,斯滕伯格曾经对普通人头脑中聪明人的概念作过调查,[1]发现在人们所列出的指标中,最重要的就是"解决实际问题的能力",即一个人如果能够准确判断情景,抓住问题要害,然后进行有逻辑的推理,找到有效解决问题的办法,那这个人就会被认为是"聪明人"。斯滕伯格还同时对智力研究领域的专家进行了调查,他们也认为问题解决能力是智力的一个重要特征。因此,超常领域中重视对问题解决能力及其影响因素的研究是很自然的。

一、问题解决概述

(一)问题解决的含义

问题解决的心理机制是心理学中一个重要而悠久的研究领域。早期的行为主义心理学家和格式塔派心理学家都对此进行过实证研究,并分别提出了"试误说"和"顿悟说"来说明

---

[1] 〔美〕John B. Best. 认知心理学[M]. 黄希庭,等译. 北京:中国轻工业出版社,2000:365.

问题解决的心理过程。随着研究证据的积累,人们发现这两种学说都不够准确,只描述了问题解决的不同方面。20世纪中期以后,随着心理学界"认知革命"的发生,认知心理学家们从信息加工的角度对问题解决进行了系统而深入的研究。

现代认知心理学通常将问题解决定义为一系列有目的指向性的认知加工过程。[①] 该定义有三层含义:[②] 首先,问题解决具有明确的目的性,不是自动化加工的,所以带有"个人"色彩,即是否存在问题要视个体的具体情况而定。如学习游泳对新手来说是个大问题,但对游泳运动员就完全不成问题。而且如果该新手改变了意向,不再打算学习游泳了,问题也同样不复存在。其次,问题解决是在目标指引下的一系列心理操作。有些活动虽然也有明确的目标,如问一个正常成人一年有多少天,这种问题只需要简单的记忆提取,他立即就能答出来,无需一系列心理操作,就算不上是问题解决。但若是让他(天文学家除外)推测火星上的一年有多少天,该任务就很可能变成问题了。第三,问题解决的活动必须由认知操作来进行,即其本质上是一种思维活动。如拖地、穿衣服等活动虽然也是一系列有目的的操作,但这些活动基本上没有重要的认知成分参与,不属于问题解决范畴。

(二)问题的类型

由于研究角度的不同,认知心理学对问题的分类也有所不同。

按照问题所含信息的清晰程度不同,可将问题分为界定良好的问题和界定不良的问题。[③] 前者对问题的初始状态、目标状态和达到目标状态可能需要的操作都有清楚的说明。下中国象棋就是一个典型的界定良好的问题,象棋的开局格式是固定的,目标是明确的(将死对方的老帅),对弈中每个棋子的走法也是有规定的。界定不良的问题一般缺乏这种明晰性,问题的初始状态或者目标状态抑或两者都是模糊或不具体的。我们在日常生活中碰到的问题大多是界定不良的。例如"写好一篇作文",什么样的作文算好、怎样能写好一篇作文都是见仁见智,没有明确标准的,这样的问题就是界定不良的。

从问题解决所必要的认知操作或技能出发,可以将问题分为三种类型,[④] 分别是归纳结构问题、转换问题和排列问题。归纳结构问题要求问题解决者在若干给定成分中发现隐含在其中的结构形式。常见的例子是类比问题,如"手与脚相当于手指与什么?"就是一个类比问题,解决这类问题需要觉察问题各成分之间的关系并产生整体性表征。转换问题要求问题解决者发现从问题初始状态达到目标状态的一系列操作顺序,这一类问题中最有名的是河内塔问题(Tower of Hanoi)。该问题的初始状态有三根柱子,第一根柱子上有三个圆盘,按从大到小的顺序自下而上地叠在一起,看上去就像一个"塔"。目标状态是把这三个圆盘移到第三个柱子上,大小排列顺序不能变。规则是每次只能移动最上面的一个圆盘,而且大圆盘不能压在小圆盘上,在移动过程中可以利用中间的柱子作为过渡。解决"河内塔"问题,需要找寻联系初始状态和目标状态的一系列中间状态,然后一步步达到目标。排列问题则

---

① Greeno, J.G. Nature of problem-solving abilities[M]//Estes, W. K. (Ed.). Handbook of learning and cognitive processes (Vol. 5). Hillsdale, NJ: Lawrence Erlbaum Associates, 1978: 239-270.

② 辛自强.问题解决研究的一个世纪:回顾与前瞻[J].首都师范大学学报:社会科学版,2004(6):101-107.

③ 〔美〕John B. Best. 认知心理学[M]. 黄希庭,等译. 北京:中国轻工业出版社,2000:375.

④ Greeno, J.G. Nature of problem-solving abilities[M]//Estes, W. K. (Ed.). Handbook of learning and cognitive processes (Vol. 5). Hillsdale, NJ: Lawrence Erlbaum Associates, 1978: 239-270.

是给问题解决者呈现某些成分,要求必须以一定的标准对其进行重新排列,字谜游戏就是典型的排列问题。

(三)问题解决研究的发展

半个世纪以来,关于问题解决的认知研究大体上有两种不同的取向:[①]一是从"纯粹"信息加工的角度描述问题解决的心理过程;二是强调知识结构在问题解决中的作用,以及探讨问题解决中知识的获得。

认知心理学对问题解决的早期研究以"纯粹"的信息加工取向为主,基本不涉及,甚至力图避开专门知识的层面。这种取向在实际的研究中主要反映为两个特征:其一,研究所选用的问题主要是界定良好的"知识贫乏"(knowledge-lean)领域的人工问题。如各种版本的"河内塔"问题、"过河"问题[②],这类问题基本不需要问题解决者具备专门领域的相应训练和知识。选择这类问题进行研究主要是基于以下理由:它们足以对大多数人构成挑战但又没有复杂到不能解决、相对来说解决问题需要的时间较短、能够明确界定理想的问题解决结果、便于跟踪个体的问题解决步骤等。其二,研究的内容或目标旨在发现通用的问题解决过程或一般性的策略,如纽厄尔(A. Newell)和西蒙(H. A. Simon)就提出了一种能应用于多种不同问题的理论,称为"通用问题解决法"(general problem solver)。[③] 在通用问题解决中人们常用的一般性策略主要是"启发式"(heuristics)策略和"算法"(algorithm)策略。前者主要是在人们的日常生活中根据经验形成的一种选择性的搜索方式;而后者是靠详细说明并一一试验一切可能的序列或解答以必定得出正确答案的特定程序,它比启发式精确,但往往很费时间。

到20世纪80年代早期,问题解决的研究取向逐渐从研究非专门领域的、具有通用结构与解决策略的问题转向研究专门领域的、有具体情境的、基于专门知识的问题解决研究,即从关注"知识贫乏"领域的问题转而重视"知识丰富"(knowledge-rich)领域的问题,知识在问题解决中的关键作用日益得到学者们的重视。这种转变的发生是基于以下原因:一方面,来源于简单人工问题的实验结果和理论都相对简单,与现实任务的复杂性相比缺乏生态化效度。另一方面,越来越多的研究发现,[④][⑤]专门领域知识对问题的解决有明显影响,而且这种影响一般局限在特定领域中,较少具有迁移性(即擅长解决化学问题的人不一定擅长解决数学问题),其规律不同于知识贫乏领域的问题解决。在具体的研究中,这种研究转向表现为专家—新手研究范式的出现和对学科问题解决策略与图式的重视。近年来,对超常儿童策略和学科领域问题解决研究的重视正是这种转向的体现。

[①] 辛自强.问题解决研究的一个世纪:回顾与前瞻[J].首都师范大学学报:社会科学版,2004(6):101-107.

[②] 如:一个农民携带一只狼、一只羊和一棵白菜,要借助一条小船过河。小船上除了农民,只能再带狼、羊、白菜中的一样。而农民不在时,狼会吃羊,羊会吃白菜。农民应该如何过河呢?

[③] 〔英〕M. 艾森克.心理学——一条整合的途径[M].阎巩固,译.上海:华东师范大学出版社,2005:374.

[④] Sternberg, R. J. Conceptions of expertise in complex problem solving: A comparison of alternative conceptions [M]//Frensch, P. A., et al. (Ed.). Complex problem solving: The European Perspective. Hillsdale, NJ: Lawrence Erlbaum Associates, 1995: 295-321.

[⑤] Chi, M. T. H., et al. Categorization and representation of physics problems by experts and novices[J]. Cognitive Science, 1981(2): 121-152.

二、超常儿童的类比推理能力

（一）类比推理能力及其发展

所谓类比推理，是指知识从一个领域（源领域）向另一个领域（目标领域）的映射，如果源领域情境中事物之间的关系也存在于目标领域情境的事物中，类比便有可能发生。[①] 将当前问题与其他一些相关问题进行类比是解决问题的常见方法。在科学史上，这类例子相当多见，如阿基米德在洗澡时从身体浸入水中引起水位变化得到启发，联想到浮力与物体的排水量（物体体积）有关，而不是与物体的重量有关，从而发现了著名的阿基米德定律。可以说，类比推理是人类获得知识和解决问题的重要机制，在人类文明的进化中起着不可替代的作用。

儿童类比推理能力的发展经历了一个从简单到复杂、从低级到高级、从肤浅到深刻的发展变化过程。[②] 一岁左右时，儿童的类比能力开始萌芽，十个月大的婴儿已经可以参照父母解决问题的方式解决类似的后续问题。[③] 学龄前期，儿童的类比推理能力渐趋复杂，但他们往往需要明显的暗示才能引出类比。而且年幼儿童的类比常被表层特质所阻滞，年长儿童及成人则较少受此影响。如听到"这个人长了个花岗岩脑袋！"这句话，大部分的六七岁儿童会认为这句话的意思是"这个人的脑袋和石头一样硬"。到了十三四岁，儿童才能超越表层特质的类比，从内在深层特质的层面上正确理解该句话的意思是说"这个人很顽固"。西格勒（Siegler）认为，是知识内容的增加和语言的发展促进了儿童类比推理能力的进步。[④]

（二）超常儿童的类比推理能力

早在1927年，斯皮尔曼就用"A 与 B 相当于 C 与 D（如，手与脚相当于手指与____）"这样的问题对类比推理思维进行了研究，他发现，类比问题的成绩与 IQ 约有 0.8 的相关。[⑤]

后来，斯滕伯格选用高智力被试进行了类比问题的研究，他提出，这些被试解决类比问题包括了六个加工成分：

(1) 编码：对项目 A 和 B 进行编码（如手和脚）。
(2) 推论：发现联系 A 和 B 的规则。
(3) 匹配：发现联系 A 与 C 的规则（如手和手指）。
(4) 应用：判断第四个项目应该是什么并与题目所供选择的第四项作比较（如脚趾）。
(5) 验证：检验先前操作的准确性（该成分是备选的）。
(6) 准备—反应：准备并作出回答。

斯滕伯格曾认为，对于不同能力水平的被试来说，他们在类比问题的解决中使用的基本加工过程是相同的。但其后海勒尔（J. I. Heller）的研究发现，不同能力水平被试的类比问题解决有明显差异，能力高的问题解决者能够使用类比推理解决问题，而较差的问题解决者中有 50% 不会使用类比推理。[⑥]

国内对超常儿童类比推理能力开展的专门研究并不多。我国的超常儿童研究协作组曾

---

① 陈英和，等.类比问题解决的理论及研究[J].北京师范大学学报：社会科学版，2008(1)：50-56.
② 施建农，徐凡.超常儿童发展心理学[M].合肥：安徽教育出版社，2004：242.
③ 〔美〕Robert S. Siegler.儿童认知发展——概念与应用[M].林美珍，编译.台北：心理出版社，2004：322.
④ 〔美〕Robert S. Siegler.儿童认知发展——概念与应用[M].林美珍，编译.台北：心理出版社，2004：324.
⑤ 〔英〕M.艾森克.心理学——一条整合的途径[M].阎巩固，译.上海：华东师范大学出版社，2005：376.
⑥ 〔英〕M.艾森克.心理学——一条整合的途径[M].阎巩固，译.上海：华东师范大学出版社，2005：376.

分别对 3～6 岁和 7～14 岁两个年龄段的超常儿童与常态儿童的类比推理能力作了对比研究。[1][2] 查子秀等历时两年对 650 名 3～6 岁儿童的类比推理能力进行了对比研究,研究使用了"图形""实物图片"和"数字"等测验材料,考查儿童的图形类比推理、实物图片类比推理和数概括类比推理三个方面的能力。研究者将儿童表现出的类比推理能力分为五级水平,其中Ⅰ级和Ⅱ级是能正确或基本正确概括图形、事物和数量之间的本质关系,从而进行正确的类推;Ⅲ级是依据外部的次要的或功用性的特征进行类推;Ⅳ级是能选对但不清楚理由;Ⅴ级是选择错误。据此可将儿童类比推理发展的全过程划分为不会类比、低水平类比、由低水平类比向较高水平类比的过渡、较高水平的类比和高水平的类比五个阶段。研究发现,3～6 岁儿童具有一定的类比推理能力,并呈现出随年龄增加而提高的趋势。超常组儿童类比推理能力的得分显著高于同年龄的常态组儿童,通常高出两个或两个以上标准差。从类比推理的发展水平来看,超常组儿童平均高于常态组儿童 1～2 级水平。并且在类比推理过程中,表现出理解快、善于概括关系、能抓住本质特征等思维特点。如一名 3 岁半的超常儿童能迅速根据水果/苹果的关系把文具与铅笔联系起来,并能说明:"这是苹果,这是水果,这是铅笔,它俩(指铅笔与文具)都是文具。"这名儿童在图片类任务上的类比推理水平达到了 6 岁组的均值。王骧业等在研究 7～14 岁超常与常态儿童的类比推理能力时,将"实物图片"类比推理任务变成了"语词"类比推理任务,也得出了类似的结论。

此外,赵笑梅等考察了学习能力和知识经验对儿童类比问题解决及策略运用的影响。[3] 研究对象是 90 名小学四年级学生,按照语文和数学学习成绩被分为学优、学中和学差三组。研究所采用的类比源问题是经过改造的陆钦斯(Luchins)水罐问题,如"猫来到一条小河旁,他的瓶子需要 7 杯水,可是没有量杯,他的三个水罐分别能装 3 杯、4 杯和 5 杯水,你怎样帮蓝猫正好量出 7 杯水呢?"问题与源问题基本相似,但具体数字不同,所需运算不尽相同。研究者首先根据是否采用了类比策略将儿童策略运用分为运用类比策略和运用非类比策略两大类。根据儿童运用类比的具体情况和实际水平,将运用类比策略分为三种:初级类比策略(根据题目在整体上、表面上的相似性进行了笼统类比)、中级类比策略(根据题目在数字、数量关系、运算关系上的相似性进行类比)和高级类比策略(根据题目在解题思路和解决方法上的相似性进行类比)。研究结果发现,学优组儿童运用类比策略相对更多,运用非类比策略则相对较少;而学差组儿童则运用非类比策略更多;学中组儿童居中。不同学习能力儿童在中级、高级和非类比策略运用上的差异都表现得十分明显,这说明学优组儿童的类比推理能力要显著高于其他儿童。

三、超常儿童的问题解决策略

(一)问题解决策略发展的叠波模型理论

西格勒(R. S. Siegler)和詹金斯(E. Jenkins)将问题解决策略定义为促使人们解决问题的目标指向的主动选择过程。主动选择意味着问题解决策略与那些达到目标所必需的其他更基础性的程序是有区别的,是由问题解决者从几个可能的选择中挑选出来的。[4]

---

[1] 查子秀.3—6 岁超常与常态儿童类比推理的比较研究[J].心理学报,1984(4):373-382.
[2] 施建农,徐凡.超常儿童发展心理学[M].合肥:安徽教育出版社,2004:243.
[3] 赵笑梅,等.学习能力、知识经验对儿童问题解决的影响[J].心理发展与教育,2007(3):19-25.
[4] Siegler, R. S., et al. How children discover new strategies[M]. Hillsdale, NJ: Erlbaum, 1989:11.

在儿童策略发展研究中,当前最具影响的是西格勒提出的叠波模型理论(overlapping waves model)。[1] 叠波模型理论将儿童策略使用的发展变化描绘为一系列相互重叠的波浪,从图 5-4 可以看出,儿童的每个年龄点都对应着几条策略,这表明在一个时期内儿童是同时采用多种策略解决问题的。随着时间的推移,每一策略的使用频次都在不断发生变化,时有出现,又时而终止。也就是说,儿童问题解决策略的发展不是由较高级策略不断替代较低级策略的直线上升过程,而是相互重叠的波浪式发展。不同的思维策略和方式长期并存,即使已经掌握了某个更新、更有效的策略后,儿童仍会继续使用某个先前的策略。不过在发展过程中,由于经验的作用,较有效的策略频繁得到使用,经过一段时间后,将最终替换陈旧的低效策略。

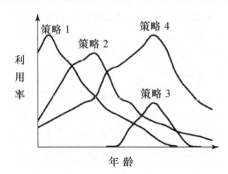

图 5-4 叠波模型示意图[2]

西格勒运用微观发生法(microgenetic method)对叠波模型理论进行了实验验证。微观发生法不同于儿童发展研究中经常采用的横断研究或纵向研究,它并不过多关注整组儿童的平均行为表现,而在于通过对儿童重复完成某一问题领域中任务的细致观测,将自然发生的发展变化压缩在比较短的时间框架中,以便发现认知加工过程的细节信息,找寻发展变化机制的线索。[3]

西格勒和詹金斯用微观发生法对 4~5 岁儿童加法策略中小值策略的习得和发展进行了研究。[4] 小值策略是指进行加法运算时,从较大的加数开始向后计数,如计算 2+5 时,先从 5 开始,通过 5、6、7 的方式计数,最后得出答案 7。实验分为前测和正式实验两个阶段。每个阶段儿童都被单独施测,并通过录像和口头询问的方式对他们所使用的策略加以详细评估。经过前测,挑选出从未使用过小值策略,但已具备正确加法知识的儿童参加正式实验。正式实验为时 11 周,每个儿童每周接受三次单独试验。每次试验实验者会向儿童呈现 7 道加法题,检验儿童是否采用了小值策略。如果在某次试验中儿童首次使用了小值策略,实验者就会提供一些更深层次的题,以探测该策略出现时儿童对之的理解。研究结果发现,儿童在解决问题时使用了多种策略,各策略的使用频率随着时间的推移而发生变化。有意

---

[1] Siegler, R. S. Microgenetic analyses of learning[M]// Damon, W., Lerner, R. M., (Series Eds.) Kuhn, D., Siegler, R. S. (Vol. Eds.). Handbook of child psychology: Volume 2: Cognition, perception, and language (6th ed.). Hoboken, NJ: Wiley, 2006: 464-510.

[2] Steiner, H. H. A Microgenetic Analysis of Strategic Variability in Gifted and Average-Ability Children[J]. Gifted Child Quarterly, 2006(1): 65.

[3] Siegler, R. S., et al. Constraints on learning in non-privileged domains[J]. Cognitive Psychology, 1994(2): 194-227.

[4] Siegler, R. S., et al. How children discover new strategies[M]. Hillsdale, NJ: Erlbaum, 1989.

思的是，儿童有时在找到了有效策略后不久又会放弃使用该策略，转而返回到先前比较不成功的策略。例如，在试验中使用小值策略比率最高的儿童，在开始意识到该策略后，在84次试验中使用该策略的次数也只有7次。这似乎说明，成功与否并不是驱动策略发展的主要动力，对策略的认知效能或新异性的考虑所起的作用可能更大。

叠波模型理论在不同年龄阶段儿童和在算术、拼写、系列回忆、时间辨认等不同类型的任务中都相继得到了证实。[①②] 西格勒认为，对儿童来说，同时保持多种策略具有适应性意义，因为这样有助于儿童更加灵活地处理问题及在具体情境中选择最适合自身能力的策略。与儿童发展的阶段论不同，西格勒的叠波模型理论强调了发展过程中儿童个体间和个体内思维的变异性。该理论假定每个儿童都拥有自己的策略库，处于其中的新旧策略均处于备选状态，这些策略在经验波浪的冲刷中不断向前起伏发展着。叠波模型理论中所蕴含的变异性、选择性和变化的观点对我们理解超常儿童的策略发展具有启发意义。

（二）超常儿童问题解决策略的特点和发展

与普通儿童相比，超常儿童通常在问题解决上更具优势，这突出表现在他们的策略能力上。[③] 研究发现，超常儿童拥有更多的策略知识。在面对新的问题情境时，超常儿童对问题的理解更深刻，在策略的选择上更精细、适当和有效。在问题解决过程中，超常儿童会将更多时间用于问题表征和策略的计划、选择上，而普通儿童则把更多精力耗费在策略执行上。[④⑤] 有证据显示，超常儿童在策略能力上的这些优势在幼年期就已显现。[⑥]

不过，要更细致地了解超常儿童问题解决策略的优势所在和其发展，仅进行静态地描述是不够的，还需进一步探讨他们在问题解决中各种策略获得、使用和变化的动态过程。施泰纳（Steiner）运用微观发生法对超常儿童和普通儿童在新异情景下的策略运用模式及发展进行了研究。[⑦] 实验被试包括50名7～8岁的儿童，其中智力超常儿童和普通儿童各半。实验任务为"太空比赛"（space race）游戏。该游戏是专门为年幼儿童设计的一款策略性电脑游戏。游戏要求从18艘太空飞船中进行选择，挑出其中唯一一艘飞行速度能达到飞离地球标准的目标飞船。这18艘飞船在外形（分为碟形、圆柱形或三角形）、颜色（分为红、蓝或黄）和机翼特点（有或无）上各不相同，每一种特点都代表了不同的速度附加值。被试可以根据对飞船速度的两两比较，推测出太空船不同特点所代表的速度附加值，以作为选择目标飞船的依据。游戏开始时，被试从游戏菜单中任选两艘飞船进行比赛，赛后被试选择目标飞船，若未选中，则回到菜单页继续选择两艘飞船进行比赛，直至选中目标飞船后本次游戏结束。在

---

① Siegler, R. S. Children's thinking[M]. 3rd ed. Upper Saddle River, NJ: Prentice Hall, 1998: 91-99, 247-281.

② Tunteler, E., et al. Spontaneous analogical transfer in 4-years-olds: a microgenetic study[J]. Journal of Experimentation Child Psychology, 2002(3): 149-166.

③ Carr, M., et al. Where gifted children do and do not excel on metacognitive tasks[J]. Roeper Review, 1996(3): 212-217.

④ 赵笑梅，等.学习能力、知识经验对儿童问题解决的影响[J].心理发展与教育，2007(3)：19-25.

⑤ Shore, B. M., et al. IQ-related differences in time allocation during problem solving[J]. Psychological Reports, 1996(3): 848-849.

⑥ Robinson, N. M. Giftedness in very young children: How seriously should it be taken? [M]// Friedman, R. C., Shore, B. M. (Eds.). Talents unfolding: Cognition and development. Washington, DC: American Psychological Association, 2000: 7-26.

⑦ Steiner, H. H. A Microgenetic Analysis of Strategic Variability in Gifted and Average-Ability Children[J]. Gifted Child Quarterly, 2006(1): 62-74.

该游戏中,每次比赛都可以被认为是一次"试验",儿童要完成游戏需要多次试验。每次试验后,研究者都询问儿童下次将选择哪两艘飞船和选择它们的原因,游戏结束后询问儿童所采用的策略(例如:"你是怎么玩这个游戏的?""你用了哪种思维策略?""你从刚才的那次游戏中学到了对下一次选择有用的东西吗?")。实验全程进行录像,每名儿童分别进行三轮游戏,每轮游戏中飞船特点的速度附加值都是不同的,因而目标飞船也不同。

根据研究数据,施泰纳将儿童的策略水平分为四级:

水平1:未采用明显策略。例如,基于自己对颜色的偏好选择目标飞船,或不管飞船的特点如何均采用猜测的方法,直到发现目标飞船。

水平2:根据自己先前已有的关于太空旅行的理论做选择。例如利用自己已知的某特点意味着速度快的知识来选择目标飞船。

水平3:没有利用其他飞船进行速度比较,仅就单艘船的一或两个特性进行速度测试。例如,选择红色船来了解红色的速度效果,而不比较红色船和另一艘所选船的速度。

水平4:在两艘船中保持一或两个特点恒定不变,以确定该特点的速度附加值,这是儿童所采用的最为复杂的策略。例如,选择同样形状、同样机翼特点而颜色不同的飞船进行比赛,以考察不同颜色所代表的速度特点。

研究发现,超常儿童和普通儿童的策略发展模式均符合叠波模型理论(见图5-5和图5-6),即他们在解决游戏问题时都表现出了策略使用上的变异性,并且在已经使用过较为高级的策略后又常常会返回到使用较为低级的策略。不过,从图5-5可以看出,普通组的策略变异性更为明显,在三次游戏中,普通组的策略选择一直在策略水平1至策略水平4之间变化,而超常组则随着游戏次数的增加,策略变异很快就稳定在策略水平3和策略水平4上。可见普通组和超常组儿童虽然都能很快获得高水平策略,但只有超常组儿童能更快地稳定在高水平策略上,这与常在天才儿童身上发现的策略使用的复杂性是一致的。进一步的分析还发现,超常儿童利用试验反馈信息的比例也显著高于普通儿童。例如,如果发现红色船速度更快,有更多的超常儿童会在下一次试验中选择红色船。研究者认为,这反映了超常儿童从已使用过的策略中获益的能力更强。

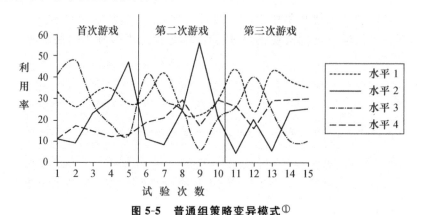

图5-5 普通组策略变异模式[1]

---

[1] Steiner, H. H. A Microgenetic Analysis of Strategic Variability in Gifted and Average-Ability Children[J]. Gifted Child Quarterly, 2006(1): 68.

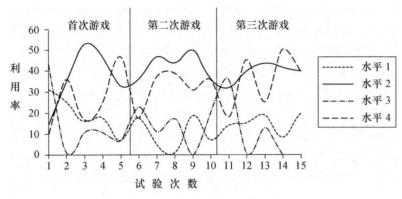

图 5-6 超常组策略变异模式①

不过,值得注意的是,尽管普通组更可能用猜测或其他较低水平的策略解决游戏问题,而超常组利用高水平的策略解决问题的比例更高,但两组解决问题的总体效率并无明显差异,即似乎使用高水平的策略并未给超常儿童的问题解决效率带来立即的收益。研究者认为,这可能是由于超常儿童更倾向于把游戏当作逻辑问题,而非机遇问题,因此,他们在做出每一步决定时,都要对先前的信息作出评估,这使得超常儿童在问题解决的计划阶段花费了更多的时间和精力,从而减慢了解决问题的速度。从这个角度看,超常儿童对自己策略能力的监控和评价能力更好。此外,这还可以从儿童策略发展的"利用缺陷"(utilization deficiency)现象来解释,即在一个时期内,儿童不能从自发产生的适当策略中受益。② 这一阶段被认为是策略发展不可缺少的关键阶段。针对超常儿童的研究表明,超常儿童通常能很快地从这种策略的"利用缺陷"中摆脱出来,形成新策略的自动化应用能力,这也表现了超常儿童在新策略应用上的优势。③

四、知识基础在超常儿童问题解决中的作用

前文已述及,20 世纪 80 年代以来,问题解决的研究视角从知识贫乏领域转向了知识丰富领域。知识在问题解决中的关键作用日益得到重视。许多学者开始对专家与新手在知识丰富领域的问题解决过程进行系统地考察与比较。

纪(M. T. H. Chi)和格拉泽(R. Glaser)等人对已经获得物理学博士学位的专家和刚读完大学物理学一学期课程的新手在知识结构上的差异进行了研究。④ 他们要求物理学专家和新手对 24 个物理问题进行分类。结果发现,两组被试在解决问题所用的时间上没有显著差异,但他们所做的分类却有着质的区别。专家不管问题的内容和题目中所含的示意图如

---

① Steiner, H. H. A Microgenetic Analysis of Strategic Variability in Gifted and Average-Ability Children[J]. Gifted Child Quarterly, 2006(1): 68.

② Miller, P. H., et al. Strategy utilization deficiencies in children: When, where, and why[J]. Advances in child development and behavior, 1994(25): 107-156.

③ Gaultney, J. F., et al. To be young, gifted, and strategic: Advantages for memory performance[J]. Journal of Experimental Child Psychology, 1996(1): 43-66.

④ 〔美〕John B. Best. 认知心理学[M]. 黄希庭, 等译. 北京: 中国轻工业出版社, 2000: 400-406.

何,总是根据其丰富而抽象的物理学原理知识(如牛顿第二定律等)对物理问题进行分类,而新手的分类则更多的是按照知觉性的外观相似性进行的。可见,新手在解决问题时更易受问题表层结构变化的影响,专家则主要考虑问题的深层结构。

已有研究指出,实际上,知识往往是以图式影响问题表征的形式来对问题解决发生作用的。[①] 所谓图式也被称为知识图式或心理图式,是指一组相关事件、知识或信念所构成的稳定的心理结构或网络,图式有助于问题的快速表征和解决。新手和专家之间在知识结构或内容成分上存在差异。专家掌握更多属于不同具体领域的概念,能够在比较深刻、抽象和具有因果关系的水平上来表征问题。他们所储存的关于各个概念的表征通常包含更多的概念关系和特征,也就是说专家的每一个概念都是与其他许多概念紧密联系的。可以把专家的知识结构想象成一个概念网络,在这个网络中,概念和概念之间存在着密切交织的联系,每一个概念都悬挂在意义之网上,有多条不同层次的途径可以通达。而新手的概念网络往往要凌乱简单得多。例如,同样是"质量的概念",新手可能仅将其与重量和密度联系起来,而专家除此之外,在关于质量的心理表征中还包括加速度、力以及其他相关概念。

专家知识的构成特点使得专家与新手在解决问题时具有完全不同的心理条件。专家在问题解决中可以很快形成基于问题结构相似性的复杂的问题表征,即无需过多的思考和复杂的推理,仅基于记忆的模式识别过程就能解决该领域内的许多问题。如象棋大师可以快速地判断出一个象棋残局的可能走势,因为棋盘上少数几个棋子及其布局就能激活大师记忆中的若干神经单元,而这些单元进一步激活相关神经联系,使其能预测棋局的发展模式和过程。而新手图式中的知识点之间缺乏组织、知识单元间的联结松散、包含较少相关领域的陈述性知识和程序性知识,往往只能形成基于问题表面相似性的简单的问题表征,较难发现有效的问题解决程序和方法。

此外,专家知识的作用还体现在可以通过释放心理容量来促进问题的解决上。[②] 当对某领域的概念、术语、问题模式以及其他特殊材料非常熟悉时,对它们进行加工需要的时间和心理容量就较少,这样,就有可能在一定的时间里,对更多的内容进行注意及加工。同时,工作记忆负荷的减轻也使得他们能够将更多的心理容量用于更高水平的监控、计划等元认知加工。

有关专家知识的研究成果也同样适用于超常儿童,二者的问题解决认知过程有许多类似之处。[③④] 蒙塔古(Montague)等人发现,数学学业不良儿童、一般儿童及优秀儿童的最大差异在于数学问题解决的知识及知识的应用上。[⑤] 数学学业不良儿童即使有着良好的基本算术技能和对数学的积极态度,仍难以理解和表征问题,并主要依赖试误法而不是其他更好的策略来解决问题。赫加蒂(Hegarty)等人曾提出,数学应用题心理表征中存在两种基本的

---

① 邓铸.知识丰富领域问题表征与解决策略[J].宁波大学学报:教育科学版,2002(1):32-36.
② 〔美〕J. H. 弗拉维尔,等.认知发展[M].邓赐平,等译.上海:华东师范大学出版社,2002:215.
③ Shore, B. M., et al. Thinking processes: Being and becoming gifted[M] // Heller, K. A., et al. (Eds.). International Handbook of Research and Development of Giftedness and Talent. Oxford: Pergamon Press, 1993:133-147.
④ Gorodetsky, M., et al. What Can we Learn from How Gifted/Average Pupils Describe Their Processes of Problem Solving? [J]. Learning and Instruction, 2003(3):305-325.
⑤ Montague, M., et al. Solve It! Strategy Instruction to Improve Mathematical Problem Solving[J]. Learning Disabilities Research & Practice, 2000(2):110-117.

策略：直译策略（direct translation strategy）和问题模型策略（problem-model strategy）。[①]前者是指在解决应用题时，只对题中的表面内容进行理解，首先在问题中搜寻数量和关键词，然后据此对数字进行加工。如看见"多或贵"就用加法，看见"少或便宜"就用减法。后者是指解答应用题时，先就问题所描绘的情境进行心理建构，然后根据情境表征制订计划，即理解问题中条件之间的关系后，根据变量之间的关系建立数学表征，再确定采取何种运算。不成功的问题解决者常常采取直译策略解题，而成功的解题者更倾向于采用问题模型策略解题。显然，问题模型策略与专家的问题解决模式更接近。

国内的一些研究结果也表明，[②③④]数学学优生较多使用问题模型策略对问题进行表征，数学学差生则更多地使用直译策略对问题进行表征。胥兴春等采用口语报告法对小学四年级数学学习优秀和学习障碍学生进行了研究。[⑤] 研究者从两组学生问题表征的时间、类型和有效性上进行了考察。研究发现，数学学习障碍儿童读完题后，一般不进行情境表征或只是简单地重复问题中的数字，然后就开始运算，寻求答案。相比较而言，数学学习优秀儿童不急于寻求答案，问题表征时间很充分。在问题表征的类型上，数学学习障碍儿童与优秀儿童在数字表征上没有明显差异，但数学学习障碍儿童的关系表征远不及数学学习优秀儿童。而且，数学学习优秀儿童在问题表征中运用了诸如图画、符号等外显的表征方式，表明他们的问题表征类型及方式较为丰富。在问题表征的有效性上，数学学习障碍儿童偏向于数字表征，注重题目中的数字、局部和细节，仅仅以问题中的信息进行自下而上的加工，缺乏自上而下的加工，难以建立适宜的心理表征；而数学学习优秀儿童则倾向关系表征，对问题中信息的了解比较准确和全面，从整体联系上表征问题。

不过，整体而言，虽然在认知发展研究中，已经开展了大量有关知识对问题解决影响的实证研究，但这类研究较少选取传统意义上的超常儿童作被试，而更多的是在学科知识领域，对不同学业成就儿童进行的比较研究。因此，知识背景和智力如何共同对问题解决产生影响，哪些知识更有利于超常儿童解决复杂问题以及他们如何运用高级知识等问题都还不清楚，有待于今后的进一步深入研究。

 本章小结

我国超常领域研究三十年来所取得的研究成果中，对超常儿童认知特点的研究占了很大比重。当前国内的相关研究已经开始从经验描述阶段向实验（实证）阶段过渡，从一般特征探讨转向对内部心理结构水平和机制的分析。

信息加工速度是衡量个体心理发展水平的重要指标，与智力的个别差异有着紧密的联系。1976年，内特尔贝克和拉利首次发现信息加工速度与智力测验分数之间存在着高度相

---

① Hegarty, M., et al. Comprehension of Arithmetic Word Problems：A Comparison of Successful and Unsuccessful Problem Solvers[J]. Journal of Educational Psychology, 1995(1)：18-32.
② 陈英和，等. 小学 2—4 年级儿童数学应用题表征策略差异的研究[J]. 心理发展与教育，2004(4)：91-96.
③ 仲宁宁，等. 小学二年级数学学优生与学困生应用题表征策略差异比较[J]. 中国特殊教育，2006(3)：63-68.
④ 李晓东，等. 小学三年级数学学优生与学困生解决比较问题的差异[J]. 心理学报，2002(4)：400-406.
⑤ 胥兴春，等. 数学学习障碍儿童问题解决的表征研究[J]. 心理科学，2005(1)：186-188.

关。此后国内外的许多研究都证实超常儿童在许多任务中的信息加工速度都明显快于普通儿童。目前较为普遍的看法是,信息加工速度是衡量儿童心理能力和心理发展水平的重要指标,已被看作是儿童智力发展和个体差异的认知基础。

元认知研究是近年来儿童发展研究中的一个热点。从超常概念的演变可以看出,元认知成分在超常儿童的界定中日益受到重视。亚历山大等人在回顾大量相关文献的基础上,提出了超常儿童元认知能力发展的三种理论假说:顶端假设、加速发展假设和单一发展假设。不同的元认知组成成分可能表现出不同的发展模式。在元记忆的研究上,现有研究发现,超常儿童在元记忆知识上的优势出现得很早,但这种优势主要表现在元记忆知识的某些特定领域,即高智力儿童元认知知识内部不同成分的发展也是不同步的。在记忆监控上,超常儿童的优势更多地体现在量的方面,而非质的方面。

问题解决是一系列有目的指向性的认知加工过程。类比推理是人类获得知识和解决问题的重要机制,超常儿童的类比推理能力好于普通儿童,并且表现出理解快、善于概括关系、能抓住本质特征等思维特点。在问题解决策略的发展上,超常儿童和普通儿童的策略发展模式均符合叠波模型理论,即他们在解决问题时都表现出策略使用的变异性。但超常组儿童能更快地稳定在高水平策略上,他们从已使用过的策略中获益的能力更强,而且他们的策略自我监控和评价能力更好。从问题解决的知识背景角度看,超常儿童也表现出了与专家类似的心理特征。

 思考与练习

1. 在生活中,人们常常用"反应快"或"反应慢"来评价一个孩子是否聪明,谈谈你对这种观点的看法。
2. 请从超常儿童定义的角度谈谈元认知与超常的关系。
3. 超常儿童的元记忆有哪些特点?
4. 什么是"叠波模型理论"?超常儿童的问题解决策略发展有何特点?
5. 如何理解知识基础在超常儿童问题解决中的作用?

第6章 超常儿童的社会性发展

1. 了解超常儿童的情绪、个性、自我概念等的特征。
2. 分析超常儿童的情绪、个性、自我概念等的相关影响因素。
3. 了解超常儿童的情绪、个性、自我概念等的发展。

我们通常会很关注超常儿童的认知发展,对于他们智力因素的超常和特征的了解也比较多,在教育中也相对比较重视。但每位超常儿童都是一个完整的儿童,也是知、情、意的统一体,超常儿童由于身心发展的特殊性,在个性和社会性方面也表现出一些独有的特征,而这些特征更多地时候是在与他人、周围的环境相互作用的过程中形成的,对他们的认知和才能的发展又会产生相应的影响。究竟超常儿童在社会性上有哪些特征呢?这些特征是如何形成的呢?我们如何能促进超常儿童在社会性上的健康发展呢?本章将逐一探讨这些问题。

第1节 超常儿童的情绪发展

每个人都有自己的情绪情感,情感是人类的重要本质属性之一。对于超常儿童而言也是一样,他们的情绪情感发展对于其个体的整体全面发展也是十分重要的。实际上,很多情绪心理学的研究者相信情绪是我们的内在驱动力,只有我们在情感上认为某些事情重要,我们才会想办法去解决,我们的情感会创造出有意识的注意力,并产生问题解决行为。[①] 也就是说,情绪对于智力的发展可能起着推动或者阻碍作用,因此,研究超常儿童的情绪发展与受到更多关注的认知发展具有同样重要的意义。

在19世纪20年代,推孟对高智商的群体进行最初的追踪研究之前,超常儿童被认为是神经过敏甚至是有精神疾病的群体,认为他们虽然有着卓越的才能,但有可能社会适应不良或缺乏生活情趣。但是,推孟历经35年的研究却表明,智商高于140的大部分被试的身体素质都高于常态,而且很多成为广受欢迎的学生领导、足球队队长等。而且测出他们的道德判断水平比同龄儿童发展得更好。后期的研究数据还表明,他们的社会适应能力是高于常态的,他们更少受到离婚、酗酒、自杀和疾病的困扰。作为一个群体,超常人群通常在情感上更健康。

---

① Brandt, R. On teaching brains to think: A conversation with Robert Sylwester[J]. Educational Leadership, 2000 (7): 2-15.

一、超常儿童的情绪特征

由于超常儿童也存在极大的个体差异,因此要综合超常儿童的情绪特征,并不容易,因为高学术能力并不预示着一定会有高的社会性能力。知识小卡片"超常儿童的社会情感特征"中列出的是在超常儿童这一群体中发现的比较普遍的情绪特征,但是很少能在一个个体上找到所有这些特点。① 但值得一提的是,只要给予超常儿童发展良好情绪的机会和支持,他们会比普通儿童调适得更好,他们具有更强的社会情感的调适能力。

知识小卡片 6-1

超常儿童的社会情感特征

- 具有更好的情绪调节能力,尽管有些研究也表明社会经济地位差异的影响大于智力差异的影响。
- 有较高的能量水平,可以导致情绪的兴奋性、高度敏感性、不假思索的言语、无尽的想象力,以及可能极端高昂或者低落的情绪反应。
- 更独立、更少附和顺从同伴的观点、更具控制力、更强势、更具竞争性。
- 在儿童早期和青春期一直都表现出更高的坚持性和注意力水平、更好奇、更享受学习、喜欢掌控或挑战。
- 过度的自我批评,以及基于不合理的对自己的高期望而导致的不现实的自我评价,导致完美主义、对自己理想成绩的期望和现实表现之间的差距的不满等。
- 报告更多的对自我和他人的积极的感情,对自己认知能力有积极的自我认知、对学业的成败有较多的自我控制的自信。
- 更喜欢与自己智力相当的同伴,而非同年龄的同伴,因此社会交往上更喜欢年长的儿童或者成人,对心智水平较低的儿童没有兴趣,更喜欢与自己相同的人交友,与成人相处良好,但与其他能力水平不同的儿童会出现交往问题。
- 在班级同学中有一定的威望,同学把他们当作第一(超常男孩时常如此),但其主要影响因素不是智商高低,而是他们的自我概念等。
- 经常表现出领导能力,而且积极参与社区的活动;对民生问题的关注要早于典型发展的儿童,他们更强调议会制的方式,尽可能少地运用专制或无政府状态的管理方式。
- 倾向非常理想主义,在很小的时候就寻找公平正义,他们对于价值和道德问题更加敏感,很早就理解"好行为"和"坏行为",他们通常对他人的感受和权利很敏感,并对他人的问题产生共情,因此很多超常儿童会对社会问题非常关注。

超常儿童具有更高水平的认知能力,但是认知能力的发展并不能确保他们情感/情绪的发展也可以达到高水平,因为即便具备这样的情感能力潜能,发展也是基于儿童的生活经验

---

① Clark, B. Growing up Gifted: developing the potential of children at home and at school[M]. 7th ed. Pearson Education, Inc., Upper Saddle River, New Jersey, 2008: 129.

的。正如知识卡片里提及的,超常儿童在很小的时候,就可能表现出强烈的正义感和理想主义,很多超常儿童的家长可能都遇到过这样的情况:孩子想知道"为什么世界上会存在不正义和不公正的事情?"家长们绞尽脑汁解释一番后,孩子可能仍然会坚持质问:"可是世界应该是公平的,既然存在这些不公平,你们大人为什么不做点什么呢?"虽然,跟一位三岁的儿童讨论这样的问题,成人和儿童都容易感到沮丧,但是这种正义感,对于儿童的社会性发展有着重要的意义。因此,家长和教师在儿童的情感发展中起着重要的引导作用。

不过,整体来看,超常儿童情绪的发展表现出很多积极的特征。如比起同龄的普通发展儿童,他们的焦虑水平更低,更容易适应。虽然每个个体可能会有不同的特征,有研究表明,超常儿童的情感/情绪的特征类似于比他们年长的群体的特征,超常儿童的情感/情绪特征上也存在男女差异,但总体而言,超常儿童比起普通儿童来,表现出更多的独立性和内在动机、更灵活、自我接纳度更高、心理调适力更强。[①]

但是由于超常儿童时常对自己怀有理想主义和很高的期望值,很多时候他们容易因为无法达成目标,而感到沮丧,但实际上他们取得的成果可能已经很好,只是成果没有达到他们心中的预期,这也被称为完美主义。这是超常个体很常见的一个特征,也非常难以改变,我们将在后面详细分析。另外还有高度的敏感性,这可能导致他们很容易感觉受伤、对批评的反应很强烈、同情他人,甚至还会对光、噪音、材质和食物等有强烈的身体反应。

下面对超常儿童普遍存在的三个比较突出的特征加以分析。

(一) 内在动机

通常我们把动机分为内在驱动的动机和外在驱动的动机两类,用来描述儿童做出选择的时候是出于发自内心的兴趣还是外在的奖励。超常儿童在更年幼的时候就呈现出内在动机很强烈的特点,即"我喜欢这个,所以我做这个"。他们会因为学到新的事物、找到问题的解决方法而产生最单纯、最原始的欣喜和满足感,成为他们内驱的基本动机。研究表明,依据内在动机而行动的儿童更好奇,更乐于接受挑战性任务,遇到困难时更容易坚持、更执著,不依靠他人的眼光而对自己的努力有独立的自我评价,并且更不易产生学业焦虑等。[②]

超常儿童的这一特征,也有学者用"内控力"(locus of control)来描述,而"内控力"除了体现在内在动机强烈外,还体现在另一个层面的概念,即"圆满实现生命的力量"(entelechy),也就是人生追求的哲学境界上,例如他们通常强烈的渴望自我决策,突破重重障碍只为一心一意追求自己的目标。这些目标对他们来说具有"使命意义"甚至是具有宿命的意味(destiny)。一些研究表明对自己生活的使命感和控制感是达成生命巅峰时刻[③]的最重要的一个条件。[④] 这是超常儿童十分值得关注的情绪特征,非常有助于推动他们的认知等其他能力达到一个巅峰,使他们作出更大的贡献。

---

① Clark, B. Growing up Gifted: developing the potential of children at home and at school[M]. 7th ed. Pearson Education, Inc., Upper Saddle River, New Jersey, 2008:127.

② Clark, B. Growing up Gifted: developing the potential of children at home and at school[M]. 7th ed. Pearson Education, Inc., Upper Saddle River, New Jersey, 2008:127-128.

③ 出自马斯洛的理论,区别于社会上流行的成功定义,因而不直接译作成功。

④ Clark, B. Growing up Gifted: developing the potential of children at home and at school[M]. 7th ed. Pearson Education, Inc., Upper Saddle River, New Jersey, 2008:128.

因而这也是在超常儿童教育中最需要关注的特点。而给超常儿童提供的外在刺激（如分数、奖章、五角星、威胁和惩罚）越多，其内在的动机越会被磨灭。当给超常儿童提供外在刺激时，儿童不是会拒绝完成任务就是会由于得到外在强化物而完成任务而不是发自内心的自我实现感。届时，外在强化物一旦停止，完成任务也就没有意义了。

因此，创造回应性强的环境而又不让儿童发现自己的成功是他人刻意创设的。给儿童多种任务供选择，鼓励儿童挑战更难任务，鼓励提问是值得推荐的支持方式。

（二）竞争性

超常儿童在很小的时候就会表现出对周围一切的控制力，也有更强的竞争性，但是他们的竞争性和学校一般提倡的竞争又有差异。对于很多教师来说，竞争可以看作是完成课堂某个即时目标的一种激励手段，但是教育的长期目标如果是帮助学生养成对学习的热爱的话，这种方法可能无法达到我们的目标。但我们可以把竞争分为以任务为导向（task-oriented）的竞争和以他人参照（other-referenced）为导向的竞争。以任务为导向的竞争，其目的在于促进学生的表现，而以他人参照为导向的竞争则是为了去胜过别人。研究发现有些竞争对于激发学生表现的动机以及提高表现的质量是必要的，比如以任务为导向的竞争无论是学术方面，还是社会方面，可能就具有一定的优越性。①

某项研究访谈了五、六年级的超常儿童对于竞争的感受。大多数超常儿童喜欢与能力相匹配的参与者竞争，不喜欢班级中的学术性的竞争，似乎"把每个人身上最坏的都逼出来"。在一些合作小组的活动里，如果是为了彼此的竞争，超常儿童时常会担心：别的同学在项目的进行过程中为了取胜而跟自己保持友谊，但合作结束后就不再跟自己做朋友了。②

教师在教学过程中如果能引入适当的、以任务为导向的竞争机制，例如对于同一难题，鼓励学生想出多种解决方法，让学生们成为学习的合作伙伴而不是竞争对立的双方，在学习过程中建立和谐的竞争氛围而不是优胜劣汰的紧张局面，将有利于激发超常儿童的学习动机，提高学习的质量，培养他们的学习意愿和兴趣。

（三）完美主义

完美主义（perfectionism）是超常儿童身上非常普遍的特征。完美主义对于超常儿童来说是把双刃剑。克拉克（B. Clark）从三个维度对完美主义进行了定义。

（1）对自我要求的完美主义：为自己的表现设立高标准，对自己的完成结果极其挑剔，甚至因此而感到抑郁和焦虑。

（2）来自社会的完美主义：感到他人对自己设立的标准很高，而且觉得为了取悦他人必须要达到这些标准，因而可能产生逃避、被动的攻击倾向（passive aggressive tendency）、焦虑和习得性无助。

（3）他人方面的完美主义：为自己身边的他人设立很高的标准。

如果完美主义导致儿童由于害怕失败而不敢尝试新的任务就是不健康的。有研究发现，超常儿童会认为"如果不是完美的，那么就是无用的"。③ 这样的思维模式会给超常儿童

---

① Clark, B. Growing up Gifted: developing the potential of children at home and at school[M]. 7th ed. Pearson Education, Inc., Upper Saddle River, New Jersey, 2008: 131.
② 同上注.
③ Greenspon, T. S. The self experience of the gifted person: Theory and definitions[J]. Roeper Review, 2000 (3), 176-181.

带来很大的压力和焦虑,而且还会影响他们的人际关系,因为他们不仅为自己设立高标准,还为他人设立高标准,一旦他人无法达到他们设立的标准,他们也会陷入失望和沮丧的情绪中。而不健康的完美主义的形成与权威型的养育风格有关。如果在一种强调无条件服从否则就会受到惩罚的环境成长,儿童通过完美主义来赢得肯定和爱,很可能会惧怕失败。也有研究表明儿童能通过观察父母的完美主义来学习到完美主义。①

当然,很多时候我们都可能过分强调了不健康的完美主义,这个特征固然需要大家关注并给予支持,但是完美主义也有其积极影响的方面,会促使超常儿童不断地追求更高的成就,具有更高的坚持性、高标准,也因此会付出更多的努力,更充分地运用他们的才能。因而区分健康的完美主义和不健康的完美主义很重要。②

研究显示,健康的完美主义包括以下几个特征:第一,对秩序感和组织感的强烈需要;第二,对错误的自我接纳;第三,父母的高期望;第四,处理完美主义倾向的积极方式;第五,身边没有不断追求最完美的自我的"榜样";第六,将个人努力视为完美主义的重要部分。

不健康的完美主义包括以下几个特征:第一,对犯错误感到焦虑;第二,对自己的要求极高;第三,对他人对自己的期望和批评感受过度;第四,怀疑自己的判断力;第五,缺少处理完美主义的有效方式;第六,需要不断地被肯定。

因此,家长和教师对待超常儿童的完美主义的方式很重要,面对不健康的完美主义,首先要让儿童知道我们了解目前正在发生的情况,比如一位超常儿童可能想把某个任务完美地完成,但却感到很受挫,在他情绪低落的时候,教师可以先问"你觉得这不是你想要的结果,对吗?你觉得还不够完美,对吗?"然后学生如果愿意继续沟通,再就他的完美主义倾向进行引导和讨论。比如,学习关注成功而非错误、与他人的标准进行比较来修正自己的标准、学习从错误中学习,甚至练习犯错、列出完美主义者的优势和弱势等,而身边的人也要给予他们积极的回应。③

二、智力与情绪

在第1章中,我们指出情绪智力学说的提出,丰富了我们对"超常"和智力的理解,研究也发现具有较高的情绪智力的学生,能更清晰地了解自己的情绪和他人的情绪,并使用获得的信息来指导他们的行为,并能应对同伴压力等。同时指出,如果我们促进超常儿童的情绪智力,特别是他们的社会能力和情绪情感的成熟度,并提供差异性的教育时,可以更好、更积极地促进他们学习的效率。④

心理学研究发现,情绪的作用是调节一个人的智力活动,因此稳定的情绪是使一个人的智力活动处于最佳状态的保证。情绪之所以会影响人的智力活动是因为对于认知加工来

---

① Clark, B. Growing up Gifted: developing the potential of children at home and at school[M]. 7th ed. Pearson Education, Inc., Upper Saddle River, New Jersey, 2008: 132.

② Siegel, D., Schuler, P. A. Perfectionism differences in gifted middle school students[J]. Roeper Review, 2000 (1): 39-44.

③ Clark, B. Growing up Gifted: developing the potential of children at home and at school[M]. 7th ed. Pearson Education, Inc., Upper Saddle River, New Jersey, 2008: 134-135.

④ Clark, B. Growing up Gifted: developing the potential of children at home and at school[M]. 7th ed. Pearson Education, Inc., Upper Saddle River, New Jersey, 2008: 126.

说,情绪似乎成为一种脑的状态,这种状态成为认知活动的背景。良好情绪状态为认知加工提供优势背景,对认知活动起着组织的作用,它能促进学习过程,便于提取有用的线索,使问题顺利解决。也就是说,轻松愉快的情绪可以使人的肌肉放松、注意力集中、思维流畅、记忆力增强、学习效率大大提高。而不良情绪状态,过多的紧张与激动,会使知觉狭窄、思维呆板、学习过程缓慢,从而干扰了操作效果。[①]

但有研究表明,负情绪(悲伤、恐惧、愤怒等)有助于顿悟性问题的解决,如有研究发现中度的躁狂状态对高水平构思的流畅性、联想速度、组合思维(包括不一致的联结和比喻)以及"松散"的加工(包括不相关的想法的侵入)等均有益处,作为认知特征的消极情绪对问题解决的新颖性和创造性有促进作用。另一些学者在对认知特征和提高积极情绪之间关系的研究中发现,这种心理状态(积极情绪)和封闭的概念界限及松散的概念界限倾向有联系,而一些学者通过对积极情绪、消极情绪和中性情绪状态对创造性成绩影响的研究发现,与消极情绪和中性情绪相比较,积极情绪对创造性成绩有明显的消极作用。[②]

无论如何,情绪和智力之间存在很重要的关联,对于超常儿童而言,这种影响可能由于他们的情绪的特质,以及他们高认知水平而有更强的作用,非常值得关注。

三、影响超常儿童情绪发展的因素

虽然超常儿童的很多情绪特征,是积极健康的,但是也有一些其他的特征需要他人给予积极的回应和支持。人类在情感上都有被爱的基本需求,超常儿童也不例外,只有在安全和充满爱的环境里,与他人建立起良好的互动关系,才能促进他们的情绪发展。

(一)个体因素

人的感觉、情绪表达与情绪行为源自大脑与神经系统,每一种基本情绪,如害怕、快乐、生气,分别牵涉到一组特定神经回路,不同情绪在大脑里有不同的神经回路,而人的情绪作为人类最基本的功能,是有生物学基础的,每个个体不同的身体和大脑的发展情况,可能都会影响到情绪的发展。也有研究指出,儿童的气质关联到儿童情绪表达模式与情绪行为,而且其间的影响关系是非常密切的。有关气质的研究也显示,幼儿的许多情绪相关行为个别差异很大,每个孩子表达情绪的强弱程度、自我调节情绪并接受他人安抚的能力,以及处于压力之下的情绪反应也千差万别。[③]

(二)环境因素

1. 家庭环境

父母的不同教养方式对孩子的情绪稳定性有影响,父母采用高关怀+高权威或高关怀+低权威的教养方式,孩子的情绪稳定性皆优于父母采用低关怀+高权威与低关怀+低权威教养方式的孩子。父母的情绪模式对儿童的情绪发展也有影响,父母若能与子女沟通彼此的感觉,特别是在冲突的时候加以沟通,那么子女将发展出比较好的情绪理解能力。也有研究显示,那些鼓励孩子把悲伤和难过表达出来,并能帮助孩子妥善处理负面情绪的父母,其子女

---

① 施建农,徐凡.超常儿童发展心理学[M].合肥:安徽教育出版社,2004:185,194-195.
② 周国莉,周冶金.情绪与创造力关系研究综述[J].天中学刊,2007(3):131-133.
③ 孟昭兰.情绪心理学[M].北京:北京大学出版社,2005:12-89.

较具有同理心,适应社会的能力也比较强。另一项探讨孩子情绪智力发展的追踪研究中发现,父母处理孩子情绪的态度和方式影响孩子未来的情绪发展,尤其是调节情绪的能力,并提出四种父母面对孩子负面情绪的反应形态,即忽视型、反对型、放任型和情绪辅导型。[①]

超常儿童的社会情感的适应首先是从与父母的相处中开始的,他们需要去适应父母的情绪方式、父母的价值观等,特别是高度超常的儿童,他们对于安全的家庭环境的要求更高,也可能会存在更多的社会情感适应的问题,需要家庭给予足够的支持。[②]

2. 学校环境

在学校,超常儿童由于与同伴存在差异,他们的社会情感发展也受到同伴交往、教师对待超常的态度和方式的影响。大部分的社会文化对于"差异"的宽容度是不够的,要"与众不同",总是需要承受更大的压力,中国文化里有"棒打出头鸟"的谚语,西方文化里也存在类似的困惑,就像园丁在修理花草时会把长得最高的那些修剪掉,以使得它们跟其他的花草一样高(或整齐)。超常儿童表现出来的一些能力,也时常会被以同样的方式对待,这可能使他们的情绪发展出现问题。[③]

超常儿童面对不安全或者不友好的环境时,可能会以不同的方式来应对。当情境的威胁性不高时,他们会选择退缩,让自己跟周围的世界隔离开来;而有时候如果他们被教师和同学排斥时,他们也可能变成"小丑"的角色,努力想被接纳或者引起注意;最后,他们可能会选择隐藏自己的才能,假装自己不知道答案,让自己变得"平庸"点,成为"低成就者"。在美国,高中辍学的学生中有20%是超常学生,大多数并不是因为无法应付学业学习的压力,而是来自社会情感方面的无法适应。[④]

四、促进超常儿童的情绪发展

父母要在家庭中营造一种和谐的家庭氛围,特别是夫妻之间的冲突和不良情绪不要牵涉到孩子;在家庭中采用较为民主的教养方式和沟通方式,学会与孩子沟通的技巧;家长和教师要学会善于识别儿童的情绪,包括识别正负情绪的不同,特定情绪表现的频率,及时对超常儿童的情感发展给予合适的支持;对超常儿童遇到的情绪问题和困扰要及时调整,面对孩子的一些负面情绪,要尽量采取积极的方式来回应,教给孩子一些方法和策略帮助他们走出不良情绪的困扰。成人不要以为超常儿童具有很高的认知水平和能力,就能自己很容易地面对自己的情绪问题。研究者发现超常儿童时常会遇到一些很特定的情感困扰,教师和家长如果能认识到儿童的以下需要或问题,就可以较好地帮助超常儿童应对情绪问题,促进超常儿童的情绪发展。

(1) 归属感和安全感的需要。由于超常儿童思维速度很快,然后时常会提出一些高水

---

① 李惠美.父母教养方式对其子女情绪稳定及行为困扰影响之比较研究[D].台北:台湾文化大学家政学研究所硕士论文,1992.

② Clark, B. Growing up Gifted: developing the potential of children at home and at school[M]. 7th ed. Pearson Education, Inc., Upper Saddle River, New Jersey, 2008:138.

③ Gross, M. U. M. Small poppies: Highly gifted children in the early years[J]. Roeper Review, 1999(3):207-214.

④ Clark, B. Growing up Gifted: developing the potential of children at home and at school[M]. 7th ed. Pearson Education, Inc., Upper Saddle River, New Jersey, 2008:138.

平的问题或者评论,可能会引起班里其他同学的排斥,因此需要教师给予特别的支持,帮助他们和其他同学形成良好的关系,被更好地接纳,形成良好的归属感。

(2) 成熟的行为和不成熟的行为可能同时出现。超常儿童的这样的一种反应,可能会给身边的人,包括家长、教师、同伴带来很多的困惑,但是我们要意识到,这对于超常儿童本人来说,也带来不少困惑。

(3) 需要有意义的、真实的、智力或学业的挑战。没有挑战性的课程经常是导致学业成绩不令人满意的原因,也是导致超常儿童缺乏成长机会的原因,包括引起一些社会情感发展的问题。

(4) 需要合理运用智力的能力。我们要保护超常儿童对自己的智力能力的理解和运用,不要让他们过度运用,或者害怕运用自己的不同寻常的能力,帮助他们进行自我决定,并设定合适的"限制"。①

教师和家长要教给超常儿童一些积极的情绪调适策略,如情绪放松的技能、有用的生活技能等。由于人的情绪情感都是在人际关系中产生的,所以要对超常儿童的人际环境加以关心和关注,必须通过学校、家庭和社会与超常儿童的交互作用,达到愉快的组织和平衡,促进超常儿童社会情感的健康发展。

第2节 超常儿童的个性发展

虽然我们在日常生活和心理学中都时常会使用个性这个概念,但它是一个很难进行明确界定的概念。有人统计在心理学领域里,对个性的定义现已不下五六十种,我们现在以《中国大百科全书》(心理学卷)对这一术语的解释为依据。人格是"个体特有的特质模式和行为倾向的统一体,又称个性。……较为综合的界说可称人格是个体内在的行为上的倾向性,它表现一个人在不断变化中的全体和综合,是具有动力一致性和连续性的持久自我,是个人在社会化过程中给人以特色的身心组织"②。国内心理学教科书中把人的个性一般分为四个方面或者说四个层次:倾向性、气质、能力和性格。倾向性是个性的核心,决定着人对社会环境的态度和行为的动力系统,包括需要、动机、兴趣、理想、信念和世界观,它支配和调节着人的个性的其他方面;气质是人的神经系统的强度、速度、灵活性、力度的平衡和稳定性,在人的心理活动中的反映,在很大程度上取决于人的先天素质和神经系统的特点;能力是那些直接影响人的活动效率、使活动的人物能够顺利完成的那些最必需的个性心理特征,作为个性的能力可以分为一般能力和特殊能力;性格表现为人对现实的稳定的态度,和与之相适应的习惯化了的行为方式的个性心理特征;而这四个方面也是相互联系和相互影响,作为整体而存在的。③ 正因为个性的复杂性,使得这一领域的研究具有一定的难度。个性也受个体所在社会环境的影响。而超常儿童在各个层面的个性具有自己的独特特征,对超常儿童的行为有着重要的影响,而且基于对"个性"的社会性的理解,我们可以把个性看作是教育

---

① Clark, B. Growing up Gifted: developing the potential of children at home and at school[M]. 7th ed. Pearson Education, Inc., Upper Saddle River, New Jersey, 2008: 139.
② 中国大百科全书[CD]第三盘.北京:中国大百科全书出版社,2000.
③ 查子秀.超常儿童心理学[M].第二版.北京:人民教育出版社,2006:190-191.

的结果,也可以看作是教育的对象。如果能提供合适的、科学的教育,充分发挥超常儿童的个性的有利因素,可以更好地促进他们的发展。

一、超常儿童的个性特征

（一）超常儿童个性发展的一般特点

一般地说,儿童个性发展会遵循一定的规律,一般的发展趋势对于超常儿童也是适用的,总是从不随意性到随意性,从他律性到自律性,从表面性、片面性到深刻性、完整性,从动摇性到稳定性。所不同的是,正如查子秀指出的那样,超常儿童个性发展的速度比常态儿童快得多,个性发展的水平也明显地高于常态儿童。因此,从总体上看,超常儿童的社会适应性较好、情绪较稳定、意志坚强、喜欢而且善于开展智力活动、动机效能高,特别是成就动机的水平比较高等。[①]

中国超常儿童协作研究组根据调查的追踪研究,在《中国超常少儿教育的理论与实践——超常教育与潜能开发》一书中概括了超常儿童的个性特征,包括兴趣广泛,求知欲旺盛,动机水平高、意志坚强,自信心、好胜心强。并且在对超常儿童和常态儿童进行的比较研究中发现,超常儿童在主动性、坚持性、自信心、求知欲、理想抱负、独立性、好胜心和自我意识等方面的测验得分都超过了同年龄常态儿童的平均数,有的还达到显著水平。上海师范大学袁军、洪德厚等用中国超常儿童研究协作组个性组编制的《中国少年非智力个性心理特征问卷》(Chinese Adolescence No-intellective Personality Inventory,CANPI)对南京师范大学附属中学和苏州中学的少年预备班学生及上海早慧少年共49人进行测试的结果也表明这些智力优异的少年在抱负、求知欲、好胜心、独立性、坚持性、自我意识等六个非智力个性心理因素上的平均得分均高于全国样本的平均数,且差异极为显著,这说明超常儿童的非智力个性因素也显著优于常态儿童。[②]

国外的研究也有类似的结论,科克斯(C. Cox)对一百名著名超常人物的个性的许多方面作了评定后发现,他们有三个显著的特征,她称之为"动机和努力的坚持性""对自己能力的信心"和"性格的力量"。[③] 美国天才发展中心"关于天才儿童的研究结果"中也提到,普通人中,性格内向者占30%,天才儿童性格内向者占60%,极其优异的天才中,性格内向者超过75%。内向的人通常喜欢思考、反省,有控制攻击的能力,多愁善感,有高度的学习成就及学术贡献,在成人中能较多地成为美学领域的领导者,中年后事事顺利。[④]

但是,超常儿童毕竟还是儿童,尽管他们个性发展的各个方面都达到超常水平,儿童身心发展的不平衡规律仍然适用于他们。由于某些方面得到了超常发展而另一些方面可能只是一般的发展,因此超常儿童身心发展的不平衡性可能更甚于常态儿童,从而使超常儿童的个性发展具有了特殊性,这种特殊性有人称之为"不同步发展综合征",[⑤]主要表现如下。

---

① 查子秀.超常儿童心理学[M].第二版.北京：人民教育出版社,2006：198.
② 罗伟,温忠麟.智力超常儿童群体考试焦虑探析[J].社会心理科学,2005(1)：101-105.
③ 查子秀.超常儿童心理学[M].第二版.北京：人民教育出版社,2006：199.
④ 琳达·斯沃门.美国天才发展中心"关于天才儿童的研究结果"[J].沈晓讯,等译.中国特殊教育,1999(1)：47-48.
⑤ 查子秀.超常儿童心理学[M].第二版.北京：人民教育出版社,2006：201.

1. 运动发展与智力发展的不同步

一般来说,超常儿童的智力和运动能力都比常态儿童发展得更早、更快。但是就超常儿童本身来说,智力和运动能力的发展却存在显著的不平衡。如有些超常儿童入小学后,已能大量识字或阅读,但书写困难;有些动作发展很不协调,做操学不会;有些生活自理能力差,离开家长的照料,衣物、文具等常会丢失;还有些表现为感觉和动作统合失调等。① 这就是他们超常发展的智力与运动能力发生了矛盾。由于超常儿童在智力和操作能力的发展水平的反差比较大,就有可能带来个性发展和行为上的一些问题。如由于他们阅读能力发展得很快,进行阅读总能给他们带来成功的喜悦感,但是当他们书写时,就意味着失败,这样就会引起他们情绪上的困扰。长此以往,这种在书写困难上表现出来的消极态度和情绪困扰,有可能迁移到学习的其他方面,并进而影响智力和个性的健康发展。当然并不意味着每个超常儿童都会存在这样的问题,但这是需要教育者和家长去关注的一个问题。

2. 智力的不同方面发展的不同步

儿童智力是多维的,包括感知、记忆、思维等不同的领域。智力超常或具有某方面特殊才能的儿童,大多数只是智力(认知)的某方面具有显著的优势,其他方面与常态儿童差异不大。在追踪研究的超常儿童中,有些超常儿童2～3岁表现出记忆非凡,很小就认识很多汉字;有些超常儿童逻辑思维发展突出,很小就对计算感兴趣,数学心算能力强;有些超常儿童形象思维优异,很小就表现出艺术才能。但是在他们的其他认知领域可能也需要家长的关注。如果不对他们的发展进行平衡,如有些家长急于发展孩子的所长,只强化他们的优势方面,不重视儿童认知的全面、协调发展对儿童今后智能发展的影响,可能会导致偏科发展。如一个4岁就识2000多字的幼儿,入小学后由于算术跟不上,发展受到影响;另一个幼儿数学才华出众,在小学和中学偏爱数学,不喜欢要记忆的学科,14岁半考入大学少年班,数学单科独进,又有懒用记忆的不良习惯,不仅多门学科不及格,连数学成绩也受到制约,不得不被迫转学。② 这种发展的不同步可能带来两种后果:一是智力某方面的超常发展可能影响智力其他方面的优异发展,从而影响整个智力;另一方面可能的结果是造成过早的定向发展,而影响日后的智力水平的进一步提高和成才,最终将会影响他们个性的健康发展。③

3. 智力和非智力个性特征之间发展的不同步

根据国内研究,认为在超常儿童群体中个性倾向和特征的发展存在不平衡,这些超常儿童可以概括为以下三类:第一类,他们求知欲旺盛、有理想、有抱负,学习主动自觉,能正确认识和评价自己,具有自我调节和自我教育的能力,他们自信,有独立性,有坚毅顽强的精神。第二类,是不稳定型,他们以兴趣为转移,依靠教师或家长的监督,学习和行为表现时好时坏,遇困难或挫折不能正确对待,情绪易波动,自信心不足。第三类,除了具有第二类的非智力个性特征外,他们在性格或行为、习惯的某方面存在较突出的问题,如:自私、自负孤僻、严重说谎、拿人家的东西、不合群等。他们一旦遇到不利环境,便会出现各种严重的心理或情绪问题,以致影响到他们继续超常发展和成才。④

---

① 查子秀.超常儿童健康成长的主客观条件[J].中国特殊教育,2000(2):1-4.
② 查子秀.超常儿童健康成长的主客观条件[J].中国特殊教育,2000(2):1-4.
③ 查子秀.超常儿童心理学[M].第二版.北京:人民教育出版社,2006:202.
④ 查子秀.超常儿童健康成长的主客观条件[J].中国特殊教育,2000(2):1-4.

在第1节里，我们已经分析了超常儿童智力的超常发展，不会必然地促进他们情绪的发展。这种发展的不同步在超常儿童身上可能会表现为一种情感的极度兴奋性（overexcitability），具体体现在精神运动（psychomotor）、感官（sensual）、智力（intellectual）、想象力（imaginational）和情感（emotional）五个方面。这种情感的极度兴奋性具有双重作用：一方面它使得超常儿童有更强的潜力达到更高的发展水平，这些极度兴奋性与卓越的认知能力结合在一起，造就了天才儿童。另一方面，在不利的发展环境中会诱发和强化神经官能症，使天才儿童面临着心理崩溃的风险。[①] 例如，有些超常儿童对批评过于敏感，以及由于这种敏感性增加了他们对自己的要求近乎苛刻的完美主义，过分提高自己的成就动机水平，对自己提出不切实际的过高期望等。

4．儿童行为和社会要求的不同步

这个不同步可以说是上面提到的三个发展不同步的综合表现。一方面社会对超常儿童的要求总是全面的、偏高的；另一方面，超常儿童的各方面发展又是不平衡的。这种矛盾在超常儿童的外显行为上，就可能出现一定程度的适应困难，并在内心体验到情绪困扰和不安。[②] 各种因素的相互作用和影响，很可能会导致他们的个性得不到健康的发展。

（二）超常儿童个性发展的年龄特点

超常儿童在不同的年龄阶段，其个性发展方面也具有各自的年龄特点，这和典型发展的儿童是相似的，只是由于前面提到的几个发展不同步，而使他们时常会同时存在"半成人半孩子""半成熟半幼稚"的特点。

超常幼儿和小学超常儿童的个性发展的特点，在国内学者如陈帼眉等人的比较早的一些研究里发现，学前超常儿童既有和同龄儿童相似的一些特征，例如，活泼好动、喜欢玩耍和娱乐等；又有一些个性特征明显地和常态儿童不同，表现突出的是：主动性、坚持性、自制力、自尊心、自信心和个性的某些情绪特征，学前超常儿童的这些特点的发展水平，高于常态儿童。[③] 研究同时还发现，学前超常儿童的个性特征处于比较稳定的状态，而且稳定于良好品质一端。儿童心理学认为，幼儿期是个性初具雏形的时期，幼儿身上的一些个性特征往往是不稳定的，然而超常儿童的这些个性特点在幼儿时期就表现出比同龄幼儿稳定，说明他们在个性方面比常态儿童早成熟。超常幼儿个性的稳定性比较高这一特点，还暗示着童年期的某些个性特征（或品质）预示着未来成就的方向，可以看作是成就品质的早期显露。而这些品质作为超常幼儿的个性特征又比较稳定，这就赋予了超常教育，特别是早期教育以特殊的意义。

小学超常儿童同样具有自身的个性特点。小学超常儿童比之同年龄儿童更喜欢独立地进行智力活动，在独立作业的情景下往往反应良好。他们有更旺盛的求知欲望和广泛的认知兴趣，他们比同龄小伙伴更善于自我定向，喜欢有较长的时间自由支配自己。当他们确定了行动目标之后，就会以坚忍不拔的精神克服各种困难，以达到最后目的。虽然这种坚持性不时会带有一种孩子的稚气，但是这种毅力却远远超过了同年龄的一般儿童，而成为超常儿童的明显的个性特征。[④]

---

① 郝宁.试析解释"天才"的不同视角[J].心理探索,2007(4):32-35.
② 查子秀.超常儿童心理学[M].第二版.北京:人民教育出版社,2006:203.
③ 陈帼眉.超常儿童的个性特点[M]//怎样培养超常儿童.西安:西安交通大学出版社,1987:17-26.
④ 查子秀.超常儿童心理学[M].第二版.北京:人民教育出版社,2006:204-208.

杨素华、朱源(1988)等采用"卡特尔16种个性因素测验"作为工具进行的研究发现,超常少年的个性发展比之大学生和中学生来说,情绪发展比较成熟,能理智地对待别人和自己,好强、自信、有恒心、敢于上进、创新、较少保守、有较高的理想和目标,他们的适应能力较同龄少年强,而又比大学生少焦虑,性格偏于内向。① 由于个性具有相对稳定的特点,因此超常少年在适宜的社会环境和教育的影响下,他们在个性方面的这些优良特征不仅可以保持到成年期,而且还会有更好的发展,从而为他们在事业上的成就提供内在条件。

(三)超常儿童个性发展的性别特点

我们现在都比较认同,性别差异除了生物学基础之外,更多地是受到所处的社会文化环境的影响。不同的文化对于性别的行为模式和期望会有一些固定的模式。一些取得巨大成就的超常发展人物之所以能够充分发挥潜能,并取得成功,和他们具备某些个性特征有关,这些特征主要是高度发展的独立性、自信心和探索心等。而这些有利于超常发展的特征,传统上被认为是属于男性的,这样"性别角色定向"就非常有利于超常男孩的发展,而对超常女孩不利。当超常女孩能摆脱传统的性别角色定向的羁绊,具备这些个性特征,同时保持女性某些特征(如交际性、适应性等),那么她们也能很好地发挥潜能并取得成就;当不具备这些个性特征或者在以后的发展中又丧失了这些特征,那么就会影响她们取得好的成就。但是当超常教育采取些特别措施,如鼓励她们的信心,使她们相信自己有特殊才能,克服传统的刻板化的性别角色观念,即从个性上加以培养和要求,那么她们也有相同的机会取得更大的成就。②

同样,国外的研究发现,超常儿童,特别是对于超常女孩,家长和教师,如果能在思想和课堂行为上,都去克服传统的刻板化的性别角色观念,对超常男孩和女孩都要有同样的高期望。而研究发现,超常儿童中"两性型",即男孩具有一定程度的女性度,女孩具有一定程度的男性度,将更有利于儿童的个体发展。③

二、影响超常儿童个性发展的因素

(一)家庭的环境及其教育

超常儿童个性的健康发展,首先要归功于良好的家庭环境和正确的家庭教育。如果家庭环境不良,诸如家庭破损、人际关系紧张以及家长对儿童的要求和期望过高过急等,可能会给超常儿童的个性发展带来不利影响。而这些因素对超常儿童的影响比一般儿童更强,因为他们所具有的高水平的智力、高度的敏感性和自尊心,以及要求自我实现的愿望,不能在不良的家庭环境中实现,这样就引起了他们很强烈的心理冲突,不利于个性的健康发展。家长要懂得和善于在孩子发展的关键期进行适宜的教育,这样就能收到事半功倍的效果。在进行早期教育的时候,不能仅强调让孩子认一些字、学一些数,甚至学音乐、美术和舞蹈,而需要以儿童的兴趣和能力为出发点,除了要为促进儿童的智力发展提供良好丰富的环境和支持,也要注重儿童个性的教育和培养。

---

① 查子秀.超常儿童心理学[M].第二版.北京:人民教育出版社,2006:204.
② 查子秀.超常儿童心理学[M].第二版.北京:人民教育出版社,2006:211-212.
③ 查子秀.超常儿童心理学[M].第二版.北京:人民教育出版社,2006:212-213.

（二）学校教育

不论是普通学校中的超常儿童还是专门设置的班级或学校里面的超常儿童，学校这个集体对他们的个性发展都有着至关重要的作用。学校要形成一种积极的对于"天才""超常儿童"的观念，接纳他们的差异性，认识到他们的特殊发展需要。首先，教师要重视对超常儿童良好个性的培养，对超常儿童个性的形成有正确的观点和态度，为超常儿童的个性发展创设积极的同伴关系环境等；其次，学校课程和教学方式要适合超常儿童的需要和特点，为超常儿童提供适合他们发展水平的课程，同时要注意学习内容具有合理的挑战性，更具开放性的教学方法等；第三，帮助生成超常儿童和班级集体之间的可融性，增强他们的归属感，如对"跳级"就读的超常儿童，由于他们的实际年龄和所在班级的同学年龄相差较多，因此会带来一定的交往困难，学校教育需要帮助他们融入班集体中，顺利发展个性。

（三）社会影响

社会环境对超常儿童的个性发展有巨大的作用和多方面的影响，其中最为突出的就是对超常儿童的社会期望过高，社会压力过大。这主要源于对超常儿童的社会宣传有时候没有考虑过对于儿童本身的发展的影响。我们的社会对于超常儿童的认识和理解都还不够深入，很多媒体的大量甚至过度宣传，会给儿童带来很大的压力。在经历了很多的荣誉之后，一旦失败，这些超常儿童可能会承受不起来自社会舆论所带来的压力，使他们的自信心以及学习的动机减弱，阻碍他们的发展。因此，对超常儿童的社会期望也需要合理化。

三、促进超常儿童的个性发展

真正健康个性的标准是什么，可能仁者见仁，智者见智。查子秀等概括地描述了健康个性的最一般特点，包括：第一，能够有意识地驾驭自己的生活、控制自己的行为；能够正确地了解自己的现状和特点；能够着眼于未来，但不是沉迷于未来而是以未来为目标和以使命为动力，脚踏实地，积极工作以达到目标。第二，具有良好的客观的现实知觉，接受现实，有高度的安全感，能够耐受挫折，因此有很好的适应性。第三，人际关系融洽，宽容豁达，能像关心自己那样关心别人。第四，能够专注学习和工作，有创造性，效能高。[①]

超常儿童良好个性倾向和特征的形成，是儿童出生后在先天遗传的基础上，在环境和教育的影响下发展形成起来的。儿童先天遗传素质的优异，只是具有了超常发展的前提和可能性，如果没有家庭、学校及社会提供适合的环境和教育条件，儿童不可能有超常的发展，超常儿童就可能被埋没。幼年超常发展的儿童，如果教育不当或失误，他们就可能偏离正常的发展，原有的超常表现可能昙花一现，或给以后的发展埋下隐患。只有在正确、适合的教育指导下，通过儿童自主的学习（广义的）实践，他们的心理、身心才能得到协调发展，超常发展的可能性才能转化为现实性，成为名副其实的超常儿童。因此，环境和教育在儿童超常发展中是关键性的客观条件。[②]

要想让超常儿童有优秀的个性品质，作为家长不仅要言传，而且要身教。这就对家庭提出了更高的要求，提供良好的家庭环境，同时由于很多家长可能对"天才"和超常的认识还存在一些误区，因此非常需要有针对性地对超常儿童的家庭进行个别的咨询和辅导，促进家长对超常

---

① 查子秀.超常儿童心理学[M].第二版.北京：人民教育出版社,2006：227.
② 查子秀.超常儿童健康成长的主客观条件[J].中国特殊教育，2000(2)：1-4.

儿童的全面理解,并学习适当科学的养育和教育超常儿童的方法和策略;另外适当的学校教育,包括提高教师的素质、对超常儿童的接纳以及良好教学环境和和谐的学校氛围的创建,都会对超常儿童的个性的健康发展起着关键的影响;同时还要减少不适宜的社会宣传等,用科学全面的方式客观翔实地进行报道,为超常儿童的个性健康发展创造一个更有利的大环境。

最后,教师和家长也要意识到,超常儿童个性发展的过程中,他们自己的一些先天的倾向性,以及超常儿童内在的主动性和选择性,也起着很大的作用。也就是说,儿童已形成的心理素质,尤其是个性倾向和特征,是作为儿童进一步发展的主观方面的因素,对教育的影响起着中介的作用。所以,一方面有适合的环境和教育,另一方面有儿童本人心理的协调发展,这两方面相辅相成,恰当的相互作用,才能促进超常儿童个性的健康发展。① 因此我们要对儿童的个性发展的理论有一个基本的了解,在不同的年龄阶段,以科学的方式来促进超常儿童的个性发展。下面的知识小卡片,是经典的埃里克森(Erikson,1950)关于个性发展的不同阶段的任务,对我们理解超常儿童的个性发展可以提供一定的参考。而且,个性的发展、非智力因素的发展和智力发展最大的不同在于,它是一个终生的发展过程,在人生的各个阶段,我们的个性都可以随着经验和与环境的交互作用继续发展和成长。

知识小卡片 6-2

埃里克森关于个性发展的不同阶段②

根据埃里克森的观点,在人生每个阶段有不同的危机需要处理:

1. 信任对不信任(婴儿期:出生～1岁)

如果婴儿体验到持续性的爱,他们将认为他们这个世界是安全的,并且他们自己是重要的。如果体验到的是威胁和无法预期的压力和痛苦,他们将认为这个世界不值得信任,不可控制的。如果这一阶段的危机成功地得到解决,就会形成希望的品质。如果危机没有得到成功地解决,就会形成惧怕。

2. 自主对羞怯和疑虑(幼儿期:2岁～3岁)

儿童需要在这个阶段的学习中感到成功感和自豪感,而不是经常的批评和惩罚。如果这一阶段的危机成功地得到解决,就会形成自我控制和意志力。如果危机不能成功地解决,就会形成自我疑虑。

3. 主动对内疚(学龄前期:4岁～5岁)

这个阶段的儿童开始探索周围的世界是如何运转的以及他们本身是如何影响这个世界的,如果探索过程中感到是有挑战性的并且得到了积极的结果,他们就学会了用积极的方式去与人和物相处,那么如果这一阶段的危机成功地得到解决,儿童的主动感超过内疚感时就会形成自主性和目的性的品质。如果危机不能成功地解决,就会形成自卑感,减少主动探索的行为。

---

① 查子秀.超常儿童健康成长的主客观条件[J].中国特殊教育,2000(2):1-4.
② Clark, B. Growing up Gifted: developing the potential of children at home and at school[M]. 7th ed. Pearson Education, Inc., Upper Saddle River, New Jersey, 2008:136-137.

4. 勤奋对自卑(学龄期:6岁~11岁)

这个阶段的儿童在家庭、学校和社会上获得许多技能,他们开始与同伴比较自己的能力。如果这一阶段的危机成功地得到解决,即把错误看成成长的一种经历,就会更加提升自己的能力。如果危机不能成功地解决,就会阻碍他们积极探索,从而失去更多提升自己能力的机会。

5. 同一性对角色混乱(青春期:12岁~18岁)

青少年在这个阶段开始探索并形成初级的价值观。如果能将所有扮演的角色和所持有的价值观良好地整合,即危机成功地得到了解决,就会形成良好的同一性。如果危机不能成功地解决,就会形成自我角色的混乱。

6. 亲密对孤立(成年早期:19岁~24岁)

在这个阶段要与他人有一定的交往和相处而又不能失去自我。如果这一阶段的危机成功地得到解决,就有能力建立亲密关系。如果危机不能成功地解决,就导致孤立。这个阶段危机的成功处理也反映了前5个阶段的危机的成功处理。

7. 繁殖对停滞(成年期:25岁~65岁)

成人至少要将早年的危机部分地处理完,才可以关注到关爱他人、自己的孩子和社会问题。如果危机得不到成功地解决,就会形成自私自利,过分关注自己的健康、舒适和心理需要。

8. 自我完整对失望(成熟期:66岁~死亡)

回顾一生感到所度过的是丰足的,有创建的和幸福的人生的人才会不惧怕死亡。这种人具有一种圆满感和满足感。而那种回顾挫败人生的人则体验到失望。看起来似乎令人奇怪,但是体验到失望并不像体验到满足感的人那样敢于面对死亡,因为前者在一生中没有实现任何重大的目标。如果这一阶段的危机得到成功地解决,就形成智慧的美德;相反失败就会形成失望和毫无意义感。

第3节 超常儿童的自我和道德发展

一、超常儿童的自我发展

自我(self)是一个非常复杂的概念,心理学的各个不同分支对自我进行不同角度的研究,并进行了各种路径的探索,但各自的关注度是一样强烈的,发展心理学和人格心理学还提出了从婴儿期到青春期甚至到老年期,自我发展的不同阶段。对"自我"这一概念,不同的学者在理论层面和操作层面都有各自的命名和定义,这些术语"繁多"甚至相互矛盾。[①] 一般而言在实际的研究中,研究者倾向通过对"自我概念"和"自尊"的分析和研究来探讨自我的本质和内涵。自我是个体对自己的一整套复杂且动态发展的感知和看法,而且是在我们与他人、外界的相互作用中形成、变化和发展的,我们对自我的看法和认知,会指导我们的行

---

① 苏雪云. 超常高中生自我意识及其对情绪的影响[D]. 上海:华东师范大学博士学位论文,2005:14.

动,决定我们对于世界和他人的看法。对于超常儿童而言,他们具有独特的自我概念,而这些自我概念反过来又影响着他们的其他能力的表现和发展。

（一）超常儿童的自我概念和自尊特点

自我概念具有统一功能,具体表现在:维持内在的一致性,决定个人对经验的解释,决定个人的期望,促进个人的社会情感平衡发展。因此自我概念和自尊对于超常儿童的人格的完善具有重要的意义。一般将超常儿童的自我概念分为两大类:一类是学业自我概念;另一类是社会自我概念。

对于超常儿童的自我概念和自尊的各种研究,得出的结论并不相同。"天才"的标签对儿童的自我概念产生的影响的研究结果分为两种:一种认为这个标签化过程对"天才"儿童的自我概念和自尊的影响是积极的,但也有研究者认为对这种积极影响要进一步分析,提出超常儿童的学业自我概念的发展要优于社会自我概念;而另一种认为将超常儿童纳入特殊班级、贴上标签,反而会降低其自我概念和自尊水平,可能是因为社会比较的过程,在普通班级内的"天才"儿童其能力超乎寻常,而在特殊超常班,这仅是一种典型能力,这种转变,可能会降低其自我概念。[1]

1. 自我概念的一般特征

一些研究表明超常儿童的学业自我概念比同龄儿童高,即对自己学业能力的看法和知觉较为正面,也有研究表明二者之间不存在显著差异。在非学业自我概念方面,伦祖利等人在综述中指出,超常儿童的行为自我概念较高,而体能自我概念比同龄儿童略低。但其他研究则发现在体能自我、外形自我、同伴自我和一般自我概念上,超常儿童的得分均显著高于高成就的非超常儿童,还发现随着社会环境的变化,同龄儿童的自我概念在学业和非学业自我的多个维度上均有显著提高,超常儿童的自我概念则基本没有显著变化,并在一些维度上低于同龄儿童。[2]

施建农等对超常与常态儿童在非智力因素上的差异的研究结果显示,13岁超常儿童在多个非学业自我概念维度以及总分上均明显低于同龄对照组,而11岁超常儿童在自我概念方面与同龄对照组无显著差异。[3] 超常大班学生的自我概念各维度低于对照组,原因可能为大班的学生已经经历了两年的超常教育,在入学之前他们是各个学校的佼佼者,是教师表扬、家长喜爱、同学羡慕的对象。而到了超常班之后,每位同学都非常优秀,正如前面所指出的,"在正规班中,超常儿童的能力是异乎寻常的。而在超常班中,这仅是一种典型的能力。社会比较理论表明,由于这种转变,自我概念会降低。"[4]但也有研究发现,同样高智商的超常儿童,在超常班的安置方式下,其学业自我概念和社会自我概念都要比在普通班级的高智商的儿童得分要高。[5] 不同的研究结果,也表明了超常儿童的自我概念的发展是一个十分复杂的过程,可能受到很多因素的影响,不能简单地下结论。前文也指出了即便对于超常班级这一安置方式,以及"天才"标签对于自我概念的影响的结论也并不一致。

---

[1] 苏雪云.超常高中生自我意识及其对情绪的影响[D].上海:华东师范大学博士学位论文,2005:23.
[2] 罗如帆,肖文,苏彦捷.11—13岁超常儿童自我概念的发展[J].中国特殊教育,2008(6):18-23.
[3] 施建农,李颖,等.超常与常态儿童在非智力因素上的差异[J].中国心理卫生杂志,2004(8):561-563.
[4] Coleman, J. M., Fults, B. A. Self-concept and the gifted classroom: The role of social comparison[J]. The Gifted Child Quarterly, 1982(3): 116-120.
[5] 苏雪云.超常高中生自我意识及其对情绪的影响[D].上海:华东师范大学博士学位论文,2005:34.

有些研究者认为,超常班这一特殊教育环境对儿童的心理产生了影响,因此可能是造成超常儿童自我概念的水平与同龄儿童存在差异的现象的原因之一。目前,对于超常儿童就读于特殊教育机构对其自我概念的有关影响主要存在两种不同的理论观点。

第一种是标签效应理论,认为超常儿童本身就是一个给人荣誉感的标签,并对超常儿童的心理以及自尊有正面的影响,因此进入超常班会使超常儿童有更高的自我概念。有研究证据表明短期的特殊教育环境的确使超常儿童的自我概念有所提高。[①] 美国天才发展中心"关于天才儿童的研究结果"(1979—1995)中有相关内容也表明,天才儿童被置于同类儿童中时,社会适应性较强,越聪明的儿童在常规课堂上的自我观念就越低。他们一旦处于特殊的班级,周围是真正的同类时,他们自我观念立即提高。

第二种是大鱼小池塘效应(Big Fish Little Pond Effect,BFLPE)理论,其基础是费斯廷格(Festinger)的社会比较理论,这一模型"假设学生将自己的学业能力与同伴的学业能力相比较,并且用这种社会比较印象作为基础形成学业自我概念"。因此,团体平均成绩水平对学生的学业自我概念产生反向的影响,加入高成绩水平团体(超常实验班)导致学生形成较低的学业自我概念。大鱼小池效应主要存在于学业自我概念中,一些证据表明进入超常班学习的超常儿童自我概念有所下降。近期有研究者指出,超常班中的学生可能会受到标签效应与社会比较效应的共同作用,二者相互抵消,当标签效应的正面影响小于社会比较效应的负面影响时,超常儿童形成较低的学业自我概念,反之则形成较高的学业自我概念。在施建农等对9～13岁超常儿童的自我概念的研究中发现,11岁的超常儿童的自我概念略高于普通儿童,但是未达到显著水平,原因可能是他们刚进入超常班级,还受到在普通班级那种成功的优越感的影响,没有经受在超常班级中竞争的挑战。而13岁超常儿童在自我概念的每个方面都显著低于普通儿童。这个结果也可以用大鱼小池塘效应来解释。同时还发现超常儿童在超常班级中学习的时间越长,他们的自我概念评价越低。[②]

另外,最早对人的"自我"进行研究的马斯洛(A. Maslow),提出了需要的层次理论,由低到高分别是:生理的需要、安全的需要、归属和爱的需要、尊重的需要、自我实现的需要。其中最高的需要是自我实现(self-actualization),他还对"成功"的个体的"自我实现"的特征进行了总结,他发现这些特征在很多超常个体身上普遍存在。超常儿童具有"自我实现"的潜能,虽然他们的自我概念也受到各种外界因素的影响。[③]

知识小卡片 6-3

自我实现者的特征

- 自我意识、感知和现实主义倾向
- 对自我、他人和自然界的接纳

---

① 罗如帆,肖文,苏彦捷. 11—13岁超常儿童自我概念的发展[J]. 中国特殊教育,2008(6):18-23.

② Shi, J. N., Li, Y., Zhang, X. L. Self-Concept of Gifted Children Aged 9 to 13 Years Old[J]. Journal for the Education of the Gifted, 2008(4):481-499.

③ Clark, B. Growing up Gifted: developing the potential of children at home and at school[M]. 7th ed. Pearson Education, Inc., Upper Saddle River, New Jersey, 2008:140.

- 自发性、自然、真实
- 自主、自我决定、不顺从、没有去让别人印象深刻或被别人喜欢的需要
- 内在动机,特别是元动机(meta-motivation)(如完成生命的使命或目标、自我认知、朝着统一性的成长)
- 对整体性、独一无二性、融合的追求,对人性的持续的认识
- 对追寻原因、完成任务或召唤很投入,把工作和游戏看作是一体的
- 有丰富的情绪反应,并一直充满感激
- 体验巅峰时刻(最愉悦的时刻或最满足的时刻),以及神秘或自然体验
- 有能力与他人形成很亲密的关系,深刻的同情心,更强的爱的能力,享受生活的能力
- 在需要高度集中注意力的时候需要单独的个人空间
- 有创造力,在创造中较少体验到紧张
- 友好的幽默感
- 民主的个性
- 对生命充满好奇:把每天当作全新的一天

2. 自我概念的性别特征

一些研究表明,超常女孩在某些具体的领域里要比超常男孩具有更低水平的自我概念,比如,学业超常的女孩在社会性相关的分量表(如求助、自卑)上的得分低于男性。根据相关研究,超常女孩在其成长过程中由于来自父母、教师和社会的期望,可能会导致其自信程度逐步降低。有些研究甚至还显示,超常女孩的自信心从小学到中学是不断下降的。[①]

而在施建农等对9~13岁超常儿童的自我概念的研究中,结果发现,不管是不是超常儿童,都存在显著自我概念的性别差异,但与先前的一些研究结果有很大不同,他发现不管超常儿童的年龄和智力水平,女孩自我概念的各个方面均显著高于男孩自我概念的许多方面。[②] 当然在他的文献综述里,他也发现某些研究里也有类似的结果,如有研究发现在混合能力班级中女同学在社会自我概念上的得分略高于男同学;学业自我概念上的得分结果与之相反。在社会和学业自我概念方面,超常班级中男同学比女同学的得分要高。[③] 而也有学者利用内隐联想测验测量大学生的自尊和自我概念,并没有发现显著的性别差异。[④]

因此还需要更多的深入的研究,来探讨超常儿童的自我概念的性别特征。

---

① Bain, S. K., Bell, S. M. Social Self-Concept, Social Attributions, and Peer Relationships in Fourth, fifth, and sixth graders who are gifted compared to high achievers[J]. The Gifted Child Quarterly, 2004(3): 167-178.

② Shi, J. N., Li, Y., Zhang, X. L. Self-Concept of Gifted Children Aged 9 to 13 Years Old[J]. Journal for the Education of the Gifted, 2008(4): 481-499.

③ Zeidner, M., Schleyer, E. J. The Big-Fish-Little-Pond Effect for academic self-concept, test anxiety, and school grades in Gifted Children[J]. Contemporary Educational Psychology, 1999(4): 305-329.

④ Greenwald, A. G., Farnham, S. D. Using the implicit association test to measure self-esteem and self-concept [J]. Journal of Personality and Social Psychology, 2000(6): 1022-1038.

3. 自尊的特点

大部分智力超常儿童在自尊上并不存在大的缺陷,但是我们从很多个案研究里却看到有不少超常儿童在自尊发展方面存在一些问题,特别是低自尊的问题。低自尊可能导致高水平的焦虑,更容易出现身心失调的问题,效率更低,并且有更多的破坏性行为。低自尊的儿童,会觉得自己很无助,不值得爱和获得关注;相反,高自尊的儿童会形成很强的独立感,表现出探索行为,坚持自己应得的权利,有很强的内在控制力,并有很高的自信,这些品质会使得他们高效地处理学业和各项任务,并获得愉快的生活。

每个儿童的自尊都是在与外界,特别是最亲近的人的互动中慢慢"建立一层保护壳"的过程中形成的。我们在最初都可以做到自然地表达最真实的自我,但随着不断面对各种信息之间的冲突,我们也会怀疑自己自我的内核的真实性,我们会慢慢在我们最真实的"自我内核"的外面构建"保护壳",来缓冲各种外界与内在的自我之间的冲突。而且即便我们生活的家庭里充满了爱和关怀,这样的保护壳总是在一定程度上慢慢地被建构起来的。而超常儿童的保护壳可能更坚固,因为他们对自我的期望和外在的期望都更强烈。很多超常儿童甚至是在绝望的情绪里来建构这样的保护壳,他们有可能要成为"一个完美的孩子",不能让每个人失望,但这是不可能做到的,而且人们对超常儿童的期望也相对更高。在人们知道一个儿童是超常儿童时,会认为他/她可以更好地完成某件任务,"既然你是天才,你肯定会"这样的观念实际上无法让超常儿童形成积极的自尊和自我概念。[①] 这可能导致一些高度超常的儿童,觉得自己跟别人不一样,是"异类",不属于任何群体,从而导致低自尊,进而影响到其他领域的发展。

(二)影响超常儿童自我发展的因素

自我概念和自尊的影响因素很复杂,在有关超常儿童的自我概念和自尊的研究里,有不少针对种族、文化差异、性别、年龄差异的研究。较为一致的结论是种族和文化差异在某些自我概念和自尊上存在显著效应;而性别上超常女生似乎具有优势,但差异没有达到显著水平;年龄上的差异同样也没有达到显著水平。有研究表明低年级的超常儿童自我概念优于普通儿童,但这种差异随着年龄的增加逐渐消失。而家庭因素如家长对"天才"的认知、家长与儿童的关系等,学校环境内教师的评价方式以及同伴关系等对儿童的自我概念和自尊都有影响。个体的自尊会随着个人对自己的经验的感知而变化,随着个人对他人的评价的感知而变化,是内外力相互作用的结果,但是变化的核心和关键在于自我,只能依靠自己的力量才能改变自我,自尊是别人无法给予的。[②]

1. 家庭因素

从很小的时候起,超常儿童的自我概念和自尊就开始在与外界的互动中形成和发展,父母对超常儿童自我概念的形成有着特别深刻的影响。研究发现:第一,家庭是自尊的孵化器,是儿童发展的最关键的社会单位,儿童生命最初的几个月和几年,是建立稳定持久的自尊以及性格深处一些特征的坚实基础。第二,父母具有高自尊是为儿童提供健康成长环境

---

① Clark, B. Growing up Gifted: developing the potential of children at home and at school[M]. 7th ed. Pearson Education, Inc., Upper Saddle River, New Jersey, 2008: 143-146.

② 苏雪云. 超常高中生自我意识及其对情绪的影响[D]. 上海:华东师范大学博士学位论文, 2005: 27.

的必备条件。超常儿童的父母时常自身也是超常的,很多时候他们在自己的成长过程中还在继续面对和处理"如何做一个与众不同的人"的难题,父母如果能与儿童坦诚地讨论这些问题,将有利于儿童自尊和自我概念的发展,但是如果家长忽视超常儿童正在面对的社会情感难题,包括可能面对的不适、孤立等问题,或者家长自己也解决不了这些,更无法教自己的孩子去解决,则可能起到消极的作用。①

2. 同伴关系的影响

超常儿童入学后,每天有很多的时间是在学校度过的,克拉克认为学校环境在自尊的发展中也起着很关键的作用。如果学校把提升超常儿童的自尊和自我概念纳入教育目标里面,并在教育的实际实施过程中重视这一领域的发展,则超常儿童在学业上会取得更高的成就,并容易形成健康的自尊。除了学校的整体氛围,教师对于"超常"的态度,会对学生的自尊和自我概念产生很大的影响。

另外一个研究得比较多的领域就是同伴关系对自我概念的影响。目前没有证据表明,超常儿童比普通儿童遇到更多的同伴排斥。那些受欢迎的儿童特质包括良好的人际交往能力、更少的行为问题、领导力、更高的学术成就和高自尊等,在超常儿童中是很普遍的特征,而这些特质必然会对同伴接纳产生积极的影响,同时,又促进自我概念的发展。

但也有研究发现超常女孩是最不受欢迎的,其次是超常男孩,最后是常态发展男孩和女孩。但也有人发现,老师更喜欢那些聪明的女孩。② 另外有研究发现,普通班级同学对于超常男孩和超常女孩的认识存在显著差异,超常男孩比超常女孩具有更高的社会地位,也高于非超常的男孩和女孩,他们被看作是最受欢迎的、最有吸引力、最有创造力、在运动上最有天赋的人,而超常女孩,会被看作是最不受欢迎的、"怪怪的""很强势",使得她们在同龄人中的同伴关系受到影响。

越是有天赋的儿童,其面临社会适应不良的几率越高。我们要让超常儿童学会与他人互动,而不只是让他们单方面去适应他人。③ 超常儿童良好的同伴关系对他们的自我概念发展和其他社会性发展很关键,当超常儿童进入学校以后,学校及教师应尽量帮助超常儿童扩大社交圈,在同学中营造一种友好热情平等的氛围,鼓励同学们跟他们交朋友,形成良好健康的同伴关系,获得安全的归属感。

(三) 促进超常儿童积极自我的发展

根据马斯洛的观点,在婴儿时期,个体有最基本的生理需要;在童年期和青春期,需要生理和心理上的安全感,需要来自家庭、社区和朋友的爱与归属感,需要尊重、被称赞和自尊;到了成年,需要自我实现感,最大限度地实现自己的才能,并且超越自我、文化和二元主义。超常儿童拥有巨大的潜能,儿童本身和社会都会受益于超常儿童的自我实现的进步。马斯

---

① Clark, B. Growing up Gifted: developing the potential of children at home and at school[M]. 7th ed. Pearson Education, Inc., Upper Saddle River, New Jersey, 2008: 142-143.

② Bain, S. K., Bell, S. M. Social Self-Concept, Social Attributions, and Peer Relationships in Fourth, fifth, and sixth graders who are gifted compared to high achievers[J]. The Gifted Child Quarterly, 2004(3): 167-178.

③ Clark, B. Growing up Gifted: developing the potential of children at home and at school[M]. 7th ed. Pearson Education, Inc., Upper Saddle River, New Jersey, 2008: 139.

洛也提出了如何促进自我实现的策略：①① 完全地、积极地、全神贯注地感受每一个时刻。② 把生活想成是一个选择的过程，是自己在做出选择。③ 倾听自己，相信自己内心的声音。④ 对自己负责。⑤ 敢于面对差异、不因循守旧和敢于做真实的自己。⑥ 做事情的时候充满积极情绪，并把事情做好。⑦ 创设机会可以体验更多的巅峰时刻，积极地感受世界和生活。⑧ 真实地面对自己，找到自己所惧怕的，并勇敢去克服。

马斯洛的这些策略的目的是鼓励人们不断探求自己的生命和潜能，让自己做最丰盈的自己。虽然自我实现的理论很难融入学校的体制里，但是如果学校在设定自己对于教育的目标的时候，将学生的自我发展的重要性也考虑在内，教师和所有的员工去呵护学生的自我概念的发展，以积极的态度来对待超常儿童，这不仅可以促进儿童的学业成绩，也能极大地促进儿童的各项潜能的发展，使得"自我实现"成为可能。

同时为了保证一个丰富的学习环境，教师应该创设这样一种充满信任的氛围，儿童间应该把彼此看作是活生生的人而不是物体。有了这样的氛围，学习者就能从彼此身上、环境甚至教师身上学到东西。而且教师的行为对于特殊班级内的超常儿童自我概念的形成是非常重要的，教师要学习采用正确的评价方式，来促进超常儿童的自我概念的健康发展。②

家庭在超常儿童的发展中，也起着很重要的作用，有研究把那些能培养出具有高自我实现潜能和高自尊的家庭的普遍特征进行了归纳，③其中包括：① 家长把儿童看成是独立的个体，并成为儿童坚实的后盾，公开明确地表达对儿童的接纳。② 家长根据每个儿童的能力制定明确的规则；目标明确；成功是儿童自己要去追求的东西，而不是家长强加给儿童的。③ 家长对儿童的引导是合理的、现实和适当的。④ 家庭倾向于开明和变通，但并不是完全放任自由的。⑤ 家长会关心环境，并通过具有保护性的方法来了解环境以及处理和环境之间的关系；帮助儿童认识自己在自然生物链中的位置，并尊重这样的存在。⑥ 家长对自己有足够的自信，与他人关系良好；他们能为自己的行为负责。⑦ 家长积极参与家庭以外的社会活动，家庭成员不是他们实现自我满足和自尊的唯一的重要资源

二、超常儿童的道德发展

（一）超常儿童道德发展的特征

从很小的时候起，超常儿童就表现出对道德的关注，如积极了解全球问题以及能深度理解一些与道德问题相关的事件。超常儿童对于自己或他人在公平、正义和责任方面的理解远高于同龄普通儿童。如果超常儿童的道德发展受到阻碍，他们可能会更关注被其他人接受或认可，进而阻碍超常个体为社会贡献自己的力量的能力。从历史的角度来看，高水平和复杂的思想的力量是双刃剑，可以有利于社会的发展，也可以不利于社会。④ 正如一个比喻，

---

① Clark, B. Growing up Gifted: developing the potential of children at home and at school[M]. 7th ed. Pearson Education, Inc., Upper Saddle River, New Jersey, 2008: 141.

② Shi, J.N., Li, Y., Zhang, X.L. Self-Concept of Gifted Children Aged 9 to 13 Years Old[J]. Journal for the Education of the Gifted, 2008(4): 481-499.

③ Clark, B. Growing up Gifted: developing the potential of children at home and at school[M]. 7th ed. Pearson Education, Inc., Upper Saddle River, New Jersey, 2008: 146.

④ Clark, B. Growing up Gifted: developing the potential of children at home and at school[M]. 7th ed. Pearson Education, Inc., Upper Saddle River, New Jersey, 2008: 149.

认为超常儿童的智力水平是一个绝对值,而其社会性,特别是道德的发展水平,可以看作是正负号,决定了超常儿童的智力的意义和方向。

一般认为,超常儿童具有高度的道德思考能力、善解人意、同情他人,在科尔伯格(Kohlberg)的道德发展阶段处于比同龄人较高的发展阶段,具有高度资质、高度独立和高度的内部控制能力等特征。[①]

知识小卡片 6-4

科尔伯格的道德发展三水平六阶段理论[②]

关于道德发展,科尔伯格提出了三水平六阶段理论。三水平是指前习俗水平、习俗水平、后习俗水平。六阶段是指每个水平中又可划分为两个不同的阶段。

(1) 前习俗水平(0～9岁):处在这一水平的儿童,其道德观念的特点是纯外在的。他们为了免受惩罚或获得奖励而顺从权威人物规定的行为准则。根据行为的直接后果和自身的利害关系判断好坏是非。前习俗水平包括两个阶段。

第一阶段:惩罚与服从定向阶段。在这一阶段儿童根据行为的后果来判断行为是好是坏,以及行为的严重程度,他们服从权威或规则只是为了避免惩罚,认为受赞扬的行为就是好的,受惩罚的行为就是坏的。他们还没有真正的道德概念。

第二阶段:相对功利取向阶段。这一阶段的儿童道德价值来自对自己需要的满足,他们不再把规则看成是绝对的、固定不变的,评定行为的好坏主要看是否符合自己的利益。

科尔伯格认为,大多数9岁以下的儿童和许多犯罪的青少年在道德认识上都处于前习俗水平。

(2) 习俗水平(9～15岁):处在这一水平的儿童,能够着眼于社会的希望与要求,并以社会成员的角度思考道德问题,已经开始意识到个体的行为必须符合社会的准则,能够了解社会规范,并遵守和执行社会规范。规则已被内化,按规则行动被认为是正确的。习俗水平包括两个阶段。

第三阶段:寻求认可定向阶段,也称"好孩子"定向阶段。处在该阶段的儿童,个体的道德价值以人际关系的和谐为导向,顺从传统的要求,符合大家的意见,谋求大家的赞赏和认可。总是考虑到他人和社会对"好孩子"的要求,并总是尽量按这种要求去思考。

第四阶段:遵守法规和秩序定向阶段。处于该阶段的儿童其道德价值以服从权威为导向,他们服从社会规范,遵守公共秩序,尊重法律的权威,以法制观念判断是非,知法懂法。认为准则和法律是维护社会秩序的。因此,应当遵循权威和有关规范去行动。

科尔伯格认为大多数青少年和成人的道德认识处于习俗水平。

---

① 罗伟,温忠麟.智力超常儿童群体考试焦虑探析[J].社会心理科学,2005(1):101-105.
② Clark, B. Growing up Gifted: developing the potential of children at home and at school[M]. 7th ed. Pearson Education, Inc., Upper Saddle River, New Jersey, 2008: 136-137.

（3）后习俗水平(15岁以后)：又称原则水平，达到这一道德水平的人，其道德判断已超出世俗的法律与权威的标准，而是有了更普遍的认识，想到的是人类的正义和个人的尊严，并已将此内化为自己内部的道德命令。后习俗水平包括两个阶段。

第五阶段：社会契约定向阶段。处于这一水平阶段的人认为法律和规范是大家商定的，是一种社会契约。他们看重法律的效力，认为法律可以帮助人维持公正。但同时认为契约和法律的规定并不是绝对的，可以应大多数人的要求而改变。在强调按契约和法律的规定享受权利的同时，认识到个人应尽义务和责任的重要性。

第六阶段：原则或良心定向阶段。这是进行道德判断的最高阶段，表现为能以公正、平等、尊严这些最一般的原则为标准进行思考。在根据自己选择的原则进行某些活动时，认为只要动机是好的，行为就是正确的。在这个阶段上，他们认为人类普遍的道义高于一切。

目前大多数关于超常儿童的道德发展的研究都集中于道德推理。为了测量高级道德推理而设计的任务，或是基于皮亚杰的道德任务，或是科尔伯格的道德两难问题。道德推理需要一种高水平的逻辑推理，以及去中心化的能力。也就是说，改变并超越自我关注，欣赏别人的观点的能力。在这个模式当中，道德认同是随着儿童逐渐学会去中心化的过程中建立起来的。但是相关的研究还没有解答关于超常儿童在道德敏感性方面是否不同于同龄儿童，以及超常儿童怎样可以发展道德敏感性等问题。[1]

并不是所有的超常儿童都会显示出高级的道德敏感性。一些儿童可能没有发展出很高的移情水平，其他的儿童可能会比普通的儿童在表达移情方面要有优势。然而，研究还是发现相当多的超常儿童比普通儿童更能显示出不平常的移情作用。或许一些超常儿童能够通过这样的测验，不仅仅是因为他们的认知加工过程和道德推理发展的阶段比同龄儿童更快，同时也因为其移情作用发展的阶段也快于同龄儿童。他们可能预设一种关心他人的更为高级的模式，超常儿童比同龄儿童这一能力出现得年龄更早，还需要更多的研究来证实。[2]

如果说一些超常儿童的敏感性和移情作用确实比普通儿童在发展上有差异，说明超常儿童群体在关心他人和道德事件的推理方面确实有特殊需要，那就需要我们为他们的这种特殊需要提供支持和理解。有研究指出，超常儿童在道德发展中有一个现象很值得关注，那就是他们很早就对道德问题十分关心，但是他们在认知上对事情的理解能力要远远超过他们在情感上可以应对和调节的能力。例如，如果告诉他们说，"你们是这个世界的希望"，又给他们增添了很大的心理负担。我们需要理解他们的能力的不足之处，并且还要考虑到他们的理想主义的副作用。因此研究者认为，超常儿童的道德发展中还有一个问题，就是很早就发展的道德敏感性，当年幼的具有高度同情心的儿童对世界上的一些道德问题产生关注，他们很容易受到伤害。因为他们还没有能力去面对"发现这些问题很难解决"的时候带来的

---

[1] Ambrose, D., Cross, T. (eds.). Morality, Ethics, and Gifted Minds[M]. Springer Science+Business Media LLC，2009：162-178.

[2] 同上注.

强烈的情感反应,他们很可能无法面对全球问题带来的痛苦,以及误认为自己必须做些什么来改变却没有能力去做的困扰。①

(二) 如何促进超常儿童的道德发展

超常儿童通过感受价值判断和对生活情境的道德反应来发展他们的道德认同。儿童在出生的第一年,道德发展的基础就建立了。尽管一些人对正义、公平和他人问题能表现出高水平的敏感性,但大多数人会受到他们所处环境中成人行为和发展的限制。超常儿童的道德发展也是更多地从周围的人的行为、周围人的价值观、周围人对日常生活中的情境的道德反应中习得的,同智力发展一样,建立一个有回应的道德学习环境也是很重要的。②

道德的发展,是很难直接通过言语来教授的,更多的是"身传"。科尔伯格认为,如果超常儿童能感觉到自己参与到道德环境的建设,他们的道德行为的发展会得到促进。因此创建一种道德环境(氛围)是很关键的,特别是在家庭和学校两种情境下,都有这样一种道德环境,对于超常儿童的道德发展非常重要,而这一环境的一个很重要的成分就是纪律。但这个纪律不是专制的、惩罚性的、权威主导的那种纪律,这类纪律会导致儿童产生反感,他们即便遵从了,但是内心还是愤怒的;这个纪律应该是温暖的,充满爱和关心的纪律——运用彼此接纳、彼此理解、持续的解释、推理等——这样,会促进道德观念的内化,促进超常儿童合作性的行为。③

另外,还可以采用角色扮演的方式,来促进儿童从道德发展的一个阶段向下一个阶段进一步发展。角色扮演,可以使超常儿童站在对方的角度考虑问题,并试图扮演对方的角色。教师可以选取真实的情境,也可以是假想的情境。道德推理是道德发展的基础,在决策过程中分担责任并对决策进行评价,则可以促进儿童的道德发展。如果成人一味地采用权威或者专制的方式去教儿童什么是该做的,什么是不该做的,实际上,这一行为本身给儿童传递的信息是,道德不是适用于每个人的,这样可能就无法发展到更高的道德发展阶段。

前面我们也提到了超常儿童可能会因为各种原因而存在低自尊的特征,而低自尊似乎会限制道德的发展,进而反过来,会影响儿童对他人的看法,以及儿童对待他人的方式。我国对于超常儿童的研究,在道德发展领域还不多,也不够深入,超常儿童理解力强,但是理解了不等于就掌握了,尤其是个性特征、道德品质不能满足在"知",更重要的是在行为中体现。合适的教育不应仅限于传授知识,而要发展能力、才能,形成比较稳定的行为、品质和习惯。从知识掌握到能力、才能的发展,从理解到应用,到解决问题,从认识到行为,到道德品质形成,是一个或一系列的过程,并需要通过儿童亲自的学习和行为实践才能实现。④

儿童的社会性发展,是一个复杂的整体,促进超常儿童的社会性发展十分重要,不仅因为社会性的发展会影响智力水平的发挥,而且更值得指出的是,实际上很多时候,社会性的发展是我们的智力可以发挥功能的基础。

---

① Clark, B. Growing up Gifted: developing the potential of children at home and at school[M]. 7th ed. Pearson Education, Inc., Upper Saddle River, New Jersey, 2008:150.

② Clark, B. Growing up Gifted: developing the potential of children at home and at school[M]. 7th ed. Pearson Education, Inc., Upper Saddle River, New Jersey, 2008:151.

③ Clark, B. Growing up Gifted: developing the potential of children at home and at school[M]. 7th ed. Pearson Education, Inc., Upper Saddle River, New Jersey, 2008:150.

④ 查子秀.超常儿童健康成长的主客观条件[J].中国特殊教育,2000(2):1-4.

本章小结

超常儿童的社会性发展,和认知发展相比,受到的关注一直不够。其部分原因是社会性的发展研究存在很多困难,社会性包含了很多内容,而且其影响因素复杂,个体差异很大。但很多研究都表明超常儿童的社会性发展会极大地影响到超常儿童的学业能力和其他认知能力的表现。本章分为三节,分别从超常儿童的情绪发展、超常儿童的个性发展、超常儿童的自我和道德发展这三个方面进行分析和论述。

第1节超常儿童的情绪发展,分析了超常儿童的情绪特征。总体而言,只要给予超常儿童发展良好情绪的机会和支持,他们会比普通儿童调适得更好,他们具有更强的社会情感的调适能力,分析了超常儿童的完美主义、内在动机等特征,并从个体因素和环境因素的角度分析了对于超常儿童情绪发展的影响因素,以及家庭和学校如何促进超常儿童的情绪发展。

第2节超常儿童的个性发展,先对个性进行了界定,然后分析了超常儿童的一般的个性特征,特别是"不同步发展综合征"的特点,然后从年龄和性别的角度进一步剖析个性特征,同时从家庭、学校和社会三个角度分析了影响超常儿童个性发展的因素,并讨论了如何促进超常儿童积极的个性发展的建议。

第3节超常儿童的自我和道德发展。自我和道德领域的研究都比较少,道德领域的研究更少,而且相对而言研究的结论尚存在不一致,但自我发展和道德发展对于超常儿童的全面发展的意义不言而喻。本节讨论了超常儿童的自我概念和自尊的特征,道德发展的特征,并分析了如何促进超常儿童的自我和道德发展。

 思考与练习

1. 如何理解超常儿童的情绪特征?
2. 什么叫作完美主义,完美主义对于超常儿童有什么影响?
3. 如何理解超常儿童的"不同步发展综合征"的个性特征?
4. 影响超常儿童个性发展的因素有哪些?如何促进超常儿童的个性发展?
5. 超常儿童为什么会发展出低自尊,如何促进他们的自我发展?
6. 你怎么看待超常儿童的道德发展?

第7章 超常儿童的创造力发展

**学习目标**

1. 了解创造力与超常之间的关系、四种不同的创造力理论,以及创造力的整合观。
2. 分析高创造力者的个性特征,以及如何进行创造力的评估和测量。
3. 了解哪些因素会影响(促进或者抑制)创造力的发展。

毫无疑问,正是创造这种神奇的力量使我们的生活变得如此丰富多彩,而且越来越丰富。每个人都是具有创造力的,并不只限于那些闪闪发亮的人物,也许每时每刻我们都在不同程度地创造着,但创造力又是那么神秘的东西。在你的心目中什么让你感受到了创造力,是重大的科技发明,是美妙的艺术体验,或者是特别的奇思妙想?一个具备了创造力的人又会具有怎样的特征,是热情开朗还是独立的沉思?超常儿童是否就一定具有高创造力?我们要如何去评价儿童的创造力,又如何促进创造力的发展呢?本章将探寻这些关于创造力的疑惑的答案。

第1节 创造力概述

一、创造力与超常

(一)创造力的定义

创造是一种特殊的存在状态。创造力与智力类似,至今没有一个得到普遍认同的定义。不同的研究者以及不同的学术领域对创造力的定义都不尽相同。发展心理学家、社会心理学家、认知心理学家、教育心理学家以及人类心理学家对创造力的定义各不相同,而在哲学、商业以及科技领域中对创造力又有另外不同维度的定义。①

吉尔福特提出创造是指个体产生新的观念或产品,或融合现有的观念或产品而改变成一种新颖的形式,而这种能力就是创造力。吉尔福特对创造力的探究侧重于创造性思维,尤其注重发散性思维的作用。托兰斯(Torrance)从认知角度来看创造力,认为创造力是对问题形成新假设、修正或重新考验假设,以解决问题的过程。高万(Gowan)提出了创造力的整体观,认为创造力是从认知的、理性的到幻觉的、非理性的连续体,对待创造力应该用整合的态度加以看待。② 施建农、徐凡提出了创造性系统理论,认为创造力可以被看成是智力活动

---

① Clark, B. Growing up Gifted: developing the potential of children at home and at school[M]. 7th ed. Pearson Education, Inc., Upper Saddle River, New Jersey, 2008: 158.
② Clark, B. Growing up Gifted: developing the potential of children at home and at school[M]. 7th ed. Pearson Education, Inc., Upper Saddle River, New Jersey, 2008: 159,158,164.

的一种表现,是人通过一定的智力活动,在现有知识和经验的基础上,通过重新组合和独特加工,在头脑中形成新产品的形象,并通过一定的行动使之成为新产品的能力。[①]

梅耶(F. D. Mayer)曾对过去50年关于创造力的研究进行了一个回顾总结,认为尽管不同的研究者对创造力有不同的看法,但绝大多数的研究者都认同一点,那就是"创造力是能够创造出新颖而有价值的产品的能力"。[②]

研究者们对于创造力研究的侧重点有所不同,导致了对于创造力定义的侧重点有所不同,但正如梅耶指出的那样,其中也不乏一些共性的东西。克拉克也指出,我们可能无法理性地解释创造力到底是什么,但是我们对于创造的感受是相同的。当我们具有创造力时,我们意识到了这种特殊的激情。此外,一些研究者开始倾向于将创造力作为一个整合的概念来看,认为创造力是一个多维的整体,只有接纳不同角度对创造力的理解,才能理解创造的本质。

本章将主要采用克拉克对创造力的整合定义。她将创造力分为四个侧面,认为创造力是丰富的理性与推理、富有表现力的身体运动和感觉、敏感的情绪情感和自我实现以及高度的直觉意识的统一体。一些研究者将创造力与超常等同起来,一些研究者将创造力限于情绪与情感发展,一些研究者认为创造力必须与创造的产品相联系,另一些研究者认为直觉与洞察力就是创造力的整个过程。而创造力的整合定义将会把所有这些对创造力的理解整合在一起,消除彼此的局限来更好地理解创造力的概念。[③]

(二) 创造力与智力

人们普遍认为创造力和智力之间是存在一定关联的。但正如帕拉克(Plucker)和伦祖利指出的那样,问题并不在于争论创造力与智力之间是否存在联系,而在于这两者之间存在着怎样的联系。[④]

斯滕伯格指出创造力与智力的关系在很大程度上取决于两者是怎样定义与测量的,然而,智力与创造力的定义与理论都没有一个公认的解释,因此,智力与创造力之间的相关也很难下定论。

安德雷斯(E. G. Andrews)、托兰斯、华莱奇(Wallach)和科根(Kogan)等对智力与创造力的相关研究均发现两者相关很低。吉尔福特的研究表明创造力测验得分高的人具有中等以上的智商,而智商在130以上的人创造力得分很分散。很多研究者认同高创造力者基本上拥有平均以上的智力,而当智商超越120,创造力与智力之间的相关减弱,这一结论被称为临界效应(threshold effect)。[⑤]

施建农提出智力导入量模型,认为智力水平越高,创造力的水平也应该越高;同样,创造力水平越高的人,也应该具有高水平的智力。李仲涟等(1990)、姚平子等(1990)的研究都表

[①] 施建农,徐凡. 超常儿童发展心理学[M]. 合肥:安徽教育出版社,2004:278-281.

[②] Sternberg, R. J., O'hara, L. A. Creativity and Intelligence, Handbook of Creativity[M]. New York: Cambridge University Press, 1999:449-460.

[③] Clark, B. Growing up Gifted: developing the potential of children at home and at school[M]. 7th ed. Pearson Education, Inc., Upper Saddle River, New Jersey, 2008:158.

[④] Sternberg, R. J., O'hara, L. A. Creativity and Intelligence, Handbook of Creativity[M]. New York: Cambridge University Press, 1999:541-545.

[⑤] 查子秀. 超常儿童心理学[M]. 第二版. 北京:人民教育出版社,2006:131-132.

明超常儿童在创造水平上明显高于常态儿童。①

斯滕伯格和奥哈拉(O'Hara)对创造力与智力的关系总结出了五种理论观点：① 创造力是智力的子系统；② 智力是创造力的子系统；③ 创造力和智力是重叠的系统；④ 创造力和智力基本上是相同的系统；⑤ 创造力和智力之间没有关系，是两个不相交的系统。②

斯滕伯格认为创造力是智力的一部分，创造力补充了智力的内容，并指出创造力应当被看作是超常的一种。斯滕伯格认为成功智力包括了分析性智力、创造性智力和实践性智力三方面，创造性智力是成功智力中极其重要的方面。伦祖利也认为创造力是超常的一部分，他将创造力作为鉴定超常行为的依据之一，不过他认为创造力必须与创造产品相联系。其他的学者，如让寇(Runco)也认为创造力是超常的关键组成部分，并且指出儿童会在一些特定的领域中表现出创造力。

高万则从个人的创造力与文化的创造力的角度来讨论创造力与智力之间的关系。他认为，任何一个人都可以习得个人的创造力，而文化的创造力则必须有超常的智力作为基础，文化的创造力可以创造对人类的未来产生巨大影响的发现和想法，但同时，他认为超常的智力只提供了创造力的可能性。与高万类似，奇凯岑特米哈伊(Csikszentmihalyi)也提出两种形式的创造力：一种是大创造力(big C, Creativity)；另一种是小创造力(small c, creativity)。大创造力是指在所属的领域中作出卓越的贡献和影响；而小创造力，是指影响每天的日常生活中的创造力。③ 最近，也有学者又提出了迷你创造力，他们认为大创造力和小创造力都依赖于其他一些外在的事物，而迷你创造力是一种个人内部的评估，这意味着创造力不仅限于个人与外在世界的相互作用。④

许多研究者认为智力与创造力之间是有关联的，大多数的研究者发现这种联系是一种单向联系：具有高水平的创造力必须具有高智力；然而，高水平的智力并不意味着必然会拥有高的创造力。

二、四种创造力的理论

(一) 创造力的认知/理性论

创造力的认知/理性论(the cognitive or rational view of creativity)是四种创造力理论中研究成果最多的一种理论视角，这一视角基于三个假设：一是将智力视为线性的、理性的思维；二是"超常"的定义限于高智商或者出色的学业能力；三是创造力与智力是分别独立的。这一视角侧重于对认知过程的探究，针对发现问题、解决问题的能力，发散性思维和批判性思维进行研究，而问题解决能力和发散性思维逐渐被视为发展创造力的核心。吉尔福特、帕涅斯(Parnes)、泰勒(Taylor)、托兰斯、威廉姆斯(Williams)都在自己的论著中回应过这一理论倾向。

---

① 施建农,徐凡.超常儿童发展心理学[M].合肥：安徽教育出版社,2004：287,296.
② Sternberg, R. J., O'hara, L. A. Creativity and Intelligence, Handbook of Creativity[M]. New York：Cambridge University Press, 1999：251-272.
③ Clark, B. Growing up Gifted：developing the potential of children at home and at school[M]. 7th ed. Pearson Education, Inc., Upper Saddle River, New Jersey, 2008：160.
④ Pfeiffer, S. I. Handbook of Giftedness in Children[M]. Springer-Verlag, 2008：251-252.

托兰斯认为创造力思维是发生在我们感知到困难或问题、知识上有缺陷、基本元素缺失时,对这些问题做出猜想或构成假设,对假设进行检验,或者进行修整和再检验的过程中,最终,得到一个解决途径。① 斯滕伯格认为创造力超常是他的超常概念的一部分,在认知方面,他提出创造性超常包括洞察力、计划和研究等内容。加德纳认为创造力是他提出的八种多元智力中的一部分,他认为创造力是通过问题解决和产品创造来表现的,这些东西首先要有新异性,然后必须被社会接受之后才会被认为是具有创造性的;他进一步提出创造力的表现是集中在某一特定领域或者学科的,创造力一般包括提出新问题、更新产品和解决问题这些方面的表现。②

玛姆福德(Mumford)在对创造性思维认知模型的研究综述中指出,存在两种基本的分类:创造性思维是无意识的、无法控制的现象;创造性思维是直接的、可控制的现象。这两类都注重于问题解决。前一类模型是在准备和孕育两个阶段后才出现解决方案,它依赖于因果关系和规则系统,即便这种关系可能是无意识的;后一类模型强调获得的重要性和对知识的操纵,基于对现有知识的积极的推理运作,在现有知识之间建立联系和重新组织是关键。他认为对这两种类型进行整合,才有可能对创造力的一些现象有更好的理解。③

创造力的认知/理性论为我们提供了理解和研究创造过程的基础。实际上,现有的大量的创造力测验都是把发散性思维和问题解决作为测试的重点,然而创造力远不限于这一层面,测验的结果是否能真的发现创造过程或者解释创造过程,也是值得进一步探讨的问题。

(二)创造力的社会情感论

创造力的认知/理性论为探究创造过程提供了依据,而另一些研究者认为只考察创造力的认知过程是不够的,他们还对高创造力者的个性和内在动机进行了探究,我们把这类研究归纳为创造力的社会情感论(the affective or emotional-social view of creativity),这是目前关于创造力的研究的第二大主体。

西克生米哈伊(Csikszentmihalyi)认为创造力是个人、社会系统以及文化系统之间互动的结果,认为需要对创造力的情感动机方面进行更深入的研究。他指出在创造力的研究中"大部分领域的研究持认知角度,而我始终认为创造力中最重要的部分是好奇心、兴趣以及感受发现乐趣的能力"④。同样,也有一些学者认为创造力可以通过自我表达和个性发展来产生,而不仅仅是处理一个问题的过程。

这一视角的创造力理论的支持者包括马斯洛、莫斯塔卡斯(Moustakas)、罗杰斯(Rogers)等,他们都从这一角度进行过经典的研究。

马斯洛认为创造力更多的是关于"具有创造力的人"的,而不是关于创造产品或者创造行为的。他的一个重要的研究发现是,那些具有显著的创造力表现的人的性格与那些健康、

---

① Torrance, E. P. The millennium: A time for looking forward and looking back[J]. Journal of Secondary Gifted Education, 2003(1): 6-12.

② Clark, B. Growing up Gifted: developing the potential of children at home and at school[M]. 7th ed. Pearson Education, Inc., Upper Saddle River, New Jersey, 2008: 161.

③ Clark, B. Growing up Gifted: developing the potential of children at home and at school[M]. 7th ed. Pearson Education, Inc., Upper Saddle River, New Jersey, 2008: 162.

④ Csikszentmihalyi, M. The evolving self: A psychology for the third millennium[M]. New York: Harper Collins, 1993.

自我实现的、"完人"类型的人的性格之间具有极高的相关,换而言之,就是两者之间的性格具有极大的共同性。相比成就这个因素,马斯洛更强调人格的重要性。而相对于解决问题、创造产品的过程来讲,他认为个体表达的质量更为关键。因此实际上,马斯洛认为将创造力的情感因素包括在内,即从整体的角度来理解创造力很重要。其他的学者在这一视角里,也提出了自己的一些看法,对创造力进行了界定。比如莫斯塔卡斯认为创造力是个体通过自己独特的方式,来感知和运用个人资源,对生活的一种体验。荣格则认为创造力是人们自我实现、成为真正的自己的一种倾向。也有学者认为创造力的基础是一种原创和自发,而且只有当个体感到强烈的不满足感时,创造才会产生,但这种强烈的不满足感不是伴随着埋怨的情绪,而是伴随着一些积极的情绪,如愉快、喜悦和爱。相应地,有的学者认为创造力产生于拥有强烈的自我意识的个体与这个世界之间的冲突之中,或者认为创造力是看到事物独特性,并对此做出极其独特的回应的一种能力。①

除了对创造力的上述的个体的情感和个性维度的一些研究,也有研究者将内在的人物动机作为情感维度的重要内容,并且认为其他领域的研究进展也会影响到人们对于创造力的社会情感论的理解,比如社会的进步和脑科学的进展等。我国学者施建农、徐凡对120名超常儿童和124名常态儿童的创造性思维和创造性个性进行比较研究,发现无论是超常儿童还是常态儿童,他们的创造性思维成绩和兴趣、动机的得分有显著的相关,而且具有较高兴趣和动机的儿童的创造性成绩明显高于兴趣和动机水平较低的儿童。②

(三)创造力的身体/感觉论

创造力的身体/感觉论(the physical/sensing view of creativity)注重对创造性产品(product)的研究,这些产品能够让他人看见或感知到,它们是创造力的一种外在的表现,比如绘画、音乐、舞蹈等。

有学者认为创造是在合理或有用的条件下被接受的最终产品,或是在某一时间内被某一团体认为满意的新作品。李锡津也主张可以用创造后的结果(成果)来判断一个人是否具有创造性。③

然而,这种观点也受到一些研究者的质疑。在现实中,很多时候,艺术家、作家或者音乐家是我们认为的创造力的代表,有时候甚至会觉得他们是创造力的唯一的象征。让寇(Runco)就提出,强调实际的产品和成就表现可能会阻碍我们鉴别出那些具有创造潜能的儿童,而这些儿童的创造力正是最需要教育者去激发的。④ 当我们把视线停留在创造产品时,我们遗漏了很多不容易被感知的创造力。同时,我们也需要把使用身体运动的表现方式的创造力也融入这一维度内。有学者认为这样一种努力,可以鼓励用类比或者比喻的形式来表现我们的信息,这也是一种创造力。

(四)创造力的直觉理论

创造力的直觉理论(the intuitive view of creativity)比起其他三个理论模型来说,受到

---

① Clark, B. Growing up Gifted: developing the potential of children at home and at school[M]. 7th ed. Pearson Education, Inc., Upper Saddle River, New Jersey, 2008: 163.
② 施建农,徐凡. 超常与常态儿童的兴趣、动机与创造性思维的比较研究[J]. 心理学报,1997(3):271-276.
③ 叶明正. 创造力的意涵——四P概述[EB/OL]. [2009-08-05]. http://teacher2.hkjh.kh.edu.tw/ymj.
④ Runco, M. A. Identifying and fulfilling creative potential[J]. Understanding our Gifted, 2001(4):22-23.

更多的关注,因为这一理论更强调高意识水平,这可能是其他的领域都无法解决的问题,直觉理论是研究创造力时最神秘的一个领域。[①]

数十年来,高万、麦金农(MacKinnon,1965)、克瑞普尼(Krippner,1968)和桑普斯(Samples,1976)等学者都探讨过这一视角的创造力。

高万提出"创造力是越来越复杂的序列内的不断提升水平的一系列活动,有些非常神奇的效应会在最高最罕见的状态下出现",他认为人的意识是天赐的。[②] 有学者认为创造只有在你放弃意识的控制并使头脑自由的情况下才产生。麦金农提出创造力是一种感知力。克瑞普尼则指出创造是一种意识的另一种水平和状态。桑普斯认为创造力引发了一种态度,这种态度会促发多样性、变化、积极参与以及自我约束,他认为我们必须不断地持续学习如何来尊重我们内在的创造力。换而言之,就是我们每个个体要学会让自己具有开放性,并能使得自己融入整个宇宙,也就是中国传统哲学中所说的"天人合一"的境界,这是创造力的直觉理论的中国式表述。

三、创造力的整体观

我们把创造力的一些特质归类到上述四种不同的理论模型中,但是我们必须意识到创造力是一个多维的整体,创造力的整体观就是在创造力的认知、情感、产品和直觉方面取得平衡,通过这四种理论模型将创造力合成一个真正的整体,而在我们每个人身上都存在着这种作为一个整体的创造力。

在创造力的研究中,高万较早指出了创造力的综合性。早在1972年,他就将创造力的探究归类分成五个领域:① 认知、理性、语义的(semantic);② 个人和环境的;③ 精神健康(mental health)和开放性(openness);④ 弗洛伊德主义(Freudian)和新弗洛伊德主义(neo-Freudian);⑤ 幻觉(psychedelic)、存在主义的(existential)和非理性的(irrational)。他将这些分支的领域看作一个连续体,从它们之间的联系来看创造力的整体概念。高万认为我们应当更注重创造能力的发展,他提出至少要在高中和大学课程中提供直接学习创造能力的机会;而在低龄阶段,要设计课程来帮助年幼的孩子学习放松、减轻压力的技能和培养创造性思维的技术,帮助孩子们练习使用想象力,鼓励孩子发展与其发展阶段相适应的创造性行为。[③]

俄班(Urban)提出了另一种创造力的整合模型,他特别强调创造力的各个成分之间应该以整合的方式一起运作,他认为创造力是进化的最高级形式,并且正是创造力导致了进化。他的这一理论,其实也回应了马斯洛的观点,即认为创造力是一种人类的潜能或者才能,与某个个体密切联系、基于某个个体,也是由这个个体来表现,通过个体的思维、行为和行动的方式,这一人类独特的活动最终导致的是那些新颖的、充满创意的产品。俄班的创造

---

① Clark, B. Growing up Gifted: developing the potential of children at home and at school[M]. 7th ed. Pearson Education, Inc., Upper Saddle River, New Jersey, 2008: 164.

② Clark, B. Growing up Gifted: developing the potential of children at home and at school[M]. 7th ed. Pearson Education, Inc., Upper Saddle River, New Jersey, 2008: 163-164.

③ Clark, B. Growing up Gifted: developing the potential of children at home and at school[M]. 7th ed. Pearson Education, Inc., Upper Saddle River, New Jersey, 2008: 164.

力模型包括六个组成部分：① 发散性思维和行动；② 一般知识和思维基础；③ 特定的知识基础和特殊的技能；④ 注意力以及对任务的承诺；⑤ 驱动和动机；⑥ 开放性和对模糊性的容忍度。这一理论超越了先前单一的将创造力看作发散性思维的理论模型，试图达到一个整合的关于创造力的理解。[①]

在俄班的基础上，也有学者指出个体的创造力与所在环境的关系，如西克生米哈伊指出创造力并非在人的头脑中发生，而是在人的思想和社会文化环境的相互作用中发生，它不是一种个体现象，而是全方位的现象。并提出了创造力系统模型，该模型主张创造力是一个系统内部个体、领域、范围等因素相互作用的结果。斯滕伯格认为创造力是一种多层面的现象，他提出了创造力的三侧面模型（a three-facet model of creativity）。这三个侧面分别是：创造力的智能层面、创造力的智能风格和创造力的人格层面。斯滕伯格还强调了这三个侧面的相互作用以及每一侧面内部诸多因素的相互作用，他认为在这个整体中还应当考虑环境变量的影响。[②]

国内学者也提出了不少创造力的系统理论。施建农建立了创造性系统模型，该模型以创造性行为为核心，创造性产品是创造性行为的结果，智力是创造性行为的基础，智力的发挥会受到个体态度、价值观或倾向的影响，而价值观、倾向或态度又受到需要、动机、个体的性格和知识经验，以及家庭和社会环境等因素的影响。[③] 胡军提出创造力研究的"六角"模式，即以创造为核心的创造力研究涉及对具有创造性的人、创造的本质和过程、创造出的成果、影响创造的障碍、创造力培养的途径、创造力的提高等方面的研究。[④]

在创造力的生物学基础研究方面，包括对大脑功能的研究的一些结果，也支持创造力的整合观点。特洛布里奇（Trowbridge）讨论了大脑的三种基质：网状脑干（行动）、边缘组织（情意）、皮质部分（认知）处理过程的动态平衡，认为创造力就是依赖行动、情意、认知、洞察或直觉，以及综合一种情境的诸要素形成一个有意义的整体的平衡能力。[⑤]

基科（Geake）观测到在所有对行为水平、细胞密集程度以及神经系统的测量中，超常儿童要比非超常儿童高出两倍还多，研究者们认为这是超常儿童拥有高水平的创造智慧的潜能，能够掌控大量信息的整合交流，并为新的观念上的联系创造更多机会的原因。[⑥]

无论是心理学研究还是生物基础研究，许多研究者都试图将创造力看作各种成分的综合体，在一种整合的框架中去理解创造力。创造力的产生和表现需要个体对现实世界有一个整体的视角，需要个体能意识到各个层次的经验——物理上的、情感上的、精神上的，并且需要达到内在世界与外在世界的平衡。我们必须承认创造力包括了认知上的发现、情感上的满足、身体运动上的表现，以及触及到一个更高层次的自我直觉时的激动与复杂的各种体验，是一个整体的、综合的存在。

---

① Urban, K. K. Creativity: A componential approach[R]. Paper presented at the post-conference Meeting of the 11th World Conference on Gifted and Talented Children. Beijing, 1995.
② Sternberg, R. J. The Nature of Creativity[M]. New York: Cambridge University Press, 1988: 125-147.
③ 施建农,徐凡.超常儿童发展心理学[M].合肥：安徽教育出版社,2004: 278-281.
④ 胡军.创造力研究之我见[J].课程·教材·教法,2004(4): 75-79.
⑤ 查子秀.超常儿童心理学[M].第二版.北京：人民教育出版社,2006: 138.
⑥ Geake, J., Dodson, C. A neuro-psychological model of the creative intelligence of gifted children[J]. Gifted and Talented International, 2005(1): 6-14.

第2节 高创造力者的个性特征和测量

一、四个维度的高创造力者的个性特征

了解高创造力者的个性特征能够帮助我们更好地理解创造力,同时也能够更有效地促进儿童的创造力,学者们在这一领域为我们提供了大量的研究成果。

托兰斯的研究表明,创造性儿童的主要人格特征是:具有好奇心,能不断地提出问题;思维与行动具有独创性;思维和行动具有独立性,有个人主义和自足倾向;想象力丰富,喜欢叙述;不随大流,不依赖集体的公认;探索各种关系;主意多,思维流畅;喜欢搞试验;具有灵活性;顽强坚忍;喜欢虚构;对事物的错综性感兴趣,喜欢用多种思维方式探讨复杂的事物;善于幻想。[1]

斯滕伯格列出了高创造力个体可能具有的七种人格特征:能容忍模棱状态;具有克服障碍的意志;具有自我超越的愿望;受内在动机驱动;具有适度的冒险精神;希望得到认可;具有为获得认可而工作的愿望。[2]

我国学者董奇将创造性儿童的人格特征概括为:具有浓厚的认知兴趣、旺盛的求知欲;情感丰富、富有幽默感;勇敢、甘愿冒险,敢于标新立异、越常规;坚持不懈;独立性强;自信、勤奋;自我意识发展迅速;一丝不苟。[3]

一个高创造力者不太可能同时具有所有这些特质,不过相对而言,高创造力者所拥有的创造性人格特质多于非高创造力者;另外高创造力者如果从事的事业领域不同,也可能具有不同的创造性的人格特质。

这里我们不再过多地讨论高创造力者所具有的共同特质,而将视线转向四个维度的高创造力者各自所具有的个性特征。

（一）认知理性维度的高创造力者

认知理性维度的高创造力者一般的特质是独立、专注、高动机、富有激情,同时具备对任务十分投入的特征。比如很多大科学家们在投入科学研究的时候,经常表现出废寝忘食、高度专注,为了"献身科学"的目标而投入很多情感,在整个过程中他们使用自己的创造力来使那些历经时日的东西之间建立相互的联系,并形成一定的理解,进行创造活动。很多不同领域的科学家具有一些共同的人格特质,包括不拒绝混乱或不对称,独立判断,容易接受新事物等。

伦祖利也对高创造力者特征进行了整理,他认为高创造力者的特征包括勇敢、乐观、有远见、富有魅力、充满希望、自主选择、乐于勤奋工作、对改变事物具有使命感、对民生问题敏感、身心能量充沛以及对一个主题或者学科领域的执著热爱等。[4]

---

[1] 朱永新. 创新教育论[M]. 南京:江苏教育出版社,2001:125.
[2] Sternberg, R. J. Implicit Theories of Intelligence, Creativity and Wisdom[J]. Journal of Personality and social Psychology, 1985(3):602-627.
[3] 董奇. 儿童创造力发展心理[M]. 杭州:浙江教育出版社,1993:199-200.
[4] Clark, B. Growing up Gifted: developing the potential of children at home and at school[M]. 7th ed. Pearson Education, Inc., Upper Saddle River, New Jersey, 2008:168.

多数研究认为,高创造性的科学家通常比普通人表现得更加开放、灵活、有动力、有雄心,虽然他们常常缺乏社交,当他们真正和人接触时,总是表现出某种程度上的傲慢自大、自信,而且不友善。[①]

从成长和教育的角度来看,研究者也发现了这些高创造力者,在他们的儿童时期,其他人为他们提供了发展创造力的机会,包括环境和选择的多样性,以及大量自由探索和自己做出决定的权利等,这些都是创造力发展的基础。创造性超常的个体能够以不同于常人的方式来看待问题;他们经常使用发散性思维来解决问题和完成任务。克拉克对过去的研究做了归纳,总结出认知理性维度的高创造力者的特征。

知识小卡片 7-1

认知理性维度的高创造力者的特征[②]

- 自律、独立、经常反抗权威
- 荒唐的幽默感
- 承受群体压力的能力较强、发展也较早
- 更具适应力
- 更富冒险精神
- 对模糊不定和不适的容忍度更大
- 对无聊几乎没有容忍度
- 较少刻板的性别角色认定
- 高度发展的发散思维能力
- 很强的记忆力,对细节很敏锐
- 知识面广
- 需要思考时间
- 需要支持性的氛围,对环境很敏感
- 需要获得认可,希望与人分享
- 高度的审美观、很好的审美判断力
- 更偏爱复杂性、不对称性和开放性

(二) 社会情感维度的高创造力者

这一维度的高创造力者具有一种特殊的感知能力,具有信任、好奇、冒险的能力和自我启动的能力。信任是指接纳一切事物,包括正在出现的、变化的和未知的事物,并且不需要去操纵、判断或进行分析,这种信任,需要个体对环境中的人和事都有很高的接纳度,而且是在各种不同的层次上的接纳,同时也意味着个体愿意在适当的时候放弃原本属于自己的控制权。

然而,一直有这样的一些误解,许多人认为那些高创造力者的情感是不稳定的、不成熟的、更具有孩子气的,甚至认为许多具有高创造力的人简直就是疯子。虽然也有研究发现在创造力与精神病之间存在着一些神秘的联系,但是,高创造力者跟精神病之间肯定不存在直接的联系,两者也存在着差异。例如,明尼苏达多项人格调查表的测量显示,创造性很高的人在焦虑、压抑、精神分裂症、行为异常等测量项目上表现出轻微的神经病和精神病症,但在自我强度项目上又呈现理想的稳定状态。[③] 罗森伯格(Rothenberg)发现精神病和高创造性

---

① Sternberg, R. J., O'hara, L. A. Creativity and Intelligence, Handbook of Creativity[M]. New York: Cambridge University Press, 1999: 273-296.

② Clark, B. Growing up Gifted: developing the potential of children at home and at school[M]. 7th ed. Pearson Education, Inc., Upper Saddle River, New Jersey, 2008: 167.

③ 杨俊岭. 创造性人格特征的研究[J]. 沈阳大学学报,2002(3): 86.

具有一些相同类别的思维,两者的思维都超越了逻辑思维的共同模式,都将矛盾的事物融合到一个单一的整体中去。詹姆森(Jamison)提出另一些他们所共有的思维过程是流畅、快速、灵活,能够将想法和思维的分类整合成一个新的原创的集合体。①

那些将强烈的情感投入到创造中的人们是具有表现力的,他们不害怕未知和神秘,他们甚至对此着迷;他们有强烈的自我认同感,而不轻易认可别人所说的;他们使自己能够享受和创造;他们几乎不愿意花费时间来保护自己;他们能够在个人内部进行整合,也能够在个人与世界之间进行整合,这种大爱无垠的情感维度有力地帮助他们在创造过程中能有效地缓解冲突和紧张的情绪。他们有勇气拒绝确定性、勇于冒险创新;他们既相信理性,也相信自己的直觉。然而,在现实社会中,具备这种创造性人格的学生却往往得不到充分的理解和支持,甚至于被误认为是缺乏社会适应性、个人主义、不顺应潮流,而且近乎顽固。

知识小卡片 7-2

社会情感维度的高创造力者的特征②

- 独特的感知力
- 更多自发性、表达性
- 无畏未知的、神秘的和困惑的事物,反而常受到这类事物的吸引
- 对两分法的辨析力,如自私和无私,责任和愉悦,工作和游戏等
- 融会贯通的能力
- 自我接纳度高,对自己的情绪、冲动和思想不会害怕
- 更多地投入任务、享受和创造,较少地浪费时间和精力
- 更多的巅峰体验,更好地与他人、与世界相融合,自我超越
- 有能力面对困惑
- 集中注意力的能力
- 体验得到自己作为创造性的个体,具备原创能力
- 愿意每天都让自己"新生"
- 有接纳冲突和紧张的能力,而不是回避
- 有勇气面对不确定性、关注真相、对自己的情感和思想很确定,并且信任自己的感受
- 容易辨认出他人的情感和期待
- 较少压抑和防御
- 更好奇
- 更成熟自主,较少依赖他人的观点

---

① Clark, B. Growing up Gifted: developing the potential of children at home and at school[M]. 7th ed. Pearson Education, Inc., Upper Saddle River, New Jersey, 2008: 168.

② Clark, B. Growing up Gifted: developing the potential of children at home and at school[M]. 7th ed. Pearson Education, Inc., Upper Saddle River, New Jersey, 2008: 167.

（三）身体感觉维度的高创造力者

这一维度，更加关注创造力的最终表现：产品。这一维度的高创造力者对各种新的体验和新的想法持开放的态度，能够很好地平衡外部世界和内部世界。克拉克认为身体/感觉维度高创造力的个体具有一些特殊的能力，在知识小卡片里可以看到。另外个体的内部动机与创造性表现之间也存在一种正向的关联，创造性个体一方面具有高超的艺术才能（技能），用身体或者其他的形式来表现创造力，同时也具备很高的审美和理论水平，也就是说，他们属于"眼高""手也高"的类型，具备很高的创造表现力。

知识小卡片 7-3

身体感觉维度的高创造力者的特征[①]

- 对于体验、新观点保持开放
- 有内在的评价基点
- 全新角度的感知力
- 理论美学价值功底
- 对于外部和内部世界的关注
- 有延缓下结论和判断的能力
- 传统艺术上表现出高超的技能

（四）直觉维度的高创造力者

直觉可能是人类认知的最高形式，具有高度整合性。直觉高创造力者经常使用想象，幻想和梦境经常帮助他们展开创造过程，使用想象能够促进创造力和高水平意识的发展。直觉似乎涉及的是极其神秘的、无法解释的事物以及完全未知的概念。但是做白日梦等行为，在学校的课堂中可能常常被看作是问题行为。

想象力是理性思维与感情的桥梁，通过想象，认知被转化成为创造活动中的概念思维过程。但在实际生活中存在一个悖论，一方面我们要创造情境和提供自由空间来发展、促进直觉，但是另一方面当我们不过多地去"竞争"、去争取成功的时候，我们的创造力的直觉部分也可能会加强，因为"争取成功"会使个体越发感到焦虑和竞争，然后变得越来越单调而迟钝。自信、自我接受、自尊的感觉提供了创造力发展的基础。[②] 情感是创造力行为、激情和直觉不可缺少的一部分。

知识小卡片 7-4

直觉维度的高创造力者的特征[③]

- 更高的直觉、愿意承认内在的汹涌的冲突的存在

---

① Clark, B. Growing up Gifted: developing the potential of children at home and at school[M]. 7th ed. Pearson Education, Inc., Upper Saddle River, New Jersey, 2008: 167.

② Clark, B. Growing up Gifted: developing the potential of children at home and at school[M]. 7th ed. Pearson Education, Inc., Upper Saddle River, New Jersey, 2008: 170.

③ Clark, B. Growing up Gifted: developing the potential of children at home and at school[M]. 7th ed. Pearson Education, Inc., Upper Saddle River, New Jersey, 2008: 167.

- 可以进入自己有能量的领域
- 具有感受和释放自己无意识和潜意识状态的思想的能力
- 有能力可以承受被看作异类或者古怪的人
- 更敏感
- 有更丰富的幻想,更多的白日梦
- 经常表现出通感的体验能力(synesthesia)(如尝味道、看到声音、听到气味等)
- 更热情,有更强的冲动性
- 与相对较少创造力的个体相比,大脑的脑波不同,特别是在进行创造力活动的时候
- 当面对新异的设计、音乐或观点时会很兴奋,积极参与(低创造力者容易产生怀疑或者敌对的情绪)
- 当面对一个新的解决问题的方法时,热情被激发,给出更多建议(低创造力者容易去分析方法的缺陷而不是探索可能性)

二、创造力的测量

20世纪50年代以后创造力的测量开始逐渐发展起来,研究者们编制了各种创造力测验,但正如上文分析的那样,对于创造力的理论存在众多的观点,而任何一项测试都不可能完全体现任何一个创造力的概念。一些人指出这种测验的价值并不在于鉴定创造力,而是在于评估创造性思维的过程。

卡拉汉(Callahan)将创造力测试分为三类:① 针对表现和产品的,如托兰斯的《托兰斯创造性思维测验》;② 针对个性特征、态度和个体价值观的,如《创造性天才团体测验》;③ 基于传记式信息的。测量方式还可以进一步分为自我报告式的和他人报告式的,如从教师或同伴处获取信息。[①]

(一)创造力的"4P"

目前研究者们基本认同从四个角度来界定创造力的操作定义,分别是:人格(person)、产品(product)、过程(process)和环境(press/environment),一般称之为创造力的"4P"[②]。这里也会采用这四个角度来介绍创造力的测量,但具体的测量工具在第3章中已有介绍,这里不再赘述。另外,特别需要强调的是我们常常会以儿童在创造力测验上的得分来评判儿童的创造力,需要指出的是创造力测验只是鉴定儿童创造力的方式之一,每一项测试都存在它自身的局限,我们必须搜集更多关于儿童的信息才能得出一个相对客观的结论。

1. 人格的测量

人格角度的测量主要是针对人格、态度和传记式信息的测量。研究者们开发出了大量创造性人格特征的测验,大致可以将它们分为两类:一类是自我报告式的(self-report);另

---

① Clark, B. Growing up Gifted: developing the potential of children at home and at school[M]. 7th ed. Pearson Education, Inc., Upper Saddle River, New Jersey, 2008: 185.

② Pfeiffer, S. I. Handbook of Giftedness in Children[M]. Springer-Verlag, 2008: 256.

一类是外部评分的(external ratings)。研究者对高创造力者共同具有的一些人格特征进行研究,以此作为基础来编制创造性人格测验,这类测验包括《创造性天才团体测试》(GIFT,Rimm,1976)、《你属于哪一类人?》(Torrance & Khatena,1970)、《关于我自己》(Khatena & Torrance,1990)、《威廉斯创造倾向量表》(creativity assessment packet,CAP)等。[①]

对传记式信息的测量也属于人格角度的测量,这类测验一般由对过去创造成果的自传性陈述组成,它通过对儿童过去的创造成果的评估来预测儿童将来的创造力。对于年幼的儿童来说,可以由其父母、教师或年长的同伴来完成。此外,在创造力测量中开始逐渐重视对态度的测试,不过目前这类研究和测试还相对比较缺乏。

2. 产品的测量

另一种创造力测验是对创造性产品的外部评估,它主要是由专家对创造性产品进行评估。很多学者都倾向于认为创造力研究的基础是对创造性产品的分析,判断出究竟是什么使得这些产品与众不同。一般都是将专家的一致意见作为创造力评估的一种方式,同时将产品的原创性、新颖程度和想象力等作为评估创造力产品的标准。

在使用专家评估的方式中存在两种类型的研究:一种是研究者给专家们一些评判准则来评估创造力;另一种是让专家们根据自己对于创造力理论的理解来评判。前一种研究类型中存在着研究者如何选择评判标准的问题,而对于后一种研究类型,选择不同的专家组会得出不同的结论,这影响了测量的信度。

阿玛比利(Amabile,1996)研究出了《一致性评估技术》(consensual assessment technique,简称CAT)。这种方式强调专家们是根据创造力的实际定义而不是精细的标准来进行评估,它有效避免了标准的问题,成为评估创造性产品中最广泛使用的方式。此外,针对产品的测量还有《创造性产品语义学量表》(creative product semantic scale,Besemer & O'Quin,1993)、《学生产品评价表》(student product assessment form,Reis & Renzulli,1991)等。[②]

除了对创造性表现较为正式的测量之外,一些非正式的测量也逐渐发展起来,如成长记录袋、成果展示、开放性任务等评估方式越来越多地被运用于创造力的测量中,然而这种评估方式需要清晰明确的标准和判断。

3. 过程的测量

过程角度的测量以发散思维测验为代表,主要是测量创造的过程,这些测试对思维的流畅性(答案的数量)和原创性(答案在统计上的小概率)进行计分。由于这类测验的结果可观察、可量化,因而被广泛使用。不过这种测试只限于测题中出现的项目,不能代表所有维度的创造力。

吉尔福特(1967)的《发散性思维测验》是针对创造过程的测量中最著名的测验之一。这是一个系列测验,包含了大量的测题,主要从思维的流畅性、变通性、原创性和精致性四个维度来测量发散性思维。托兰斯(1974)在吉尔福特的研究基础上编制了著名的《创造性思维测验》。该测验于1966年编制而成,之后又经过多次修订,是目前应用最广泛的创造力测

[①] Pfeiffer, S. I. Handbook of Giftedness in Children[M]. Springer-Verlag, 2008:256-257.
[②] Pfeiffer, S. I. Handbook of Giftedness in Children[M]. Springer-Verlag, 2008:257-258.

验,适用于各年龄阶段的人。该测验由言语创造思维测验、图画创造思维测验以及声音和词的创造思维测验构成。另一个著名的测验是《沃利奇-凯根测验》。该测验由沃利奇和凯根(Wallach & Kogan,1966)编制而成,是侧重于联想方面的发散思维测验,测验从反应数目和独创性两方面记分,适用于青少年和中小学生。1968 年该测验经过一次修订,修订之后的测验适用于幼儿。①

注重认知理性创造力的研究者比较青睐这类以问题解决和发散性思维为核心的创造力测验。这些测验通常会对儿童呈现出不完整的和开放性的情境,儿童通过对情境进行探究来解决问题,试题会尽量引起儿童的兴趣,使儿童主动地完成任务。研究者们会将独立和责任感看作是创造力的表现。他们鼓励自我主导的探索、观察、分类、记录、推理测试以及丰富的交流。

4. 环境的测量

许多研究者都指出了环境对创造力的影响,如阿玛比利(Amabile;1983,1996)对创造力的社会影响的研究、斯滕伯格等人的创造力投资理论(investment theory)等。不过目前对于环境评估的心理测量学研究还相当稀缺。研究者对工作环境的测量进行了一些研究,而对教室环境的测量还处于初级阶段。此外,目前还不清楚人格、产品、过程和环境这四个维度之间是如何相互作用的。②

(二) 创造力测量中存在的问题

由于目前创造力理论的复杂性引起了创造力测量中的许多问题。其中一项是创造力的信度与效度的问题,加德纳认为创造力测试是可信的,然而却很可能不是有效的。在创造力产品的测量中信度已被多次验证,而效度还是一个尚待解决的问题。③

在发散性思维的测量中,一些研究者认为将发散性思维等同于创造性思维是片面的,他们提出了使用发散性思维测试来鉴定创造力是否合适的问题。尽管研究者们认为一些创造性表现涉及发散性思维,然而,并不是每一项创造性任务都运用到了发散性思维。当前大多数可使用的测试儿童创造力的标准化测试都强调了发散性思维。还有很多理论并非建立在创造力的结构上,而仅仅建立在发散性思维上。从这个角度来讲,包括托兰斯创造性思维测验(TTCT)这类的发散性思维测试并不能测试创造力。

一些研究者提出创造性思维可能只是在某项特殊的任务、某个特殊的领域中表现出来的。④ 这就意味着个体在某项任务或某个领域表现出的创造力不一定会在另一项任务或者另一个领域中表现出来,这又对一些通用的创造力测试提出了挑战。

此外,即使是真正具有非凡创造力的学生,当他没有投入到任务当中,或者他的动机没有被激发的时候,他也无法表现出创造力。

创造力是一个整合的概念,基于创造力测试中尚存在的这些问题,在鉴定学生的创造力时应当尽量使用多种方式及多项测试综合评估。

---

① 俞国良,曾盼盼. 中小学生创造力的测量和评价[J]. 山东教育科研,2001(2):97-100.
② Pfeiffer, S. I. Handbook of Giftedness in Children[M]. Springer-Verlag, 2008:259.
③ Pfeiffer, S. I. Handbook of Giftedness in Children[M]. Springer-Verlag, 2008:259-260.
④ Plucker, J. A., Runco, M. Creativity and Deviance[M]//Runco, M. A., Pritzker, S. (Eds.). Encyclopedia of Creativity(vol. 1). San Diego,CA:Academic,1999.

第3节 创造力的发展

在生活中,我们会发现每个小孩都有丰富的想象力和创造力,但是当孩子长大以后,创造力却越来越少,为什么会变成这样呢?在现实中,人们把太多的注意力放在了大创造力上,认为这是天才们才能够取得的成就,而其实每个人都拥有着一种创造的精神,即小创造力,只是很多人没有看到他们自身的创造力,特别是在日常生活中的创造力。

一、作为一个过程的创造力

(一)创造活动过程

创造活动过程是指人从开始进行创造性活动到新产品(包括物质的和思想的)的产生的一般心理过程。[1] 研究者们对创造活动的过程提出了众多的阶段理论,下面介绍其中比较著名的几个理论。

西克生米哈伊使用流动(flow)这一术语来描述创造活动过程,"专注、沉迷、喜悦、成就感、一种和谐的模式中使用的心灵能量、自我发现的兴奋感……"。这种流动的体验包括:伴随即时反馈的明确目标;个人技能与挑战完全吻合;行动和意识的融合;专注于任务,排除忧虑及其他干扰因素;潜在的控制感;失去自我意识;成长感与成为更伟大的实体的一部分;特殊的时间感;感受到经验本身的价值和意义。[2]

华勒士(Wallas)提出了著名的创造过程的五个阶段:① 准备(preparation):界定问题、搜集有关问题的信息和可能的解决方法;② 孕育(incubation):对问题进行思考,不断反思;③ 领悟(illumination):想到了解决办法、突然顿悟、了解解决问题的关键所在;④ 检验(verification):将顿悟的观念加以实施,以验证其是否可行;⑤ 执行(implement):对解决方案进行精加工,并且实施方案。[3]

托兰斯提出类似的理论,认为创造性心理历程主要包括六个阶段:① 敏于觉察不协调的现象;② 证实困难所在之处;③ 提出假设;④ 验证假设;⑤ 对假设提出修正;⑥ 重复前两阶段直到找到答案。

不同学者对创造历程的研究与见解虽各有不同,但整体的模式则大同小异。而实际上创造的过程也因人而异,并没有一个固定不变的模式。但是创造的发生必须对与问题有关的各项事实有明确的概念及认知,继而运用各种心智能力去发展对问题解决的各项方案,最后发现并验证有效的方案,并付诸实施。[4]

(二)创造力发展过程

儿童的创造力发展并不是连续的,众多研究都支持这一结论,其中最著名的当属托兰斯

---

[1] 查子秀.超常儿童心理学[M].第二版.北京:人民教育出版社,2006:160.
[2] Csikszentmihalyi, M. The evolving self: A psychology for the third millennium[M]. New York: Harper Collins, 1993:176-177.
[3] Clark, B. Growing up Gifted: developing the potential of children at home and at school[M]. 7th ed. Pearson Education, Inc., Upper Saddle River, New Jersey, 2008:172.
[4] 陈龙安.创造思考教学对小学资优班与普通班学生创造思考能力之影响[D].台北:台湾师范大学辅导研究所硕士论文,1984.

的研究。① 托兰斯(1960)研究了 15000 多名从幼儿至 6 年级的儿童创造力的发展趋势,发现 3～5 岁儿童创造性较高,5 岁以后有下降趋势,9 岁或 10 岁多数儿童失去了早期那种形式的自发性和好奇心。之后,托兰斯(1964)又对 1 年级学生到成人的创造性思维发展进行了大规模的纵向研究,研究发现:小学 1～3 年级呈直线上升的趋势,到了 4 年级有显著的下降,在思维的流畅性、变通性、原创性和精致性上的分数都下降显著,以至于一些学生在 5 年级时的创造力分数要低于 3 年级时的分数,此后逐渐上升,7 年级时略有下降,之后直至成人基本保持上升趋势。②

在我国,研究者潘洁等对 3～6 岁幼儿进行了发散性思维的测验,结果发现 6 岁儿童不论在语义、符号、图形或操作方面,15 项测验中有 13 项平均成绩都低于 4 岁和 5 岁的儿童。张德秀(1983)对小学 3～5 年级儿童进行创造性思维潜能测验,其结果反映 4、5 年级平均成绩低于 3 年级学生。③

在小学生和初中生的创造性思维比较研究方面,研究者发现初中生在创造性思维的三个基本特征上的成绩均高于小学生,两者呈显著性差异。一项对中学生创造性思维能力的研究显示,中学生创造性思维水平总体向前发展,但水平较低。初中阶段创造性思维水平随年龄增长有显著提高,但到高中阶段有所下降。高二年级降到最低水平,高三虽有回升,但仍没有超过初三时的水平。④

另外,有研究者对 9～19 岁的儿童青少年的创造性人格特征(个性倾向)发展特点进行研究,发现中小学生创造性人格的发展存在阶段性,可以分为三个阶段:15 岁以前是第一个稳定期;15～18 岁是突变期,16、17 岁学生的创造性人格的水平显著降低;18 岁以后又进入第二个稳定期,其水平与第一阶段相当。⑤

综合国内外研究可以发现,随着儿童的成长创造力水平基本呈发展趋势,但发展并不平衡,呈犬齿状上升曲线。在学龄前阶段,年幼儿童的创造力发展较好,随着年龄增长创造力会有一次下降;在小学阶段,儿童进入小学中高年级时创造力会有一次显著的下降;初中阶段,儿童创造力显现出良好的发展趋势;高中阶段,国内外研究产生分歧,国外研究表明创造力呈继续发展趋势,而国内研究发现高中生创造力下降显著。但是其背后的影响因素却十分复杂,特别是环境和教育在这个过程中起了什么作用,还很值得进一步探讨。

二、促进创造力发展的因素

大多数研究者都认为所有的人都是具有创造力的,至少在年幼时是这样。青少年的行为和成年人的行为往往能够从他们的婴儿期和童年期找到根源,对于超常和创造力这类天赋也是这样。为了支持年幼的孩子发展创造力,成年人必须理解、珍视创造力,鼓励孩子的创造性表现。我们会发现具有创造力的孩子的行为通常是独特的、与众不同的,还可能会造

---

① Deighton, L. C. The Encyclopedia of Education[M]. The Mar Millan Company, 1971: 141.
② Torrance, E. P. The millennium: A time for looking forward and looking back[J]. Journal of Secondary Gifted Education, 2003(1): 6-12.
③ 查子秀. 超常儿童心理学[M]. 第二版. 北京:人民教育出版社, 2006: 154-155.
④ 沃建中, 王烨晖, 刘彩梅, 林崇德. 青少年创造力的发展研究[J]. 心理科学, 2009(3): 535-539.
⑤ 聂衍刚, 郑雪. 儿童青少年的创造性人格发展特点的研究[J]. 心理科学, 2005(2): 356-361.

成干扰和混乱的局面,这需要家长和教育者赋予更多的理解和支持。

研究者认为儿童的创造力受到外部因素和内部因素的影响,外部因素包括家庭因素、学校因素和社会因素,其中家庭因素和学校因素最直接、最密切,也是家长和教育者最能够有所作为的影响因素。

(一) 家庭因素

家庭环境对儿童创造力的早期发展具有重大的影响。盖布瑞尔(Gabriele)于1985年对26个高创造力者或天才学生进行研究,结果指出75%的学生认为对他们创造力的贡献最大的是父母。①

对于年幼的儿童来说他们的创造性品质正是由他们的家庭环境、父母来提供的。很多创造性儿童的家长也是具有创造性的,他们表现出自我肯定和主动性;他们重视自身的自主权和独立性,但是对他们的孩子来说是认真、可信赖的;他们积极参与到具有创造性的兴趣爱好中去或者喜欢演奏乐器;他们的阅读量一般超过平均水平,而且也喜欢读书给孩子听,他们经常带孩子去图书馆……很显然,父母是孩子的学习榜样。

汪玲、席蓉蓉对初中生父母教养方式与创造个性之间关系的研究中指出,父母的情感温暖有利于创造个性的良好发展;母亲过分干涉、保护,总的来说有利于想象力的发展;父亲的拒绝、否认,不利于孩子创造个性的发展,但母亲的拒绝否认则不会影响孩子创造个性的发展;母亲的严厉惩罚不利于孩子创造个性的发展,但父亲的严厉惩罚则不会影响孩子创造个性的发展。②

怀特(Wright,1986)提出了儿童创造力培养的三脚架模型(three-pronged model)。这一模型指出创造性家庭环境的三个主要成分:① 表达尊重;② 鼓励独立;③ 提供丰富刺激。尊重儿童就是要把他们作为一个独立的、平等的主体来看待。提倡独立精神则必须先给孩子一种自由与心理的安全。此外家长还应该多提供富有创意和灵活性的模型装置,从而有效提高儿童的创造思维。国内学者把保护儿童的好奇心,培养儿童的观察力、想象力和动手能力这四方面作为家庭培养的重点。他们还十分重视亲子间的互动,提倡亲子学习,认为家长要和儿童一起,学会构思探索。③

创造力的实现需要提供心理上安全和自由的环境,充满各种各样的创造性的环境和活动。这种环境应当包括物质的和认知、身体、情感、直觉方面的体验。在那些丰富的、积极的环境中,必须有充足的时间让孩子自由地玩耍,以及家长引导孩子去愉快地探索。想象、幻想是支持创造力的一些品质,当孩子探索想象中无尽的传奇以及他们想象中的伙伴取得一些不切实际的成就时,家长需要耐心、感兴趣、不带有评判性地倾听孩子的想法。④

创造性儿童的家庭很少是专制型的。整个家庭很开放,表现出对生活的热情。父母经

---

① Gabriele, R. V. Identification as gifted and talented: Effects on internal-external control of intellectual achievement and self concept of ability[D]. University of Wisconsin: Dissertation Abstracts International, 1985.
② 汪玲,席蓉蓉.初中生创造个性、父母教养方式及其关系的研究[J].首都师范大学学报:社会科学版,2004(5):102-108.
③ 张森榕.儿童创造性及其培养方案的研究述评[J].心理科学,2003(3):551-552.
④ Clark, B. Growing up Gifted: developing the potential of children at home and at school[M]. 7th ed. Pearson Education, Inc., Upper Saddle River, New Jersey, 2008:175.

常鼓励孩子表达自己的情感，表现出个体的差异。这种家庭中的孩子更少表现出敌对，更多地表现出外向、友好、自主和独立。他们的家长允许他们在做决策或者探索环境时更为自由。超常儿童和创造性儿童的家长更喜欢引导孩子而不是去惩罚孩子，他们很少会使用体罚。

另外，还有研究发现杰出的高创造力者通常并不出现在最好的养育环境中，相反，多样化的经验有助于克服因习惯性交流而形成的诸多限制，挑战性的经验可以增强自己在面对困难时持之以恒的能力。

（二）学校因素

除了家庭之外，孩子们大量的时间都会待在学校里，学校对学生创造力的发展具有重要的影响，而且许多研究都证实了创造力是可教的。

斯滕伯格（1998）指出如果教师教导学生用多种方式对信息重新编码并鼓励学生充分利用自己的能力，那么学生能够学得更好，教导学生学习创造性的思维并不仅仅会发展和表现他们的创造力，还能提高他们的整体学习能力。[①]

既然如此，那么要教给学生什么才能提高他们的创造力，怎么教？作为教导学生创造力的教师应当具备怎样的条件？教师又应当如何提升自己呢？研究者们为我们提供了一些重要的建议。

阿玛比利提出促进创造力的三种必要成分：第一，任务动机（task-motivation）；第二，领域相关技能（domain-relevant skills）；第三，创造力相关技能（creativity-relevant skills）。这三个成分都是可以教导的，包括内部动机也是可以教导的，至少可以提供给儿童一定的榜样和示范。接受过训练的孩子比没有接受过训练的孩子表现出更高水平的内部动机。皮尔托（Piirto）强调促进创造性努力的最有效奖赏是高创造力者在创造过程中以及在取得成果时体验到的愉悦之情，而不是来自于外在的金钱或荣誉上的回报。因此，在教导学生创造的时候激发学生的内在动机是极其重要的，然而传统的教学环境往往忽略了这一点。[②]

除了内部动机之外，相关技能也是促进创造力发展的重要因素。知识和技能是创造能力的基础。很多学者包括斯滕伯格都认为知识是培养创造力的必要成分，创造新事物是在高水平的认知系统的辅助下完成的，创造新事物和新想法的过程和技术是建立在知识的基础上的。

让寇提出了一些供教师使用的有利于创造力发展的实践性建议：[③] ① 使用明确的指导语。② 指向特定的目标成分。③ 不要忽略灵活性（由多种方式来解决一个问题）。④ 给学生一些没有特定解决方法的任务和练习。⑤ 先给学生最少的要求和约束，然后再增加限制。⑥ 从开放性结果的任务逐渐转向需要探索的任务。

在教师特质方面，让寇也指出那些帮助学生从他们的错误中得到学习、在教室内减少焦

[①] Clark, B. Growing up Gifted: developing the potential of children at home and at school[M]. 7th ed. Pearson Education, Inc., Upper Saddle River, New Jersey, 2008: 175.

[②] Clark, B. Growing up Gifted: developing the potential of children at home and at school[M]. 7th ed. Pearson Education, Inc., Upper Saddle River, New Jersey, 2008: 177.

[③] Clark, B. Growing up Gifted: developing the potential of children at home and at school[M]. 7th ed. Pearson Education, Inc., Upper Saddle River, New Jersey, 2008: 179.

虑、不控制学生、尊敬学生、珍视创造和自发性行为的教师能够引发出学生自身的创造力。伦祖利也提出为了辅助学生创造力的发展,教师需要符合以下一些前提条件:灵活;对经验和新的想法持开放的态度;高水平的能量、乐观精神和热情;对杰出的期望。

克拉克指出创造性教师在教导学生创造力时要比那些不认为自己具有创造性的教师更有效,而且创造性的学生与创造性的教师相处得更好。那么教师要如何提升自己的创造力呢?以下一些建议可以作为参考:① 给自己休息的时间和梦想的空间。② 发现自己产生新想法的最佳时间和地点。③ 和另一些具有创造力的人相处,并寻找一些能够激发自己创造力的人。④ 当你遇到具有创造力的人时,和他们畅所欲言、询问他们的兴趣和热衷的事物。⑤ 打破旧的惯例和模式;做一些你不喜欢或没有尝试过的事。⑥ 制订一项计划以及计划的最终期限,将它告诉别人,然后为自己的计划而努力。⑦ 在自己的革新领域发展高水平的专门技能。⑧ 发现他人灵感的来源。⑨ 把研究问题当作探索新颖解决方式的机会。⑩ 把你的想法在他人身上进行试验,一开始选择安全的人,以后可以选择一些更"危险"的人。

最后,值得一提的是,某些有创造性的儿童往往很难得到更多同伴的认同和支持,常表现出"天马行空,独来独往"的离群与孤独。同伴互动似乎并不能够促进创造力的发展。有研究发现,二年级到六年级之间,大部分具有创造力的儿童会受到同伴们的抵制,他们对团体作出的贡献几乎没有得到承认,因此他们产生了一种独自工作的倾向。六年级阶段,具有高度创造性的儿童经常遇到敌对、攻击、批评和拒绝。到了中学阶段,那些非智力上超常而具有创造性的儿童被认为是奇怪的,他们的行为是不正常的或错误的。① 因此,更多的创造性儿童不太喜欢过于刻板和缺乏创新精神的学校。这些研究结果可能也部分地解释了我们前面提到的创造力发展过程中,年龄和年级的变化对创造力的影响。

(三)一些发展创造行为的技术

头脑风暴法(brainstorming):这是奥斯本(Osben)提出的从心理上激励群体创造活动的一种著名的方法。具体来说,就是在一定时间内,一群人在一起以开会的形式集思广益,在较短的时间内产生大量的看法、意见、方案,激发灵感、创意,从而使问题能够比较好地解决。②

六顶思考帽(six thinking hats):这是德·波诺(De Bono)提出的一种处理问题的方法。六顶思考帽是指六种不同颜色的帽子,白色是中立、客观,代表事实和资讯;红色是情感,代表感觉、直觉和预感;黄色是乐观,代表与逻辑相符的正面观点;黑色是阴沉,代表警示与批判;绿色是春天,代表创意;蓝色是天空,指我们控制着事物的整个过程。

垃圾考古法(trash archaeology):让学生在学校内至少从三个地方收集垃圾筐,把垃圾筐当作是考古发掘,然后基于那个垃圾筐内被丢弃的材料,在垃圾筐所处的位置重新建构事件,指出大约的时间、事件、原因和结果。

创造性写作(creative writing):在黑板上写四个分类:人物、目标、障碍、结果,让学生

---

① Clark, B. Growing up Gifted: developing the potential of children at home and at school[M]. 7th ed. Pearson Education, Inc., Upper Saddle River, New Jersey, 2008: 175-180.
② 查子秀.超常儿童心理学[M].第二版.北京:人民教育出版社,2006:180.

在每个分类下列出 10 项事物,然后可以根据学生电话号码的最后四位数,让学生使用这四项事物来编写一个故事,想到什么就可以写什么。如,四位数是 1234,那么学生要根据人物分类下的第一项、目标分类下的第二项、障碍分类下的第三项、结果分类下的第四项,来编写故事。

最大、最小、整合(maximize,minmize,integrate):提出一个问题,让学生选取一个或一些相关物品,在最大化、最小化和整合这三种方式中选择一种或多种方式来解决问题。如,要在汽车中减少司机和乘客的身体损伤,解决方案可以是最大化一个枕头,在里面充满空气,把它放在司机和乘客的前面。让学生在班级里分享他们的解决方案。

将内心画出来(drawing from the inside out):当你想要学生介绍一个难以解释的概念时,先让他们把它画出来。如,要求学生在 10 秒钟内画一个能够代表创造力的图像;10 秒钟后,再给学生 5 分钟,让他们给图像注上说明;接下来的 30 分钟在班里讨论他们的画和创造力的概念,在适当的时候介绍一些你想让他们扩展理解的必要信息。

连贯性角落(coherence corner):当学生感到紧张或不能集中注意力时,建议学生可以到这个角落舒服地坐下来,听一些令人放松的音乐和自然界的声音,只是去放松和想象,大约 10~15 分钟后再回到学习状态中去。[①]

和田创造十二技法:上海市和田路小学自 1980 年开始进行创造教育研究,根据学校的研究和实践形成了"和田创造十二技法",十二技法分别是:① 加一加,即增加、组合;② 减一减,即削减、分割;③ 扩一扩,即扩展、放大;④ 缩一缩,即收缩、密集;⑤ 改一改,即改进、完善;⑥ 变一变,即变革、重组;⑦ 搬一搬,即搬去、推广;⑧ 学一学,即学来、移植;⑨ 代一代,即替代、变换;⑩ 联一联,即插入、联结;⑪ 反一反,即颠倒、翻转;⑫ 定一定,即界定、限制。[②]

三、抑制创造力发展的因素

一般而言,抑制创造力发展的因素有低自尊、焦虑、竞争、完美主义、专制主义、外部奖励系统、苛刻的时间限制、不尊重幻想等。让寇提出强调创造产品、成就、完全凭借表现来鉴定创造力阻碍了我们找出具有创造潜力的儿童。

阿玛比利在他的研究中促使高创造力者进行创造最重要的因素可能是高创造力者对创造的热爱,具有创造性的个体是为了乐趣和个人获得满足感而进行创造的。当活动是为了自我愉悦而不是为了外部的奖励时,更容易产生创造性地解决问题的办法;当有监督限制、截止期限、评估和奖励存在时,创造力发生的机会有所降低。阿玛比利发现在创造性任务中存在以下六个因素会削弱创造力和兴趣。

(1) 预期的评价。注意自己工作将如何被评价的人要比那些不必担心这些评价的人表现出更少的创造力。

(2) 监督。注意到自己的工作被监督的人要比那些没有意识到自己被监视的人表现出

---

① Clark, B. Growing up Gifted: developing the potential of children at home and at school[M]. 7th ed. Pearson Education, Inc., Upper Saddle River, New Jersey, 2008:180-181.
② 王灿明.儿童创造心理发展引论[M].北京:社会科学文献出版社,2005:157-158.

更少的创造力。

(3) 奖励。为得到实实在在的奖励而从事一项任务的人要比那些并不是为了被认可和回报的人表现出更少的创造力。

(4) 竞争。感受到与他人直接、威胁性竞争的人要比那些并不注重竞争的人表现出更少的创造力。

(5) 限制选择。必须根据限定要求来完成任务的人要比那些可以自由选择的人表现出更少的创造力。

(6) 外在目标。由外在动机推动去完成任务的人要比那些由内在动机推动的人表现出更少的创造力。①

我国研究者查子秀在综合了各方面研究后，针对我国的情况，对不利于儿童创造力发展的家庭因素和现行学校因素进行了概括。她认为家庭因素主要有：父母专制；家长对孩子过于溺爱；不支持或简单粗暴处理儿童的好奇心、求知欲和探索行为；缺乏民主自由气氛，儿童缺乏安全感。学校因素主要有以下几个方面。②

(1) 传统学校教育以升学率为追求目标，教师和学生过于看重分数，教师不能灵活地教，学生不能灵活地学，改变还需要有一个过程。

(2) 教师教学生听是基本的教学形式，在课堂上虽也有一些提问和回答，但问和答往往都离不开教师所教的课本内容，学生只有力求符合"标准答案"，才能获得好的分数。

(3) 学校统的过多：统一大纲、统一教材、统一考试标准，忽略学生的个别差异，学生的个性不能得到生动活泼的发展。

(4) 学校和教师喜欢听话、顺从的学生。一些具有创造力的学生，往往被看作思想和行为"越轨"而不被重视，甚至遭受到打击，为获得教师对自己的好印象，有些学生形成了循规蹈矩的行为习惯。

(5) 创造性的学生在班上往往得不到满足，他们的兴趣中心往往在课余或校外。在正确引导下，他们的创造力可以在科技或艺术上得到发展，但有时他们不被推荐，他们的创造才能不仅得不到正常的发展，甚至被压抑，对个人和社会造成重大损失。

 本章小结

创造力是超常儿童的重要能力，虽然在研究者中受到了很多关注，但在实际的超常儿童的评估、鉴定，以及超常儿童的教育中经常没有得到足够的重视。本章分为三节：

第1节是创造力概述，介绍了创造力与超常之间的关系。有的学者认为创造力是超常必不可少的一部分，有的学者认为创造力是超常的延伸部分和重要补充，不同的理论都认为两者之间存在着密切的联系；然后介绍了四种创造力的理论，包括认知/理性论、社会情感论、身体/感觉论和直觉论；同时也提出创造力其实是一个高度融合的整体，详细介绍了创造力的整体观。

---

① Clark, B. Growing up Gifted: developing the potential of children at home and at school[M]. 7th ed. Pearson Education, Inc., Upper Saddle River, New Jersey, 2008：182.

② 查子秀.超常儿童心理学[M].第二版.北京：人民教育出版社,2006：177-184.

第 2 节是高创造力者的个性特征和测量,延续第一节的四个理论维度,分别介绍了这四个维度的高创造力者的个性特征;然后介绍了创造力的测量,特别是著名的"4P"理论,分析了现有的创造力测量中存在的一些问题。

第 3 节是创造力的发展,先分析了作为一个过程的创造力;然后主要从家庭和学校两个因素分析了促进创造力发展的因素,同时也概况地介绍了一些促进创造力发展的策略技术;最后分析了抑制创造力发展的因素。

 思考与练习

1. 你如何看待创造力和"天才"(超常)之间的关系?
2. 如何界定创造力这一概念? 你是如何理解创造力的?
3. 高创造力的个体一般会有什么样的特征? 请结合创造力的四个维度来分析。
4. 创造力的测量维度可以概括为哪些? 目前创造力的测量中存在什么问题?
5. 学校如何促进学生的创造力发展?

第8章 超常儿童的教育

1. 掌握超常儿童教育的定义、基本原则。
2. 了解如何运用大脑研究结果来优化学习。
3. 理解超常儿童早期教育的原则和内容。
4. 了解国内外超常儿童教育的几种最常见的教育安置模式。
5. 理解有效的超常儿童教育课程的标准和特征。

美国学者布卢姆经过20年的研究,得出这样一个结论:对90%的学生有效的教学方法,对10%的好学生则是不利的,而那3%的特殊优异的儿童更是极大的压抑和扼制。因此,有必要对超常儿童实施特殊教育。[1] 那么超常儿童教育究竟是什么样的? 有哪些不同于普通教育的基本原则? 超常教育的科学依据是什么? 超常教育的教师又需要什么样的要求? 这些问题将在本章中进行探讨。除此之外,本章还将简要介绍超常儿童的早期教育、国内外几种常见的教育安置模式、有效的超常教育课程的标准和特征等。

第1节 超常儿童教育概述

一、超常儿童教育的定义

超常儿童的教育,简称超常教育,是指"为超常儿童(也有人称'天才儿童')提供的教育",属于特殊教育的范畴,[2]是要适应超常儿童潜力和特点,满足超常儿童特殊需要的教育。

正如在第1章中指出的那样,超常儿童还没有一个统一的定义,但是目前学者们比较认同的是超越单一高智商的定义。一般认为超常儿童在下列六个方面应表现出一个或一个以上的特征:① 一般智力;② 特殊学术性向;③ 创造性或生产性思考能力;④ 领导能力;⑤ 视觉或表演艺术的能力;⑥ 心理动作能力。而伦祖利的三环理论里,将社会情感因素也纳入了超常的定义中,即认为对任务的执著度,即内在动机的重要性。

之后的研究者不断对超常儿童的定义作出了新的补充,越来越多的研究者认同超常表现可以呈现在各种领域。这样定义的优点是:优越表现可以呈现在各种领域,不应将定义

---

[1] 周卫.开发资优潜能 培养创新人才——对超常教育的认识与反思[J].教育发展研究,2000(1):32-34.
[2] 弓立新.走出超常教育认识的误区——访李彩云[J].少年儿童研究,2007(3):38-39.

仅仅集中于儿童的成就潜能,而应关注儿童的发展需要。能力不同于表现,能力与表现的不一致会表现为高超常低成就。[①] 另外还有一些超常儿童可能伴随有其他的障碍和特殊教育需要,如学习障碍、注意力缺陷与多动性障碍、自闭症、视觉障碍、听觉障碍或肢体障碍等,他们都具有双重的"特征"和特殊需要,给超常教育带来了更大的挑战。

施建农认为,"超常教育"既不是超乎寻常的教育,也不是使常态儿童成为超常儿童的教育,而是针对超常儿童身心发展特点而进行的旨在使他们得到良好发展的教育。超常教育不是"另类教育",应该把超常教育视为教育大家庭里的一员,既是广义的特殊教育,也是普通教育的有机组成部分,同时又是教育理论创新、制度创新、方法创新的有益尝试。[②]

不能把超常教育简单地理解为是知识的加深、拓宽和教学速度的加快,更不能以高分数和升学率作为超常教育的目标。它是一种高素质的教育。超常教育要求根据超常儿童的特点,对他们进行速成和深造,但它也要促进儿童全面和谐的发展。超常教育特别重视培养儿童的创新精神和创造能力。未来的社会,教育及知识的传播、创新和运用将成为经济发展的基石。培养学生的创新精神和创造能力已成为当今素质教育中的重要部分。对超常教育的研究和实验,有利于我们进一步探讨创新教育的本质和内涵,以及如何在素质教育中培养儿童的创新精神和创造能力。[③]

查子秀认为,根据对超常儿童全面、科学的认识,超常教育应具有以下性质。[④]

第一,超常教育是全面发展的教育。超常儿童的心理是智力、个性及创造力相互联系和制约构成的,培养超常儿童不能只单方面开发智力或发展某方面特长,而应是全面发展的教育,是高素质的教育。对超常儿童要求应比一般儿童更高,从小贯彻全面发展的教育方针,更应把德育放在首位,在传授知识、开发智力的同时,还要积极发展良好的个性和创造潜能,做到德智体美劳全面发展,能力、创造力及个性都能同步、协调地发展。

第二,超常教育是因人而异的教育。由于超常儿童有许多类型,不同类型的超常儿童有着不同的需求、特点,因此设计超常教育时,不能大一统,而应因人而异,也就是,真正贯彻因材施教。制订出真正符合各类超常儿童身心发展水平和特点的教育计划、课程、教材和教法,以便有利于促进各类乃至各个超常儿童的充分发展。

第三,超常教育是创造性教育。根据研究,创造力是超常儿童心理的主要成分之一,只有创造性的教育才能发展超常儿童的创造潜力。超常儿童比常态儿童具有更大的独立性和能动性,要教育好这类儿童本身就具有更大挑战性。超常教育比传统教育开始得晚得多,可供借鉴的经验很少,因而,超常教育应更具开拓性和创新性。

第四,超常教育是特殊和一般统一的教育。超常儿童与同龄普通儿童有明显差异,超常儿童在认知、个性、创造力等方面,与同龄普通儿童相比有明显的特殊性,但超常儿童也是儿童,与普通儿童还有共同性方面,这种共同性通过特殊性表现。因此,超常教育要处理好特殊教育和普通教育的关系,使两者相辅相成,以便收到最佳教育效果。

---

① 翟秀华.欧美对超常儿童教育的研究[J].大连教育学院学报,1999(1):27-29.
② 施建农.为什么要开展超常教育[J].现代特殊教育,2001(12):4-7.
③ 华国栋.在实施素质教育中要重视超常教育[J].现代特殊教育,1999(3):9.
④ 查子秀.超常儿童心理学[M].第二版.北京:人民教育出版社,2006:362-363.

二、超常儿童教育的基本原则

自从1869年英国人类学家高尔顿的著作《遗传和天才》问世之后,超常儿童的教育与研究处处受到心理学、教育学各种思想的影响。20世纪初,美国心理学家推孟采用智力测验鉴别出1500多名平均智商在140分以上的天才儿童,至今,运用常模参照智力测验仍然是鉴别超常儿童的主要手段之一。不仅如此,推孟提出的智力发展理论也成为超常儿童教育的指导思想。在智力发展理论中,他强调归纳而不是演绎,强调自定学习目标,训练逻辑思维,养成从现实与事实中归纳出原理的思维方法,在当前的超常儿童的教学中起到一定的指导作用。20世纪60年代初,布卢姆的认知教学理论,布鲁纳(J. S. Bruner)的世界模式和高难度教学理论以及20世纪七八十年代盛行的马斯洛的人本主义教育思想都对超常儿童的教育和教学产生了深刻的影响。

上述理论进一步明确了超常儿童的教育目标,也和普通儿童一样,是为了最大限度地发挥儿童的潜能,把他们培养成对社会的进步和发展能作出积极贡献的人才。另外还需要满足超常儿童的特殊需要,在很长的一段时间里,超常儿童教育多偏重智力和认知能力的训练和发展,但随着研究的深入,对于超常儿童的社会情感、个性、自我和道德等领域的发展的重要性也越来越被教育者所认可,并在教育中有所体现。与普通教育相比,在超常教育中需要特别强调以下一些原则。

(一)因材施教,实施差异教学和个别化教学

超常教育就是因材施教原则的体现。因材施教是一个古老而富有生命力的教育原则,它要求教师要根据学生能力、素质、个性发展的需要,施以正确的引导和教育,要灵活地运用教学方法和教学内容。[①] 不仅个别化形式的超常教育是施行因材施教,学校集体形式的超常教育也同样需要贯彻因材施教的原则。这是因为:第一,在一个超常教育的班级中,入学时虽进行过鉴别选拔,学生的智力发展水平大体接近,但也是相对的,超常儿童的学科学习的兴趣和爱好,学习的态度和毅力,学习的习惯和能力都会有差异。经过一个阶段的教育,在超常儿童中会发生学习上的新的分化。这就要求教育要从不同儿童的需要和特点出发,更有针对性地因材施教。第二,超常儿童和少年一般都有过自学的经历,有较强的自学能力,有自己突出的学习方面的优势和较强的个性特点,他们往往希望能根据自己的兴趣、爱好和学习能力,多学点东西,而不愿意受统一教学计划的束缚。这就使超常教育班级因材施教的必要性和可能性,都要高于常规教育中的普通班级。[②]

因材施教不仅是教学活动的重要原则,同时也是"育人"的重要原则。许多超常儿童和少年与同年级普通班的学生相比年龄偏小,不同的超常儿童个性特征各异,这同样需要教育者在思想政治教育和品德教育中,因人而异地进行教育。

教学活动也要切实贯彻和体现因材施教的原则。首先,要评估测定超常儿童学习类型,尽可能使教师的教学与个体的学习类型相匹配;其次,在对超常儿童的教学组织当中,尽可能使能力兴趣和性格相近的儿童组合在一起,这样有利于教师分组指导,也有利于儿童共同

---

① 李更生.实施英才教育的可能性、必要性及重要性[J].教学与管理,2001(11):8.
② 查子秀.超常儿童心理学[M].第二版.北京:人民教育出版社,2006:395.

研讨,而且教师还可以根据超常儿童学习的实际水平,随时调整小组成员;最后,要提倡个别化教学,允许超常儿童按自己的速度学习,可以让超常儿童选择不同的功课或活动以达到规定的教学目标,允许超常儿童选定和设计他们自己的学习活动。①

（二）基于兴趣,促进创造力发展

一般来讲,超常儿童都有浓厚的学习兴趣和创新的意识,即具有强烈的内在动机和创造能力,但这种特征是否能长期保持下去,还有待于教师的引导。在超常教育中,教育工作者要从学习目标的增设、学习内容的更新、奖励方法的改变等方面防止超常儿童学习兴趣和创新意识的减退。②

超常教育要基于超常儿童的兴趣,激发超常儿童的内在动机,使超常儿童保持对学习的热情和对任务的执著度,这样才更有利于超常儿童智力和其他潜能的发挥和发展;同时在强烈的内在动机的基础上,更有效地促进创造力的发展。创造力是超常教育关键的内容,教师要创设丰富的"易感应的环境",儿童在其中有各种各样的机会接受刺激,也有多种形式的机会进行探索和尝试,鼓励儿童独立从事操作性的活动等,③同时教授儿童必备的一般的思维技能和知识,以及特定的技能等,促进超常儿童的创造力发展。

（三）全面发展,关注非智力因素的作用

如前所述,超常儿童的发展过程中,可能出现各种不同类型、不同性质的不平衡性,如人格发展中,认知、情感和意志行为发展的不平衡性,自然认知和社会认知发展的不平衡性,还有学习和社会交往等可能存在的问题造成的身心发展的不平衡等。这些都需要教师密切注意和给予及时的心理疏导和帮助,使超常儿童能够平衡全面的发展,使得每个儿童的知、情、意可以达到统一。

智力上的超常是这些受教育者突出的优势,也是超常教育的基本条件,但是仅有超常的智力,并不能保证这些受教者的顺利成长。因此,智力因素和非智力因素的同步发展,就成为培养高素质人才所必须遵循的客观规律之一。

非智力因素指人在智慧活动中,不直接参与认知过程的心理因素,包括动机、理想、抱负、好胜心、独立性、意志的坚持性、情绪的稳定性、自我意识等。非智力因素在一个人的成长过程中,具有定向、动力、引导、维持和强化的心理功能。它不仅可以促进智力的发展,而且可以调节情绪,保持心理的平衡。

在超常教育中,特别要重视非智力个性特征的培养。首先,超常教育中,要重视学习动机、目的和兴趣,正确的人生观、世界观和方法论,以及积极的情感、意志、性格等的教育;其次,要把非智力因素的培养渗透到整个超常教育和教学活动的各环节中进行;最后,非智力因素,要通过优秀的班集体和实践活动来培养。④

（四）培养独立性,提升自主学习的能力

从终身学习的观点来看,学习是个体一生的任务,学校学习只是人生中的一个阶段。对超常儿童来讲,要想在这样一个信息爆炸、知识快速更新的社会中,保持自己超乎常人的学

---

① 钞秋玲,申小莹,张陵,朱继洲.谈谈超常教育实践中的几个问题[J].现代特殊教育,2002(4):10.
② 方俊明.特殊教育学[M].北京:人民教育出版社,2005:411.
③ 施建农,徐凡.超常儿童发展心理学[M].合肥:安徽教育出版社,2004:297-299.
④ 查子秀.超常儿童心理学[M].第二版.北京:人民教育出版社,2006:396-398.

习与工作能力,取得卓越的成就,更主要的是要有自学能力和独立工作的能力。

超常儿童很小就会主动探求,自己学习。随着自我意识的发展,到了少年期,自觉能动性更强。不仅自觉、创造性地学习,而且自我设计、自我完善,因而这类儿童既是受教育者,也是自我教育者。①

在超常教育中,要善于发展他们的独立和自主性,培养他们的自学能力,创造自主学习的氛围和条件,循序渐进,给予一定的方法指导。在教育、教学方式上,要变灌输式为启发式,变封闭式为开放式,使学生能从被动的学习状态逐步转为主动的学习状态。使学生学会自主学习,成为终身的自主学习者。

(五) 立志高远,自我实现,培养社会有用人才

超常儿童有着很强的"自我实现"的潜能和强烈的社会责任感。随着超常儿童年龄的增长和经验的丰富,教育者要注意不断地提高他们的动机水平,将近景动机和远景动机有机地结合起来。提高超常儿童学习和工作的责任感,树立为社会的进步和发展,为科学献身的奋斗目标,有抗拒环境中消极因素干扰的能力。引导他们用自己的才学为社会的进步和发展作出积极的贡献。

总的来说,超常儿童教育工作者要充分考虑不同类型的超常儿童的实际情况和各种需要,有针对性地给予教育、帮助和训练,使他们能得到可持续的健康发展,成为对社会有用的人才。

三、优化学习:脑科学研究在超常教育中的运用

随着脑科学研究的进展,人们对于人类大脑的认知越来越深入,而心理学和教育学的实验也表明,超常儿童的教育必须符合大脑发育的科学规律,需要给大脑提供适当的环境和丰富的刺激,才能促进智力和其他才能的发展。② 克拉克结合脑科学研究发现,指出教育实践中要创设良好的教育环境,给超常儿童提供最优化(optimizing)的学习,提出了优化学习的七个步骤,以满足超常儿童的学习需要。

第一步,理解大脑发展是学习的基础。现有的脑科学研究已经发现了很多有益的结果,可以帮助教育者在家庭或者学校中为超常儿童提供更多的支持,优化他们的学习经验。

第二步,创设一个回应性(responsive)的学习环境,包括以下要点:

(1) 回应性学习环境是基于与学习相关的几个领域的研究,将学习理论运用在有效的实践过程中。

(2) 最基础的要素——教室环境,应是灵活性和回应性的,允许学生按照自己的水平确定学习目标,以自己的学习速度来学习。

(3) 学习环境至少会影响学习的三个关键要素:① 学习类型、学习速度和学习水平的差异性:这些是大脑研究证实的个体差异。② 动机:在学习过程、参与和责任分享中起着重要作用,可以得到提升。③ 挑战和刺激:这两者对于优化学习都是必不可少的。

---

① 方俊明.特殊教育学[M].北京:人民教育出版社,2005:411.

② Clark, B. Growing up Gifted: developing the potential of children at home and at school[M]. 7th ed. Pearson Education, Inc., Upper Saddle River, New Jersey, 2008:272-275,320-322.

(4) 学习环境能为每个儿童提供发展空间，让他们可以选择参与各类活动，并能使大脑的认知功能、情感功能、身体功能和直觉功能都得到发展和激发。

(5) 教室在物理环境、情感环境上都是舒适的、开放的，尊重每个人的独一无二性，责任分享，并促进领导力的发展，促进人际交流等。

第三步，融合智力发展的各个过程，即融合教育模型(integrative education model)。这个模型包括各种有效的教学策略和实践，在教室里采取各种活动，来促进儿童的各个领域的大脑发展，包括认知、情感、身体和直觉等领域。

第四步，构建一个学习的连续体，即建立学习内容的标准，根据某个特定学科需要掌握的技能和知识的要点，建立学业表现标准，对于学生需要掌握的程度或者学习质量进行标准化。

第五步，评估学生掌握的水平。对于超常儿童而言，要评估的重点是超常儿童的哪些优势是在普通教学环境内学习时无法得到发展的，也就是超常儿童的特殊需要；同时选择适合超常儿童的评估方式，包括"选择性评估""成果评估""真实情境评估"等。

第六步，差异教学和个别化教学。差异教学意味着对课程内容、教学过程、教学结果进行调整，以适应不同儿童的特殊需要，来促进超常儿童的能力和兴趣发展；个别化教学为超常儿童提供一对一的基于其特殊需要的个别化教学；即便我们很难有条件实现每个儿童都进行一对一的个别化教学，但是可以满足这一群体共同的一些特殊学习需要，包括学习速度快、课程内容复杂度高、对课程的深度和新异性的要求等。

第七步，评估教与学，进行反思和调整。对学生学习的效果进行评估的同时，也对教的内容、过程、策略进行评估和反思，并做出及时的调整。

知识小卡片 8-1

可供教育者参考的脑科学研究结果[①]

关于环境

● 智力的发展基于生物遗传与能运用这些遗传因素的环境机会的互动——环境必须是充满丰富的刺激的，包括适当的挑战来鼓励好奇心和探索性的发展。

● 注意力和集中精神的能力取决于环境对于大脑的影响——教室应该组织成一个有回应性的环境，包括可以接触到多样化的材料和活动；让每个学生在心理上觉得安全；支持探索、选择、满足学生的需要。

● 压力会导致产生肾上腺素，会压抑脑皮层功能——在学习环境里应该尽量减少恐惧、威胁、焦虑和紧张等，不要在教学过程中产生过度的压力。

关于教学

● 大脑对新颖的、意料之外的、有差异的刺激容易进行反应——运用新颖性来激发学习的动机、提升学习。当被要求做重复的活动、练习时，大脑会形成习惯，即不进行思考就自动反应。这会阻碍学习新技能或进行高水平的学习活动。

---

① Clark, B. Growing up Gifted: developing the potential of children at home and at school[M]. 7th ed. Pearson Education, Inc., Upper Saddle River, New Jersey, 2008: 229-230.

- 大多数人大脑发展的潜能是无限的。大脑的动态发展的本质使智力可能进化也可能退化,而不是保持不变——要让学生一直有持续的机会不断发展,并鼓励每个学习者都不断进步。
- 智力的表现方式基于每个人的基因型,并在与环境提供的支持和机会的互动过程中影响大脑的解剖学结构——因此差异教学和个别化教学很重要,因为每个个体都有独特的需要。
- 大脑融合现实世界的信息,产生记忆,并建立预测和把信息迁移到不同情境的模型。聪慧的思维需要复杂性,需要有机会去接触不同的模型和各种关系——因此需要在不同的时间和空间进行跨学科的教学,用以替代单一的有限的学科或者孤立事件的教学。
- 大脑不仅加工信息或者引申思想,还建构意义——因此说教式的教学是行不通的。教师要创造问题,让学生去解决,使得他们对于所学的概念有深刻的理解。综合的多学科的教学可以弥补单学科教学的局限。
- 大脑会对不同的信息附加情绪,情绪饱满的教学会促进良好的学习,因为情绪反应会比认知理性的决断过程更重要——教学的时候师生都保持积极的热情,对于学习过程很重要。
- 优化学习需要学习者的积极参与——学习者需要积极参与到具体的经验和感觉刺激中,仅仅采用课本或书来教学,对于抽象概念的教学是不够的。
- 左脑和右脑的内容和发展都很重要,有各自的特殊性,都需要融入课程的计划内,以发挥其互补的本质——需要给予儿童不同的融合性、选择性的学习模式和表达模式,使得大脑皮层可以综合有效地学习。
- 智力的发展,是依赖经验的,即整合来自大脑不同的功能区的信息(如认知、情感、身体/感知、直觉)——学习过程应该尽可能包含大脑不同的功能领域的经验。
- 大脑持续地运用反馈,来创造联结、储存信息、发展智能——教学过程应该时常、持续并及时地进行反馈,对信息在更复杂和抽象的水平进行综合分析和建立联系。

四、超常儿童的早期教育

在本书第3章中我们分析了超常儿童早期发现和鉴别的可能性和方法,特别是超常婴幼儿的早期表现,同时也分析了家长和学校的作用。目前,我国的超常儿童早期教育领域,除了存在诸如"拔苗助长"和"过度早期开发"等误区外,更大的问题在于缺乏基于科学和实践基础的超常儿童早期教育的指导原则和相应的教育教学内容和方法。

关于儿童发展的大量研究表明,生命早期的六年对于儿童的发展而言是至关重要的,为后续的学习和认知的发展提供了基础,也是儿童社会化和适应性行为形成的关键期。和超常儿童的早期教育相比,已有的干预项目和研究大都是针对那些有发展问题和高危儿童的。但是后者的研究发现,早期积极的教育环境对于儿童一生的发展都有着重要的正面影响。

这一点对于超常儿童早期教育也是成立的。①

虽然对于儿童的"超常"和"优异的才能"的先天遗传和后天养育的争论一直不曾间断，但大部分儿童发展心理学家和教育学家相信二者是相互作用的。超常儿童早期教育与早期发现和鉴别虽然密不可分，但发现和鉴别的目的是为了更好地促进儿童的潜能的发展，而且在儿童早期，家庭和家长起着独特的作用，是最重要的环境因素。因此超常儿童早期教育的一个重要内容是为家长提供科学的育儿指导。研究者归纳出以下三点通用的原则：① 创造一个有丰富刺激输入的环境。② 鼓励儿童学习新的经验并巩固新经验。③ 在社会和情绪领域，对待儿童的方式和要求与其他儿童一样。

另外也有研究者指出，下面一些做法是比较适当的：① 尽可能提供丰富的经验，包括特别安排的出游或旅行以及在儿童表现出兴趣的领域提供相应的课程。② 提供可以促进才能发展的物品，如工具或者建筑材料等。③ 跟孩子一起玩一些既有趣同时又能帮助儿童学习推理、理解和合作的游戏。②

家长与儿童一起游戏的时间直接与儿童的言语智力测验得分成正比。研究发现，后来被鉴别为超常的儿童的家长与儿童相处的时间是非超常儿童的家庭的三倍，他们一般更鼓励语言发展，鼓励儿童的自主性，让儿童有机会接触各种各样的经验，比如体验艺术、参观历史自然博物馆等。另外，在学校中取得比较成功的成就的家长的养育方式一般都不是专制型的(authoritarian)，而是权威型(authoritative)，前者倾向于"改变、控制和评价儿童的行为，而且为儿童设定绝对不可更改的标准"，而后者也设定清晰的标准，但同时会认可儿童本身的权利，期望良好的行为，并与儿童之间有健康的语言的分享和沟通。③

研究者也指出，系统科学的早期教育项目能为超常儿童提供的发展自然是更全面的。虽然国内外的专家对于是否开展"超常儿童"的学前教育、如何开展等都存在争议，但现有的特殊的超常儿童学前教育项目，一般都致力于以下几个目标领域：① 思维技能，如观察、预测、分类、分析、综合和评价能力。② 好奇心和恒心，特别是在进行创造性的问题解决过程中。③ 在不同方面的创造性表达，包括艺术、戏剧、运动和舞蹈以及语言等。④ 在传统学业技能方面的坚实基础，根据个人的能力制订个别化的拓展的学习任务。⑤ 社会认知意识，包括对他人需要的感知、社会问题的解决能力等。⑥ 粗大和精细肌肉协调能力。④

五、超常教育的师资

由于超常儿童具有独特的认知、情感和个性特征，他们对于学习也有特殊需要，因此从事超常儿童的教育、教学也需要特定的知识和技能。那么，承担超常儿童教育和教学任务的教师是否也应该是资质优异的教师呢？对于这个问题，国内外都有一些研究，学术界也进行

---

① Eyre, D. Gifted and Talented Education: Major Themes in Education[M]. Volume (III). Abingdon: Routledge, 2009: 57.

② Eyre, D. Gifted and Talented Education: Major Themes in Education[M]. Volume (III). Abingdon: Routledge, 2009: 60.

③ Clark, B. Growing up Gifted: developing the potential of children at home and at school[M]. 7th ed. Pearson Education, Inc., Upper Saddle River, New Jersey, 2008: 66-67.

④ Eyre, D. Gifted and Talented Education: Major Themes in Education[M]. Volume (III). Abingdon: Routledge, 2009: 62.

过争论，但比较一致的结论是：承担超常儿童教育、教学任务的教师不一定本身也是天资优异者，但应具有更好的素质和较高的教育、教学能力。尽管在超常儿童的教学中，提倡学生中心论，但并不否认教师指导的重要性。事实上，许多教育项目是否能取得良好的效果，选择哪种教育模式来安排超常儿童的教育与教学，在很大程度上取决于教师的洞察与判断。另外教师对于超常儿童的态度，也会极大地影响超常儿童的社会性发展，特别是自我概念的发展，这些反过来又对其学业成就和潜能的发挥产生重要的影响。教师为超常儿童提供智力、情绪支持，对于超常儿童的发展起着关键性作用。

研究表明，适当的超常教育教师培训能够有效改善教师对于超常儿童的态度，提高教师效能，特别是关于超常儿童教学与普通教学方法差异的培训能够提高教师在实践中利用有效的教学策略，并获得对于超常儿童的正确认识，形成积极的态度。①

研究者也提出了优秀的或者高效能的超常教育教师具有一些共同的特征，详见知识小卡片"优秀/高效能的超常教育教师的特征"。另外，也概括了以往研究者发现的优秀的超常教育教师所具备的特定能力，见知识小卡片"优秀/高效能的超常教育教师具备的能力"。②

知识小卡片 8-2

优秀/高效能的超常教育教师的特征

- 高智能
- 对文化和知识抱有浓厚兴趣
- 追求卓越的成就
- 热心关注学生的才能
- 具有某一智力或才能领域的专业知识
- 拥有自主学习能力，热爱新的、先进的知识
- 对超常儿童具有真正的兴趣，愿意与之建立联系
- 与超常个体保持良好关系
- 能够为儿童个体负责
- 重视儿童个性及人格的完整
- 关注发展儿童自我概念的需要
- 能够通过沟通了解超常儿童的需要，能够为超常教育寻求支持
- 对待事物的批判或苛刻程度较低
- 和普通教师相比，与儿童联系更加紧密
- 能够教会儿童如何进行自我评估

---

① Kronborg, L., Plunkett, M. Providing an optimal school context for talent development: An extended curriculum program in practice[J]. Australasian Journal of Gifted Education, 2006(1): 16-24.

② Kronborg, L., Knopfelmacher, S. (Eds.) Proceedings for the 9th National Conference of the Australian Association for the Education of the Gifted and Talented Students — "The Gifted Journey — Reflecting Forward"[C]. Sydney, 2002, Melbourne: Australian Association for the Education of the Gifted and Talented, 2003.

- 能够创建温暖、安全、民主的环境
- 在不断的学习中探索新的问题解决方法
- 能够与同事、超常儿童、家长及其他专家紧密合作
- 能够控制自身职业生涯的发展
- 促进学习,而不是指导学习
- 条理清晰,组织性、秩序性较好
- 富有想象力、灵活,对于变化和挑战持开放性态度
- 富有创新与实验精神,而不只是服从于课程安排
- 能够从儿童角度出发看待事物
- 认同个体差异及个性发展
- 各方面知识多有涉猎
- 成熟、经验丰富、自信
- 情绪稳定
- 引导而不是强迫儿童

知识小卡片 8-3

优秀/高效能的超常教育教师具备的能力

- 了解超常儿童的特征及需要
- 能够鉴别超常儿童
- 能够开发或选择适于超常儿童的教学方法及材料
- 拥有高级思维能力的教学技能,包括创造力与问题解决能力
- 熟练掌握提问技巧
- 具备帮助儿童进行独立研究的技能
- 能够指导个别化教学
- 能够教授不同文化背景的超常儿童
- 具备为超常儿童提供咨询服务的能力
- 能够组织分组性活动并进行小组教学
- 能够为超常儿童提供职业教育及专业性意见
- 既能关注学习过程也能关注学习的成果
- 具备较高水平的教育技能及知识
- 能够引导其他教师形成积极的关于超常教育的理念及方法
- 能引导超常儿童获得成就

很多国家都认识到,要发展超常教育,教师培养是关键,因而规定从事超常教育的教师比一般教师要多修 20~26 个学分。对超常师资的培养方式,多数国家有两种做法:一是职

前的培养,在一些大学特殊教育系设置超常儿童师资培养专业;二是职后的培训,即业余选修大学有关课程,或寒暑假集中培训等多种形式。① 其共同之处在于对超常师资进行专门化的培养和培训。另外美国天才儿童协会(National Association for Gifted Children,简称NAGC)与美国特殊儿童委员会(Council for Exceptional Children,简称CEC)及其下属的天才儿童协会(CEC-TAG)共同制定了天才和专才教育的教师培养的国家标准,最新标准在2013年修订,详见知识小卡片。一般而言,美国目前的超常儿童师资培养层次是研究生阶段,可能是独立的培养项目,也可能是嵌入在其他的研究生项目里。

知识小卡片 8-4

美国天才儿童协会与美国特殊儿童委员会(NAGC-CEC)
关于天才和专才教育教师培养的国家标准(2013年)②

标准1 对于个体学习差异的理解是天才教育工作者的基础,特别需要关注语言、文化、经济状况、家庭背景,和/或障碍如何影响有天赋和才能的个人的学习。基于这些认识,天才教育工作者可以对学习者的个性化需求做出回应。

标准2 强调天才学习者的多种学习环境的特征,包括为所有学习者创建安全、融合和文化敏感的环境,这些环境提供了一个连续的框架,可以为不同的个体的天赋、才能、动机、文化和语言的差异提供回应和服务。

标准3 强调教育者的知识和使用的核心课程和专业课程来促进有天赋和才能的个体的高级学习。

标准4 关注评估,既要了解可以鉴别出有天赋和才能的个体的评估,也要了解用于开展差异和加速教学而需要的各种类型的评估。

标准5 关注选择、调整并计划使用各种以实证为基础的教学策略,以促进有天赋和才能的个体学习。

标准6 强调利用专业领域的基础知识和职业道德原则,以及国家学前-12年级的天才教育的课程标准,以使天才教育实践可以有助于终身学习的形成,并促进专业化发展。

标准7 关注天才教育专业工作者与家庭、其他教育工作者、相关服务提供者、拥有天赋和才能的个体和社区机构的工作人员等一起以具有文化敏感性的方式共同合作,通过一系列的学习经验,来满足拥有天赋和才能的个体的需求。

我国对从事超常儿童实验班教育、教学工作的师资力量的培训有待进一步强化。国内有一些针对教师的培训,如1986年7月,在中国超常儿童研究协作组的组织下,在西安交通大学举办了首届超常儿童教育和研究培训班;1994年8月由中国科学院心理研究所和中国

---

① 查子秀.超常儿童心理学[M].第二版.北京:人民教育出版社,2006:378.
② NAGC-CEC Teacher Preparation Standards in Gifted Education(2013). https://www.nagc.org/resources-publications/resources/national-standards-gifted-and-talented-education/nagc-cec-teacher-0.

科学技术馆在北京联合举办了超常教育师资培训班;2004年10月由中国科学院心理研究所再次主办了超常教育师资培训班,邀请了英国、德国、美国以及我国的专家做讲座,取得了良好的效果。但这些活动不仅时间间隔太长,而且规模也很有限,显得力量微薄。我们需要从国家的基础教育到依托于大学、研究所的专业和在职培训,实现系统化、深入化的超常教育师资培训。[①]

第2节 超常儿童的安置与教育模式

一、超常儿童安置与教育概况

超常儿童的安置与教育是紧密相连的,安置不是简单地把超常儿童放在"普通班"还是"超常班"的问题。安置是科学的超常教育中的重要环节,在对超常儿童进行专业、全面地评估和鉴别后,要根据每个超常儿童的需要和现实情况,进行合适的安置,并制订相应的教育方案。正如一些学者指出的"超常儿童的安置方式一定是因人而异的,适合的就是好的。并不是所有的超常儿童都适应压缩学制的超常教育,也绝不是上了超常班的孩子才是超常儿童"[②]。

超常儿童的教育安置一直是一个有争议的问题。心理与教育工作者、教育政策的制定者始终在探寻能最大限度地发挥超常儿童学业潜能的最适宜的教学方式。现有对超常儿童的教育安置方式归纳起来主要有以下三类。[③]

第一,加速教育:包括个别式和集体式。个别式是允许超常儿童个人提前入学、跳级、提早毕业;集体式为缩短学制的特殊班,各种学科的快速学习班等。

第二,充实教育:学校或社会团体组织的各种课外或校外的教育活动。超常儿童可以根据兴趣或特长选择参加,通过这类活动,使他们获得加深、拓宽的教育。充实教育的内容广泛、丰富(各种学科、专长),形式多种多样,如各种兴趣小组、培训学校(或班)、寒(暑)假的冬(夏)令营、个别指导的学习以及独立研究等。

第三,能力分组:按智力、能力类型和水平分别接受教育,包括特殊学校、特殊班级或在班内分组学习。

我国目前超常儿童教育的模式,基本上有三种:一是个别加速教育,"个别选拔,个别培养"。这种教育的学制灵活,可选修、免修(考试合格),可插班、跳级和提前毕业等。二是初高中相衔接的集体"实验班"教育。这种教育始于1985年,实行初中两年,高中两年的学制和严格的淘汰制,"有出有进"。三是中学的大学少年班"预备班"教育。这种教育也始于1985年,为超常儿童提供较好的学习环境和条件,保证其超常发展和超前学习,参加全国统考,可自愿报考各大学的少年班。

无论采取何种安置模式,我们都必须关注教育安置方式可能会对超常儿童的发展产生

[①] 张琼,施建农.超常儿童研究现状与趋势[J].中国心理卫生杂志,2005(10):686.
[②] 弓立新.走出超常教育认识的误区——访李彩云[J].少年儿童研究,2007(3):39.
[③] 查子秀.超常儿童心理学[M].第二版.北京:人民教育出版社,2006:366.

的影响,如一些学者提出的"大鱼小池"效应,发现安置在特殊班的超常儿童的学业自我概念会受到负面影响,从而引发学业成绩的下降,降低学习热情和成就动机。[①] 这使得教育者和家长面临两难的选择,正如提出这一效应的学者马什和帕克(Marsh & Parker)指出的那样,普通学校可能无法给超常儿童提供足够的支持,但是特殊班级或特殊学校又有可能会降低儿童的学业自我概念,同时也指出,研究只是一个群体性的结论,对于每个超常儿童而言,可能并不都适用,因为也有部分儿童在转入特殊班后,学业成就和学业自我概念都得到了提升。[②] 但这些研究提醒我们需要关注不同安置方式对超常儿童的影响,究竟是"做鸡头还是凤尾",需要根据每个超常儿童的独立的个性和需要来进行选择。另外,实际上,超常教育的教学效果也不全是由安置模式决定的,它取决于多方面的因素,尤其是教师的素养、教学水平和教学条件等。无论何种模式都要依据超常儿童的特点和水平,基于能提供的教育条件来选择,结合各自的长处和优势,以促进超常儿童的全面发展为最终目标。

二、国外常用的超常教育的安置与教育模式

国外目前存在的超常儿童的安置与教育模式,大致可以分为以下七种。[③] 但要特别注意的是,不同的安置与教育模式之间彼此不是相互排斥的,而是相互重叠或者补充的。

第一,加强班(充实班)(enrichment in the class)在普通班由普通教师给资质优异儿童提供增补性的教育项目,这是目前采用得最多的教育形式。至于充实和增补哪些内容、采用哪种形式,要根据资质优异儿童的情况和教师的水平而定。

第二,辅导教师项目(consultant teacher program)这种教学模式是将儿童安排在普通班学习,但另请经过专业训练的辅导教师对资质优异儿童进行特殊的辅导和帮助。

第三,资源教室(resource room/pullout program)这种教学形式是让儿童部分时间离开普通教室到有专门设备的资源教室接受专门的特殊教育教师或顾问的指导和帮助。但资质优异儿童大部分时间还是在普通班上课。

第四,社区辅导项目(community mentor program)这是指定期地到校外请学有专长的专家、学者到学校来给资质优异儿童做专题报告。使学生能尽早地进入社会,了解某一学科的发展,增加学生兴趣和扩大眼界。

第五,独立学习项目(independent study program)为资质优异儿童提供独立学习探索、实验和调查的机会,把他们较早地引入研究领域,培养他们独立学习和工作的能力。

第六,特殊班(special class)即把学习程度大致相同的资质优异儿童编成单独的特殊班以便接受系统的指导和训练。

第七,特殊学校(special school)让儿童进入到专为特殊儿童设立的特殊学校接受超常儿童的教育与训练。

另外,除了上述七种,很多国家也开始接受另外的安置模式,即在家教育。在美国,根据美国教育部的统计数据库,2003年选择在家教育的人数达到110万,而另有研究者的数据为

---

① 李颖,施建农.大鱼小池塘效应——对超常儿童教育安置的思考[J].心理科学进展,2005(5):623-628.
② Eyre, D. Gifted and Talented Education: Major Themes in Education[M]. Volume (III). Abingdon: Routledge, 2009:556-558.
③ 方俊明.特殊教育学[M].北京:人民教育出版社,2005:412-413.

170~210万学龄儿童在家教育,这个比例在过去四年内按每年7%的比例在增长,而接近一半的家长是由于对学校的教学质量不满才选择在家教育。① 家庭学校已经成为家庭对教育类型的合法选择,因为十年前美国国会正式确认家庭学校的合法性,并特别指出,在家里教孩子的父母无需取得教师资格证书。

美国的家庭学校不仅获得了合法地位,国家也有配套措施发展家庭学校。美国有专供家庭学校使用的课本,在一些州还专为这些家庭学校的孩子开设网上课堂,无论他们是在农村地区还是城市地区,他们可以在家做作业,参加网上的讨论会。还有的社区设立了资料信息中心,为家庭学校的孩子提供帮助,他们可以在中心选修一至两门学科。家庭学校的父母会共同分担一些学科的教学任务,他们还常常联合,组织学生上体育课,或去博物馆等历史名胜参观访问。可以说,美国的家庭学校已经有了跟进配套的管理措施和更成熟的运行模式。这些因素都促进了美国家庭学校的有效的教学结果:小学阶段在家上学的学生掌握的知识往往比公立或私立学校的同级学生高出一个年级的水平,到了八年级,则高出了四个年级的水平,很多在家接受教育的孩子,大学对之进行一定评估后录取了他们。②

另外最新的研究发现,随着科学技术的发展,电脑和因特网的普及,远程教育与网络学习的模式对超常儿童教育也是一种新兴且发展迅速的方式,弥补了传统教室教育中的一些缺陷。③ 但怎样合理地安排远程教学,如何能有效地满足不同超常儿童的需要,仍值得进一步讨论。

下面主要介绍其中比较有代表性的两种安置与教育模式:一是伦祖利的全校范围丰富教学模式(the schoolwide enrichment model),属于上述七种模式的第一种,且为在融合教育的条件下开展的超常教育,但也包含了资源教室模式的内容;二是特殊学校的形式,美国作为较早开展超常教育的国家,在这类模式中进行了比较多的尝试。这里以其中的一个项目——开放窗口学校(open window school)为例。我们会发现,很多时候安置模式与教育模式是密不可分的,而且教育模式也时常决定了超常教育的课程,包括课程的目标和课程的内容。这里主要从宏观角度上分析这些模式的安置类型和方式,以及基本的教育理念。

(一)全校范围丰富教学模式

美国教育心理学家伦祖利的全校范围丰富教学模式,是美国超常教育中"加强"或充实模式中最广为人知的一个模式。伦祖利在20世纪70年代中期创建了"丰富教学三环模式"(enrichment triad model),之后又建立了"旋转门识别模式"(revolving door model)。20世纪80年代中期,在前两者的基础上,形成了"全校范围丰富教学模式"。其实这也是一种课程模式,它也是一种资源教室模式,"抽离"式的方式,采用有差异性的目标、策略和过程来满

---

① Clark, B. Growing up Gifted: developing the potential of children at home and at school[M]. 7th ed. Pearson Education, Inc., Upper Saddle River, New Jersey, 2008:447.
② 潘利若.我国超常儿童教育的现状和对策[J].现代教育科学,2007(6):91.
③ Eyre, D. Gifted and Talented Education: Major Themes in Education[M]. Volume (IV). Abingdon: Routledge, 2009:90-100.

足超常儿童的独特需要。①

这一模式，基于伦祖利提出"三环天才儿童的概念"（详见第1章），认为天才是由三方面心理构成：第一，高于平均水平的能力，既指一般能力（如抽象思维、推理、空间关系等的高度发展），也包括特殊能力（如艺术、数学操作及领导等方面表现出的特殊才能）；第二，创造力，包括思维流畅、灵活、有独创性、好奇、深思熟虑、对新事物敏感、勇于探新、敢冒风险；第三，对任务的承诺，包括对某个领域或问题的强烈的动机、浓厚兴趣、极大的热情、责任心、自信心、执著精神等。他特别强调适当教育条件与这三方面的相互作用。

这一安置模式需要先对学生进行评估和选拔，在对学生的心理特征、发展性、社会性以及学业成就等方面的信息进行综合评估后，形成一个"天才库"（talent pool），一般为学校全部学生的上端的15%～20%。

全校范围丰富教学模式分为三类不同的活动：第一类，一般探索性活动。让学生在资源教室等场所，接触在普通常规课堂接触不到的大量的学科、论题，听取名人、专家的报告，参加感兴趣的调查、旅行，探讨有趣事件等。第二类，集体培训。包括创造性思维和解决问题能力训练、学习技能、交往技能训练，以及学习使用高层次、先进参考工具能力等。第三类，个体和小组研究实际问题。学生按照自己感兴趣的研究领域，在教师指导下，学会确定科研或艺术创作的选题，拟订研究计划，组织全过程的执行，最后提出创造性的成果（产品或论文），并通过专家评定，以确定成果的水平。②

第一类活动，是适用于全校的每个学生的学习的，用以丰富全部学生的学习经验；前两类活动，都是在普通班级内由普通教师开展，而对这些教师会提供在职的教学方法和策略的培训，在这些活动里，会为学生提供以下四类服务：第一，兴趣和学习风格评估。第二，课程压缩。第三，一般探索性的经验。第四，小组培训活动。而第三类活动，是由专家为进入"天才库"的学生开展的活动，拓展他们独立开展研究的能力。

这一模式，经过研究和实践表明结果是有效的，并已形成了一整套可供操作的材料。每年夏季他们都要举办教师培训班，因而这一模式已在美国和其他国家以不同的形式推广。查子秀认为这一模式具有以下两个特点：① 把鉴别和教育相结合，对超常儿童的鉴别不单靠测验或学习成绩确定，而是通过学习、活动和研究过程进行实际的、动态的考察、鉴别。这样多种类型的超常儿童就不至于被遗漏或扼杀。② 通过教室—活动室—研究室三种水平的教育，使各类儿童的超常潜力和优势得以充分展示、促进和培养。超常儿童不是别人给加冕的，而是自己经过努力可以争取到的。因而学校转变成为能发展儿童天才行为的场所。③

（二）特殊学校模式：开放窗口学校

开放窗口学校建立于1985年，是美国一所专门为学前到小学8年级的超常学生提供特

---

① Clark, B. Growing up Gifted: developing the potential of children at home and at school[M]. 7th ed. Pearson Education, Inc., Upper Saddle River, New Jersey, 2008: 419-420.
② 查子秀. 超常儿童心理学[M]. 第二版. 北京：人民教育出版社, 2006: 369.
③ 查子秀. 国外超常教育课程模式[J]. 中国人才, 2003(6): 61-62.

殊教育的学校。① 该校为超常学生提供的课程包括语言艺术、数学、社会研究、科学、图书学、运动/体育、艺术、音乐、戏剧、计算机和西班牙语等。开放窗口学校模式将传统和创新的教学方法动态地结合在一起,以培养学生的独立思考能力并提高他们的学业成就为目标,训练学生的思维严密性以及一些必要的能力。课程采用的材料充分考虑了在超常教育方面最新的研究成果以及那些行之有效的教育实践方法,以此来激发学生的求知欲。学生通过一系列的实践学习所获得的经验,能学会如何去提问题、寻求答案并对问题进行深度的探索研究。学校的教育理念在具体的课程设置以及小班化的教学方式(该校的师生比为1∶9,每班平均18个学生)中得到充分体现,即不断调整自身来适应学生不同的学习方式并强调对学生的问题解决能力以及高水平思维能力的培养。

此外,课程的等级标准、大纲制定以及各个阶段的测评也能够确保学生在学习技巧以及内容方面打下坚实的基础。开放窗口学校课程的主要目标是让学生自己承担起学习的责任,开展自主学习,从而发展流畅思维和独立思考能力。并通过整合教学,加大各个领域的学习内容的相关程度,鼓励学生进行联想思维、巩固所学概念,以帮助学生学会在更高的领域运用所学到的内容。开放窗口学校可以让学生在诸多领域享有充分的学习机会,主要包括语言文学、数学、科学、社会研究、图书馆、体育运动、美术、音乐、戏剧、电脑和西班牙语等方面。

通过在开放窗口学校的学习,学生能够对所学的学科有一个更深刻的理解,并会在问题解决能力、批判性思维和创新性思维上有长足的进步。开放窗口学校的学科计划具有以下特征:① 在数学、语言艺术学科、科学和社会学科方面帮助学生打下扎实的基础。② 特别注重学生在艺术、世界语、社会技能发展、身心健康以及信息传媒理解力方面的学习经验。③ 通过加快学习进度、充实学习内容和丰富学习选择来给予学生更多的挑战。④ 教授符合学生的学习兴趣、学习风格和实际能力的知识和技能。⑤ 缩小班级规模,进行小班化教育。⑥ 探究式学习。

此外,开放窗口学校的教师员工、一些其他的专家学者以及家长志愿者们在学期的基础上组织了一些特色俱乐部。在放学后,这些俱乐部也会开展许多内容丰富的活动以供学生参与,包括国际象棋、舞蹈队、想象目的俱乐部(destination imagination)、记录者俱乐部(recorder club)、编织、策略游戏、话剧班、唱诗班、摄影、篮球、足球、作家工作室(writer's workshop)、女生童子军(brownies/girl scouts)等。

除此之外,开放窗口学校在每年七月初到八月中旬会对公众开放,为4~10岁的学生提供为期5周的探索夏令营。在这个夏令营中除了一些传统的日程安排外,8年级以上的学生还有机会参与到助教的工作中。成为助教的孩子不仅可以获得一些报酬还可以因此得到一份工作经历的证明。这样可以让这些十几岁的青少年在体会到教学带给他们兴奋感的同时获得真正的工作体验。夏令营会提供各种旨在提高学生学习兴趣和创新探索能力的课程,如科学、数学、戏剧、体育、艺术和手工艺品、音乐等。开放窗口学校的教职员工或其他一些邀请的教师会针对不同水平的学生设计一系列的主题课程进行教学。此外,为了确保每个

---

① Open Window School. Kindergarten-Fifth Grade Curriculum Guide,2008—2009[EB/OL]. [2009-11-18]. http://ows.org/documents/ElectronicCurriculumGuide.pdf.

孩子都能得到较好的夏令营体验,每班的学生人数也是有限的。

案例 8-1

开放学校夏令营课程模式①

课程时间:全天 9:00AM—3:30PM　半天 9:00AM—12:30PM

年龄阶段水平:

Level 1:幼儿园及一年级学生(仅参与半天活动的学生)

Level 1+:幼儿园及一年级学生

Level 2:二年级及三年级学生

Level 3:四年级及五年级学生

助教:8 年级以上学生

主题课程(见表 8-1):

表 8-1 主题课程

	Level 1	Level 1+	Level 2	Level 3
第一周:6/29—7/3	跟着音乐跳舞	介绍国际象棋	创造性地写作	厨房科学
		思维和身体游戏	发明简单器械	密码学习
第二周:7/6—7/10	音乐游戏	思维和身体游戏	国际象棋比赛	感官科学
		国际象棋比赛	制作剪贴画	了解制作摩天轮
			逻辑解题	如何运动健身
第三周:7/13—7/17	探索自然	鲨鱼周	国际象棋竞标赛	作家俱乐部
		国际象棋竞标赛	学习表演	感官科学
			环球旅游的故事	环球旅行
第四周:7/20—7/24	探索—深海生物	激动人心的科学	创作剧本	疯狂象棋
			摇摆舞	
第五周:7/27—7/31	快乐运动	地下有什么?	数学思维	小世界杯
			小世界杯	趣味编织
				表演系

三、我国目前的超常教育的安置与教育模式

(一)大陆超常教育的安置与教育模式

我国对超常儿童的特殊教育起步较晚,但发展迅速,改革开放以来各地出现了一些专门的学校。目前,我国超常儿童的教育安置和教育模式主要有以下几种。

1. 超常学校或超常班

在超常学生比较集中或具备条件的地区,根据学生的特殊才能,建立超常学校或超常

---

① 详见网址:http://www.ows.org。

班。我国的超常学校主要是针对有特殊才艺的超常儿童,如舞蹈学校、音乐学校、体校、美术学校等。而针对智力超常儿童的教育班,始于1978年中国科技大学创建的少年班。1984年,天津实验小学建立了我国第一个小学资赋优异儿童实验班。1985年,北京八中、湖南师范大学附属中学等校建立了中学超常儿童实验班。进入20世纪90年代,各地兴起了各种"实验班""理科班""快班"等,从某种意义上说,也是一种准超常儿童的实验班。目前,我国已有四十余所中小学建有超常儿童(少儿)实验班,十余所大学招收超常少年大学生。[①]

在这些学校或班级里,学生除了要学习普通学校或班级的一般课程和内容,还要针对他们的特殊才能和个人发展的情况,在艺术、科学等领域内对他们进行专门的、深入的教学。有的学校会采用"加速"模式,比如将6年的课程压缩为4年完成等,对课程和教学方法进行调整,以满足超常儿童在智力或某方面超常发展的需要。有些学校为缩短育人周期,使学生25周岁前能进入工作期,对学生入学年龄和学制提出严格要求。像北京市第八中学、东北育才学校、西安市第一中学等学校,都严格规定超常教育实验班入学年龄要在11周岁以下,中学学制为四年。也有些学校没有严格的入学年龄限制,学制也有弹性。[②]

2. 暂时性超常班或单科超常班

对于智力超常的学生有些课程如体育、音乐、社会、劳动技能等也可以和其他同龄学生一起学习,而有些课程,如数学、物理或英语则可以根据他们的特殊需要,组成暂时性超常班进行学习。对于那些在某方面有特殊才能的超常儿童,如英语能力超常或美术能力超常等,可以在学习相关的课程时,将他们集中在一起,组成单科超常班。教师也可以为他们定期组织一些专门性的提高活动,训练他们的创造思维,促进他们个人特长的发展,包括提供加深难度的学习材料、专题讲座、实践参观活动等。这种模式适用于按正常年龄入学,按正常学制学习,在数学、外语、物理、化学等某一学科有兴趣、有特长的智力超常儿童。像中国人民大学附属中学的华罗庚学校(数学),东北育才学校的数学、外语实验班,湖南师范大学附属中学的理科实验班(高中阶段)等基本属于这种模式。[③]

3. 普通班级就读

在普通班级就读,并提供一定的资源支持,这是目前我国大部分超常儿童接受一定程度的特殊教育的主要模式。这一模式有利于超常儿童与常态发展的学生在一起获得与自己年龄相符的各种经验,也促进超常儿童的社会化。而且为超常学生采取的一些教育教学措施,特别是培养他们创新精神和创造性思维的方法策略也适用于其他课程,对普通班的常态发展的学生也大有益处。但是这一模式,需要教师具备鉴别和发现超常学生的能力,并乐于为超常学生提供差异教学和个别化的教育,来满足超常学生的特殊需要。

(二)港台地区超常教育的安置与教育模式

1. 台湾地区

台湾的超常儿童教育称为资赋优异儿童教育,经过三十多年的发展,已经形成从小学至高中的一贯体制,并且纳入特殊教育。在有关特殊教育的法规中就鉴别、安置、教育等进行

---

① 顾建.资赋优异儿童教育的课程模式[J].现代特殊教育,2002(2):4-6.
② 葛朝鼎.我国中学超常教育的回顾与展望[J].现代特殊教育,2005(5):8-9.
③ 华国栋.超常学生教育安置之我见[J].现代特殊教育,1999(4):8-9.

了明确的规定。

台湾资优教育方案与国际上天才教育的趋势是一致的。依据相关法令,也采取国际上通用的三种安置与教育模式:第一,"充实法",除了课程、教材的加深、拓展外,还有各种资优学生夏令营,利用暑假为资优学生办各种学科研习活动等;第二,"加速法",采取提早入学、修业年限缩短及保送甄试升学等办法;第三,"能力分组法",采用集中式(特殊班)与分散式(资源教室)培养方法,有些地区也对资优学生试行"导师制"方法。

台湾这几十年来资优教育采取的主要措施可归纳为以下十种。[①]

(1) 成立资优教育实验班。除了一般能力的"智优班"外,还包括数理资优班,美术、音乐、舞蹈和体育资优实验班等。

(2) 开办研习营。如美术夏令营、音乐冬令营、数理科学研习营、文艺创作研习营、英语研习营等。

(3) 开办学科或操作竞赛。如举办各种数、理、化、英语、中文等学科竞赛等。

(4) 举办成果发表会。如音乐实验班的音乐演奏会、美术成果发表会、舞蹈表演会等。

(5) 加强学习辅导活动。由台湾各大学和科研院分别利用周末、节假日对高中资优学生进行数、理、化、生、地等学科学习辅导活动。

(6) 参加国际数理奥林匹克竞赛。自1991年开始参加国际数理奥林匹克学科竞赛,以激励各高中数理资优教育。

(7) 办理学力鉴定。每年主管教育行政机构,定期要求各级学校推荐学生,参加资优生学力鉴定考试,提供资优学生跳级报考高中或大学的机会。

(8) 办理甄试保送入学。从1983年起,初中学生因数理资优、甄试及格,可保送高中;高中学生若因数理资优,亦有机会可甄试保送上大学。

(9) 试办大学预修课程。1994年起,已在台湾大学、台湾清华大学等六所大学开始对高中资优学生试办大学预修课程。

(10) 进行追踪辅导研究。台湾教育主管部门希望各大学有关科系提出该系对资优学生的辅导学习计划,主管部门予以经费补助。

2. 香港地区

香港的资优教育是以充实为主,由教育署统筹的大型资优计划,以及大专院校主办的充实课程。2000年,香港教育署发表文件,提出资优教育模式分为三个层次:第一层次是校本全班式,通过常规课程发展资优教育的三大元素,即高层次思维技巧、创造力和个人及社交能力;第二层次是校本抽离式,照顾部分突出学生的需要,在常规课堂以外,提供充实课程;第三层次是校外支持式,照顾少数特别优异的学生,利用校外资源,补学校课程的不足。规定所有学校都必须参与第一层次的资优教育,然后根据突出学生的才能和需要,进入第二层次和第三层次的资优教育。[②]

---

① 朱源.台湾的资优(超常)教育[J].现代特殊教育,1998(3):22.
② 查子秀.超常儿童心理学[M].第二版.北京:人民教育出版社,2006:384.

第3节 超常儿童教育的课程

一、超常儿童教育的课程概况

（一）超常儿童教育的课程的理论基础

由于超常儿童的界定有着各种不同的理论，各国对于超常儿童的鉴别、安置和教育模式的立法和政策也存在很大的差异，在实践领域，各种不同的安置与教育模式同时存在，因此超常儿童教育的课程也不尽相同，但基本出发点都是为了能基于超常学生的特殊能力，提供具有挑战性的课程内容，来满足超常学生各个领域的能力发展的需要。布卢姆对于学习的理论，适用于普通教育和超常教育，并且便于实施；而吉尔福特的智力理论，也是很多课程设置的理论基础；另外不同的教育安置模式，也有各自的课程理论基础，如伦祖利的全校范围丰富教学模式的课程就是基于他自己的"三环天才儿童的概念"等理论。

1. 布卢姆的教育目标分层模式

布卢姆认为所有的普通儿童或超常儿童，他们的学习都建立在六个层次的认知目标的基础上，分别是知识、理解、应用、分析、综合和评价，其中知识是最低层次的目标，而评价是最高层次的目标，而对于超常儿童，能够有机会进行更高层次的学习是至关重要的。表8-2详细列出了他对于这六个层次的目标的定义、教师和学生的具体行为以及具体的教学过程的行为描述。[①]

表8-2 布卢姆的六层次教育目标

分类领域	定义	教师行为	学生行为	过程
知识	对特定信息的回忆和再认	指导、传授、展示、测验	反馈、吸收、记忆、再认	下定义、记忆、重复、记录、列表、回忆、命名、联系、贴标签
理解	了解所给的信息	示范、聆听、询问、比较、对比、测验	解释、转换、证明、说明	复述、讨论、描述、再认、解释、表达、证明、定位、报告、复习
应用	在新情境中运用技术、概念、规则和理论	展示、促进、观察、批判	解决问题、证明、运用知识、构造	翻译、解释、应用、证明、使用、使戏剧化、应用、举例、练习、列表
分析	将信息分解为一个个小的组成单元或元素	调查、指导、观察、作为一种资源	讨论、列表、揭露、解析	区别、评估、计算、测验、实验、比较、批判、讨论、图解、询问、解决、目录
综合	将所有的组成单元或元素结合成一个完整的、全新的概念	反映、延伸、分析、评价	讨论、概括、比较、类比、抽象、使联系	组成、计划、设计、安排、搜集、集中、叙述、构建、创造、建立、组织、准备
评价	判断相关概念、材料的价值，并且对应用的方法制定评判标准	分类、接受、协调、指导	判断、争论、发展批评	判定、评估、评价、比较、估计、评分、选择、预测、测量

---

① Clark, B. Growing up Gifted: developing the potential of children at home and at school[M]. 7th ed. Pearson Education, Inc., Upper Saddle River, New Jersey, 2008: 150-151.

此外,布卢姆还对儿童的情感领域的目标进行了分层,主要为接受、反应、评价、组织和内化五个部分。布卢姆认为这五个部分对儿童的情感发展也起着至关重要的作用,教师在对超常儿童进行教育,实现认知的六个层次的目标的时候,也要重视情感目标的实现。

2. 吉尔福特的智力结构模式

智力结构模式是建立在吉尔福特智力理论的基础上的。吉尔福特主张智力是思维的表现,是由三种不同事件所组成的,包括思维内容、思维运作及思维结果,由此构成120种智力内容,见图 8-1。如思维内容包括视觉、听觉、符号、语义、行为等;而思维运作包括评价、聚合思维、发散思维、记忆和认知等;思维结果包括单位、类别、关系、系统、转换和应用等。这一模式为具体的教学提供了易于操作的基础,有助于人们认识人类各种能力和各种能力之间的关系。

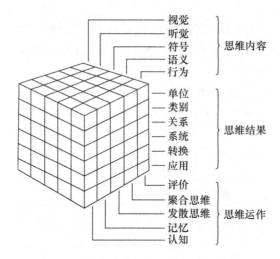

图 8-1　吉尔福特智力理论的理论模型

有学者在吉尔福特智力理论的基础上,认为人的心智能力可分化为较为基本的能力单位,而这些特定的心智能力是可以进行训练并得到强化的,并发展出了智力结构模式的课程设计和教学方法,并结合斯坦福-比纳智力测验和韦氏智力测验,发展出了新的评估方式。这些测验能够将儿童的优势劣势与智力结构模式中的智力内容进行匹配,进而帮助教师为儿童设计合适的课程计划并给予适当的教育。[①]

(二)超常儿童教育课程的特征

超常儿童教育课程要以超常教育的基本原则作为指导思想,特别关注创造力和自主学习能力的培养,同时关注超常儿童的社会情感、自我概念的发展等。现有的超常儿童教育课程在实践中不断进行着调整和改革。在这个过程中,有研究者对已有的超常教育课程改革中特别关注的要素进行了总结,提出了新课程建设中要包含的特征。[②]

---

① Clark, B. Growing up Gifted: developing the potential of children at home and at school[M]. 7th ed. Pearson Education, Inc., Upper Saddle River, New Jersey, 2008: 417-419.

② Nicholas, C., Gary, A. D. Handbook of Gifted Education[M]. 3rd ed. New Jersey: Pearson Education, Inc., 2003: 177.

第一，课程是以意义为基础的（meaning-based），强调广度而非深度，强调事实而非概念，注重立足于现实世界真实的问题，学生关注的或者需要了解的问题，比如科学课程里，学生要对日常发生的问题的含义进行了解，如高速公路上酸性物质泄漏等。

第二，课程应包含高层次的思维技能（higher-order thinking），并将所有的内容领域都融合进来。这一部分可以通过概念地图、说明性写作、设计实验等活动使得学生有机会表现他们对于难点的理解以及对于跨学科知识的理解。

第三，课程要注重学科内和学科间的联系（intradisciplinary and interdisciplinary connection），通过一些上位的概念、问题和主题来组织这种联系。这样学生可以了解城市、政府的体系、经济、语言、化学、生物各个系统。

第四，课程要提供促进学生元认知（metacognition）能力提高的机会，即学生可以对学习过程进行反思。学生参与有意识地制定、监控、评估自己的学习过程，更有效地运用时间和资源。

第五，课程应发展思维习惯（habit of mind），帮助学生养成不同领域的专家们具备的技能、素养和态度。比如在科学领域，好奇心、客观性、敢于怀疑等都是重要的品质。

第六，课程要能促进主动学习和问题解决（active learning and problem solving），让学生为自己的学习负责。如在以问题为基础的科学领域，学生可以组成小组进行探索，了解自己已经知道的，还需要学习的内容以及如何获得在现实生活中有实际意义的重要知识。在社会学科里，学生可以一起去探索一种文化的不同侧面，然后分享各自的发现。

第七，课程是与技术相关的（technology-relevant），在学习过程中运用各种新技术，如利用因特网开展研究，用 email 与世界其他地方的人进行沟通等。

第八，课程注重学习者学习结果的重要性（learner outcomes of significance），对于学习的期望值，反应在新课程要优先考虑广度、理论性和实用性。在每个单元，学习者的学习结果要能反应学习内容、过程和理论重点。

第九，课程要运用有效的评估（authentic assessment），将学生获得的知识作为有意义的教学结果，运用档案袋、活动表现等形式来进行评估，同时评估也要注重学生的主动参与。

以上这些特征在制定超常课程的时候是可以参考的，另外还要特别强调以下几点：需要对学习内容进行加速或者压缩；运用高水平的思维技能（布卢姆的分析、综合和评价）；通过关键概念、问题或主题来将学习内容整合；提供更高水平的阅读机会；为学生提供制作更高水平的作品的机会；基于学生的能力和兴趣提供独立学习的机会；在教学中运用询问为基础的教学技术等。

二、国外超常儿童教育的课程模式

国外超常儿童教育的课程模式基于不同的理论，有很多不同的模式。比较普及和具有一定影响力的课程模式包括伦祖利的全校范围丰富教学模式、斯坦利（J. C. Stanley）创立的才能鉴别和发展研究模式、帕尼斯（Parnes）建立的创造性问题解决模式、贝茨（Betts）和卡切尔（Kercher）创立的自主学习者模式、普渡（Purdue）三步丰富教学模式、斯滕伯格的三元成分模式和巴斯卡（Van Tassel Baska）的融合课程模式等。

无论是加速模式还是充实模式，其共同点是课程设置门类与一般的学校课程差别不大，而关键在于教什么和怎么教。一般都设置语言、理科、数学、社会研究、艺术等核心课程,然后还会根据超常儿童的能力倾向补充相应的课程内容。每门课程基本上都包括缩减的内容、扩充的基本技能、可增加的内容、教师计划增加的内容、校外增加的内容、内容加深程度、补充内容等。这些课程模式一般都认为超常儿童应成为实际问题或课题的探究者,充实的时间应当运用在实际的调查活动中,而不是围绕教材充实和做理论性练习题;还认为超常儿童应是知识的创造者,教师应为这种创造提供条件和支持。另外,国外超常儿童课程设置注重对人的多方面发展,不仅关注智力、个人非凡的天赋和才能的发展,也关注价值观念、社会责任感、创造性思维和表达、审美意识和能力、自我意识、自我评价、特殊兴趣和特殊能力的鉴定等。①

有学者也对各种不同的课程模式的有效性进行了研究和分析,并提出了有效的课程的一些标准。

知识小卡片 8-5

有效的超常教育课程模式的标准②

- 研究证明其应用意义(促进学生学习):通过研究证明该课程对目标人群的有效性
- 应用到实际的课程中:模式已经转化为教学材料等
- 课程产品的质量建立在模式的基础上:基于模式的课程产品经过合适的专家评估,有关键的课程设计特征(目标、目的、活动、评估和资源)
- 教师反馈:教师积极地对课程的实践情况进行评价
- 对教师进行课程模式实践的培训:模式具有详尽的教师培训部分(产品和机构),实践者可以学习如何施行
- 易于操作:模式比较灵活,便于实施
- 在实践中已得到运用:在多个学校已经被实施
- 持续性:模式在学校里已经实施了三年以上
- 系统性(在要素、投入、产出、互动和界限等方面):模式是一个学习的系统
- 与国家标准契合:与国家的某个内容标准(科学或者语言的标准)建立关联
- 与学校的核心课程相关:要与学校里的核心课程建立关联
- 综合性:课程适用于所有课程的领域、适用于各个发展阶段不同类型的超常儿童(不同民族、性别、不同年级和社会经济地位)
- 考虑到学习的层次:模式应用中采用促进技能和知识不断发展的方式
- 对于超常儿童教育的有效性和长期性:有效性至少有3年
- 教师发展课程(书面的计划和组织材料):教师会运用这一模式来指导自己开发新课程

---

① 翟秀华.欧美对超常儿童教育的研究[J].大连教育学院学报,1999(1):27-29.
② Eyre, D. Gifted and Talented Education: Major Themes in Education[M]. Volume (III). Abingdon: Routledge, 2009: 17-18.

课程模式的有效性在于运用,美国创设了多种课程模式并在实践中也进行了长期的应用,总结出了一些可以借鉴的易于操作的课程内容和相应教学策略。有效的超常教育课程和教学的基本目标之一,是让超常学生可以在其兴趣和能力领域学到更多的专业知识和技能,特别是学习如何学习和如何运用所学。研究者也总结了有效的课程和教学的基本特征。[①]

第一,关注在学科领域的专业人员和专家特别强调的基础事实、概念、原则、技能和态度;引导学生关注那些内涵丰富深刻的观念,确保学习各个学科领域最重要的内容。

第二,为学生创设机会,使他们清晰深刻地理解如何才能运用重要信息、概念、原则和技能,使之具有现实意义。引导学生理解在什么场合、如何,以及为什么运用所学。

第三,促进学生在认知和情感上积极投入。学生要对学习的内容和学习的方法感到愉快,至少感到满意。

第四,学生是学习的中心,强调每个学生有不同的学习方法、学习速度以及不同的学习兴趣。

第五,关注产品(成果),即鼓励学生将所学迁移、运用并拓展到问题解决中,创造产品,并且对于学生来说是有意义的,是他们想要解决的问题。

第六,指导学生发展思维能力,以及他们对于自己思维能力的意识。

第七,课程要与学生多元的亲身经历和生活相关,包括性别、文化、经济条件和特殊需要。

第八,指导并支持学生成为自主的学习者,为他们提供必备的技能、工具,形成相应的态度。

同时,国外的研究者也总结了有效的超常教育课程和教学的十个基本要素,详见表8-3。

表8-3　有效的超常教育课程和教学的十个基本要素[②]

序号	基本要素	具体内容
1	一个专题(topic)	从标准、课程指导和教材中引申出来一个专题
2	"专题的特性"(the genius of the topic)	关注这个专题的特性,为什么要选择这一专题,这一专题与我们的生命的联系是什么?
3	解释(illustrations)	与专题有关的一些事例,使得学习者能具体理解这个专题
4	经验(experience)	给出与专题的核心要素相关并且学生经历过的生活事例,如果学生没有经历过,教师需要与学生一起去体验相关的经验
5	问题(questions)	促进学生在自身的生活、专题内的重要观点、更广的现实世界之间建立联系
6	故事(story)	通过讲述科学、数学、历史或艺术领域的某个事件,帮助学生掌握它的开始、过程、结尾、主角、对手、戏剧和主题(theme)
7	活动(activities)	可以将学生与专题的重要概念和技能直接联系起来的载体

---

① Eyre, D. Gifted and Talented Education: Major Themes in Education[M]. Volume (III). Abingdon: Routledge, 2009: 45.

② Eyre, D. Gifted and Talented Education: Major Themes in Education[M]. Volume (III). Abingdon: Routledge, 2009: 46.

续表

序号	基本要素	具体内容
8	技能和习惯（skills and habits）	通过仔细的设计，通过实践和应用，确保学生掌握技能和学习习惯，可以有能力将所学融入操作中
9	产品（products）	给学生提供把知识活用到生活中的机会，好的产品应该与学科、学生和学生生活的社区之间有一种自然的、有意义的、有用的、有关的、独特的关系
10	评估（evaluation）	在整个过程中，教师和学生都应该理解某些特定阶段的学习要使学习者有什么样的进步，鼓励学生表达他们对于专题的特性的理解、运用必要的技能和习惯，评估应成为教学的自然的一部分，而不是一种阻碍或干扰

国外超常教育的课程模式与其所处的文化背景、政策背景有着密切的关系。对我国超常教育而言，更加值得借鉴的是这些具有普遍性的标准和特征，可以结合我国的教育制度和现有的课程，关注这些核心的要素，创设适合我国国情的超常教育的系统性的新课程。

三、我国超常儿童教育的课程

我国目前还缺乏系统的超常儿童教育课程，不同的学校实施的课程模式也有一些区别，但是基本上还是根据普通课程的设置，根据超常儿童的特殊需要和能力，进行拓展或加深。查子秀按照超常儿童的两个教育阶段总结了我国超常儿童教育的课程的基本设置。[①]

（一）小学和中学超常教育课程设置

由于小学教育是基础教育的基础，因而要保证为超常儿童未来的发展奠定坚实的基础，根据超常儿童的潜力和需要，主要采取拓宽、加深课程内容的做法。例如，天津实验小学超常儿童实验班，在课程上通过以下三种方式进行超常教育：第一，加强数学、语文、外语的广度和深度；第二，提前开设一些课程；第三，组织一些课外活动。

中学超常教育的课程设置主要是根据国家教委（现在的教育部）颁布的全日制中学教学计划规定的全部课程，结合超常儿童的特点，大胆改革教材体系，优化必修课程，增设选修课程，促进超常儿童优质、高效地全面发展。但是不同类型的超常教育实验班，具体做法不完全一样，主要包括以下几种方式。

第一，缩短学制的超常教育实验班。例如，北京八中，招收年龄为十岁左右的智力超常儿童，四年要完成八年的教学任务。在课程设置上，开设了中学教学大纲规定的全部课程，总时数比大纲规定的课时还减少了40%~50%。加强了德育与体育，建立了自然科学教学的新体系，增设了人文学科、艺术学科、学习方法课，以及社会实践和课外科技活动等。

第二，学制不变的超常教育实验班。例如，人大附中的超常教育实验班，根据有利于个性发展、适应社会需要和形成办学特色三条原则，加大课程改革的力度，在必修课中开设了社会实践、创造发明课以及面向高一年级的科学实践课等课程。

另外，有的学校对超常教育实验班或大学少年班的预备班的课程设置，试行了必修课和选修课的安排，实行学分制。

---

① 查子秀.超常儿童心理学[M].第二版.北京：人民教育出版社，2006：405-409.

(二)大学少年班的课程设置

我国大学的超常教育如何按照培养目标、教育的客观规律和超常大学生的特点,制订出最佳的教学计划,科学合理地安排课程,至今还在不断试验。中国科技大学少年班,经过多年的办学实践,已积累了不少经验,针对制订教育计划,他们提出应考虑以下几个重要的问题。

第一,整体结构的合理性和综合性。在制订大学少年班的教学计划时,要充分体现德、智、体全面发展的各项要求,力求整体结构的合理。少年班课程的整体结构,就是要把课程综合起来考虑,应精选课程,加强课程间的联系,要按照培养全面发展的人才和科学技术整体发展的趋势,来考虑课程的联系和匹配,合理地设计课程结构。要注意系统性,课程设置要能体现学科的内在逻辑,要有序地勾画出"学科结构",恰当地确定教学的广度和深度。

第二,注意克服基础知识学习的断线现象。在通常的教学计划中,往往出现基础理论学习和运用上的断线;基础技术和技能训练的断线;计算机技术学习和运用的断线;外语的学习和运用的断线。为了克服上述现象,首先,要衔接好前期的基础理论教育和后期的专业教育。其次,为了保证计算机训练不断线,在上完算法语言和计算机课程后,可结合后期课程教学开设一些学科辅助计算课,以培养其运算能力。再次,教学实验是以培养能力和实验技能为主的教学环节,要把它贯穿到整个教学过程中去,并努力使实验课程系列化。最后,在少年班的基础课教学中,要尽快完成外语课教学,使学生的外语能力有较大提高。

第三,扩大专业口径,促进学科的相互渗透。探索基础课、专业基础课和专业课之间的相互比例,即教学计划中的层次结构一直是制订大学少年班教学计划中的重要课题之一。必须努力开设些跨学科的边缘性课程,这些课程本身具有一定的学科覆盖面,它既可以减少专业基础课,又可以扩大少年大学生的视野。

第四,处理好主辅结构。恰当地处理主辅关系,建立合理的主辅结构,使之相辅相成,是使少年大学生智能优化的重要方面。

我国的超常教育课程的建设还是一个发展中的工程。一方面,需要不断深入超常儿童基本心理过程和相关教学方法的研究,推进超常儿童鉴别工具的开发、鉴别程序的体系化等;另一方面,也依赖于宏观政策的指导,结合整个教育制度的改革,积极开发制定综合系统的、适合我国国情的、满足我国超常儿童身心全面发展需要的超常教育课程。

 本章小结

超常儿童的教育是指"为超常儿童(也有人称'天才儿童')提供的教育",属于特殊教育的范畴,是要适应超常儿童潜力和特点,满足超常儿童特殊需要的教育。本章主要围绕超常儿童教育的一些基本概念和基本原则、超常儿童的安置与教育模式、超常儿童教育的课程等进行了分析和论述。

第1节是超常儿童教育概述,就超常儿童教育的定义、超常儿童教育的基本原则、优化学习(将最新脑科学的研究运用到超常教育中)、超常儿童的早期教育和超常教育的师资进行了介绍。

第2节是超常儿童的安置与教育模式,归纳了国内外现有的安置模式,并介绍了国外比较常见的超常儿童安置与教育模式,着重介绍了伦祖利的全校范围丰富教学模式和特殊学校"开放窗口学校"模式,然后总结了我国大陆和港台地区的超常儿童的安置与教育模式。

第3节是超常儿童教育的课程,首先分析了超常儿童教育的课程的理论基础和基本特征;然后探讨了国外的超常儿童课程模式,介绍了有效的超常教育课程模式的评价标准、基本特征和要素;最后简单介绍了我国现有的超常儿童教育的课程模式。

 思考与练习

1. 你如何看待超常儿童教育?
2. 目前国内外比较常见的超常儿童的安置与教育模式有哪些?
3. 请分析超常儿童教育课程的理论基础和基本特征。
4. 试分析国外有效的超常儿童教育课程的特征和要素,可以给我国超常教育课程的建设提供怎样的借鉴。

第 9 章　超常儿童的教学

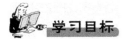学习目标

1. 了解不同类型超常儿童学业学习的特征。
2. 理解超常儿童教学的基本原则和有效的教学策略。
3. 掌握低成就超常儿童和特殊需要超常儿童的学业教学和干预方法。
4. 理解融合教育背景下超常儿童学业教学及其实施方案。

让超常儿童享受有效而愉悦的学习过程,是"早出人才,出好人才"的关键。超常儿童的教育有不同的安置模式和课程方案,而教育目标的实现需要依靠有效的教学来保障。超常儿童的教学受到很多因素的影响,要保证教学的质量,需要考虑超常儿童个体及其所处的学习环境的各个方面。比如将超常儿童集中在特殊班(我国称为实验班)来进行教学仅仅是一种安置方式,还有很多超常儿童是在普通班级学习的;另外有一些超常儿童,能力很高,但是学业表现却"差强人意";还有一些超常儿童可能伴有学习障碍等其他的特殊需要。这些问题都给超常儿童的教学带来巨大的挑战。那么如何根据每个超常儿童的学习特点,采用有效的教学策略和方法,来更好地促进他的学习绩效呢?本章将探索这些问题的答案。

第 1 节　超常儿童教学概述

一、超常儿童的学习特征

(一)超常儿童学习表现的特点

超常儿童,不管在中小学还是大学,一般在学习方面的表现大都呈现出以下特点。

1. 学习效率高,潜力大

超常儿童认知能力方面的优势,使他们通常能在更短的时间内获得更多的知识和信息,更好地掌握技能。他们在学习上表现出优异的理解力和领悟力,通常一点就通,善于举一反三,学习的速度快、效果好。

他们的这种学习能力还具有极大的潜力,能耐得住强压,在学习时间紧、学业任务繁重的情况下仍能很好地完成学业任务。而当学习的难度和强度没有达到与他们的能力相匹配的水平时,他们的学习潜能就得不到相应的激发。

2. 学习主动而自觉

超常儿童对于知识的渴求程度高于常态儿童。他们往往不会停留在家长、教师的要求上,而会根据需要,或结合自己的兴趣爱好,掌握学习的主动权,积极进行学习和探索。他们

会主动利用和创造各种有利条件,满足自己的求知欲和探究欲,同时丰富自己的知识和技能。

3. 有良好的学习习惯

超常儿童通常有良好的学习习惯,这是他们学习效率高的原因之一。他们通常具有较高的元认知技能,拥有并能有效利用有关学习及学习策略方面的知识,并能有效监控自己的学习过程,达到特定的学习目的。

超常儿童一般都有一套适合自己的学习方法。虽然不同的学生学习方法各异,但这些学生都表现出学习目标明确、长短期计划安排合理等特点。他们能根据总体要求和自己的情况设定学习目标,进行逻辑规划,并采用相应的学习策略。有些超常儿童善于从总体把握,并扩展到细部。有些超常儿童善于从细微之处进行归纳总结,达到整体的把握。这样的学习习惯,使得超常儿童能进行有效的自学。他们在学习过程中还勤于思考,善于探索。对于所学内容,他们不满足于停留在知识本身,而是善于通过归纳、分析,找出知识间的区别和联系,探索本质,使所学的知识概括化、系统化,充实并完善自己的知识框架和结构。对于存疑之处,他们敢于挑战权威,进行合理思维和创造,提出自己的见解和主张。具有创造性的思维之光往往在此闪现。

4. 存在知识上的欠缺

不少超常儿童靠自学完成一部分学业任务,有的还经历过跳级,因而在知识上存在不足之处,如知识断层、知识结构不够全面等。有的超常儿童在整个学习历程中,重视对数、理、化等有关课程的学习,而语文、历史、地理等课程的学习有所欠缺。虽然他们广泛的兴趣和快速的学习能力可以帮助他们做一些弥补,但总体而言,他们的知识可能不够系统、不够全面。

(二) 超常儿童学习的核心偏好模式

邓恩(Dunn)曾将他们开发的一个关于学习方式的理论模型应用于融合背景下超常儿童的个别化教育。研究表明,当学习环境和学生的学习方式偏好匹配的时候,学生的学业成就更高,对学校的态度更积极。

知识小卡片 9-1

学习方式理论指的是来自学习方式五要素的不同因素如何影响一个人对学习环境的感知、相互磨合以及他的反应能力。学习方式五要素如下:
- 环境因素(光、声、温度、布局);
- 情绪因素(结构性、持久性、动机、责任);
- 社会学因素(夫妻、同学、成人、自我、群体,各式各样的人);
- 物理因素(感知的强度,包括听觉、视觉、触觉、肌肉运动知觉、能动性、摄取量、最佳时间——早上或傍晚、上午、下午);
- 心理因素(整体性策略/系列性策略、冲动性思维/反省性思维、大脑支配优势)。[①]

[①] 〔美〕Roberta M. Milgram. 天才和资质优异儿童的心理咨询——教师、咨询师及父母指南[M]. 曲晓艳,等译. 北京:中国轻工业出版社,2005:50.

尽管个体差异性是学习方式模式的前提,但研究表明可以刻画出适用于某一特定群体的一组核心的学习方式,将这一群体与群体之外的同龄儿童相区分。有研究者提出了使超常儿童群体有别于其他同龄儿童的一个超常儿童群体核心偏好模式。[①]

1. 强烈的感知觉

儿童的表象可能是听觉的、视觉的、触觉的或者肌肉运动觉的。超常儿童表象上的特征表现为:或者已经很好地整合了知觉的强度,或者表现系统比较宽泛,涉及来自不同感觉通道的表象。

2. 高动机

具有高动机的人往往具有比较强烈的动力引导自己的行动。超常儿童无论在学习、学业成就还是自我成长和发展等方面都具有较高的动机。

3. 持久性

持久性跟长时间的注意力集中、兴趣保持、专注能力等高度相关。超常儿童喜欢复杂的、有挑战性的任务,能很好地完成那些需要持久作战的任务。超常儿童倾向于以成果为导向。当他们试图将自己的想法转变成富于想象和创造的成果时,他们会着手实践并坚持不懈。

4. 独立学习

超常儿童在学习中需要高度的独立性和自主性。相对于其他社会学因素,如同学、群体或者成人,他们更喜欢进行大量的独立学习,更喜欢自己的学习模式。

5. 内控

超常儿童一般都是内控的,从场定向(field-orientation)的角度而言,属于场独立(field-independent)型。他们清楚自己的优势和劣势,了解自己的需要,能根据自身的内部框架对外界环境作出反应,克服与自身特点不相符的环境因素,甚至对环境进行改变和重新建构。他们会寻求积极的、基于经验的学习方法,他们的学习模式更多依赖自己,而非他人、机会或运气等外界因素。

6. 不服从

服从性和场定向两者的概念存在部分重叠。场独立者一般表现出不服从,他们较少或不受环境及他人的影响,而场依存(field-dependent)者一般具有服从的倾向,容易被外界支配。超常儿童大多属场独立型,容易表现出不服从。在学习上,他们偏好与人无关的学科(如自然科学),学习过程中倾向于个人研究、独立思考,具有较强的内在学习动机和较强的理解、分析、推理能力。总体来说,超常儿童在思维、态度和行为方面都表现出不服从。这也与他们个性中的独特、革新、发散性思维和创造力有紧密联系。

综上所述,超常儿童具有一组核心的学习方式偏好,他们感知觉较强,有高动机、持久性,他们独立、内控、不服从。这就意味着超常儿童的教学必须充分利用和调动他们的学习主动性,高水平的认知加工、推理、抽象思维和创造性的问题解决能力,以及自我监控的能力。而且超常儿童特定方面的特征与他们学业学习和表现密切相关。在对超常儿童进行群体教学的时候,必须充分考虑并结合这些特征,教学才能达到更好的效果。

[①] Griggs, S. A. Counseling the gifted and talented based on learning styles[J]. Exceptional Children,1984(5):429-432.

二、超常儿童教学的基本原则

比起普通儿童来,超常儿童个体间的差异相对较大,而且他们还有着独特的学习特征,这些都给超常儿童的教学提出了挑战。同时,不同的教育模式和课程方案、教师对于超常儿童的理解的程度和教学风格的差异都会对教学内容和教学方法产生影响。国外有研究者对超常儿童的教学经验进行了归纳和总结,旨在发现可以应用于不同的学校和课程模式的"最佳教学实践"。当然没有任何一种教学是普适于所有班级或者所有超常儿童的,教学本身就是一个师生互动的过程,灵活和因地制宜也是有效教学的根本。下面为该研究归纳出的经过实践验证的超常儿童教学原则。①

(1) 教师需要在日常教学中,为超常儿童特定的"才能"领域提供有挑战性的任务。超常儿童想要在其优势才能领域取得长足的进步和发展,需要环境提供给他们合理的、持续的挑战,一方面需要教师和家长对超常儿童在这些领域的发展保有合理的高期望,另一方面需要教师不断提供给超常儿童有一定难度的学习任务,包括难度不断加深的知识和技能。有研究表明,如果超常儿童经常感觉学习很无聊,不能在自己具有才能的领域有所突破,会造成心理抑郁。但是我们也要注意日常教学中的"挑战"的合理性,以及教师指导的重要性。

(2) 教师为超常儿童提供的学习机会应该是持续的、有规律的,同时又能满足每个超常儿童独特的需要,并让他们独立完成自己优势领域的学习。前文也提及了超常儿童的核心的学习方式偏好,他们更喜欢自主学习(autonomous learning),为超常儿童提供独立学习的机会,有利于他们的创造力、批判性思维能力等的发展。但教师要意识到并不是让超常儿童独立学习就一定有效,科学的指导和监督也同样重要。另外,个别化的学习,即按照超常儿童个体的学习偏好、学习速率等来安排教学内容和教学进度等,也会促进超常儿童的学业发展,有利于超常儿童形成对学习的更积极的态度。

(3) 按照超常儿童的教育需要,为他们提供多种形式的以学科为基础或者以年级为基础的"加速"学习。很多研究都发现,以学科为基础的加速学习,如某一学科的教学内容比儿童的实际年级的水平高一个年级或更多年级,不仅有利于超常儿童该学科领域的学业成就,还有利于超常儿童自我概念和学习动机的发展,同时科学合理的加速安排,还有利于超常儿童的社会性发展。而以年级为基础的加速,一般是指用更短的学习年份完成学业,这一方式对于超常儿童的某些学业领域的发展是有利的,而对于其社会情感的发展的意义还需要进一步研究。

(4) 为超常儿童提供与其能力水平相同的同伴一起学习和活动的机会。与同伴一起学习或者活动的模式有很多,如超常儿童特殊班、兴趣班、教室内按能力水平分组、抽离式项目等。无论是何种模式,只要能提供给超常儿童与其能力水平相当的同伴一起学习或者一起进行活动的机会,都能促进其学业发展和社会性发展。这样的机会使得超常儿童有机会与能力相当的同伴开展合作学习,在学业成就上的意义是很大的,并且,这样的机会越多,效果越好。

---

① Eyre, D. Gifted and Talented Education: Major Themes in Education[M]. Volume (III). Abingdon: Routledge, 2009: 143-166.

（5）教师应能提供差异教学（differentiated instruction），在教学进度、复习和练习的数量、课程内容呈现方式等方面提供因人而异的教学。超常儿童的学习速率较快，研究表明，应努力按照超常儿童实际的学习速率来安排教学进度。如果教学进度较慢，可能会使儿童觉得无聊，反而降低学习效果。超常儿童需要的复习和练习的数量也相对较小，他们的理解和编码能力更强，因此教师可以减少他们单一知识点的练习量。另外有些学科，如数学，在教学内容的组织和呈现方式上，采用先整体再局部的方式更有利于超常儿童的学习，即在教授概念、原则和一些问题时，先从全局、整体上呈现，然后再去讲细节。

上述这些教学原则的运用，需要教师首先要能对班级内的超常儿童有一个科学的认识和积极的接纳度，同时需要在实际运用中，教师努力去平衡整个班级的教学活动，做到真正的因材施教。

三、超常儿童教学的有效策略

（一）差异教学

差异教学，也称差异学习（differentiated learning），一般是指在同一教室内，根据儿童在掌握学习内容、加工和理解学习内容的差异，来选择不同的教学材料和教学方法，以有效地满足不同能力水平的儿童的需要，"要保证儿童学习的内容、学习的方式、评价的方式等都能与儿童现有的水平、儿童的兴趣和偏好的学习方式相匹配"[①]。

从上述定义可以看出，差异教学是以儿童为教学的中心的，要求教师能按照儿童的不同需要来调整课程和教学，而不是要求学生来适应课程和教学。这首先需要教师在教学前对儿童进行评估，教师主要需要了解三个方面的内容：一是儿童的"准备度"（readiness），即现有的水平。按照最近发展区理论，就是要了解儿童已经掌握的水平和即将要学习的下一个知识点是什么。二是儿童的兴趣。内在的学习动机对于学习的效果非常重要。三是学习方式偏好。每个超常儿童可能会有自己独特的学习方式偏好的组合。然后教师需要对另外三个方面进行调整，体现"差异"：一是教学内容的差异。教师应根据每位儿童的"准备度"来调整课程的内容，准备不同的教学材料（见案例"超常儿童语文课程教学内容调整"），一般推荐根据布卢姆的教育目标分层模式来对教学的内容进行分层（见案例"关于'数学分层教学'的分析"）。二是教学过程的差异。根据超常儿童的不同的学习方式偏好，来选择呈现材料的方式、组织课堂教学的策略（如案例"开放式教学法"）等。三是考核评价的差异。在前两者的基础上，相应地根据学生的个别化需要来选择不同的考核方式。

案例 9-1

超常儿童语文课程教学内容调整

我国现有的超常儿童语文课程的教学内容的选择及安排一般都遵循超常儿童教育的课程设置原则——加速或丰富，来满足超常儿童对于教学材料的"差异性"需要。

---

① Rock, M. L., Gregg, M., Ellis, E., et al. REACH: A framework for differentiating classroom instruction[J]. Preventing School Failure, 2008(2): 31-47.

加速

鉴于超常儿童较强的学习能力,加速自然成了引导超常儿童群体语文教学的课程设置的理念。语文教学中进行加速培养计划建立在学生对知识的渴求和兴趣的基础上。国外许多学校都采用了及早让超常儿童掌握语文基础知识(如语法结构、文学题材特点等)的课程设置模式,使他们能根据基础知识深入学习,以基础知识为工具,辅助其他学科的学习,或者进行自己的创作。国内为超常儿童提供群体教学的一些学校(如人大附中、北京八中、无锡天一中学等)在语文教学方面有一些类似的尝试。

首先是对语文教材的改革。在国内,由于超常儿童同样面临升学考试的任务,他们学习的语文教材与普通学校的教材是统一的。但是与普通学生相比,超常儿童群体用相对更少的时间学完并掌握统一教材中的知识及其相关技能。因此,超常群体的语文教材在保证知识、语法点等都涉及的前提下,进行了学习内容的精简和压缩。

超常儿童语文学习过程中相对"多余"的时间通常用来学习补充、扩展的材料,或进行专门的训练。这里体现了加速和丰富的结合。对于语文学习中这两部分内容的教学安排有以下两种形式:一种是先学完统一教材中的内容,利用剩余时间集中学习补充、扩展的材料,或者进行专门的训练。这种形式较为常用。研究发现,这种教学安排虽然实用,教学效果也不错,但容易使学生由于学习任务紧张、疲于应付而出现学习兴趣下降的现象。另一种是统一教材与附加材料综合并进教学。把"多余"时间分散在正常的教学过程中,把丰富性质的材料融在每日的学习里,从总体进度看,与普通班级无异。这种方法具有较好的实际效果。在超常儿童获得语文基础知识和技能的同时,不断有与他们知识面、能力水平相适应的新鲜材料出现,这种安排有利于他们学以致用,并保持语文学习的新鲜感和兴趣。

其次,让超常儿童提前学习教学系统中下一阶段的语文相关内容或科目。如让超常中学生提前学习一些大学的中文科目。教师可以经过选择、精简和改编,将一些大学里的中文科目,如中国文学史、文学概论、现代汉语、写作学等提前介绍给超常儿童。对于超常儿童来说,这些内容是可以接受的,并且这种加速学习能有力地促进他们对语文这门学科的整体把握,有利于他们文化素养的培养和提高。

丰富

超常儿童课程的重点在于增加内容的深度和广度,激发儿童的创造性,提高他们的思维水平和解决问题的能力。丰富可以从两方面体现:横向的拓宽和纵向的加深。超常儿童语文教学中的丰富主要体现在分科教学。

以天津实验小学超常儿童实验班为例,他们的语文课程分设了阅读、自读、语言表达、课外阅读指导、作文讲评等科目。[①] 也有学校实行阅读和写作分科教学。这种分科教学的形式能保证语文知识的系统性,结构的完整性,又能根据群体的实际情况调节教学内容的深度,让学生对课程标准中要求的内容进行更细化、更深入的了解和掌握。

---

① 查子秀. 超常儿童心理学[M]. 第二版. 北京:人民教育出版社,2006:406.

如在阅读教学中，将统编教材重新组合，根据超常儿童的需要，加深和扩展相关知识体系，"每一单元由'导读课文''参读课文''读写知识和听说技能'三部分组成，知识结构完整。如果有几个同类型的单元，就在深度上有所区别，形成'螺旋式'前进的阶梯。""有的学校采用以史串文，以点带面，读写结合的结构方式，把统编教材中的重点篇目穿插进来，适当补充统编教材以外的典范文章"[①]，对语文学习内容进行深化和拓展。

在国内，中学的语文教学在语文学科中起着承上启下的作用。因此在中学超常群体的语文教学中，可以进行以下三方面的加深和拓宽：一是让超常儿童系统地掌握语文学科中最重要的概念系统。如把大学中文科目的现代汉语、古代汉语、文学概论、文学史等引进课程内，采用课堂教学和学生自学相结合的方式，对语法修辞、文学史等知识进行系统的针对性教学。学生对语文学科的重要概念有了更深刻的认识，也就更容易从总体上把握这一门学科。二是提高对超常儿童语文训练的要求，上升到以创作为最高目标。超常儿童语文训练的最高要求是自主创作。创作过程是学生在元认知基础上对知识的再现、运用和创新的过程。如普通初一年级的学生在学习现代诗歌时，只要求他们对现代诗歌有初步的感受，大致了解现代诗歌的形式。而对超常儿童的教学，"则应该讲述现代诗歌的发展及其特点，学习现代诗歌写作的技巧，并练习写一些诗歌。使他们能利用自己的经验，创作别具一格的作品。在学习寓言时，在教学中应该尽量扩展，教授有关寓言的详尽知识，然后鼓励他们进行寓言的创作"[②]。三是增设一些新科目，增加超常儿童对语文学习的兴趣，提高思维能力、审美能力，提高文学素养。如可以根据实际情况安排文学欣赏、影视评论等。

案例 9-2

关于"数学分层教学"的分析

分层教学是超常儿童群体数学教学中较为常用的一种教学方式，在依据一定标准将同一学习群体中的学生进行分组的基础上进行教学。分层教学能够保证因材施教原则的实施，是差异教学的一种重要方式。在分层教学法中，从学生的分组，到教学目标的制定、教学过程的实施、课堂练习的设计乃至学习结果的评价，"分层"体现在数学教学的整个过程中。教学主体的分层（分组），基本依据学生的数学能力和学习成绩，同时结合学生的动机水平和情感毅力等因素进行。分层教学有显性和隐性两种形式。

显性分层教学，一般是指将同一学习群体中的超常儿童按一定标准分组后，学生按照所属层级水平就座，接受不同教学目标为指导的不同教学方法。以北京八中的做法为例：[③]

[①] 查子秀. 超常儿童心理学[M]. 第二版. 北京：人民教育出版社，2006：410.
[②] 王念东. 对中学英才学生群体语文教学的研究[D]. 南京：南京师范大学教育硕士论文，2004：27.
[③] 刘玉华，朱源. 超常儿童心理发展与教育[M]. 合肥：安徽教育出版社，2001：283-284.

数学从1989年12月开始,在三角和几何(立体几何和解析几何)课中实行分组教学。将全班学生按学习成绩、动机水平和情感毅力分为A、B两个数学组。A组的学生自学、讨论和联系为主,教师指导为辅;B组以教师讲授为主。A、B组同时上课,教室分开,教师主要在B组,兼顾A组。实践结果:A组学生的自学能力显著提高,测验成绩也优于B组。

显性分层教学根据学生现有能力、水平等制定相应目标,采用相应的教学方法,具有极强的针对性,能够使不同水平的超常儿童在课堂上都进行有效的学习,有所收获。另外,由于分层是显性的,且是相对的,即根据学生当前表现可以在不同层级间流动,因此能够形成无形的激励力量,在课堂上营造一种积极向上的机制和氛围,提高全体学生的积极性。

隐性分层是指教学不对学生进行显性的分层,而是将不同层级学生的不同教学目标体现在教学过程和课堂练习等之中。在给学生进行分组之后,以教学大纲为依据,首先根据教材的知识结构、学生的认知能力,每堂课定出不同层级学生的教学目标。如教授"圆柱体体积"一课,可以将学习目标由低到高设计为:低层——知道圆柱体体积公式的推导过程,会利用公式正确计算圆柱体体积;中层——理解圆柱体体积公式的推导过程,比较熟练地利用公式正确计算圆柱体体积;高层——掌握圆柱体体积公式的推导过程,熟练地运用公式正确计算圆柱体体积,并能解决日常生活中的实际问题。从数学知识到原理再到实践运用,分层的目标充分体现数学学习的层层递进过程。

其次,教学过程中的分层表现在:第一,提问分层次,让学生寻求探索知识的途径。提问从学生知识结构、情感态度和思维方式出发,从各类学生的最近发展区入手,引导学生探索,促进思维的发展。通过三个层次的提问,结合适当点拨,让各个层次的学生都能掌握教材的重点内容。第二,讨论分层次,发展和完善学生的思维结构。教学过程是一个构建新知、发展和完善认知结构的过程,是深化知识、培养思维能力、充分发挥每个学生的主观能动作用的过程,需要同学间的交流来实现。仍以"圆柱体体积"一课为例,简单知道圆柱体体积公式$V=\pi r^2 h$还不够,教师可继续提出问题:如果知道直径、周长和高,又将如何求圆柱体体积?可以组织小组讨论,并由低层到高层学生展现思维。在小组讨论的基础上,先让低层同学说出$d=2r$,所以$V=\pi(d\div2)^2 h$。再由中层的同学说出$S=\pi\left(\dfrac{C}{2\pi}\right)^2$,于是得出$V=\pi\left(\dfrac{C}{2\pi}\right)^2 h$。只要紧紧抓住求圆柱体体积的关键是解决好求底面积的问题,学生就能主动建构认知结构。

然后,课堂练习分层,即根据学生的差异程度,设计不同层次的练习题进行分层训练。通常分为两个层次进行练习:基础性练习和提高性练习。以基础性练习为主,三个层次的学生全做。提高性练习为一些变式题、综合题或思考题,是对学生进行实践性、操作性或研讨性的开放式训练,要求高层学生全做,鼓励中层学生选做。学生做题时,教师巡视了解全体学生对课堂目标的达标情况,及时进行课内辅导。不同层次的学生会从思考解题中找到自己的位置,找到用武之地,找到解题的乐趣。

最后，结果评价分层，是对不同层次学生的学习过程和结果进行不同的评价。评价的根本目的是全面了解学生的数学学习情况、激励学生的学习和改进教师的教学。因此，评价要着眼于过程、着眼于鼓励、着眼于发展，让各类学生在发展中感受成功的乐趣。教师应根据不同层次学生在教学过程中取得的不同成绩做不同的评价，只要学生在任何一方面的发展已达到了预期的目标，就给予肯定的评价。

案例 9-3

开放式教学法

开放式教学法中的"开放式"主要有两种含义。

第一种含义：开放、自由的学习氛围。超常儿童有着比常态儿童更突出的个性，更有自己的想法和主张。营造开放自由的学习氛围，是要把学生读书、思考和交流等的权利交还给学生，培养超常儿童学习的兴趣和创造性，使超常儿童能够主动学习，不断产生新颖的创意和构思。比如下面的语文课的教学过程中就很好地体现了这点。"每学期开学的前两节课，我都是让学生给语文课提意见和建议，集体讨论之后，经过优化组合形成一学期的'教'与'学'的方案。从学习内容到学习方法，从课堂教学到课外活动，从必修课到选修课，从课前预习到课后作业等很多合理化建议，一旦通过，就由学生自主开展。比如每节语文课前的三分钟小栏目，经同学们的策划，做了全新的改版，由原来的课前一条成语，改为五个专栏。周一是古诗赏读，周二是点击美文，周三是群儒舌战（辩论一个小话题），周四是慷慨陈词（演讲），周五是访谈焦点（针对一个星期的央视'焦点访谈'热点问题进行访谈）。每个栏目都有自荐或推荐的负责人，督促同学按学号依次进行，并起到帮助、编导、把关的作用，保证了这些栏目的质量。其他许多大型活动如趣味语文竞赛、语文知识竞赛、秦文君作品研究课题小组、中学生'地下'阅读调查小组、读书交流会、部分考卷等也是由学生策划主持的。"①

第二种含义：教学过程中，快节奏、选择性和挑战性的教学设计应该成为超常儿童群体语文教学的主要特点。多设计一些探究性的、开放性的、有挑战的题目，尽量减少机械抄写的任务。

教学中的提问也需具有开放性，以能够引发学生积极思维、自由思考为目的，激发学生的兴趣，让他们充分发挥自己的想象力。如运用"为什么……""解释……"等的问题锻炼学生的归因能力，运用"如果……将会""你能说出多少种方法……"等问题训练学生的发散性思维，运用"比较……""对照……""哪个最好……为什么"等问题发展学生的评价能力等。如下面的教学过程，"一个少年班的语文教师在教《皇帝的新装》时，设计了这样一个问题：皇帝回到皇宫后，故事会怎样发展？另一位教师在讲《桃花源记》时，提出了'陶渊明记叙的桃花源在当时真的存在么？如果在现代社会，他会写出这样的文章么？'在学《项链》时，让学生设想'项链是假的'这个情节能不能在前面交代，有几种交代方法，为什

---

① 李百艳.在语文教学中培养超常儿童的人文情怀[J].教育实践,2001(2):29-30.

么作者将此情节安排在结尾?无疑,这些问题设计激起了学生的丰富想象。如果问题提出以后,解决问题的过程中,让学生充分讨论,使用譬如'头脑风暴法'等技术,效果将更好。"①

超常儿童语文教学过程中的提问不仅仅是教师的任务,也是学生的任务。教师在教学过程中不能忽视培养学生提问能力在促进学生思维发展中的重要作用。如果只有教师提问就容易使学生形成被动回答的心理倾向。超常儿童群体的语文教师要教会学生提问、质疑,敢于挑战权威和定论。因此在教学过程中要留出时间鼓励学生提出自己的问题,并对所提问题的性质做出特定要求。学生就彼此提出的问题讨论协商,给出答案并进行评析,以此提高学生提问的水平。

(二)自主学习

自主学习在语言学习、成人教育等领域被广泛应用,美国心理学家齐莫曼(Zimmerman)在总结先前学者研究的基础上,提出只要学生在元认知、动机和行为三方面都是积极的参与者,那么其学习就是自主的。元认知指的是学生能够在学习的不同阶段进行自我反思,包括计划、组织、自我指导、自我监控和自我评价;动机是指学生从被动的学习变成主动的求知者,由"要我学"变成"我要学",视自己为有效的自律者;行为是指学生能够自主地创设有利于学习的最佳环境。②

案例 9-4

自学指导法在语文教学中的应用

自学指导法让超常儿童从元认知角度对自己的认知过程进行认识和监控。如语文课上实行提高学生自我能力的六读法:读明大意、读划查写、读懂文字、读想问题、读理层次和读熟背诵,使学生自觉意识到自己的学习过程,知道如何学,知道如何监控自己的学习过程。

在这一方法中教师的指导必不可少。教师的"教"在深刻理解超常儿童学习特征和倾向的基础上进行,凸显一个"精"字:精选和精讲。深入研究教材,精选教学内容,把握关键点,讲精华之所在;精心设计传授知识的过程,画龙点睛,精讲精练,加快教学节奏。教师通过精讲,为学生提供分析问题和解决问题的示范。如下面的语文课:

"我在教一篇课文时,并不尽力求全……根据教材的重点和学生原有的知识基础,集中精力,取其精华,突破一点,使学生深入理解,牢固掌握。这样'一课一得',日积月累,反而学到了更多的东西。另外,教学过程也要'精'……取消一切无效的教学活动,做到信息密度大、用时少而效果佳。例如学习小说《变色龙》时,我根据教学目的,重点讲清一个'变'字,其他内容从略处理。板书课题后,我提了三个问题……带着问题自然地导入了小说的对话分析,使学生一下抓住文章重点,认识了奥楚蔑洛夫见风使舵的两面嘴脸,媚上欺下的奴才本质。"③

---

① 王念东.对中学英才学生群体语文教学的研究[D].南京:南京师范大学教育硕士论文,2004:34.
② 张勇,潘素萍.齐莫曼的自主学习模型理论与启示[J].高教发展与评估,2006(1):48-50.
③ 刘运秀."优才"与"优化"——谈智力超常儿童的语文学习[J].现代特殊教育,2001(4):27-28.

超常儿童一般具有较强的自主学习能力和解决实际问题的愿望和倾向。自学能力是促使他们超常发展的重要条件,而且他们也偏好进行独立自主的学习。在教学过程中,教师应该鼓励超常儿童积极思考,自主学习,通过学生自身的探究,去发现问题和解决问题。同样自主学习的过程中,超常儿童也处于教学的中心,但教师要给予科学的指导和监督。教师的教学目标应该包括,加强学生自学能力的培养,教给学生学习方法,使学生知道怎么对待学习,怎么学习,掌握独立获得知识和技能的方法。

案例 9-5

自主学习在物理教学中的应用[①]

超常儿童的物理教学注重发展学生的自学能力和创造能力。超常儿童擅长各种形式的思维,并能灵活地综合运用,一般对物理学习都游刃有余。因此在物理教学中教师通过精心的安排,引导学生自己进行实验设计,自己动手,分析比较,得出结论,发现规律。

物理是一门以实验为基础的科学。物理学的众多原理、定律都离不开实验的发现和验证。对于超常儿童而言,了解物理知识、学习各种仪器的使用方法和实验技能都只是物理学习的基础目标,学习物理更重要的是建立科学求证的思维方式,实事求是的态度和发展综合运用知识、经验和技能去发现并解决实际问题的能力。物理实验不仅能够让学生了解物理知识系统的建立过程,获得知识、技能和方法,而且能为学生提供科学发现或发明的演练机会,提供从建立猜想到动手实验验证的机会。

在注重学生自主实践的教学过程中,针对确定了的学习主题和内容,教师一般只告诉学生实验研究的目的,而实验原理的探究、过程的设计、器械的选择和结果的分析等都让学生自己思考和完成。这种教学方式在教学初期学生可能会显得较为吃力,但是在学生熟悉了整个教学流程之后,会越来越熟练地进行从实验设计到结果分析、归纳结论的过程。这种教学方式一方面能尽早培养学生独立思考、用实验验证想法的能力,一方面在群体中能形成相互比较、相互学习和相互启迪的氛围,促进学生个体间的交流、分享、合作等社会化技能的发展。下面的实验课,就很好地运用了自学学习。

在学习牛顿运动定律和能量守恒定律后,让学生重新设计测定摩擦系数的实验。一个学生原来的设计方案是:让一已知质量的木块沿倾角为 α 的斜面由静止滑下,测出木块在下滑过程中的加速度 a,根据牛顿第二定律列出动力学方程

$mg \cdot \sin\alpha - \mu mg\cos\alpha = ma$

整理得:$\mu = (g\sin\alpha - a) / g\cos\alpha$

在听取了别人的意见:角度 α 在中学条件下不易测推,而且由计算式可看出 α 角对于 μ 值的影响较大。所以把此实验方案改成一木块 A 放在水平面上被另一物块 B 通过桌边的定滑轮拉动。测出 A 的加速度 a 和 A、B 各自的质量,就可列出方程

$m_B g - \mu m_A g = (m_A + m_B)a$

[①] 赵大恒.超常儿童的物理教学策略[J].现代特殊教育,2002(2):26-28.

整理得：$\mu=[m_Bg-(m_A+m_B)a]/m_Ag$

第二种方案不用测量角度可以减少误差，不失为一种简单的方法。

美国学者贝茨等创立的"自主学习者模式"，为教师如何运用自主学习的教学策略提供了一种参考。这一模式，强调由超常儿童自己决定"学什么""需要搜集什么资料""学习结果如何呈现"，以及"如何对成果进行评价"等。这一模式，不仅有利于超常儿童的发展，也有利于普通儿童学习如何成为一个终身的自主学习者。小学阶段，教师可以在班级里采用自主学习模式对全班学生进行教学，另外针对超常儿童在课外给予指导，让超常儿童有更多的自主学习体验；中学阶段，每周在一个特定的时间段将超常儿童集中在一起采用自主学习模式来教学。具体来说，这一模式包括五个方面：第一，基本介绍——即对学生和家长就模式进行讲解，对超常的概念、智力的基本理论、创造力的发展等进行介绍，并同时以小组为单位学习互动的技能等。第二，个人发展——重点讲解在个人的终身学习过程中有利于自主学习的基础的态度和理念，并学习一些运用电脑、网络等技术的技能和组织管理的技能等。第三，丰富教学——允许学生对超出普通课程内容的问题进行探索，并学会如何去寻找资源，这一环节，要特别注意学生的个体差异。第四，专题学习——允许学生以小组形式自选主题进行研究，并在班级内将研究结果进行展示。第五，深度学习——为超常儿童提供可以持续发展其兴趣的机会，可以以小组为单位，也可以独自进行学习。①

（三）个别化教学

个别化教学，其对应的英文应该是 individualized instruction，而不是 individual instruction，也就是说，个别化教学的内涵是指根据每个儿童个体的能力和需要来调整教学内容、教学材料、教学媒介以及教学进度等，而不是指一对一的教学或者要求一对一的师生比，后者从教育成本角度考虑是很难操作的。美国的立法要求为每一个特殊需要学生，包括超常儿童在内，制订个别化教育计划，其内容主要涵盖对儿童进行详细全面的评估、确定其优势领域、需要提供特殊教育和其他服务的领域、如何来提供特殊教育以及评价方式的调整等。个别化教育与差异教学的理念是共通的。正因为超常儿童属于异质性极强的群体，即使智商测验得分相同或年龄相同，个体间仍会存在极大差异，如优势能力的领域不同、兴趣不同、学习方式偏好不同等，还有个性上也存在很大的差异。另外还有一些伴随有障碍的超常儿童，以及低成就的超常儿童，他们的教学更需要个别化。

案例 9-6

语文课的个别化教学②

超常儿童语文课的教学，需要考虑超常儿童发展的个体差异，其语言的发展也是，这在超常儿童写作等书面表达任务的完成上表现得尤为明显。因此教学过程中需遵循群体

---

① Clark, B. Growing up Gifted: developing the potential of children at home and at school[M]. 7th ed. Pearson Education, Inc., Upper Saddle River, New Jersey, 2008: 374.

② 摘自：王念东. 对中学英才学生群体语文教学的研究[D]. 南京：南京师范大学教育硕士论文，2004：29-30.

教学与个别化教学最优结合的原则。在阅读和书面表达等任务上，根据学生的优势、爱好等，制订个别化指导计划，充分挖掘和发展每位学生的语言潜能。

实践中，我做过许多尝试，收到很好的效果。比如，在我所带的班里，有位同学非常喜欢历史，我就给他推荐《史记》《文学史》之类的书，指导他如何运用历史知识去读各个时代的作品。有位同学喜欢读武侠小说，这在一般教师、家长眼里可是违禁的，我不但没有禁止她读，还指导她如何用武侠小说的形式去表达自己的思想。在写作上，根据超常儿童的语言风格，鼓励他们运用自己擅长的文体去创作自己喜欢的题材，尽量少作硬性的规定，提倡以随笔的形式去练习写作。事实证明，这样反而能极大地调动学生写作的积极性，写出的东西更生动活泼。在我试验的一年里，学生写出了大量富有创意的作品。有位初一的同学，在半学期的时间里就写出了两万多字的科幻系列，有的同学写了许多充满真情的诗歌，还有的同学搞起了武侠创作。

（四）兴趣小组学习法

国外超常儿童的教学，非常强调超常儿童有机会与能力相当的同伴一起学习。我国目前采用"特殊班级"的安置方式的只有少数学校的实验班，大部分超常儿童都是在普通班级就读，而且即便在实验班内，不同的超常儿童也有不同的兴趣爱好、不同的才能领域，在现有的教育体制内，兴趣小组是超常儿童才能发展的一个比较实用的教学法。当然，这一方法也要科学合理地运用：首先，要基于超常儿童自己的选择，以超常儿童自身的发展和兴趣为出发点。其次，教学应该是以"兴趣"发展，培养超常儿童的综合素质为目标，而不是为了"加餐"——实为课外学业辅导。再次，小组教学过程中，要指导儿童如何开展独立学习和合作学习，培养儿童的创造力和问题解决能力等。兴趣可以是多方面的，可以参考伦祖利对于"才能"的界定，除了数学、音乐、运动学科、语言学科等领域的兴趣，还应该包括动画、珠宝设计、制图、编辑、烹饪等日常生活中的各行各业。

案例 9-7

数学兴趣小组学习法

数学兴趣小组的举办有利于激发超常儿童的兴趣，挖掘和拓展已有的知识，培养他们的创造性思维能力，提高他们的素质。

这里的兴趣小组具有针对性，是集合学校所有的数学"智能超常儿童"而组建的，遵循层次性原则，即把握好节奏，根据他们的层次和程度开展活动，真正贯彻因材施教的精神。

在指导数学兴趣小组活动时，可分三个阶段进行。第一阶段，培养学生兴趣。通过细致的思想工作，帮助学生明确目的，端正态度，使学生产生强烈的学习动机和参与意识。同时，在指导学生活动时，尽可能给学生成功的机会，增强他们的自信。第二阶段，从导学走向自学。帮助学生通过旧知寻找新知，学会学习，培养自我钻研的能力。第三阶段，从掌握知识到运用知识。努力帮助学生把书本知识与生活实践相结合，培养他们的实践能力和创新意识，达成学习的高级目标。

数学兴趣小组活动的教学内容以精选教材、重组教材为主,既联系课堂内的教学内容,又提供高于课堂教学的内容,丰富超常儿童的数学知识,拓宽思维。为了使学生的学习产生最佳效果,教师宜根据学生的实际情况,参考多种教学辅导书籍,按照类型重组备课。上课时,帮助学生理解例题,完成习题,讨论思考题,完成并对作业情况进行反馈订正,做到扎实掌握每一项学习内容。

兴趣小组活动形式多种多样,学生在活动中可以动手操作、实验,可以分组互助,可以进行辩论,还可以由自己上台当"小老师"。在活动中,鼓励每位超常儿童充分发挥自己的想象力、创造力,学得主动积极、生动活泼,积极培养他们的创造性思维。

第2节 低成就超常儿童的教学

一、低成就超常儿童概述

(一)低成就超常儿童的定义

低成就超常儿童(underachiever)是指在标准化测试、智力测验或其他知识和技能的测量中有突出表现,但在与学业相关的任务上学业成绩和教师报告都显示其表现显著落后于同年龄或同年级水平的儿童。[1]

根据以美国超常儿童为对象的统计数据,美国15%~40%的超常儿童可能存在显著的学业低成就(学业不良)。研究发现,在智商高于130的超常儿童中,低成就的学生有63%。每年有18%~25%的超常中学生辍学。美国的报道指出,所有辍学的中学生中超常学生占了18%。

学业不良通常在低年级开始出现,整个中学阶段呈现不断增加的趋势。初中阶段(初一至初三)是出现学业不良最为关键的时期。进入高中以后,学生的学业成绩很少会再表现出较大变化。可能的解释是,某些儿童,特别是超常儿童,可能在最开始的几个年级不用努力也很容易取得好成绩。在初中,由于学业任务及难度增加,这些学生可能会发现要想取得好成绩越来越困难。遇到真正需要付出努力的挑战时,他们很容易放弃,于是这些学生就成了学业不良的学生。[2]

(二)低成就超常儿童的特点

低成就超常儿童大多缺乏动机、对学校或教师态度消极、学业成绩低下等。不同研究给出了低成就超常儿童相关特征的不同结论,体现了这一群体在特征或特质上极大的个体差异。低成就超常儿童的特点可以从以下三个方面归纳。

1. 个性特点

(1)自我概念低下。自我概念低下,尤其是学业上的自我概念低下是低成就超常儿童

---

[1] Clark, B. Growing up Gifted: developing the potential of children at home and at school[M]. 7th ed. Pearson Education, Inc., Upper Saddle River, New Jersey, 2008: 370.

[2] 涂慧芳. 超常儿童学业不良问题研究述评[J]. 教育研究与实验, 2000(6): 59-65.

最普遍的显著特征,也是预测超常儿童学业上低成就的较可靠条件。他们自我评价消极,常常用负面语言谈论自己,缺乏自尊。对自己的学习能力不自信,害怕失败。对他人冷淡、不关心,怀有敌意。

(2) 社会成熟度低。缺乏自我约束和控制能力。情感发展不成熟、不稳定,不能有效处理情感问题,容易紧张和焦虑,极易分心,极易冲动。

(3) 缺乏自我调节能力。常自我感觉被拒绝,认为没人喜欢自己,认为周围成人对自己不满意,感觉无助,可能将冲突和问题外化,逃避挑战性任务。

(4) 目标定位不现实,或者干脆就没有目标。倾向于不可抗因素归因,将成功归因于天生的能力,看不到自己的努力与成就之间的关系,缺乏责任感。

(5) 兴趣爱好有限。对生活缺乏积极主动的态度和尝试,缺乏坚持和深究的精神。但对感兴趣的内容,表现出很强的主动性及超常的理解与记忆能力,表现出想象与创造的活力。

2. 学校相关特点

(1) 学业上缺乏学习技能,缺乏与学业相关的好奇心和求知欲。进行学业任务的动机薄弱,缺乏坚持性,面对学习表现退缩。缺乏良好的学习习惯,上课时间经常睡觉,常常不完成作业或其他学习任务。

(2) 在对学校的态度上,往往认为学习枯燥,没有兴趣,不参与学校活动,憎恨学校或对学校有恐惧感,讨厌教师激发动机或约束纪律的做法。

(3) 不关心将来,缺乏对将来的计划或职业规划,抗拒他人为他们设定的目标。

3. 人际关系特点

(1) 同伴关系:不受同伴欢迎。班级中地位低,缺乏朋友,与同伴交往有退缩行为。选择同样对学校持消极态度的同学做朋友。但也有研究得出相反的结论,认为有些低成就超常儿童有高度的社会技巧,参与活动多,并且表现出很好的领导能力。

(2) 与成人的关系:对成人权威角色怀有敌意,常公开对抗权威(主要是父母、教师及家庭中的其他成人)。拒绝来自教师或家长的影响。

从上述低成就超常儿童的特点可以看出,他们在很多方面的表现与能力一般的学习成绩差的学生相似,这使得低成就超常儿童很容易被误认为只是普通的学习成绩差的学生。但他们的一些积极特点,如对于感兴趣的事物表现专注,有创造与想象的活力等,使得他们的学业低成就问题有别于一般的学业不良学生。低成就超常儿童与一般超常儿童最本质的区别在于:他们为自己设定的目标低于其能力,并且他们做的努力更少。

二、低成就超常儿童的干预

(一) 超常儿童低成就的原因

导致超常儿童低学业成就的原因很复杂,而且存在个体间的差异。研究者将与超常儿童低成就高度相关的因素归纳为三个方面:个体因素、家庭因素和学校因素。

1. 个体因素

本章前文所描述的低成就超常儿童的个性特点是导致超常儿童学业不良的重要因素。同时超常儿童内在的压力(如敏感性、社会技能的缺乏和对完美的追求等)和外界的因素(如作为一名超乎常态者所感受到的社会压力,社会对超常者的期望等)也是造成超常儿童低学业成就的原因。

2. 家庭因素

导致超常儿童学业不良的许多因素与儿童所在家庭以及亲子之间的互动有关。与高成就超常儿童的家庭不同,低成就超常儿童的家庭在环境上缺乏组织性,没有对儿童的行为和学业成绩给出清晰的指导要求,家庭成员间缺乏关于教养的一致意见。在教养风格上,低成就超常儿童的家长倾向于根据一套绝对的标准塑造、控制和评价孩子的行为和态度。他们更强调服从、尊重权威,不鼓励任何亲子间开放的交流。

3. 学校因素

学校是导致超常儿童低学业成就的一个主要因素来源。研究表明,缺乏对学生个体的尊重、过于强烈的竞争氛围、缺乏灵活性、重视外在评价和缺乏积极体验的课程等因素与超常儿童的低学业成就密切相关。①

以上这三方面关于超常儿童低成就原因的分析,为我们进行低成就超常儿童的有效教育和干预提供了方向和切入点。

(二) 低成就超常儿童的干预

1. 低成就的预防

在问题出现之前进行预防好过问题出现后任何一种形式的补偿。要预防超常儿童出现学业上的低成就,可以从导致超常儿童低成就的原因入手。

研究表明,强烈的内部控制(如相信一个人的行动能影响结果)是影响学业成就的一个关键维度。② 低成就超常儿童通常不会把成功或失败归因于内部因素。因此,为预防超常儿童的低成就,从儿童个体的角度,要帮助儿童形成更强的内部控制,进行现实的归因,从失败中吸取教训。帮助他们学会自我监控,学会通过自我指导改变自己无助、缺乏毅力的状况。

当学生处于痛苦的境地,如果无论怎么努力都得不到家长的认可,达不到成人要求的水平时,他们可能会有意识地放弃努力,借助学业上的低成就来应对。对于这样的超常儿童,家庭与学校的合作非常重要。家长和教师要帮助他们树立信心,建立信念,让他们相信,如果他们愿意,他们也可以做得非常优秀。

知识小卡片 9-2

家长在预防超常儿童低学业成就方面可以进行的努力③
- 在家中创设智力刺激丰富、能够激发好奇心的氛围
- 与孩子建立一种亲密的、相互尊重的关系

---

① Clark, B. Growing up Gifted: developing the potential of children at home and at school[M]. 7th ed. Pearson Education, Inc., Upper Saddle River, New Jersey, 2008: 374.

② Clark, B. Growing up Gifted: developing the potential of children at home and at school[M]. 7th ed. Pearson Education, Inc., Upper Saddle River, New Jersey, 2008: 375.

③ Clark, B. Growing up Gifted: developing the potential of children at home and at school[M]. 7th ed. Pearson Education, Inc., Upper Saddle River, New Jersey, 2008: 376.

- 做您孩子的行为榜样
- 对孩子在家里和学校的活动感兴趣
- 孩子之间不进行相互比较，每个孩子都是独一无二的
- 帮助孩子学会时间管理
- 教育孩子超越自我，并正确对待失败
- 引导孩子朝着他/她感兴趣的目标努力，不要替孩子设定目标
- 设定合理的且双方都应做到的要求和遵守的规则
- 展现您对孩子的情感、信任和支持
- 为孩子提供支持，与学校合作

从学校的角度来讲，有研究者提出，当低成就超常儿童被安置到同质的超常儿童群体中时，他们在学业、创造力方面的成就高于在异质群体中的安置，前种安置中的他们也更为同伴所接受。从这点来看，隔离性的安置可能可以在一定程度上预防超常儿童的低成就。

融合环境中的超常儿童很容易将"上学"与"无聊"联系在一起。无聊的上学经历使他们失去学习兴趣，放弃学习和认知技能的训练机会，导致出现低成就和产生问题行为。因此在学校中预防超常儿童的低成就，要从课程设置、教学内容、教学方法以及教学评价等各方面进行考虑和调整，使学校教学与超常儿童的认知特点和兴趣相适应，与超常儿童的学习能力和水平相适应。

研究者总结出在下列情况下，超常儿童不容易出现问题行为：① 所在班级的教师很接受教育超常儿童，享受与他们共同学习的过程。② 经常有与聪明的同伴一起学习的机会。③ 积极参加与他们的智力和发展水平相适应的复杂的、有挑战性的、有意义的学习活动。④ 为他们提供在社会中如何了解和处理自己的天赋的指导。[①] 这些建议为我们有效地进行融合教育环境中超常儿童的教学提供了借鉴。

2. 低成就的矫治

(1) 咨询法

① 超常儿童小组咨询。20世纪50年代后期以来，超常儿童小组咨询已经成为矫治超常儿童低成就的有效干预策略之一。与没有接受咨询的低成就超常儿童相比，参加小组咨询儿童的不恰当行为显著减少，学业成绩和标准化成就测验分数呈现更大幅度的提高。

② 家庭咨询。家庭咨询也是低成就超常儿童的有效干预策略。要长期而有效地改变超常儿童的低成就状况，只试图改变儿童的行为远远不够，有时甚至会引发更多的问题，家庭必须成为干预的一个组成部分，要能够理解儿童，愿意做出改变，并能为儿童提供他们所需要的支持。

能有效改变超常儿童低成就状态的学校课程一般具有以下特征：以儿童为中心，关注儿童的优势，关注儿童的兴趣，同时强调学习和创造的过程，运用积极的学习策略，提供选择。

---

① Clark, B. Growing up Gifted: developing the potential of children at home and at school[M]. 7th ed. Pearson Education, Inc., Upper Saddle River, New Jersey, 2008: 376.

知识小卡片 9-3

教师在改善超常儿童低成就状况方面可以进行的努力[①]

- 高度评价高能力学生的成就
- 从小学开始,定期对每位学生进行评估,全面了解学生各方面的情况
- 为学生建立自我概念提供机会
- 为学生创造一个开放的、温暖的、让他们感到自己被接纳的、充满智力挑战的反馈性的学习环境
- 给低成就者专注自己某项能力(如音乐、艺术、运动)的机会
- 及时给予帮助,定期举行会议,讨论个人及学业方面的问题
- 为该完成的和需评定的任务制定每天、每周或每月的书面合约
- 与教师讨论之前,允许学生在任务完成后,对自己的作业进行自我评分和评价
- 寻找各种方式满足学生的需要(如找一个适合学习的地方,安排家教)
- 鼓励他们在其强项或感兴趣的领域,成为年龄更小的学生的小老师
- 让家长参与学校活动
- 尽早提供大学和职业指导,帮助学生明白当前课程学习的作用

(2) 瑞姆(Rimm)的三焦点式模型[②]

这一针对低成就超常儿童的矫治模型将家长和学校双方纳入其中,注重两者的合作。模型包括六个步骤。

步骤一:评估儿童的技能、能力、强化情境,评定儿童低成就的类型。评估需包括一份个人智力测验、多份个人成就测验、一份创造力测验以及家长访谈和儿童访谈。测试过程中,要注意观察儿童的注意力、坚持能力和问题解决方法等。

步骤二:交流。家长和教师必须就评估的儿童的能力和成就进行讨论,就儿童情感和认知方面的正式和非正式的评估结果交换意见。

步骤三:改变儿童生活中重要成员的期望。高智商测验得分、儿童轶事、儿童独一无二的作品、不寻常能力的特别描述等都是儿童超常的证据,这些证据可以用来改变儿童家长、教师、同伴和兄弟姐妹对该儿童的期望,也可以用来改变儿童的自我期望。

步骤四:榜样认同。如果低成就超常儿童认同某一位高成就者,那么把这位高成就者作为榜样介绍给低成就儿童,可能带来低成就儿童的巨大改变。研究者对榜样者的特征做了如下描述:与低成就儿童性别相同,有相似之处,愿意花时间与低成就儿童在一起,展现出积极的成就感,持有育人之心和开放的特质。

步骤五:改善儿童技能不足的状况。为克服儿童技能不足的现状,建议在特定时期设

---

① Clark, B. Growing up Gifted: developing the potential of children at home and at school[M]. 7th ed. Pearson Education, Inc., Upper Saddle River, New Jersey, 2008: 377.

② Clark, B. Growing up Gifted: developing the potential of children at home and at school[M]. 7th ed. Pearson Education, Inc., Upper Saddle River, New Jersey, 2008: 379.

定特定目标对低成就超常儿童进行技能训练。由于儿童有天赋,技能不足的状况应该很快就能克服。

步骤六:调整家庭与学校的强化措施。根据活动的完成情况或质量提供简单的、有效的强化来激发儿童的行为。提供的强化对儿童而言必须是有意义的,且在提供者的能力范围之内。科目学习的加速、跳级,参加特定的项目或活动,鼓励儿童的兴趣等都可以作强化之用。

无论超常儿童低成就的原因是什么,大量低成就超常儿童的经历已经证明瑞姆的三焦点式模型对于超常儿童低成就的干预是有效的。一些涉及毒品、抑郁等的更严重的低成就,则需要寻求专业的心理学家的帮助。

第3节 特殊需要超常儿童的教学

除了智力落后和严重的发育迟缓群体,其他各类有特殊需要的儿童中都有超常儿童存在,如视觉障碍、交流障碍、听觉障碍、情绪行为障碍、肢体残疾以及学习障碍。其中有学习障碍的超常儿童最为常见。

一、特殊需要超常儿童概述

(一)有学习障碍的超常儿童

有学习障碍的超常儿童目前有三种处境:一是超常儿童,但在学校的学业学习中有困难,因此被安置在学习障碍的特殊班中。二是被诊断为学习障碍,特殊才能没有被发掘或认可。三是在普通教室中学习,在自己的障碍和超常才能间平衡和挣扎,障碍和才能都没有被发现。这种处境的儿童人数最多。[1]

发掘并鉴定既超常又有学习障碍的儿童绝非易事。很多学习障碍超常儿童被鉴别出来主要靠运气和机遇。这些儿童一般具有以下特点。

1. 词汇发展处于平均水平,语言技能总体不如一般的超常儿童

学习障碍超常儿童在标准的年级水平测验中,词汇方面得分一般处于平均水平,或略微高于平均水平。他们可以学会教师所传授的知识,但是语言技能不如一般的超常儿童,尤其在语义和语用上。如他们很难掌握语义的变化、语义间的细微差别,不能理解言语中的讽刺,难以理解过于复杂的用词或语言表现等。

2. 反应速度较慢,缺乏反应的自发性

一般的超常儿童对很多事物都能做出自发的、较为快速的反应,而学习障碍超常儿童的反应速度明显较慢,且缺乏自发性。他们对什么事情都充满疑虑。在任务完成过程中,总担心自己会错过某些东西,反复犹豫,注意和时间分配上无法做到详略得当。这是造成他们成就测验分数较低的主要原因。课堂上的表现也反映了他们较慢的反应速度。如不能按时完成任务,无法跟上班级的学习步调等。

---

[1] Clark, B. Growing up Gifted: developing the potential of children at home and at school[M]. 7th ed. Pearson Education, Inc., Upper Saddle River, New Jersey, 2008: 361.

3. 缺乏灵活性

学习障碍超常儿童无法像一般的超常儿童那样根据任务灵活转换思维方向和思维方式。他们常会固着于某种原先被证明了能够奏效的问题解决方法。他们很难调整自己已习惯的行为以适应新的任务要求,如果当前的任务需要他们在行为或策略上作出改变,他们常表现出茫然无措或犹豫不决。

4. 缺乏适应性

学习障碍超常儿童同样也严重缺乏适应性。他们害怕新的需求、新的方法。有时当新事物出现时,这些儿童会彻底拒绝它们。在他们有限的,有时甚至是狭窄的兴趣领域,适应性的缺乏会使他们遭遇认知上的剧烈冲突。如一名对恐龙十分着迷的学习障碍超常儿童却不能理解从恐龙身上得到的信息可以扩展到理解爬行动物身上。

缺乏适应性使他们无论在家里还是在学校都很难被周围人接纳。他们可能会发展出一些防御机制,如装作不在意,或有意疏离周围人。而这些防御机制可能使得他们的自我概念降低,同伴关系恶化。当然也有些儿童不会被同伴排斥,学习时也不会充满无助感。

5. 自我效能感低

自我效能感是个体对自己组织和完成行为的能力的感知。自我效能感对个体的学业表现或职业选择起着决定性的作用。学习障碍超常儿童的自我效能感显著偏低。在测验过程中简单的题目他们更容易出错,而难的题目却往往能做对。

总体而言,学习障碍超常儿童既表现出一般超常儿童的特征,如他们的元认知表现、积极的情绪特点方面等更多偏向于超常儿童的特点,但又有学习障碍儿童的表现,如显著的学业低成就、挫败感、缺乏动机、在注意力方面存在困难等。同时这一群体又表现出一些与众不同的特点,如对失败的恐惧、矛盾的社交技能和不稳定的自我形象等。

(二)超常儿童可能伴有的其他障碍

1. 超常儿童与阿斯伯格综合征[①]

在学习障碍群体中,伴随有阿斯伯格综合征(Asperger's Syndrome,简称 AS)这一发展性障碍的儿童人数逐渐增多。阿斯伯格综合征的典型特征是社会交往的缺陷,同时伴有行为固着和兴趣狭隘等。

阿斯伯格综合征儿童与超常儿童共有的特征包括:口语流利,语言能力早熟;优秀的记忆能力;对字母或数字敏感;沉迷于某些特殊的话题,很小的时候就开始搜集关于这些兴趣的真实信息;就感兴趣的话题侃侃而谈;对感觉刺激极度敏感;呈现出多方面的才能;不感兴趣的学科上表现一般;在小时候呈现内部发展的不平衡等。

阿斯伯格综合征儿童与超常儿童的不同之处表现在:① 伴随阿斯伯格综合征的超常儿童经常卖弄学问,试图进行完美的演讲;一般超常儿童正常运用语言,但其语言发展更快。② 伴随阿斯伯格综合征的超常儿童固着常规,在应对变化时表现刻板,无法有效应对。面对变化可能出现惊恐或表现出攻击性。③ 这两类儿童都不同寻常。但伴随阿斯伯格综合征的超常儿童常不能意识到他人如何看待自己,也没有意识到自己做了不合常规的事情。

---

① Clark, B. Growing up Gifted: developing the potential of children at home and at school[M]. 7th ed. Pearson Education, Inc., Upper Saddle River, New Jersey, 2008: 363-364.

④ 两类儿童可能都有分心的表现。但一般的超常儿童常常是因为外部事件而分心,而伴随阿斯伯格综合征的超常儿童常由于内部因素导致分心,从而影响他们的学校表现。

2. 超常儿童与注意力缺陷/多动障碍

注意力缺陷/多动障碍(Attention Deficit Hyperactivity Disorder,简称 ADHD)的儿童常表现出与超常儿童相似的特点。注意力缺陷/多动障碍是一种神经精神障碍,主要表现为注意力不集中、多动以及冲动。这些症状通常出现在 7 岁之前。

超常儿童与注意力缺陷/多动障碍儿童有很多相似的外显行为,如精力旺盛,高活动水平,挑战权威,干扰教学等。但行为的性质和原因不同。超常儿童活动水平高,且有目的性、聚焦性和导向性;注意力缺陷/多动障碍儿童高水平的活动往往无目的性,是分散的、随机的,且不稳定。超常儿童挑战权威是他们好奇、好问的本性使然;注意力缺陷/多动障碍儿童挑战权威的行为表现出更多的敌意和攻击性。超常儿童会由于课程没有挑战性、感觉枯燥乏味而做出干扰教学的行为;注意力缺陷/多动障碍儿童干扰教学的原因在于他们的核心问题:注意力不集中、多动以及冲动。当超常与注意力缺陷/多动障碍的特点同时出现在一名儿童身上时,疏离性、敏感性以及过度行为的表现便会更加强烈。①

3. 超常与视觉障碍

盲童或视觉障碍超常儿童通常能够与明眼儿童有相当的能力水平,只是他们达到潜在的最高智力水平的时间较晚。他们具有作为超常儿童的普遍特质。但是视觉障碍也会使超常儿童出现一些负面特质。如认知发展速度较慢,对语言符号、时间概念的理解受影响,在有意义的语言记忆方面有一定缺陷,创造性思维也不如明眼的超常儿童。

4. 超常与听觉障碍

听觉障碍超常儿童由于听力受到损伤,语言发展会受到限制,而感知和语言的限制会影响他们的思维发展。他们的常识和一些认知技能如归类能力往往弱于健听的超常儿童,且他们的社会交往技能和质量也会受到负面的影响。

但听觉障碍超常儿童仍表现出积极的特质,如兴趣广泛,记忆力、推理能力、自控能力强,悟性高。他们也很善于观察,善于利用不同的方式获取信息,善于创造性地解决日常生活中遇到的问题等。

二、特殊需要超常儿童的教学

为特殊需要超常儿童提供支持和服务常会面临两难的境地。为障碍儿童开发的干预项目和面向障碍儿童的教学策略常常以儿童的认知能力有限为前提,将重点置于补偿缺陷,根据儿童的障碍情况进行具体调整,将他们的障碍对他们学习经历的影响减少到最低程度,同时减少其最初障碍可能引起的次级障碍。而超常儿童的教学强调为儿童提供自主学习、创造性自我表达和探索科学与艺术等的机会,让他们充分发挥自己的潜能。"矫治"项目和"丰富"项目无论在形式还是内容上,一直以来都是对立的。

国外已经发展出了一些比较成熟的特殊需要超常儿童的教育方案。这些方案同时融合

---

① Clark, B. Growing up Gifted: developing the potential of children at home and at school[M]. 7th ed. Pearson Education, Inc., Upper Saddle River, New Jersey, 2008: 363.

了超常教育和补偿教育的特征,包括针对儿童缺陷的特殊教育服务、促进天赋与特殊才能发展的超常服务、发展自我概念的教育等。比较著名的有残障超常儿童补救与加速方案(The Retrieval and Acceleration of Promising Young Handicapped and Talented Project, RAPYHT)、残障超常儿童发展方案(Development of Program for Gifted with Sensory/Physical Disabilities)以及北卡罗来纳大学的教堂山训练计划(The Chapel Hill Training-outreach Project)等。[①] 这些成功的项目为我们进行特殊需要超常儿童的有效教学提供了借鉴。

(一)特殊需要超常儿童的教学原则

1. 合作

只有特殊需要超常儿童的相关工作者相互支持、相互合作,才能为他们提供满足其发展需求的服务。因此,普通班教师、特殊教育工作者、超常儿童教师、父母、咨询师、心理学家、行政人员以及研究者等,都要成为多学科专家小组的成员。

其中尤其强调障碍儿童的教师和超常儿童的教师要进行更紧密的通力合作,为特殊需要超常儿童的教学提供丰富的信息。很多超常儿童教师不了解有特殊需要儿童的特征及其教育,而特殊需要儿童的教师也没有接受过教育超常儿童的相关知识和训练。在为学习障碍超常儿童进行特殊教育的规划时,教师需要考虑所有可以获得的信息和意见,以此来满足这些儿童所表现出来的独特的混合需要,既解决他们在学习过程中遇到的困难,又充分发挥他们潜在的超常才能。

2. 个别化

每一类型的特殊群体都具有较强的异质性。当两种甚至两种以上的特殊症状群在一名儿童身上体现时,他/她在很多方面可能都是独一无二的。面对这样的儿童的教学,从搜集、评估资料信息到设定教学目标、选择教学方式,到实施计划、评价教学等,各个步骤都必须从该儿童的具体情况出发,了解儿童完整的发育发展过程,关注不寻常行为背后的动机,作出精确的诊断,进而量体裁衣,给予他们恰如其分的支持和辅助。因此,个别化教育计划(Individual Education Program,简称 IEP)对他们而言尤其重要。

3. 重视早期干预和早期教育

早期教育是特殊教育的基本原则之一。对于有特殊需要的超常儿童而言,早期干预能够补偿、矫正他们已经存在的缺陷,预防次级障碍的发生。早期教育能够开发他们的智力,使他们的潜能得到最大程度的发挥。因此,对于有特殊需要的超常儿童而言,早期干预和早期教育显得尤为重要。

4. 注重潜能的发挥

无论哪种特殊需要超常儿童,他们终究具有超常的能力和发展潜能。因此与一般的超常儿童一样,他们也需要具有挑战性的任务,享受具有挑战性的学习经历,在充分发挥他们潜能的同时,他们的能力和智慧会进一步发展,自我形象会得到改善,自尊和自信等能够得到积极的发展。如果对他们的教育和干预主要关注孩子的障碍和问题方面,那么他们身上的闪光点就会暗淡,甚至可能消失不见。

如以伴随注意力缺陷/多动障碍的超常儿童为例,药物治疗是常用于注意力缺陷/多动

[①] 查子秀. 超常儿童心理学[M]. 第二版. 北京:人民教育出版社,2006:477.

障碍儿童的一种治疗方法,虽然药物治疗对控制行为比较有效,但药物在控制行为的同时会抑制儿童的创造力和求知欲。因此,如果对伴随注意力缺陷/多动障碍的超常儿童实行药物治疗,这种做法其实是在为了控制问题行为而牺牲儿童的天赋。这种结果不是我们所期望的。对于这样的儿童,可以在一个高度结构化、个别化的学校环境中为他们提供具有挑战性的、有意义的课程。潜能的发挥、成功的感受可以帮助这些特殊的超常儿童发展积极的自我概念,对自己的认识更客观、更清晰。

(二) 学习障碍超常儿童的教学

1. 个别化指导[①]

在鉴别学生特征的基础上确定其所匹配的教育策略很重要。根据对学习障碍超常儿童特点的认识,基于认知和人格—社会因素,尤其是基于儿童学习风格所制定的个别化指导,可以让学习障碍超常儿童获益良多。在小组中实行教学是常见的针对学习障碍超常儿童的个别化指导。在学习活动中,允许儿童以个别化的学习速度进行学习。

如根据学习障碍超常儿童的认知风格,学习材料和教学呈现的选择,可以进行视觉—听觉,视觉—听觉—肌肉运动知觉,或是视觉—听觉—肌肉运动知觉—触觉等的不同组合。这些教学上的尝试可能会使我们认识到,大部分学习障碍超常儿童是由于不能通过某种或某些感觉通道进行有效学习,所以才会失败。

2. 认知策略训练

认知策略对于学习障碍超常儿童而言是其潜能充分发挥的最基本的学习需求。他们也有能力接受认知策略方面的训练,包括元认知和元记忆的技术等。

在日常的学校设施基础上,认知策略的系统训练可以为儿童提供机会让他们呈现新的理解和想法。如在元认知训练过程中,讨论和情境"假设分析"[②]是常用的训练方法。情境"假设分析"只是对假设的情境进行分析,帮助学习障碍超常儿童看到生活中的多种选择,看到这些选择的决定因素,以及它们可能导致的后果。这种方法对学习障碍超常儿童而言,通常既让他们感觉安全,又能取得策略训练的效果。

3. 学习策略训练

很多学习障碍超常儿童缺乏有效的学习策略,一般的中小学也很少进行学习策略的显性教学与训练。鉴于学习障碍超常儿童的能力和发展需要,可以从小学开始便对他们进行学习策略的教授和训练。被证明对这些儿童有效的学习策略包括:记笔记、时间管理、辅助支持(如单词加工、书本内容录音)、向教授询问、比较自己和朋友的笔记等。

4. 言语练习法

部分学习障碍超常儿童存在阅读和/或写作方面的困难。言语练习法是一种指导阅读和写作的有效方法。言语练习法利用诸如科学、社会研究、寓言等各种阅读材料,充分利用儿童的兴趣和他们已有的知识背景来指导他们的阅读和写作。

---

① 〔美〕Roberta M. Milgram. 天才和资质优异儿童的心理咨询——教师、咨询师及父母指南[M]. 曲晓艳,等译. 北京:中国轻工业出版社,2005:203.

② 〔美〕Roberta M. Milgram. 天才和资质优异儿童的心理咨询——教师、咨询师及父母指南[M]. 曲晓艳,等译. 北京:中国轻工业出版社,2005:204.

第4节 融合教育中超常儿童的教学

我国现行的超常儿童教育主要是隔离式的加速教育。这种教学方式从超常儿童个体的角度，能够完全按照超常儿童的特征和能力制定课程、教学内容，选择教学方法，有利于最大限度地发挥他们的潜能。从社会的角度来讲，缩短了超常儿童培养年限，既做到了为社会"快出人才"，又减少了人才培养方面的经济投入。但隔离式的教学也存在不足，如缺乏大面积普及的可能性，只能让有限的学生受益，隔离安置不利于超常儿童情感和社会性的正常发展等。

当前国际上受到较广泛认可并实施的超常儿童教育模式是融合背景下的丰富教学。这一教育模式的基本理念是：每位超常儿童都有权利充分发挥自己的潜能，所有普通学校和教师都要理解超常儿童的特点并为他们提供特殊的服务。

有研究者认为，在融合背景（普通课堂）中提供更加丰富的学习内容可以满足超常儿童的需要，且这种教育方式具有许多优点。如：能够为更多的超常儿童提供服务；能够促进超常儿童情感和社会性的发展；教师们可以把多年来积累的生动的教学素材和学习资料运用到课程的制定过程中，并将教育策略个别化；超常儿童在融合教育环境下获益的同时，一些没有被认定为超常的儿童也可以分享超常儿童的一些兴趣和能力，获得更多有效的学习方法等。

融合教育背景下的丰富教学能够克服隔离背景下加速式教学的不足之处，但从教学的角度看，学习效果在很大程度上取决于普通课堂的教师，教学质量因教师不同而不同，超常儿童潜在的学习能力能否得到充分发挥也因情境不同而不同，因此，教师的培训就很关键。在当前融合教育成为一种趋势的大教育背景下，如何结合超常儿童的实际情况设定课堂教学目标、制订课堂教学计划、获得与班级里超常儿童水平相适应的课程材料、选择恰当而有效的教学方式、进行客观而中肯的评价等也都是超常儿童教学的关键。

一、融合教育中超常儿童教学内容的调整

（一）丰富和加深超常儿童的课堂学习内容

在融合背景下，超常儿童接受教育的学制与普通学生没有差异，但需要对教学内容进行丰富和加深，如将教授内容扩展，难度加大。课堂教学既面向全体学生，又要重视学生间的个体差异。超常儿童在教师开始教授新的内容之前已经掌握了一部分的学习内容，而且他们学习能力强，在学习过程中用较少的时间便能掌握新知识和新技能。

因此，如果普通班级里有超常儿童，教师在设定教学内容时，必须根据学生的不同能力和水平进行教学内容的分层，练习内容的分层，努力提高针对他们的教学内容的起点和知识容量，充分肯定他们的接受能力，提高教学内容水平，并根据"最近发展区"的理论，向他们提出适度的又处于较高水平的教学要求，保证超常儿童在课堂上也有具有一定挑战性的任务，也能习得新知识，不会感到无聊和厌烦。激发超常儿童的学习兴趣并满足其特殊需要，使之尽快发展。

（二）提前设置分科课程

根据超常儿童的学习接受能力，提前设置分科课程，即比现行课程体系更早地开设有关

学科的课程。这些分科课程往往是各学科的基本理论知识相关课程，通过这些课程的学习，可以让超常儿童更早地接触和掌握各门学科的基本理论知识，有利于他们形成系统的、框架性的知识体系，为他们将来学习、发展和进行创造活动打下基础。

（三）设置综合课程

开设综合课程，加强各学科间的联系，有利于培养超常儿童以问题解决为中心、综合运用各门学科知识的能力，帮助他们跳出学科局限，形成多角度跨学科思考问题的习惯，从而培养和发展他们的创造力。

综合课程有两种设置形式：一种是综合同一学科内的分支学科课程；另一种是依据一定的学科联系综合不同学科的内容到一门课程中。综合课程由于涉及不同学科的内容，因此在教学内容的安排上要注意不同学科内容的联系和前后顺序，做到各科内容有序结合，新旧知识安排得当。

（四）设置实践课程

普通教育体系中更多注重的是知识的传授，学生动手实践操作的机会有限。超常儿童通常很有自己的想法，且喜欢将想法付诸实践，因此可以开设实践课程，对超常儿童进行操作、动手能力方面的训练，给他们自己动手的机会，可以通过手脑的结合培养他们的实际操作能力，并加深对实践的认识。将一些学习内容和技能训练放在手工和实践课上进行，也有利于更好地激发超常儿童的学习兴趣、想象力和创造力。

实践课程可以与学科教学相结合，拓宽和加深超常儿童对有关学科知识的了解。课程和教学安排要符合超常儿童智能水平较高、学习和探索欲望较强的心理特点。

二、融合教育中超常儿童教学实施方案

（一）差异性课程方案[①]

差异性课程方案（differentiation program）以尊重学生间的个体差异为前提。在有超常儿童的融合教育班级里，完善的教学设计不仅针对普通儿童，也针对超常儿童。差异性课程方案的"差异"体现在：第一，教学内容和教学方法不同。对于某些特定的课堂教学内容，超常儿童可以采用其他的学习方式替代课堂听课，如独立阅读扩展资料，去资源教室进行自主学习以及参加班级之外的活动小组等。第二，学习进度不同。在某些科目中成绩特别出色的超常儿童可以离开本班的课堂，去高年级听此门课程。第三，任务要求不同。即使是相同的教学内容，对不同智力水平学生提出的任务要求是不同的。对于超常儿童，提出高层次的任务要求，如发展创造性综合能力或者辩证性评价能力等。

差异性课程方案强调不同智力、不同水平的儿童都应该享受与他们发展需求相匹配的、能够让他们感受到挑战的课程，都应该有机会最大限度地发挥自己的潜能。

（二）抽离式教育方案[②]

抽离式教育方案（pull-out program）是指每周利用部分时间（如每周一天）让超常儿童

---

① 缴润凯，张锐，杨兆山. 智力超常儿童的发展：从加速式教育到丰富式教育[J]. 东北师范大学学报：哲学社会科学版，2008（6）：20-23.

② Schatz, E. Mentors: Matchmaking for young people[J]. Journal of Secondary Gifted Education, 1999(2): 67-86.

离开自己的班级,与那些与自己具有同样智力水平的同伴一起活动。① 活动内容既可以是在资源教室中开展自主学习,也可以是在某些方面接受深入的培养,如参加领导才能训练、科学探索活动、艺术活动等。

抽离式教育方案的优点在于超常儿童既可以在大部分时间内与普通学生一起成长,促进他们情感和社会性的正常发展,又可以在指定时间内与同等智力水平的同伴一起活动,感受挑战性的氛围,促进他们特殊才能的发展。

(三) 导师制教育方案

导师制教育方案(mentoring program)是指为超常儿童安排导师,为他们深入研究特别感兴趣的课题提供指导。导师可以是本校的教师,也可以是校外的资源(如大学生或专家)。

超常儿童的导师必须具备以下特征:其专长领域与超常儿童的兴趣相近,有时间且交通便利,能与学生面对面交谈,愿意指导超常儿童,了解超常儿童的一般特征,没有不良言行等。

导师制教育方案能使超常儿童在某兴趣领域内受到该领域专家的专业辅导,可以充分满足儿童的兴趣发展的需要。根据超常儿童的不同兴趣爱好,可以安排多位导师。

(四) 全校范围丰富教学模型(schoolwide enrichment model)②

全校范围丰富教学是由美国超常儿童教育专家伦祖利倡导的一种系统地集成了多种教育手段的教育方案,目前在美国各州都获得了广泛的支持和实施。

该模型在实施教学时主要分为三种拓宽内容:

Ⅰ型拓宽内容的目标是让超常儿童有机会接触比普通课堂更广泛的经验,包括更多的学科、主题、行业、爱好、人物、场所、事件等。由教师、家长以及超常儿童本人组成的一个团队负责策划和组织活动,活动的具体形式包括邀请演讲者、安排微型课堂、举办展示会以及寻求可供利用的多媒体资源等。

Ⅱ型拓宽内容的目标是促进思维与情感发展,包括创造性思维与问题解决能力的发展、学习技能的发展、高水平推理技能的发展、书面的/口头的/视觉化的交流技能的发展。

Ⅲ型拓宽内容主要针对那些已经在某些领域形成特殊兴趣的儿童,通过让这些儿童获得该领域中初步的研究技能并参与研究活动,发展高水平的知识理解和基本的研究能力,学会策划、组织、资源利用、时间管理、决策和自我评价,发展使命感、自信心,体验创造的乐趣。

除三种类型的拓宽内容之外,该模型也有效地协调了其他教育方式,包括差异性课程、抽离式教育和资源教室、导师制、双登记制度(一个学生同时在两个年级甚至两种学校注册)以及跳级指导等。

目前在我国,以融合形式安置的超常儿童数量不多,对融合背景下超常儿童的教学进行的实践研究几乎没有。要进行融合教育形式下超常儿童的有效教学,必须强调精细的教学计划结合明确的目标,教师必须接受相关的培训,并且获得与班级里的超常儿童水平相适应的课程材料等。超常儿童融合教育的成功实施需要整个教育体系的改革和扶持。

---

① Renzulli,J. S. , Reis,S. M. Research related to the School-wide enrichment triad model[J]. Gifted Child Quarterly,1994(1):7-14.

② Renzulli,J. S. , Reis,S. M. Research related to the School-wide enrichment triad model[J]. Gifted Child Quarterly,1994(1):7-14.

本章小结

超常儿童教育目标的真正实现,主要依靠恰当的课程设置和教学内容,以及恰当的教学方法。有效的教学建立在对教学对象特征的深刻认识基础之上。

超常儿童在学习上一般主动而自觉,学习效率高,潜力大,有良好的学习习惯,但同时也由于客观原因存在一些知识上的欠缺。超常儿童有自己核心的学习偏好模式:强烈的感知觉、高动机、持久性、独立学习、内控和不服从。

超常儿童的教学强调以学生的特征为依据改革课程设置、教学内容,灵活选用教学方法。教学的基本原则里包括为超常儿童提供有挑战性的学习内容,提供差异教学和个别化教育,让超常儿童有机会与能力相当的同伴一起学习或活动,让超常儿童可以开展自主学习,并且提供某些学科"加速"学习的机会。有效的教学策略基于这些原则,并要以超常儿童为中心来开展教学,包括差异教学、自主学习、个别化教学和兴趣小组学习法等。

超常儿童中还存在两个特殊的子群,即低成就超常儿童和有特殊需要超常儿童。根据对超常儿童低成就成因的分析,强调从儿童个体、家庭及学校三方面对他们进行预防和矫治。对于有特殊需要的超常儿童,由于他们的个体间差异和个体内差异都更大,强调在深刻理解他们的优势和不足的基础上,本着合作、个别化等原则,在补偿和预防缺陷的同时,更注重他们作为超常儿童的潜能的充分发挥。

目前我国的超常教育仍以隔离式的加速教育为主。在融合教育中,可以通过丰富和加深课堂学习内容、提前设置分科课程、设置综合课程以及实践课程等方式对超常儿童的教学内容进行调整。具体的实施方案有差异性课程方案、抽离式教育方案、导师制教育方案、全校范围丰富教学等。超常儿童融合教育的成功实施需要整个教育体系的改革和扶持。

 思考与练习

1. 超常儿童这一群体有怎样的学习偏好模式?这一偏好模式对教师教学方法的选择有何要求?

2. 超常儿童教学的基本原则有哪些?如何运用有效的教学策略进行教学?

3. 低成就超常儿童的成因有哪些?如何对超常儿童的低成就进行干预?

4. 观察一名有特殊需要的超常儿童,说说这类有特殊需要超常儿童与一般超常儿童的相同和不同之处。

5. 现在有一名超常儿童要进入普通学校的普通班学习。为了这名儿童能进行有效的学校学习,该在哪些方面进行调整?

参 考 文 献

一、中文文献

[1] 柴晓光,岑宝炽.民用指纹识别技术[M].北京:人民邮电出版社,2004.
[2] 陈英和.认知发展心理学[M].杭州:浙江人民出版社,1996.
[3] 丁显平.人类遗传与优生[M].北京:人民军医出版社,2005.
[4] 董奇.儿童创造力发展心理[M].杭州:浙江教育出版社,1993.
[5] 杜家良.少儿班体育课程与教学[M]//赵大恒.超常儿童成长的地方:北京八中少儿班成立20周年文集.北京:学苑出版社,2007.
[6] 方俊明.特殊教育学[M].北京:人民教育出版社,2005.
[7] 方俊明.今日学校中的特殊教育[M].上海:华东师范大学出版社,2004.
[8] 郭有遹.创造心理学[M].第3版.北京:教育科学出版社,2002.
[9] 洪兰,柯华葳.婴幼儿大脑与认知发展的奥妙[M].台北:信谊基金出版社,2004.
[10] 简茂发.资优概念与资优教育[M]//中华资优教育学会.资优教育的全方位发展.台北:心理出版社,2000.
[11] 姜泊.细胞凋亡基础与临床[M].北京:人民军医出版社,1999.
[12] 李泽厚.历史本体论·己卯五说[M].增订本.北京:生活·读书·新知三联书店,2006.
[13] 刘玉华,朱源.超常儿童心理发展与教育[M].合肥:安徽教育出版社,2001.
[14] 孟昭兰.情绪心理学[M].北京:北京大学出版社,2005.
[15] 宁城.天才咨商[M].合肥:安徽人民出版社,1998.
[16] 施建农,徐凡.超常儿童发展心理学[M].合肥:安徽教育出版社,2004.
[17] 王灿明.儿童创造心理发展引论[M].北京:社会科学文献出版社,2005.
[18] 查子秀.儿童超常发展之探秘——中国超常儿童心理发展和教育研究20周年论文集[M].重庆:重庆出版社,1998.
[19] 查子秀.超常儿童心理学[M].第二版.北京:人民教育出版社,2006.
[20] 竺培梁.智力心理学探新[M].合肥:中国科学技术大学出版社,2006.
[21] 朱滢.实验心理学[M].北京:北京大学出版社,2000.
[22] 朱永新.创新教育论[M].南京:江苏教育出版社,2001.
[23] 〔加拿大〕J.P.戴斯,J.A.纳格利尔里,J.R.柯尔比.认知过程的评估——智力的PASS理论[M].杨艳云,等译.上海:华东师范大学出版社,1999.
[24] 〔美〕艾里克·J.马施,大卫·A.沃尔夫.儿童异常心理学[M].孟宪璋,等译.广州:暨南大学出版社,2004.
[25] 〔美〕比尔·布莱森.万物简史[M].严维明,等译.南宁:接力出版社,2005.
[26] 〔美〕Doris Bergen,Juliet Coscia.大脑研究与儿童教育[M].王爱民,译.北京:中国轻工业出版社,2006.
[27] 〔美〕弗吉尼亚·Z.埃希利.资优与专才[M].唐世力,等译.桂林:广西师范大学出版社,2002.

[28] 〔美〕David A. Sousa. 天才脑与学习[M]."认知神经科学与学习"国家重点实验室脑与教育应用研究中心,译. 北京:中国轻工业出版社,2005.

[29] 〔美〕霍华德·加德纳. 多元智能[M]. 沈致隆,译. 北京:新华出版社,1999.

[30] 〔美〕J. A. 福多. 心理模块性[M]. 李丽,译. 上海:华东师范大学出版社,2002.

[31] 〔美〕J. H. 弗拉维尔,D. H. 米勒,S. A. 米勒. 认知发展[M]. 邓赐平,等译. 上海:华东师范大学出版社,2002.

[32] 〔美〕John B. Best. 认知心理学[M]. 黄希庭,等译. 北京:中国轻工业出版社,2000.

[33] 〔美〕J. S. 兰祖利,S. M. 里斯. 丰富教学模式——一本关于优质教育的指导书[M]. 华华,等译. 上海:华东师范大学出版社,2000.

[34] 〔美〕劳拉·E. 贝克. 儿童发展[M]. 吴颖,等译. 南京:江苏教育出版社,2002.

[35] 〔美〕Marilee Sprenger. 脑的学习与记忆[M]."认知神经科学与学习"国家重点实验室脑与教育应用研究中心,译. 北京:中国轻工业出版社,2005.

[36] 〔美〕Patricia Wolfe. 脑的功能[M]."认知神经科学与学习"国家重点实验室脑与教育应用研究中心,译. 北京:中国轻工业出版社,2005.

[37] 〔美〕R. J. 斯滕伯格. 超越 IQ:人类智力的三元理论[M]. 俞晓琳,等译. 上海:华东师范大学出版社,2000.

[38] 〔美〕Roberta M. Milgram. 天才和资质优异儿童的心理咨询——教师、咨询师及父母指南[M]. 曲晓艳,等译. 北京:中国轻工业出版社,2005.

[39] 〔美〕Robert S. Siegler. 儿童认知发展——概念与应用[M]. 林美珍,编译. 台北:心理出版社,2004.

[40] 〔美〕斯蒂芬·杰·古尔德. 自达尔文以来[M]. 田洛,译. 海口:海南出版社,2008.

[41] 〔美〕苏珊·文布兰娜. 班有天才——普通班级中培养天才儿童的策略和技能[M]. 杨希洁,等译. 北京:中国轻工业出版社,2003.

[42] 〔美〕威廉·卡尔文. 大脑如何思维——智力演化的今昔[M]. 杨雄里,等译. 上海:上海科学技术出版社,2007.

[43] 〔美〕William L. Heward. 特殊需要儿童教育导论[M]. 第8版. 肖非,等译. 北京:中国轻工业出版社,2007.

[44] 〔英〕A. 卡米洛夫-史密斯. 超越模块性——认知科学的发展观[M]. 缪小春,译. 上海:华东师范大学出版社,2001.

[45] 〔英〕M. 艾森克. 心理学——一条整合的途径[M]. 阎巩固,译. 上海:华东师范大学出版社,2005.

[46] 钞秋玲,申小莹,张陵,等. 谈谈超常教育实践中的几个问题[J]. 现代特殊教育,2002(4).

[47] 陈兰英,骆延,赵志强,等. 人类指掌皮肤嵴纹与智力发育的相关性研究[J]. 遗传,1999(3).

[48] 陈祖芬,王在华,王平介. 正常人手纹类型分析[J]. 解剖学报,1981(1).

[49] 陈祖芬,卞士中,罗顺培. 智能低下者掌、指(趾)皮纹的形态学研究[J]. 苏州大学学报:医学版,1985(1).

[50] 陈有旭,汤化琴. 试论环境、微量元素与人体健康的关系[J]. 天津师范大学学报:自然科学版,1994(1).

[51] 陈英和,赵笑梅. 类比问题解决的理论及研究[J]. 北京师范大学学报:社会科学版,2008(1).

[52] 陈英和,仲宁宁,田国胜,等. 小学2—4年级儿童数学应用题表征策略差异的研究[J]. 心理发展与教育,2004(4).

[53] 程黎,施建农,刘正奎,等. 8—12岁超常与常态儿童的检测时比较[J]. 心理学报,2004(6).

[54] 程黎,刘正奎,施建农. 练习对不同智力水平儿童信息加工速度的影响[J]. 中国临床心理学杂志,2008(6).

[55] 邓铸.知识丰富领域问题表征与解决策略[J].宁波大学学报:教育科学版,2002(1).
[56] 董奇.论元认知[J].北京师范大学学报,1989(1).
[57] 高欣,黄颐.双生子研究与双生子登记系统现状[J].华西医学,2008(1).
[58] 葛朝鼎.我国中学超常教育的回顾与展望[J].现代特殊教育,2005(5).
[59] 谷传华,周宗奎.小学儿童社会创造性倾向与父母养育方式的关系[J].心理发展与教育,2008(2).
[60] 谷传华,陈会昌,许晶晶,等.中国近现代社会创造性人物早期的家庭环境与父母教养方式[J].心理发展与教育,2003(4).
[61] 弓立新.走出超常教育认识的误区——访李彩云[J].少年儿童研究,2007(3).
[62] 顾建.资赋优异儿童教育的课程模式[J].现代特殊教育,2002(2).
[63] 郭要红,华国栋.普通班级中超常学生的学习潜能激发[J].中国特殊教育,2008(6).
[64] 官大伙,张健青,陈建平,等.学龄前儿童血中六种元素含量与智商关系的研究[J].广东微量元素科学,2002(6).
[65] 郝宁.试析天才儿童的鉴别[J].上海教育科研,2008(2).
[66] 郝宁.试析解释"天才"的不同视角[J].心理探索,2007(4).
[67] 洪德厚.《中国少年非智力个性心理特征问卷》(CA-NPI)(1988年版)的编制与使用[J].心理科学通讯,1989(2).
[68] 洪燕,肖锦腾,李树田,等.维生素C对海马神经细胞生长影响的研究[J].营养学报,1995(1).
[69] 洪燕.B族维生素对认知功能的影响及其机制[J].国外医学卫生学分册,1999(3).
[70] 胡军.创造力研究之我见[J].课程·教材·教法,2004(4).
[71] 华国栋.超常学生教育安置之我见[J].现代特殊教育,1999(4).
[72] 华国栋.在实施素质教育中要重视超常教育[J].现代特殊教育,1999(3).
[73] 霍力岩,李敏谊.非普遍性发展理论及其对我国幼儿教育改革的启示[J].学前教育研究,2003(9).
[74] 姜敏敏,张积家.学习障碍超常儿童的研究进展[J].中国特殊教育,2008(4).
[75] 姜英杰.元认知:理论质疑与界说[J].东北师范大学学报:哲学社会科学版,2008(2).
[76] 加德纳.从多元智能观点看人类天赋才能(Ⅰ)[J].苏芳柳,译.资优教育季刊,2007(103).
[77] 加德纳.从多元智能观点看人类天赋才能(Ⅱ)[J].苏芳柳,译.资优教育季刊,2007(104).
[78] 缴润凯,张锐,杨兆山.智力超常儿童的发展:从加速式教育到丰富式教育[J].东北师范大学学报:哲学社会科学版,2008(6).
[79] 琳达·斯沃门.美国天才发展中心"关于天才儿童的研究结果"[J].沈晓讯,等译.中国特殊教育,1999(1).
[80] 黎屏周,宋永春,涂腊根,等.低能儿童的皮纹学研究[J].解剖学杂志,1990(2).
[81] 林崇德,罗良.认知神经科学关于智力研究的新进展[J].北京师范大学学报:社会科学版,2008(1).
[82] 林崇德,沃建中,於国荣.儿童和青少年信息加工速度发展函数的研究[J].心理学报,1997(1).
[83] 李廷玉.婴幼儿铁缺乏对脑发育的影响及作用机理[J].中国儿童保健杂志,1999(3).
[84] 李晓东,张向葵,沃建中.小学三年级数学学优生与学困生解决比较问题的差异[J].心理学报,2002(4).
[85] 李金珍,王文忠,施建农.儿童实用创造力发展及其与家庭环境的关系[J].心理学报,2004(6).
[86] 李茗公,叶青山.传统文化的"三大谜团"[J].书屋,2009(5).
[87] 李毓秋.智力超常儿童韦氏儿童智力量表第四版分数模式及其认知特性的初步研究[J].中国特殊教育,2009(4).
[88] 李更生.实施超常教育的可能性、必要性及重要性[J].教学与管理,2001(11).
[89] 李颖,施建农.大鱼小池塘效应——对超常儿童教育安置的思考[J].心理科学进展,2005(5).

[90] 李百艳.在语文教学中培养超常儿童的人文情怀[J].现代特殊教育,2002(2).
[91] 李荟,辛涛,谷生华,等.中学生自我效能感、学习策略与学习成绩关系的研究[J].教育研究与实验,1998(4).
[92] 李颖,施建农.超常与常态儿童在非智力因素上的差异[J].中国心理卫生杂志,2004(8).
[93] 刘洪珍.智力与皮纹相关性的研究[J].曲阜师范大学学报,2001(1).
[94] 刘晶,周琴,黄玉兰,等.指间区、掌褶纹、拇趾球部等四项皮纹特征与智商的相关性[J].中国优生与遗传杂志,2008(7).
[95] 刘正奎,张梅玲,施建农.智力与信息加工速度研究中的检测时范式[J].心理科学,2004(6).
[96] 刘正奎,施建农.检测时与智力关系的研究述评[J].心理科学进展,2003(5).
[97] 刘正奎,施建农,程黎.儿童的检测时与智力[J].心理学报,2003(6).
[98] 刘运秀."优才"与"优化"——谈智力超常儿童的语文学习[J].现代特殊教育,2001(4).
[99] 罗桐秀,许名宗,李石旺,等.科技班学生皮纹的调查研究[J].解剖学杂志,2002(1).
[100] 罗婷,焦书兰.认知加工速度研究中常用的实验和统计方法[J].心理科学进展,2002(1).
[101] 罗如帆,肖文,苏彦捷.11—13岁超常儿童自我概念的发展[J].中国特殊教育,2008(6).
[102] 罗伟,温忠麟.智力超常儿童群体考试焦虑探析[J].社会心理科学,2005(1).
[103] 陆丽萍,施建农.智力相关基因的遗传多态性研究[J].中国心理卫生杂志,2008(9).
[104] 马强.自愿适量运动对脑的有益作用及其生物学机制[J].神经科学通报:英文版,2008(4).
[105] 聂衍刚,郑雪.儿童青少年的创造性人格发展特点的研究[J].心理科学,2005(2).
[106] 潘利若.我国超常儿童教育的现状和对策[J].现代教育科学,2007(6).
[107] 蓬溪.问题·意义·分界·规律[J].书屋,2001(10).
[108] 彭敏.铅锌对脑发育影响研究进展[J].现代预防医学,2009(8).
[109] 启良.道:中国知识分子的十字架[J].书屋,2001(11).
[110] 全跃龙,刘忠华,许平芳,等.智力超常儿童的皮纹学分析[J].人类学学报,1995(1).
[111] 桑标.对元认知和智力超常关系的探讨[J].华东师范大学学报:教育科学版,1999(3).
[112] 桑标,缪小春,邓赐平,等.超常与普通儿童元记忆知识发展的实验研究[J].心理科学,2002(4).
[113] 桑标,缪小春.儿童元记忆研究的现状与问题[J].心理科学,2000(6).
[114] 施明.蛋白质对脑发育及脑功能的影响[J].国外医学卫生学分册,1994(4).
[115] 施明,肖锦腾,李树田,等.蛋白质水平对大鼠胚胎期脑发育的影响[J].解放军预防医学杂志,1996(1).
[116] 施建农.超常与常态儿童记忆和记忆监控的比较研究[J].心理学报,1990(3).
[117] 施建农.超常与常态儿童记忆和记忆组织的比较研究[J].心理学报,1990(2).
[118] 施建农.以超常儿童为被试的个体差异研究[J].心理科学进展,2006(4).
[119] 施建农.论素质教育[J].职业技术教育研究,1999(34).
[120] 施建农.为什么要开展超常教育[J].现代特殊教育,2001(12).
[121] 施建农,李颖,等.超常与常态儿童在非智力因素上的差异[J].中国心理卫生杂志,2004(8).
[122] 施建农,徐凡.超常与常态儿童的兴趣、动机与创造性思维的比较研究[J].心理学报,1997(3).
[123] 石修权.锌缺乏对脑发育的影响及机制研究[J].微量元素与健康研究,2004(1).
[124] 苏雪云,杨广学."天才"与"专才":英才教育基本概念辨析[J].中国特殊教育,2009(12).
[125] 孙建琴,沈秀华.营养与儿童脑发育和脑功能[J].临床儿科杂志,2003(6).
[126] 汤大钊.智力与指纹检测模型[J].中国学校卫生,1990(4).
[127] 唐久来,郭晓东,余世成,等.儿童智商的遗传度研究[J].中华儿科杂志,1994(5).
[128] 涂惠芳.超常儿童学业不良问题研究述评[J].教育研究与实验,2000(6).

[129] 王爱民,夏明珠,刘文,等.大脑发展研究及其对儿童教育的意义[J].幼儿教育:教育科学版,2006(1).
[130] 王晨光,谢利民.教育目的含义的哲学辨思[J].东北师范大学学报:哲学社会科学版,2008(3).
[131] 王玲,沈政,樊春雷.智力与心理速度的关系研究述评[J].心理科学进展,2006(1).
[132] 汪玲,郭德俊.元认知的本质与要素[J].心理学报,2000(4).
[133] 汪玲,郭德俊,方平.元认知要素的研究[J].心理发展与教育,2002(1).
[134] 汪玲,席蓉蓉.初中生创造个性、父母教养方式及其关系的研究[J].首都师范大学学报:社会科学版,2004(5).
[135] 沃建中,王烨晖,刘彩梅,林崇德.青少年创造力的发展研究[J].心理科学,2009(3).
[136] 吴汉荣.小学生数学能力测试量表的编制及信效度检验[J].中国公共卫生,2005(4).
[137] 吴秋林.儿童运动和智力潜能的开发[J].体育学刊,2005(6).
[138] 吴彩云,蓝光华,吴爱勤,等.行为遗传的双生子研究[J].遗传,1994(2).
[139] 徐凡,施建农.智力的人类学观和社会学观介绍[J].心理学动态,1996(4).
[140] 辛自强.问题解决研究的一个世纪:回顾与前瞻[J].首都师范大学学报:社会科学版,2004(6).
[141] 胥兴春,程启军.智力理论发展的新趋势[J].宁波大学学报:教育科学版,2004(1).
[142] 胥兴春,刘电芝.数学学习障碍儿童问题解决的表征研究[J].心理科学,2005(1).
[143] 徐友标.中学超常儿童教育实验班的教学原则[J].教育科学研究,1995(4).
[144] 杨俊岭,曹晓平.创造性人格特征的研究[J].沈阳大学学报,2002(4).
[145] 姚本先,杨强.超常儿童的心理特点与学校教育的若干对策[J].江西教育科研,1994(4).
[146] 伊安·洽博.高才生带来的挑战[J].国家教育行政学院学报,2006(9).
[147] 游志华,胡向耘,晁明霞,等.南昌市城区883名儿童血铅水平及影响因素调查[J].微量元素与健康研究,2001(2).
[148] 于国庆,李其维.从智力的三元理论到成功智力:是对IQ的再次超越吗?[J].心理科学,2003(4).
[149] 俞国良,曾盼盼.中小学生创造力的测量和评价[J].山东教育科研,2001(2).
[150] 俞国良,张雅明.元认知理论与学习不良儿童研究[J].教育研究,2004(11).
[151] 恽梅,施建农,唐洪,等.8至12岁超常与常态儿童信息加工速度的发展[J].华人心理学报,2004(2).
[152] 查子秀.3—6岁超常与常态儿童类比推理的比较研究[J].心理学报,1984(4).
[153] 查子秀.超常儿童健康成长的主客观条件[J].中国特殊教育,2000(2).
[154] 查子秀.国外超常教育课程模式[J].中国人才,2003(6).
[155] 赵笑梅,陈英和.智力个体差异研究述评[J].心理科学进展,2007(3).
[156] 赵笑梅,陈英和.学习能力、知识经验对儿童问题解决的影响[J].心理发展与教育,2007(3).
[157] 赵大恒.超常儿童的物理教学策略[J].现代特殊教育,2002(2).
[158] 张美华,徐频,张嘉敏,等.聪明鼠及其原理[J].生物学通报,2001(2).
[159] 张勇,潘素萍.齐莫曼的自主学习模型理论与启示[J].高教发展与评估,2006(1).
[160] 张悦,季成叶,潘勇平,等.遗传和环境效应对儿童少年智力影响的双生子研究[J].中国学校卫生,2008(11).
[161] 张晓薇,黄颐,高欣,等.遗传和环境因素对儿童青少年认知功能和人格的影响分析[J].中国神经精神疾病杂志,2008(6).
[162] 张丽敏,杨战军,陈海辉,等.高智力人群的皮纹特征[J].解剖学杂志,2007(1).
[163] 张小将,刘昌,刘迎杰.一般流体智力的脑成像研究述评[J].心理科学进展,2009(2).
[164] 张琼,施建农.超常儿童研究现状和趋势[J].中国心理卫生杂志,2005(10).
[165] 张森榕.儿童创造性及其培养方案的研究述评[J].心理科学,2003(3).

[166] 翟秀华.欧美对超常儿童教育的研究[J].大连教育学院学报,1999(1).
[167] 曾有娣.加速式超常儿童教育研究综述[J].中国特殊教育,1999(4).
[168] 甄宏,季成叶,杨莉萍,等.双生子儿童智力影响因素分析[J].中国行为医学科学,2002(6).
[169] 郑超一,胡妙申.在儿童生长发育中铅的危害与锌的作用[J].广东微量元素科学,2001(10).
[170] 仲宁宁,陈英和,王明怡,等.小学二年级数学学优生与学困生应用题表征策略差异比较[J].中国特殊教育,2006(3).
[171] 邹枝玲,施建农,恽梅,等.7岁超常和常态儿童的信息加工速度[J].心理学报,2003(4).
[172] 周国莉,周冶金.情绪与创造力关系研究综述[J].天中学刊,2007(3).
[173] 周家骥.心理测验分类介绍(六)[J].现代特殊教育,1996(5).
[174] 周卫.开发资优潜能 培养创新人才——对超常教育的认识与反思[J].教育发展研究,2000(1).
[175] 钟祖荣.推孟与天才发生学研究[J].中国人才,2001(4).
[176] 朱源.台湾的资优(超常)教育[J].现代特殊教育,1998(3).
[177] 左梦兰,于萍,符明弘.5—13岁儿童元记忆发展的实验研究[J].心理科学,1990(4).
[178] 方钧君.学前儿童个体差异的再认识——应用"多彩光谱"评估系统的一次实证研究[D].上海:华东师范大学硕士学位论文,2001.
[179] 顾金龙.毒性元素铅、镉和营养元素钙、铁、锌、硒、铜对学龄前儿童生长发育的影响[D].北京:中国协和医科大学硕士学位论文,2008.
[180] 李芳辉.小学生第二根与第四根手指长度的比率与体育成绩和文化成绩的相关性分析[D].广州:华南师范大学硕士学位论文,2007.
[181] 桑标.普通儿童与高智力儿童元记忆发展的实验研究[D].上海:华东师范大学博士学位论文,1999.
[182] 王成刚.脑科学视野中的儿童早期教育[D].上海:上海师范大学硕士学位论文,2005.
[183] 王念东.对中学英才学生群体语文教学的研究[D].南京:南京师范大学教育硕士论文,2004.
[184] 王亚南.加工速度、工作记忆与思维发展[D].南京:南京师范大学博士学位论文,2004.
[185] 佘小领.膳食与大学生记忆力和智力的关系研究[D].西安:西北农林科技大学硕士学位论文,2003.
[186] 张永超.李泽厚"巫史传统论"研究[D].北京:中央民族大学硕士学位论文,2007.
[187] 爱因斯坦的大脑[EB/OL].[2009-06-06].http://zhidao.baidu.com/question/8419197.html?fr=ala0.
[188] 皮纹学[EB/OL].[2009-08-09].http://baike.baidu.com/view/45161.htm.
[189] 叶明正.创造力的意涵——四P概述[EB/OL].[2009-08-05].http://teacher2.hkjh.kh.edu.tw/ymj.
[190] 饮食与伦理[EB/OL].[2009-07-08].http://www.lsqn.cn/ChinaHistory/YESHI/200703/57892.html.
[191] 轴心时代[EB/OL].[2009-08-03].http://baike.baidu.com/view/555605.htm.

二、英文文献

[1] Ambrose, D., Cross, T. (eds.). Morality, Ethics, and Gifted Minds[M]. Springer Science + Business Media LLC, 2009.

[2] Clark, B. Growing up Gifted: developing the potential of children at home and at school[M]. 7th ed. Pearson Education, Inc., Upper Saddle River, New Jersey, 2008.

[3] Colombo, J. Infant cognition: Predicting later intellectual functioning[M]. Belmont, CA: Sage Publications, 1993.

[4] Csikszentmihalyi, M. The evolving self: A psychology for the third millennium[M]. New York: Harper

Collins, 1993.

[5] Deighton, L. C. The Encyclopedia of Education[M]. The Mar Millan Company, 1971.

[6] Eyre, D. Gifted and Talented Education: Major Themes in Education[M]. Volume (III). Abingdon: Routledge, 2009.

[7] Eyre, D. Gifted and Talented Education: Major Themes in Education[M]. Volume (IV). Abingdon: Routledge, 2009.

[8] Feist, G. J. The Influence of Personality on Artistic and Scientific Creativity[M]//Sternberg, R. J. Handbook of Creativity. New York: Cambridge University Press, 1999.

[9] Feldman, D. H. Beyond universals in cognitive development[M]. 2nd ed. New Jersey: Ablex Publishing Corporation, 1994.

[10] Greeno, J. G. Nature of problem-solving abilities[M]//Estes, W. K. (Ed.). Handbook of learning and cognitive processes (Vol. 5). Hillsdale, NJ: Lawrence Erlbaum Associates, 1978.

[11] Hayes, J. A. Cognitive processes in Creativity[M]//Glover, J. A. Ronning, R. R., Reynolds, C. R. Handbook of Creativity. New York: Plenum Press, 1989.

[12] Kuhn, D., Siegler, R. S. (Eds.). Handbook of child psychology (Vol. 2): Cognition, perception, and language[M]. 6th ed. Hoboken, NJ: Wiley, 2006.

[13] Neubauer, A. C., Fink, A. Basic information processing and the psychophysiology of intelligence of the mind[M]. New York: Cambridge University Press, 2005.

[14] Nicholas, C., Gary, A. D. Handbook of Gifted Education[M]. 3rd ed. New Jersey: Pearson Education, Inc., 2003.

[15] Pfeiffer, S. I. Handbook of Giftedness in Children[M]. Springer-Verlag, 2008.

[16] Plucker, J. A., Renzulli, J. S. Psychometric Approaches to the Study of Human Creativity[M]// Sternberg, R. J. Handbook of Creativity. New York: Cambridge University Press, 1999.

[17] Plucker, J. A., Runco, M. Creativity and Deviance[M]//Runco, M. A., Pritzker, S. (Eds.). Encyclopedia of Creativity(vol. 1). San Diego,CA: Academic,1999.

[18] Robinson, N. M. Giftedness in very young children: How seriously should it be taken? [M]// Friedman, R. C., Shore, B. M. (Eds.). Talents unfolding: Cognition and development. Washington, DC: American Psychological Association, 2000.

[19] Roe, A. Early background of eminent scientists[M]//Albert, R. S. Genius and eminence. Oxford, U. K.: Pergamon Press, Ltd., 1983.

[20] Roland Leo Raim. A Comparison of the Musical Aptitude Profile and the Seashore Measures of Musical Talents[M]. University of Iowa, 1965.

[21] Shore, B. M., Kanevsky, L. S. Thinking processes: Being and becoming gifted[M]//Heller, K. A., Mönks, F. J. Passow. et al. (Eds.). International Handbook of Research and Development of Giftedness and Talent. Oxford: Pergamon Press, 1993.

[22] Siegler, R. S. Children's thinking[M]. 3rd ed. Upper Saddle River, NJ: Prentice Hall, 1998.

[23] Siegler, R. S., Jenkins, E. How children discover new strategies[M]. Hillsdale, NJ: Erlbaum, 1989.

[24] Siegler, R. S. Microgenetic analyses of learning[M]//Damon, W., Lerner, R. M., (Series Eds.) Kuhn, D., Siegler, R. S. (Vol. Eds.). Handbook of child psychology(Vol. 2): Cognition, perception, and language (6th ed.). Hoboken, NJ: Wiley, 2006.

[25] Smutny, J. F. The Young Gifted Child: Potential and Promise and Anthology[M]. Hampton Press, 1998.

[26] Sternberg, R. J. Giftedness According to the Theory of Successful Intelligence[M]//Colangelo, N., Davis, G. (Eds.). Handbook of Gifted Education. Boston MA: Allyn and Bacon, 2003.

[27] Sternberg, R. J. Conceptions of expertise in complex problem solving: A comparison of alternative conceptions[M]//Frensch, P. A., Funke, J. (Ed.). Complex problem solving: The European Perspective. Hillsdale, NJ: Lawrence Erlbaum Associates, 1995.

[28] Sternberg, R. J. The Nature of Creativity[M]. New York: Cambridge University Press, 1988.

[29] Sternberg, R. J., O'hara, L. A. Creativity and Intelligence, Handbook of Creativity[M]. New York: Cambridge University Press, 1999.

[30] Webb, J. T., Gore, J. L., et al. A parent's guide to gifted children[M]. Scottsdale, AZ: Great Potential Press, 2007.

[31] Albert, R. S. Family positions and the attainment of eminence: A study of special family positions and special family experiences[J]. Gifted Child Quarterly, 1980(2).

[32] Alexander, J. M., Carr, M., Schwanenflugel, P. J. Development of metacognition in gifted children: directions for future research[J]. Developmental review, 1995(1).

[33] Anderson, M., Reid, C., Nelson, J. Developmental changes in inspection time: what a difference a year makes[J]. Intelligence, 2001(6).

[34] Bain, S. K., Bell, S. M. Social Self-Concept, Social Attributions, and Peer Relationships in fourth, fifth, and sixth graders who are gifted compared to high achievers[J]. The Gifted Child Quarterly, 2004(3).

[35] Bergen, S. E., Gardner, C. O., Kendler, K. S. Age-related changes in heritability of behavioral phenotypes over adolescence and young adulthood: A meta-analysis[J]. Twin Research and Human Genetics, 2007(3).

[36] Bjorklund, D. F. How age changes in knowledge base contribute to the development of children's memory: An interpretative review[J]. Developmental Review, 1987(2).

[37] Brandt, R. On teaching brains to think: A conversation with Robert Sylwester[J]. Educational Leadership, 2000(7).

[38] Carol, L. Genetic and Environmental Influences on the Development of Cognitive Abilities Evidence From the Field of Developmental Behavior Genetics[J]. Journal of School Psychology, 2000(1).

[39] Carr, M., Alexander, J., Schwanenflugel, P. Where gifted children do and do not excel on metacognitive tasks[J]. Roeper Review, 1996(3).

[40] Carroll, J. B. No demonstration that g is not unitary, but there is more to the story: Comment on Kranzler and Jensen[J]. Intelligence, 1991(4).

[41] Caspi, A., McClay, J., Moffitt, T. E., et al. Role of genotype in the cycle of violence in maltreated children[J]. Science, 2002(5582).

[42] Caspi, A., Sugden, K., Moffitt, T. E., et al. Influence of life stress on depression: Moderation by polymorphism in the 5-HTT gene[J]. Science, 2003(5631).

[43] Ceci, S. Intelligence: The surprising truth[J]. Psychology Today, 2001(7-8).

[44] Cerella, J., Hale, S. The rise and fall in information processing rates over the life-span[J]. Acta Psychologica, 1994(2-3).

[45] Chi, M. T. H., Feltovich, P. J., Glaser, R. Categorization and representation of physics problems by experts and novices[J]. Cognitive Science, 1981(2).

[46] Cohn, S. J., Carlson, J. S., Jensen, A. R. Speed of information processing in academically gifted

youth[J]. Personality and individual Differences, 1985(5).

[47] Coleman, J. M. , Fults, B. A. Self-concept and the gifted classroom: The role of social comparison[J]. The Gifted Child Quarterly, 1982(3).

[48] Coleman, J. M. , Fults, B. A. Special class placement, level of intelligence, and the self-concept of gifted children: A social comparison perspective[J]. Remedial and Special Education, 1985(1).

[49] Dishman, R. K. , Berthoud, H. R. , Booth, F. W. Neurobiology of exercise[J]. Obesity, 2006(3).

[50] Doppelmayr, M. , Klimesch, W. , Sauseng, P. , et al. Intelligence related differences in EEG-band-power[J]. Neuroscience Letters, 2005(3).

[51] Gagné, F. A proposal for subcategories within the gifted or talented populations[J]. Gifted Child Quarterly, 1998(2).

[52] Gaultney, J. F. , Bjorklund, D. F. , Goldstein, D. To be young, gifted, and strategic: Advantages for memory performance[J]. Journal of Experimental Child Psychology, 1996(1).

[53] Geake, J. , Dodson, C. A neuro-psychological model of the creative intelligence of gifted children[J]. Gifted and Talented International, 2005(1).

[54] Greenspon, T. S. The self experience of the gifted person: Theory and definitions[J]. Roeper Review, 2000(3).

[55] Greenwald, A. G. , Farnham, S. D. Using the implicit association test to measure self-esteem and self-concept[J]. Journal of Personality and Social Psychology, 2000(6).

[56] Gorodetsky, M. , Klavir, R. What Can we Learn from How Gifted/Average Pupils Describe Their Processes of Problem Solving? [J]. Learning and Instruction, 2003(3).

[57] Griggs, S. A. Counseling the gifted and talented based on learning styles[J]. Exceptional Children, 1984(5).

[58] Gross, M. U. M. The use of radical acceleration in cases of extreme intellectual precocity[J]. Gifted Child Quarterly, 1992(2).

[59] Gross, M. U. M. Small poppies: Highly gifted children in the early years[J]. Roeper Review, 1999(3).

[60] Grudnik, J. L. , Kranzler, J. H. Meta-analysis of the relationship between intelligence and inspection time[J]. Intelligence, 2001(6).

[61] Guay, F. , Maesh, H. W. , et al. Academic Self-Concept and Academic Achievement[J]. Developmental Perspectives on Their Causal Ordering, 2003(1).

[62] Haier, R. J. , Siegel, B. V. , Nuechterlein, K. H. , et al. Cortical glucose metabolic rate correlates of abstract reasoning and attention studied with position emission tomography[J]. Intelligence, 1988(2).

[63] Haier, R. J. , Chueh, D. , Touchette, P. , et al. Brain size and cerebral glucose metabolic-rate in 41 nonspecific mental-retardation and Down-syndrome[J]. Intelligence, 1995(2).

[64] Haier, R. J. , Siegel, B. V. , Tang, C. , et al. Intelligence and changes in regional cerebral glucose metabolic rate following learning[J]. Intelligence, 1992(3-4).

[65] Haier, R. J. , Rex, E. J. , Ronald, A. Y. , et al. Structural brain variation and general intelligence [J]. NeuroImage, 2004(1).

[66] Hale, S. A global developmental trend in cognitive processing speed in children[J]. Child Development, 1990(3).

[67] Hamer, D. Rethinking Behavioral Genetics[J]. Science, 2002(5591).

[68] Hegarty, M. , Mayer, R. E. , Monk, C. A. Comprehension of Arithmetic Word Problems: A Compar-

ison of Successful and Unsuccessful Problem Solvers[J]. Journal of Educational Psychology, 1995(1).

[69] Jausovec, N. Differences in cognitive processes between gifted, intelligent, creative, and average individuals while solving complex problems: An EEG study[J]. Intelligence, 2000(3).

[70] Kail, R. Developmental change in speed of processing during childhood and adolescence[J]. Psychological Bulletin, 1991(3).

[71] Kranzler, J. H., Jensen, A. R. Inspection time and intelligence: a meta-analysis[J]. Intelligence, 1989(4).

[72] Kronborg, L., Plunkett, M. Providing an optimal school context for talent development: An extended curriculum program in practice[J]. Australasian Journal of Gifted Education, 2006(1).

[73] Lee, K. H., Choi, Y. Y., Gray, J. R., et al. Neural correlates of superior intelligence: stronger recruitment of posterior parietal cortex[J]. NeuroImage, 2006(2).

[74] Lucas, A. Programming by early nutrition: An experimental approach[J]. The Journal of Nutrition, 1998(2).

[75] McDaniel, M. A. Big-brained people are smarter: A meta-analysis of the relationship between in vivo brain volume and intelligence[J]. Intelligence, 2005(4).

[76] McGue, M. The End of Behavioral Genetics? [J]. 心理学报, 2008(10).

[77] Miller, P. H., Seier, W. L. Strategy utilization deficiencies in children: When, where, and why[J]. Advances in child development and behavior, 1994(25).

[78] Montague, M., Warger, C., Morgan, T. H. Solve It! Strategy Instruction to Improve Mathematical Problem Solving[J]. Learning Disabilities Research & Practice, 2000(2).

[79] NAGC-CEC Teacher Preparation Standards in Gifted Education(2013). https://www.nagc.org/resources-publications/resources/national-standards-gifted-and-talented-education/nagc-cec-teacher-0.

[80] Nettelbeck, T., Lally, M. Inspection time and measured intelligence[J]. British Journal of Psychology, 1976(1).

[81] Nettelbeck, T., Wilson, C. A cross-sequential analysis of developmental differences in speed of visual information processing[J]. Journal of Experimental Child Psychology, 1985(1).

[82] Neubauer, A. C., Grabner, R. H., Fink, A., et al. Intelligence and neural efficiency: further evidence of the influence of task content and sex on the brain-IQ relationship[J]. Cognitive Brain Research, 2005(1).

[83] Nielsen, M. E. Gifted students with Learning Disabilities: Recommendations for Identification and Programming[J]. Exceptionality, 2002(2).

[84] O'Boyle, M. W., Cunnington, R., Silk, T. J., et al. Mathematically gifted male adolescents activate a unique brain network during mental rotation[J]. Cognitive Brain Research, 2005(2).

[85] Plomin, R., et al. A Genome-Wide Scan of 1842 DNA Markers for Allelic Associations with General Cognitive Ability: A Five-Stage Design Using DNA Pooling and Extreme Selected Groups[J]. Behavior Genetics, 2001(6).

[86] Plomin, R. Environment and Genes Determinants of Behavior[J]. American Psychologist, 1989(2).

[87] Plomin, R., Colledge, E. Genetics and Psychology: Beyond Heritability[J]. European Psychologist, 2001(4).

[88] Plomin, R., Spinth, F. M. Intelligence, Genetics, and Genomics[J]. Journal of Personality and social Psychology, 2004(1).

[89] Polderman, T. J., Gosso, M. F., Posthuma, D., et al. A longitudinal twin study on IQ, executive

functioning, and attention problems during childhood and early adolescence[J]. Acta Neurol Belg, 2006(4).

[90] Renzulli, J. S. What we don't know about programming for the gifted and talented[J]. Phi Delta Kappan, 1980(9).

[91] Renzulli, J. S., Reis, S. M. Research related to the School-wide enrichment triad model[J]. Gifted Child Quarterly, 1994(1).

[92] Rock, M. L., Gregg, M., Ellis, E., et al. REACH: A framework for differentiating classroom instruction[J]. Preventing School Failure, 2008(2).

[93] Runco, M. A. Identifying and fulfilling creative potential[J]. Understanding our Gifted, 2001(4).

[94] Salthouse, T. A. The processing-speed theory of adult age differences in cognition[J]. Psychological Review, 1996(3).

[95] Sanberg, P. R., Fibiger, H. C. Impaired acquisition and retention of a passive avoidance response after chronic ingestion of taurine[J]. Psychopharmacology, 1979(1).

[96] Sankar-Deleeuw, N. Gifted preschoolers: Parent and Teacher Views on Identification, Early Admission, and Programming[J]. Roeper Review, 2002(3).

[97] Scarr, S., McCartney, K. How people make their own environments: A theory of genotype => environment effects[J]. Child Development, 1983(2).

[98] Schatz, E. Mentors: Matchmaking for young people[J]. Journal of Secondary Gifted Education, 1999(2).

[99] Schraw, G., Dennies, R. S. Assessing metacognitive awareness[J]. Contemporary Education Psychology, 1994(4).

[100] Schwanenflugel, P. J., Stevens, T. P. M., Carr, M. Metacognitive knowledge of gifted children and nonidentified children in early elementary school[J]. Gifted Child Quarterly, 1997(2).

[101] Shaunessy, E., Karnes, F. A. Instruments for Measuring Leadership in Children and Youth[J]. Gifted Child Today, 2004(1).

[102] Shaw, P., Greenstein, D., Lerch, J., et al. Intellectual ability and cortical development in children and adolescents[J]. Nature, 2006(7084).

[103] Shi, J. N., Li, Y., Zhang, X. L. Self-Concept of Gifted Children Aged 9 to 13 Years Old.[J]. Journal for the Education of the Gifted, 2008(4).

[104] Shore, B. M., Lazar, L. IQ-related differences in time allocation during problem solving[J]. Psychological Reports, 1996(3).

[105] Siegel, D., Schuler, P. A. Perfectionism differences in gifted middle school students[J]. Roeper Review, 2000(1).

[106] Siegler, R. S., Crowley, K. Constraints on learning in non-privileged domains[J]. Cognitive Psychology, 1994(2).

[107] Silventoinen, K., Posthuma, D., Van Beijsterveldt, T., et al. Genetic contributions to the association between height and intelligence: Evidence from Dutch twin data from childhood to middle age[J]. Genes, Brain and Behavior, 2006(8).

[108] Sowell, E. R., Thompson, P. M., Tessner, K. D., et al. Mapping continued brain growth and gray matter density reduction in dorsal frontal cortex: Inverse relationships during postadolescent brain maturation[J]. The Journal of Neuroscience, 2001(22).

[109] Steiner, H. H. A Microgenetic Analysis of Strategic Variability in Gifted and Average-Ability Chil-

dren[J]. Gifted Child Quarterly, 2006(1).

[110] Sternberg, R. J. Implicit Theories of Intelligence, Creativity and Wisdom[J]. Journal of Personality and social Psychology, 1985(3).

[111] Thompson, P. M., Cannon, T. D., Narr, K. L., et al. Genetic influences on brain structure[J]. Nature Neuroscience, 2001(12).

[112] Torrance, E. P. The millennium: A time for looking forward and looking back[J]. Journal of Secondary Gifted Education, 2003(1).

[113] Tunteler, E, Resing, W. C. M. Spontaneous analogical transfer in 4-years-olds: a microgenetic study [J]. Journal of Experimentation Child Psychology, 2002(3).

[114] Turkheimer, E., Haley, A., Waldron, M., et al. Socioeconomic status modifies heritability of IQ in young children[J]. Psychological Science, 2003(6).

[115] Witelson, S. F., Kigar, D. L., Harvey, T. The exceptional brain of Albert Einstein[J]. Lancet, 1999(9170).

[116] Zeidner, M., Schleyer, E. J. The Big-Fish-Little-Pond Effect for academic self-concept, test anxiety and school grades in Gifted Children[J]. Contemporary Educational Psychology, 1999(4).

[117] Gabriele, R. V. Identification as gifted and talented: Effects on internal-external control of intellectual achievement and self concept of ability[D]. University of Wisconsin: Dissertation Abstracts International, 1985.

[118] City of Edinburgh Council. A Framework for Gifted and Talent Pupils[R]. Edinburgh, 2001.

[119] Urban, K. K. Creativity: A componential approach[R]. Paper presented at the post-conference Meeting of the 11th World Conference on Gifted and Talented Children. Beijing, 1995.

[120] Kronborg, L., Knopfelmacher, S. (Eds.) Proceedings for the 9th National Conference of the Australian Association for the Education of the Gifted and Talented Students — "The Gifted Journey — Reflecting Forward"[C]. Sydney, 2002, Melbourne: Australian Association for the Education of the Gifted and Talented, 2003.

[121] Brown, A. L. Knowing when, where, and how to remember: A problem of metacognition. [R/OL]. [2009-09-09]. http://www.eric.ed.gov/ERICDocs/data/ericdocs2sql/content_storage_01/0000019b/80/32/8c/0d.pdf.

[122] Cell and Molecular Biological Studies of Memory Storage. [EB/OL]. [2009-10-08]. http://www.hhmi.org/research/investigators/kandel.html.

[123] Open Window School. Kindergarten-Fifth Grade Curriculum Guide, 2008—2009[EB/OL]. [2009-11-18]. http://ows.org/documents/ElectronicCurriculumGuide.pdf.

[124] Team 32: Genes to Cognition [EB/OL]. [2009-08-14]. http://www.sanger.ac.uk/Teams/Team32/.

[125] Torrance Center. New examples of TTCT[EB/OL]. [2009-10-18]. http://www.indiana.edu/~bobweb/Handout/d3.ttct.htm.

[126] Torrance Center. TTCT Presentation[EB/OL]. [2009-10-18]. http://www.coe.uga.edu/torrance/resources.html.

北京大学出版社
教育出版中心 精品图书

21世纪高校广播电视专业系列教材

电视节目策划教程（第二版）	项仲平
电视导播教程（第二版）	程晋
电视文艺创作教程	王建辉
广播剧创作教程	王国臣
电视导论	李欣
电视纪录片教程	卢炜
电视导演教程	袁立本
电视摄像教程	刘荃
电视节目制作教程	张晓锋
视听语言	宋杰
影视剪辑实务教程	李琳
影视摄制导论	朱怡
新媒体短视频创作教程	姜荣文
电影视听语言——视听元素与场面调度案例分析	李骏
影视照明技术	张兴
影视音乐	陈斌
影视剪辑创作与技巧	张拓
纪录片创作教程	潘志琪
影视拍摄实务	翟臣

21世纪信息传播实验系列教材（徐福荫 黄慕雄 主编）

网络新闻实务	罗昕
多媒体软件设计与开发	张新华
播音与主持艺术（第三版）	黄碧云 睢凌
摄影基础（第二版）	张红 钟日辉 王首农

21世纪数字媒体专业系列教材

视听语言	赵慧英
数字影视剪辑艺术	曾祥民
数字摄像与表现	王以宁
数字摄影基础	王朋娇
数字媒体设计与创意	陈卫东
数字视频创意设计与实现（第二版）	王靖
大学摄影实用教程（第二版）	朱小阳
大学摄影实用教程	朱小阳

21世纪教育技术学精品教材（张景中 主编）

教育技术学导论（第二版）	李芒 金林
远程教育原理与技术	王继新 张屹
教学系统设计理论与实践	杨九民 梁林梅
信息技术教学论	雷体南 叶良明
信息技术与课程整合（第二版）	赵呈领 杨琳 刘清堂
教育技术学研究方法（第三版）	张屹 黄磊

21世纪高校网络与新媒体专业系列教材

文化产业概论	尹章池
网络文化教程	李文明
网络与新媒体评论	杨娟
新媒体概论（第二版）	尹章池
新媒体视听节目制作（第二版）	周建青
融合新闻学导论（第二版）	石长顺
新媒体网页设计与制作（第二版）	惠悲荷
网络新媒体实务	张合斌
突发新闻教程	李军
视听新媒体节目制作	邓秀军
视听评论	何志武
出镜记者案例分析	刘静 邓秀军
视听新媒体导论	郭小平
网络与新媒体广告（第二版）	尚恒志 张合斌
网络与新媒体文学	唐东堰 雷奕
全媒体新闻采访写作教程	李军
网络直播基础	周建青
大数据新闻传媒概论	尹章池

21世纪特殊教育创新教材·理论与基础系列

特殊教育的哲学基础	方俊明
特殊教育的医学基础	张婷
融合教育导论（第二版）	雷江华
特殊教育学（第二版）	雷江华 方俊明
特殊儿童心理学（第二版）	方俊明 雷江华
特殊教育史	朱宗顺
特殊教育研究方法（第二版）	杜晓新 宋永宁 等
特殊教育发展模式	任颂羔

21世纪特殊教育创新教材·发展与教育系列

视觉障碍儿童的发展与教育	邓猛
听觉障碍儿童的发展与教育（第二版）	贺荟中
智力障碍儿童的发展与教育（第二版）	刘春玲 马红英
学习困难儿童的发展与教育（第二版）	赵微
自闭症谱系障碍儿童的发展与教育	周念丽
情绪与行为障碍儿童的发展与教育	李闻戈
超常儿童的发展与教育（第二版）	苏雪云 张旭

21世纪特殊教育创新教材·康复与训练系列

特殊儿童应用行为分析（第二版）	李芳 李丹
特殊儿童的游戏治疗	周念丽
特殊儿童的美术治疗	孙霞
特殊儿童的音乐治疗	胡世红
特殊儿童的心理治疗（第三版）	杨广学
特殊教育的辅具与康复	蒋建荣
特殊儿童的感觉统合训练（第二版）	王和平
孤独症儿童课程与教学设计	王梅

21世纪特殊教育创新教材·融合教育系列

融合教育本土化实践与发展	邓猛 等
融合教育理论反思与本土化探索	邓猛
融合教育实践指南	邓猛
融合教育理论指南	邓猛
融合教育导论（第二版）	雷江华
学前融合教育（第二版）	雷江华 刘慧丽
小学融合教育概论	雷江华 袁维

21世纪特殊教育创新教材（第二辑）

特殊儿童心理与教育（第二版）	杨广学 张巧明 王芳
教育康复学导论	杜晓新 黄昭明
特殊儿童病理学	王和平 杨长江
特殊学校教师教育技能	昝飞 马红英

自闭谱系障碍儿童早期干预丛书

如何发展自闭谱系障碍儿童的沟通能力	朱晓晨 苏雪云
如何理解自闭谱系障碍和早期干预	苏雪云
如何发展自闭谱系障碍儿童的社会交往能力	吕梦 杨广学
如何发展自闭谱系障碍儿童的自我照料能力	倪萍萍 周波
如何在游戏中干预自闭谱系障碍儿童	朱瑞 周念丽
如何发展自闭谱系障碍儿童的感知和运动能力	韩文娟 徐芳 王和平
如何发展自闭谱系障碍儿童的认知能力	潘前前 杨福义
自闭症谱系障碍儿童的发展与教育	周念丽
如何通过音乐干预自闭谱系障碍儿童	张正琴
如何通过画画干预自闭谱系障碍儿童	张正琴
如何运用ACC促进自闭谱系障碍儿童的发展	苏雪云
孤独症儿童的关键性技能训练法	李丹
自闭症儿童家长辅导手册	雷江华
孤独症儿童课程与教学设计	王梅
融合教育理论反思与本土化探索	邓猛
自闭症谱系障碍儿童家庭支持系统	孙玉梅
自闭症谱系障碍儿童团体社交游戏干预	李芳
孤独症儿童的教育与发展	王梅 梁松梅

特殊学校教育·康复·职业训练丛书（黄建行 雷江华 主编）

信息技术在特殊教育中的应用	
智障学生职业教育模式	
特殊教育学校学生康复与训练	
特殊教育学校校本课程开发	
特殊教育学校特奥运动项目建设	

21世纪学前教育专业规划教材

学前教育概论	李生兰
学前教育管理学（第二版）	王雯
幼儿园课程新论	李生兰
幼儿园歌曲钢琴伴奏教程	果旭伟
幼儿园舞蹈教学活动设计与指导（第二版）	董丽
实用乐理与视唱（第二版）	代苗
学前儿童美术教育	冯婉贞
学前儿童科学教育	洪秀敏
学前儿童游戏	范明丽
学前教育研究方法	郑福明
学前教育史	郭法奇
外国学前教育史	郭法奇
学前教育政策与法规	魏真
学前心理学	涂艳国 蔡艳
学前教育理论与实践教程	王维 王维娅 孙岩
学前儿童数学教育与活动设计	赵振国
学前融合教育（第二版）	雷江华 刘慧丽
幼儿园教育质量评价导论	吴钢
幼儿园绘本教学活动设计	赵娟
幼儿学习与教育心理学	张莉
学前教育管理	虞永平
国外学前教育学本文献讲读	姜勇

大学之道丛书精装版

美国高等教育通史	[美]亚瑟·科恩
知识社会中的大学	[英]杰勒德·德兰迪
大学之用（第五版）	[美]克拉克·克尔
营利性大学的崛起	[美]理查德·鲁克
学术部落与学术领地：知识探索与学科文化	[英]托尼·比彻 保罗·特罗勒尔
美国现代大学的崛起	[美]劳伦斯·维赛
教育的终结——大学何以放弃了对人生意义的追求	[美]安东尼·T.克龙曼
世界一流大学的管理之道——大学管理研究导论	程星
后现代大学来临？	[英]安东尼·史密斯 弗兰克·韦伯斯特

大学之道丛书

以学生为中心：当代本科教育改革之道	赵炬明
市场化的底限	[美]大卫·科伯

大学的理念	[英]亨利·纽曼
哈佛：谁说了算	[美]理查德·布瑞德利
麻省理工学院如何追求卓越	[美]查尔斯·维斯特
大学与市场的悖论	[美]罗杰·盖格
高等教育公司：营利性大学的崛起	[美]理查德·鲁克
公司文化中的大学：大学如何应对市场化压力	[美]埃里克·古尔德
美国高等教育质量认证与评估	[美]美国中部州高等教育委员会
现代大学及其图新	[美]谢尔顿·罗斯布莱特
美国文理学院的兴衰——凯尼恩学院纪实	[美]P.F.克鲁格
教育的终结：大学何以放弃了对人生意义的追求	[美]安东尼·T.克龙曼
大学的逻辑（第三版）	张维迎
我的科大十年（续集）	孔宪铎
高等教育理念	[英]罗纳德·巴尼特
美国现代大学的崛起	[美]劳伦斯·维赛
美国大学时代的学术自由	[美]沃特·梅兹格
美国高等教育通史	[美]亚瑟·科恩
美国高等教育史	[美]约翰·塞林
哈佛通识教育红皮书	哈佛委员会
高等教育何以为"高"——牛津导师制教学反思	[英]大卫·帕尔菲曼
印度理工学院的精英们	[印度]桑迪潘·德布
知识社会中的大学	[英]杰勒德·德兰迪
高等教育的未来：浮言、现实与市场风险	[美]弗兰克·纽曼等
后现代大学来临？	[英]安东尼·史密斯等
美国大学之魂	[美]乔治·M.马斯登
大学理念重审：与纽曼对话	[美]雅罗斯拉夫·帕利坎
学术部落及其领地——当代学术界生态揭秘（第二版）	[英]托尼·比彻 保罗·特罗勒尔
德国古典大学观及其对中国大学的影响（第二版）	陈洪捷
转变中的大学：传统、议题与前景	郭为藩
学术资本主义：政治、政策和创业型大学	[美]希拉·斯劳特 拉里·莱斯利
21世纪的大学	[美]詹姆斯·杜德斯达
美国公立大学的未来	[美]詹姆斯·杜德斯达 弗瑞斯·沃马克
东西象牙塔	孔宪铎
理性捍卫大学	眭依凡

学术规范与研究方法系列

如何为学术刊物撰稿（第三版）	[英]罗薇娜·莫瑞
如何查找文献（第二版）	[英]萨莉·拉姆齐
给研究生的学术建议（第二版）	[英]玛丽安·彼得等
社会科学研究的基本规则（第四版）	[英]朱迪斯·贝尔
做好社会研究的10个关键	[英]马丁·丹斯考姆
如何写好科研项目申请书	[美]安德鲁·弗里德兰德等
教育研究方法（第六版）	[美]梅瑞迪斯·高尔等
高等教育研究：进展与方法	[英]马尔科姆·泰特
如何成为学术论文写作高手	[美]华乐丝
参加国际学术会议必须要做的那些事	[美]华乐丝
如何成为优秀的研究生	[美]布卢姆
结构方程模型及其应用	易丹辉 李静萍
学位论文写作与学术规范（第二版）	李武 毛远逸 肖东发
生命科学论文写作指南	[加]白青云
法律实证研究方法（第二版）	白建军
传播学定性研究方法（第二版）	李琨

21世纪高校教师职业发展读本

如何成为卓越的大学教师	[美]肯·贝恩
给大学新教员的建议	[美]罗伯特·博伊斯
如何提高学生学习质量	[英]迈克尔·普洛瑟等
学术界的生存智慧	[美]约翰·达利等
给研究生导师的建议（第2版）	[英]萨拉·德拉蒙特等
高校课程理论——大学教师必修课	黄福涛

21世纪教育科学系列教材·学科学习心理学系列

数学学习心理学（第三版）	孔凡哲
语文学习心理学	董蓓菲

21世纪教师教育系列教材

青少年心理发展与教育	林洪新 郑淑杰
教育心理学（第二版）	李晓东
教育学基础	庞守兴
教育学	余文森 王晞
教育研究方法	刘淑杰
教育心理学	王晓明
心理学导论	杨凤云
教育心理学概论	连榕 罗丽芳
课程与教学论	李允
教师专业发展导论	于胜刚
学校教育概论	李清雁
现代教育评价教程（第二版）	吴钢
教师礼仪实务	刘霄
家庭教育新论	闫旭蕾 杨萍
中学班级管理	张宝书
教育职业道德	刘亭亭
教师心理健康	张怀春
现代教育技术	冯玲玉
青少年发展与教育心理学	张清
课程与教学论	李允
课堂与教学艺术（第二版）	孙菊如 陈春荣
教育学原理	靳淑梅 许红花
教育心理学（融媒体版）	徐凯
高中思想政治课程标准与教材分析	胡田庚 高鑫